suhrkamp taschenbuch
wissenschaft 9

AF545846

Die hier zusammengestellten Arbeiten zu Hegels Phänomenologie des Geistes sollen den Zugang zu einem Werk erleichtern, das zu den schwierigsten innerhalb der Philosophiegeschichte zählt. »Wer Hegel verstehen will, ist noch immer mit sich allein«, schrieb Dieter Henrich 1971. Dieser Situation, die auch für die Phänomenologie besteht, will der vorliegende Band Rechnung tragen. Die von den Herausgebern getroffene Auswahl von Aufsätzen aus einer Fülle von Literatur zu Hegel orientiert sich an dem Gedanken, für einige Probleme der Phänomenologie Modelle möglicher Interpretation anzubieten.

Materialien zu Hegels ›Phänomenologie des Geistes‹

Herausgegeben
von Hans Friedrich Fulda
und Dieter Henrich

Suhrkamp

Quellen- und Übersetzernachweis der
einzelnen Beiträge am Schluß des Bandes

Bibliografische Information der Deutschen Nationalbibliothek
Die Deutsche Nationalbibliothek verzeichnet diese Publikation
in der Deutschen Nationalbibliografie;
detaillierte bibliografische Daten sind im Internet über
http://dnb.d-nb.de abrufbar.

suhrkamp taschenbuch wissenschaft 9
Erste Auflage 1973
© Suhrkamp Verlag Frankfurt am Main 1973
Suhrkamp Taschenbuch Verlag
Alle Rechte vorbehalten, insbesondere das der Übersetzung,
des öffentlichen Vortrags sowie der Übertragung
durch Rundfunk und Fernsehen, auch einzelner Teile.
Kein Teil des Werkes darf in irgendeiner Form
(durch Fotografie, Mikrofilm oder andere Verfahren)
ohne schriftliche Genehmigung des Verlages reproduziert
oder unter Verwendung elektronischer Systeme
verarbeitet, vervielfältigt oder verbreitet werden.
Satz: Wagner GmbH, Nördlingen
Druck: Books on Demand, Norderstedt
Printed in Germany
Umschlag nach Entwürfen von
Willy Fleckhaus und Rolf Staudt
ISBN 978-3-518-27609-9

10 11 12 13 14 15 — 14 13 12 11 10 09

Inhalt

Vorwort

In einer Verlagsanzeige, der ein Text Hegels zugrunde gelegen haben dürfte und die 1807 dreimal erschien, wurde die Phänomenologie folgendermaßen eingeführt:

Dieser Band stellt das werdende Wissen *dar. Die Phänomenologie des Geistes soll an die Stelle der psychologischen Erklärungen oder auch der abstrakteren Erörterungen über die Begründung des Wissens treten. Sie betrachtet die Vorbereitung zur Wissenschaft aus einem Gesichtspuncte, wodurch sie eine neue, interessante, und die erste Wissenschaft der Philosophie ist. Sie faßt die verschiedenen* Gestalten des Geistes *als Stationen des Weges in sich, durch welchen er reines Wissen oder absolute Geist wird. Es wird daher in den Hauptabtheilungen dieser Wissenschaft, die wieder in mehrere zerfallen, das Bewußtseyn, das Selbstbewußtseyn, die beobachtende und handelnde Vernunft, der Geist selbst, als sittlicher, gebildeter und moralischer Geist, und endlich als religiöser in seinen unterschiedenen Formen, betrachtet. Der, dem ersten Blicke sich als Chaos darbietende, Reichtum der Erscheinungen des Geistes ist in eine wissenschaftliche Ordnung gebracht, welche sie nach ihrer Nothwendigkeit darstellt, in der die Unvollkommenen sich auflösen und in Höhere übergehen, welche ihre nächste Wahrheit sind. Die letzte Wahrheit finden sie zunächst in der Religion, und dann in der Wissenschaft, als dem Resultate des Ganzen.*

In der Vorrede *erklärt sich der Verf. über das, was ihm Bedürfniß der Philosophie auf ihrem jetzigen Standpuncte zu seyn scheint; ferner über die Anmaßung und den Unfug der philosophischen Formeln, der gegenwärtig die Philosophie herabwürdigt, und über das, worauf es überhaupt bey ihr und ihrem Studium ankommt.*

Ein zweiter Band *wird das System der* Logik *als spekulativer*

Philosophie, und der zwey übrigen Theile der Philosophie, die Wissenschaften *der* Natur *und des* Geistes *enthalten.*[1]
Der angekündigte zweite Band des Systems der Wissenschaft, das mit der Phänomenologie des Geistes beginnen sollte, ist nie erschienen. Doch der erste Band – es war das erste Buch, das Hegel schrieb und publizierte – hätte seinen Verfasser wohl auch berühmt gemacht, wenn er dessen einziges systematisches Werk geblieben wäre. Frühe Resonanz und Bewunderung fand die Phänomenologie freilich nicht. Ihr Ruhm stellte sich zögernd ein. Dafür aber war ihre Wirkung um so nachhaltiger. Weit über den Bereich philosophischer Fachdiskussion hinausgehend, erreichte sie Essayisten, Literaturwissenschaftler, Historiker, Theologen, reflektierte Politiker und Dichter. Sie dauert an bis auf den heutigen Tag.
Wenn ein Buch solche Faszination ausübt und wenn sein Verfasser den kühnen Anspruch erhebt, mit ihm eine neue und fundamentale philosophische Wissenschaft zu begründen – eine Wissenschaft zumal, die die verwirrende Vielfalt geistiger Erscheinungen in eine systematische Ordnung zu bringen erlaubt –, so muß man wohl erwarten, es sei nicht allzu schwer auszumachen, wie dieses Buch konzipiert ist. Die Frage sei allenfalls, ob sich die neue Wissenschaft als konsistent durchführbar erweist und wie fruchtbar sie ist. Tatsächlich aber enthält die neuzeitliche Philosophiegeschichte kein bedeutendes Werk, das soviel Rätselraten über seine Idee ausgelöst hat wie Hegels Phänomenologie des Geistes; kein Werk auch, in dem so viele ein Geheimnis vermutet haben, das es erst noch zu entdecken gelte; und keines, das zu so verschiedenartigen Versuchen Anstoß gab, sein Geheimnis zu lüften. Wie schon seine Zeit, so ist auch seine Nachwelt bis heute dazu verdammt, es zu interpretieren.
Von einem Band, der Studientexte zusammenstellt, wird man unter diesen Umständen erwarten, daß er dem Leser die Irrwege, Umwege und Holzwege erspart, auf die andere

in ihrem Bemühen, sich die Phänomenologie zugänglich zu machen, geraten sind. Im Rahmen des Möglichen ist dies mit der hier getroffenen Auswahl von Arbeiten beabsichtigt. Aber man sollte nicht übersehen, daß der Verwirklichung dieser Absicht enge Grenzen gezogen sind. Die Phänomenologie hat eine Gattung philosophischer Werke begründet und ist – von einer fragmentarischen Paraphrase abgesehen – das einzige Exemplar dieser Gattung geblieben. Aber sie ist kein klassischer Text und es gibt keine klassischen Studien zu ihr. Keinen ihrer Teile erschließt bislang ein kompetenter Kommentar, der sich messen könnte mit einem der guten Kommentare, die wir zu Texten Platons, Aristoteles' und Kants besitzen. Noch weniger macht irgendeine der vielen Abhandlungen zur Phänomenologie das genaue Studium ihres Wortlauts überflüssig. Was eine Auswahl solcher Abhandlungen – und sei sie die bestmögliche – zu bieten vermag, ist für den Anfänger eine ziemlich bescheidene Arbeitshilfe. Zu einigen Kapiteln der Phänomenologie mag sie Modelle möglicher Interpretationen vorlegen. Sie kann mit der einen oder anderen Diskussion vertraut machen, die das Buch ausgelöst hat. Und sie wird anhand geeigneter Beispiele den gegenwärtigen Stand der Forschung dokumentieren. Diesen Zwecken jedenfalls will die Zusammenstellung der im vorliegenden Band enthaltenen Aufsätze dienen. Darüber hinaus wäre eine Analyse der gegenwärtigen Diskussionslage wünschenswert, sowie ein dokumentierter Bericht über die Wirkungsgeschichte der Phänomenologie. Auch bedürfte es der philologischen Auskunft über die bisherigen Ausgaben des Werks und über den Zustand des Textes, den wir besitzen. Leider werden von den hier abgedruckten Aufsätzen nicht auch diese Desiderate erfüllt. Ihnen wenigstens entgegenzukommen, ist im folgenden die Absicht.

I

Der Text eines Werks, das zu Beginn des 19. Jahrhunderts entstand und dessen Verfasser den Abschluß der Drucklegung selbst an Ort und Stelle überwachte, sollte dem Philologen nicht viel Arbeit machen. Aber Bücher haben ihre Schicksale nicht nur in den Händen ihrer Leser, sondern zuweilen auch schon in denen ihrer Verfasser und Hersteller. Ein prominentes Beispiel dafür ist Hegels Phänomenologie. Als das Buch fertig war, beklagte Hegel rückblickend die »unselige Verwirrung, die den ganzen buchhändler- und druckerischen Verlauf, so wie zum Teil die Komposition sogar selbst beherrschte«[2]. An derselben Stelle äußerte er auch, der erste Teil, den das Buch innerhalb des geplanten Systems der Wissenschaft darstellen soll, sei »eigentlich die Einleitung«. Wie ist das zu verstehen? Wenn man der Überzeugung war, daß ein Buch nicht beides in einem sein könne – erster Teil eines Ganzen und Einleitung in dieses –, so lag es nahe, die Erklärung in der Entstehungsgeschichte des Werks zu suchen. Das Buch, so wurde vermutet,[3] hätte ursprünglich eine Einleitung sein sollen, die Hegel aus pädagogischen Gründen dringlich erschienen sei. Aber dabei sei gar nicht an ein selbständiges Werk gedacht gewesen, sondern nur an die Introduktion zu einem solchen. Unter dem inneren und äußeren Druck, endlich sein lange versprochenes systematisches Werk vorzulegen, und gemäß den Bedingungen eines Verlagsvertrags zu immer neuen Manuskriptlieferungen genötigt, habe Hegel in fast unglaublich kurzer Zeit eine Niederschrift verfaßt, deren Fortsetzungen jeweils umgehend gedruckt worden seien. Bei der Abfassung des Manuskripts sei die Intention aber nicht stets dieselbe geblieben. Schließlich sei die Arbeit auf den Umfang eines Bandes angeschwollen und dementsprechend dann nachträglich als erster Teil des Systems ausgegeben worden. In Wahrheit aber sei die Phänomenologie gar nicht organisch und nach einem sorgfältig überlegten Plan erwachsen.

Gründliche Forschung hat das meiste an dieser Geschichte des Werks ins Reich des philologischen Detektivromans verwiesen.[4] Tatsache aber ist, daß Hegels Buch zunächst unter einem anderen Titel gedruckt wurde als dem von Hegel später gewählten. Das Werk hieß – bereits als erster Teil deklariert – »Wissenschaft der Erfahrung des Bewußtseins«. Wir wissen nicht, wann sich Hegel entschied, diesen Titel zugunsten des endgültigen fallenzulassen; sondern nur, daß in Hegels Vorlesungsankündigung für Winter 1806/07[5] zum ersten Mal von einer »phaenomenologia mentis« die Rede war. Aber es ist mittlerweile erwiesen, daß Hegel den alten Titel auch nicht als Zwischentitel beibehalten wollte, der nach der Vorrede zu plazieren war[6]. Im Anschluß an die zuletzt verfaßte und in Druck gegebene Vorrede – eingeschoben in mehrere Seiten Druckfehler-Verbesserungen – wurde eine Anweisung an den Buchbinder gedruckt, die unter anderem besagte, daß das ursprünglich gesetzte Titelblatt herauszuschneiden und durch ein neues zu ersetzen sei. Der neue Zwischentitel, der so zustande kam, lautete: »I. Wissenschaft der Phänomenologie des Geistes«. Die Tatsache, daß der Buchbinder diese Anweisung bei manchen Exemplaren des Buches gar nicht, bei anderen aber inkorrekt befolgte, hat die Herausgeber späterer Phänomenologie-Ausgaben bei der Gestaltung der Titelseite verschiedene Wege einschlagen lassen und zu manchen unsinnigen Interpretationen geführt.

Rätsel gaben auch andere Merkwürdigkeiten auf. Das Buch enthält ein Inhaltsverzeichnis, dessen Eintragungen nicht alle als Überschriften im Text selbst vorkommen. Es fehlen die im Original mit eingeklammerten, lateinischen Majuskeln bezeichneten Titel: (A) Bewußtseyn, (B) Selbstbewußtseyn, (C) (AA) Vernunft usw. Hat Hegel seinem Buch im Lauf der Drucklegung eine neue Einteilung gegeben und am Ende eine Gliederung für das Werk beansprucht, die gar nicht in den Text hineingearbeitet war? Oder wollte er den Leser seiner Einleitung nur nicht mit allzuviel und zu

Anfang unverständlicher Systematik belasten? Zu diesen Fragen gab das Buch von 1807 Anlaß. Merkwürdig war aber auch, daß Hegels ›Encyclopädie der philosophischen Wissenschaften‹, die 1817 in erster Auflage und in veränderter Fassung wieder 1827 und 1830 erschien und die das Ganze des Hegelschen Systems umfassen sollte, nicht mehr mit der Phänomenologie des Geistes begann. Andererseits enthielt sie jedesmal in ihrem dritten Teil eine Phänomenologie des Geistes, – jedoch eine, die nur dem Grundbestand der ersten vier römisch bezifferten Kapitel und der Exposition des fünften Kapitels der ursprünglichen Phänomenologie des Geistes entsprach.[7] In einer Fußnote zu der 1831 erschienenen zweiten Auflage der ›Logik‹ vermerkte Hegel ausdrücklich, daß der Neuauflage der Phänomenologie von 1807 der Titel eines ersten Teils des Systems der Wissenschaft nicht mehr beigegeben werde.[8] Wie war das Verhältnis dieses Werks zu dem durch die ›Encyclopädie‹ im Grundriß entworfenen System nun zu verstehen?

Eine zweite Auflage der Phänomenologie, die darüber wohl Aufschluß gegeben hätte, ist zu Hegels Lebzeiten nicht mehr zustande gekommen. Die Reste der ersten Auflage, die an einen Buchhändler in Frankfurt am Main übergegangen waren, scheinen erst Ende der zwanziger Jahre erschöpft gewesen zu sein,[9] als Hegels Encyclopädie bereits zum zweiten Mal publiziert war und eine Neuauflage der Logik bevorstand. Dabei hatte Hegel ursprünglich alle Hoffnungen, das Buch von Mängeln heilen zu können, auf eine Neuauflage gesetzt. Während er zu Beginn des Jahres 1807 die Korrekturen las, hatte er sich geschworen: »Bei einer *bald* zu erfolgenden 2ten Auflage – si diis placet?! – soll alles besser werden.«[10]

Auch als dann 1829 von einem Neudruck die Rede war, erklärte er noch, daß er die Umarbeitung des Werks für nötig halte.[11] Aber als er im Herbst 1831 an die Vorbereitung der Neuauflage ging, scheint er von diesem Plan abgekommen zu sein. Im Zusammenhang mit der Redaktion des ursprünglichen Textes machte er sich auf einem Blatt, das bedauerlicherweise mit der Sammlung Varnhagen verschollen ist, eine Notiz, die J. Hoffmeister in folgender Gestalt edierte:[12]

re[13] Vorrede
Phaenom.
erster Teil, eigentlich

a) Voraus der Wissenschaft
das Bewußtsein auf diesen Standpunkt zu
bringen.
b) Gegenstand für sich fortbestimmen,
Logik *hinter* dem Bewußtsein
c) Eigentümliche frühere Arbeit, nicht umarbeiten,
– auf die damalige Zeit der Abfassung bezüglich
– in Vorrede: das *abstrakte Absolute* herrschte damals.

Auch dazu ist es nicht mehr gekommen. Ehe Hegel der Cholera zum Opfer fiel, gelangte er mit Textkorrekturen gerade noch zum 31. Absatz der Vorrede.

Inzwischen ist die Phänomenologie in mindestens 14 weiteren, editorisch selbständigen, deutschen Ausgaben erschienen. Leider ist unter diesen Ausgaben keine, die streng wissenschaftliche Ansprüche an einen solchen Text erfüllt. Innerhalb der historisch-kritischen Edition der Gesammelten Werke, die im Auftrag der Deutschen Forschungsgemeinschaft vom Hegel-Archiv erarbeitet wird, ist die Phänomenologie erst in Vorbereitung. Je genauer man die Phänomenologie studieren möchte, um so mehr empfiehlt es sich jedoch, eine Ausgabe zu benutzen, die den Originaltext in folgenden Hinsichten relativ treu bewahrt: 1) Sie sollte natürlich keine Umstellungen oder Veränderungen von Wörtern vornehmen und keine Zusätze enthalten, ohne dies eigens zu vermerken. Dieser Bedingung genügen am besten – soweit ein Stichproben-Vergleich solche Behauptungen zuläßt[14] – die von Hoffmeister seit 1937 edierten Ausgaben, sowie die Ausgabe des Ullstein-Verlags (Frankfurt/Berlin 1970). 2) Kursivsatz bzw. Sperrung einzelner

Ausdrücke sind für eine so komprimierte Diktion wie diejenige Hegels ein unentbehrliches Mittel, die Vieldeutigkeit des Textes zu reduzieren. Ausdrücke, die im Original auf diese Weise ausgezeichnet sind, sollten es möglichst ausnahmslos auch im Abdruck sein. Diesem Prinzip folgen die meisten Ausgaben leidlich konsequent – am zuverlässigsten anscheinend diejenige des Ullstein-Verlags. Die Ausgaben Lassons von 1907 und 1921 befolgen es gar nicht, und diejenige Lassons von 1927 nur halbherzig. Sie sind daher nur zur Kontrastierung mit dem Original nützlich. 3) Ein wichtiges Mittel der logischen Gruppierung komplex gebauter Sätze ist die Interpunktion. Abweichungen vom Original sollten durchgehend vermerkt werden, was in keiner der bisherigen Ausgaben geschieht. Am seltensten sind sie in der Ausgabe des Ullstein-Verlags. Hoffmeister strebt einen Kompromiß zwischen dem Original und den Regeln des Duden an. Die Ausgabe des Suhrkamp Verlages geht entschieden auf Modernisierung aus. 4) Weniger wichtig, aber für den Sinn nicht ganz irrelevant ist die Frage, ob Wörter, die keine Nomina sind, wenn sie ohne nachfolgendes Nomen mit dem Artikel, mit Pronomina oder Präpositionen verbunden vorkommen, in Abweichung vom Original groß oder klein geschrieben werden sollen; sowie die Frage, ob komplexe Ausdrücke, die aus mehreren Wörtern bestehen, mit Bindestrichen, als ein Wort oder als getrennte Wörter gesetzt werden sollen. Es scheint, daß alle Herausgeber in dieser Hinsicht einem unnötigen Hang zur Vereinheitlichung nachgegeben haben.

II

1. Obwohl Hegel mit der Phänomenologie den Anspruch verbunden hatte, eine neue philosophische Wissenschaft zu begründen, und obwohl er die Verbesserungsbedürftigkeit seines Werks von 1807 offen bekannte, war diesem Werk bei seinen Schülern keine große, unmittelbare Wirkung beschie-

den.[15] Ein einziger aus dem zahlreichen, sich treuer Nachfolge befleißigenden Kreis unternahm den Versuch, in der von Hegel inaugurierten Disziplin weiterzuarbeiten – bezeichnenderweise einer der ältesten Schüler, *G. A. Gabler*, der bereits in Jena bei Hegel studiert hatte. Denn Hegel hatte die Phänomenologie seinen Vorlesungen in Heidelberg und in Berlin nicht zugrunde gelegt. Als ersten (und ebenfalls nicht fortgesetzten) Teil eines Systems der theoretischen Philosophie brachte er 1827 eine ›Propädeutik der Philosophie‹ heraus, deren erste (einzig erschienene) Abteilung die Kritik des Bewußtseins zum Inhalt hatte.[16] Gliederung und Umfang dieser Bewußtseinskritik hatten die von Hegel in die Encyclopädie eingearbeitete Gestalt der Phänomenologie zum Vorbild. Das konkrete Material dagegen war der früheren Phänomenologie entnommen. Gabler war der Auffassung, die Phänomenologie sei von Hegel in solcher Vollendung aufgestellt worden, »daß ferneren Bearbeitern wohl nur die Erklärung und Auslegung und etwa die weitere Ausbildung in einzelnen Teilen oder Darstellung nebst der Nachweisung des wissenschaftlich Entwickelten in der äußeren Geschichte übrig gelassen sein möchte«.[17] Dementsprechend erschöpfte sich seine eigene Bearbeitung in popularisierender Nachahmung und Paraphrase.

Die übrigen Anhänger begnügten sich mit der Charakterisierung und pauschalen Wiedergabe des vom Meister Geleisteten. Der Gesichtspunkt, unter dem die Phänomenologie in erster Linie beschäftigte, war ihr Verhältnis zum späteren encyclopädischen System. Die Absicht war, Hegels Philosophie unter Einschluß des Werkes von 1807 als ein im Grunde einheitliches Ganzes zu erweisen und den von anderer Seite erhobenen Vorwurf abzuwehren, Hegels System habe so verstanden mit der Phänomenologie und der Logik einen doppelten Anfang. Die meisten, wie auch Gabler, machten dabei den Unterschied zwischen einem subjektiven und einem objektiven Anfang geltend. Nur *Michelet*[18] ging in der Distanzierung gegenüber der Phänomenologie von 1807 einen Schritt weiter. Er kritisierte nicht nur ihre vorliegende Fassung, sondern auch das von Hegel in ihr geübte Verfahren. Er gab zu, daß sie einem anderen Systemplan angehört hatte als dem in der Encyclopädie entfalteten. Außerdem war er der Auffassung, die Phänomenologie könne, da sie eine *propädeutische* Bewußtseinslehre sei, als die Gabler sie genommen hatte, nicht auch zugleich ein Glied innerhalb des encyclopädischen Ganzen sein. Konsequent eliminierte er daher die Bewußtseinslehre aus der Philosophie des Geistes.

2. Eine kritischere und zugleich interessiertere Rezeption fand Hegels Phänomenologie unter jenen spekulativen Idealisten, die nicht Hegels Schule angehörten und die heute kaum gelesen werden.[19] Von dieser Seite aus wurde in der Frage des Systemanfangs eine eindeutige Entscheidung zugunsten einer Einleitungswissenschaft gefordert. *I. H. Fichtes* (des jüngeren) Einwand war z. B., Hegel habe – trotz seiner Phänomenologie – den kantisch-fichteschen Standpunkt unbedingter Reflexion in seiner inneren Macht niemals voll empfunden und immanent überwunden. Sonst hätte er seine Phänomenologie anders entworfen. Er hätte statt des sich einmischenden psychologischen, ethischen, religionsphilosophischen Inhalts das Erkenntnisproblem als solches gestellt.[20] *Weiße* betonte vor allem, daß eine methodische Selbsteinleitung der Philosophie zur Vervollkommnung der spekulativen Methode erforderlich sei. An einer solchen hatte es Hegels Phänomenologie fehlen lassen.[21] *Ulrici* machte als erster geltend, daß – selbst wenn man der Phänomenologie Konsequenz zubillige – ihr Resultat doch nur der subjektive Idealismus sei. Denn es werde in der Phänomenologie nirgends dargetan, daß es irgend ein Reales außer dem Bewußtsein gebe, das mit dem Inhalt des Bewußtseins übereinstimme. Alle erwähnten Spätidealisten hielten den Weg, den Hegel von der Phänomenologie zur Encyclopädie gegangen war, für verfehlt. Über die Gestalt,

die eine verbesserte Version der Einleitungswissenschaft anzunehmen hätte, gingen ihre Meinungen jedoch weit auseinander. Das meiste davon blieb auch bloßes Programm. Gleichwohl kann man die Idee der Hegelschen Phänomenologie wesentlich differenzierter bestimmen, wenn man dieser Epoche ihrer Wirkungsgeschichte nicht die Aufmerksamkeit versagt.

3. Nicht nur gegen Hegels Verständnis der von ihm konzipierten Disziplinen – Phänomenologie und spekulative Logik – und nicht nur gegen spezielle Lehrstücke des Systems, sondern gegen die mit diesem System anscheinend zum Abschluß kommende Philosophie im ganzen wandten sich die bedeutenderen Kritiker: Feuerbach, Marx und Kierkegaard. Ihnen war die Auffassung gemeinsam, daß nach dem von Hegel Geleisteten die Philosophie hinsichtlich ihrer eigenen Wirklichkeit zu befragen sei und daß Berechtigung nur noch die Destruktion aller Schulphilosophie habe. Zwar war die Phänomenologie des Geistes nicht das Ziel dieser radikalen Kritik. Doch wurde auch sie von ihr betroffen. Ein Hinweis auf Feuerbach, Kierkegaard und Marx ist darum hier am Platze.

Feuerbach hat als einer der ersten grundsätzliche Einwände gegen die Darstellungsform der Hegelschen Philosophie gemacht. Das Hegelsche System galt ihm als die absolute Selbstentäußerung unserer Vernunft.[22] Die wissenschaftliche Darstellung des Gedankens soll gleichsam nichts in uns übrig lassen. Doch eben damit ist sie nach Feuerbach von einer Voraussetzung abhängig, mit der sie beginnt und die sie nicht mehr einholen kann. Wissenschaftliche Darstellung steht für das Wesen der Philosophie. Aber die Grenze aller Darstellung liegt auf der Hand. Darstellung ist wesentlich ein Mittelbares. Das Denken in seiner Unmittelbarkeit ist früher. Es ist auch dasjenige, auf das die Darstellung am Ende zurückführt. Denn der Endzweck aller Darstellung ist der innere Erkenntnisakt des Anderen und die Vereinigung des eigenen Denkens mit diesem. Nur der sich darstellende

Gedanke, in dem diese Vereinigung stattfindet, ist ein wahrer,[23] und zwar so, daß die Vereinigung seine Wahrheit selber ist. Doch die Vereinigung hat nicht bloß zwischen numerisch Verschiedenen zu geschehen, sondern zwischen verschieden eingestelltem Denken: zwischen dem philosophischen Denken und dessen unphilosophischen Anfängen. »Die Dialektik ist kein Monolog der Spekulation mit sich selbst, sondern ein Dialog der Spekulation und Empirie. Der Denker ist darin nur Dialektiker, daß er *sein eigener Gegner* ist.«[24] An solcher Dialektik mangelt es Hegels systematischer Darstellung. Bereits in ihren ersten Schritten beginnt sie mit einem Widerspruch gegen die sinnliche Anschauung und ihren Advokaten, den Verstand, ohne diesen Widerspruch aufzulösen. Man muß daher Hegel selbst noch das von ihm mit soviel Nachdruck vertretene Gebot der Selbstentäußerung vorhalten: »Hegel hat sich *nicht entäußert,* nicht die absolute Idee *vergessen,* sondern er denkt schon den Gegensatz, aus dem sie sich erzeugen soll, *unter ihrer Voraussetzung.*«[25] Aber »die einzig voraussetzungslos beginnende Philosophie ist *die,* welche die Freiheit und den Mut hat, sich selbst zu bezweifeln, welche sich aus ihrem Gegensatze erzeugt«.[26]

Mit dieser Feststellung radikalisiert Feuerbach lediglich Hegels Konzeption einer Einleitungswissenschaft. Dann aber bemüht er sich auch nachzuweisen, daß die Phänomenologie solchen Bedingungen nicht genügt. Hegels Kritik des Meinens beweist nicht *für* das sinnliche Bewußtsein, daß das isoliert einzelne Sein keine Realität hat. »Der Inhalt des ganzen ersten Kapitels der Phänomenologie ist daher dem sinnlichen Bewußtsein nichts Anderes als der, nur im entgegengesetzten Sinn wieder *aufgewärmte Kohl* des Megarikers Stilpo, nichts anderes als ein Wortspiel des *seiner selbst* schon als der Wahrheit gewissen Gedankens mit dem natürlichen Bewußtsein. Aber das Bewußtsein läßt sich nicht irre machen.«[27] Daher erhebt Feuerbach die Forderung: »Der Philosoph muß das im Menschen, was *nicht* philosophiert, was vielmehr *gegen* die Philosophie ist, dem abstrakten Denken opponiert, das also, was bei Hegel nur zur *Anmerkung* herabgesetzt ist, in den *Text* der Philosophie aufnehmen. Nur so wird die Philosophie zu einer *universalen, gegensatzlosen, unwiderleglichen, unwiderstehlichen Macht.* Die Philosophie hat daher nicht *mit sich,* sondern mit ihrer *Antithese,* mit der *Nichtphilosophie* zu beginnen. Dieses vom Denken unterschiedene, unphilosophische, absolut *antischolastische* Wesen in uns ist das Prinzip des *Sensualismus.*«[28] Im Namen dieses Prinzips hat Feuerbach versucht, den abstrakt vermittelnden Gedanken Hegels in die Unmittelbarkeit des konkreten, sinnlich-natürlichen Menschen zurückzunehmen.

Kierkegaard machte gegen Hegels spekulative Vermittlung nicht die konkrete Unmittelbarkeit des sinnlich Gewissen, sondern die Grenzkategorie des Sprunges geltend. Der angeblichen Notwendigkeit und Kontinuität des sich selbst begründenden absoluten Geistes hat er die Diskontinuität und Kontingenz im Werden der menschlichen Existenz entgegengehalten.[29] Aber auch er trug diese Gegensätze nicht einfach von außen an Hegel heran, sondern entwickelte sie an zentralen Problemen der Hegelschen Philosophie. Eines dieser Probleme betraf speziell die Phänomenologie des Geistes. Nach deren Programm ist die Einsicht in die Notwendigkeit, die das Bewußtsein eine neue Gestalt annehmen läßt und ihm einen neuen Gegenstand verschafft, nicht *für* das Bewußtsein, das seine Erfahrungen macht; sondern sie ist unsere wissenschaftliche Zutat. Wie aber, so wendet Kierkegaard ein, kann unter solchen Umständen die Notwendigkeit im Fortgang des Bewußtseins zu dem ihm gesteckten Ziel *immanent,* wie kann der Gang *kontinuierlich* sein, wenn die entscheidenden Schritte der Einsicht sich jeweils *intermittierend hinter* dem Rücken des Bewußtseins vollziehen?[30] Im übrigen hat Kierkegaard seine Lehre von den Stadien auf dem Lebensweg in große Nähe zu Hegels Analyse von Bewußtseinsstellungen gebracht. Sie führen zwar zunächst den Anschein von Universalität mit sich, müssen aber in einer Aporetik enden, die in ihrer eigenen Struktur angelegt ist.

Marx hat sich Feuerbachs Hegelkritik zu eigen gemacht und den Neuansatz bei der sinnlichen Natur des Menschen und seines gesellschaftlichen Verhältnisses zum Mitmenschen grundsätzlich anerkannt. Aber er kritisierte, daß Feuerbach die menschliche Sinnlichkeit nicht in ihrer *tätigen Form* erfaßt habe.[31] Mit dieser Distanzierung von Feuerbach war auch eine Modifikation der Kritik an Hegel verbunden. Man darf nach Marx nicht unterschlagen, daß Hegel – wenn auch nur in abstrakter, logischer und spekulativer Form – den »Ausdruck für die Bewegung der Geschichte gefunden hat, die noch nicht *wirkliche* Geschichte des Menschen als eines vorausgesetzten Subjekts, sondern erst *Erzeugungsakt, Entstehungsgeschichte* des Menschen ist.«[32] Daher ist für Marx die Phänomenologie nicht bloß ein Werk Hegels neben anderen. Sie ist »die wahre Geburtsstätte und das Geheimnis der Hegelschen Philosophie«.[33] Wahre Geburtsstätte ist sie, insofern sich in ihr die geschichtliche Betrachtung des hinter dem Rücken des menschlichen Bewußtseins zu sich selbst kommenden Geistes Bahn gebrochen hat – allerdings nur des Geistes als eines in der abstrakten Form spekulativen Denkens zu sich kommenden Selbsterzeugungsakts. Sie ist darüber hinaus auch das Geheimnis der Hegelschen Philosophie, das durch Feuerbachs Kritik noch nicht entschleiert wurde. Dies Geheimnis hat einerseits eine der Marxschen Kritik anheimfallende Seite: Der *unkritische* Charakter der späteren Hegelschen Werke ist in der Phänomenologie *deshalb* schon verborgenerweise vorhanden, weil es die in der Phänomenologie Thema werdende *Aneignung* der zu Gegenständen und zu fremden Gegenständen gewordenen Wesenskräfte des Menschen ist, die in der *Abstraktion* vor sich geht.[34] Andererseits liegt darin aber auch das Große, das Feuerbach nicht gesehen hat: »daß Hegel die Selbsterzeugung des Menschen als einen Prozeß faßt, die Vergegenständlichung als Entgegenständlichung, als Entäußerung und als Aufhebung dieser Entäußerung; daß er das Wesen der *Arbeit* faßt und den gegenständlichen Menschen, wahren, weil wirklichen Menschen, als Resultat seiner *eigenen Arbeit* begreift«.[35] Dieser Ansatz einer kritischen Rezeption der Phänomenologie hat nach dem Erscheinen von Marx' Ökonomisch-philosophischen Manuskripten[36] Epoche gemacht – aber erst im zweiten Drittel dieses Jahrhunderts. Schon vorher hatte die Phänomenologie des Geistes viele und vielgestaltige Publikationen nach sich gezogen.

4. Auf die Jahre der Apologie und kritischen Umwandlung folgte zunächst das Jahrzehnt der historischen Inventarisierung Hegels. Am bekanntesten ist aus dieser Zeit das Hegelbuch *R. Hayms* geworden.[37] Haym will das von der Entwicklung gesprochene Urteil formulieren und Hegel in der Geschichte des deutschen Geistes beisetzen.[38] Sein Mausoleum verewigt jedoch vor allem die Legenden, die schließlich zu Gemeinplätzen des vulgären Hegelverständnisses geworden sind.[39] Hegel habe mit der Phänomenologie die abstrakte Transzendentalphilosophie Kants zur historischen Kritik verdichten wollen.[40] In Wahrheit aber – und hiermit wiederholt Haym nur in herabsetzender Form die Kritik K. Ph. Fischers[41] – sei die Phänomenologie »eine durch die Geschichte in Verwirrung und Unordnung gebrachte Psychologie und eine durch die Psychologie in Zerrüttung gebrachte Geschichte«.[42] Das Geheimnis der Hegelschen Philosophie, das die Phänomenologie offenbart, ist hier nur noch, daß diese Philosophie »nicht kann, was sie soll, und nicht ist, was sie will«.[43]

5. Hayms abschätziges, auf der Arbeit der Spätidealisten fußendes Urteil hat nachgewirkt. Als zu Beginn unseres Jahrhunderts die Kulturphilosophie des Neukantianismus und die Lebensphilosophie das Interesse an Hegel wieder erweckten, da schwankten die maßgeblichen Repräsentanten dieser »Hegelrenaissance«[44] in ihrer Einstellung zur Phänomenologie zwischen Bewunderung und Hilflosigkeit.

Schon *Dilthey* kam es bei seiner Beschäftigung mit Hegels Entwicklung vor allem auf die Phänomenologie an.[45] Sie galt ihm als »gewaltigste Schrift Hegels«, als »vielleicht Hegels genialstes Werk«.[46] Aber Diltheys Aufzeichnungen zu dieser Phase des Hegelschen Entwicklungsganges blieben besonders spärlich.[47] Auch *Kroner* war von Bewunderung für die Phänomenologie erfüllt. Er bezeichnete sie als Hegels »modernstes Werk«.[48] Doch die Idee eines Werks, das sowohl ein Weg zur Wissenschaft als auch selbst schon Wissenschaft sein soll, schien ihm widersprüchlich. Er konnte sie sich nur philosophiegeschichtlich als den Versuch zurechtlegen, dem absoluten Idealismus vor dem transzendentalen Gewissen eine – im Grunde fadenscheinige – Rechtfertigung zu verschaffen – einen Versuch, den Hegel mit seiner Encyclopädie ja dann auch wieder aufgegeben zu haben schien. Irritierender noch mußte für ein genuines Verständnis der Phänomenologie sein, daß die Motive, die für sie ausschlaggebend schienen, sich auch wieder in der Encyclopädie und ihrer Logik fanden.[49] In einem ähnlichen Interpretationsdilemma befand sich *Glockner*.[50] Um sich die Entstehung der Phänomenologie verständlich zu machen, verfiel er auf den abenteuerlichen Ausweg, zwei nebeneinander herlaufende Entwicklungsgeschichten des Hegelschen Denkens zu unterscheiden: die Entwicklungsgeschichte des Systems, die über Hegels Jenenser Vorlesungen zur Encyclopädie führe, und die Entwicklungsgeschichte der Philosophie, die von Hegels frühen Niederschriften zu den Jenenser Journalaufsätzen führe und in der Phänomenologie gipfele. Außerdem meinte auch er, »rein wissenschaftlich« unterscheide sich die Phänomenologie nicht von der in der Encyclopädie angewandten Methode. Was die Phänomenologie auszeichnet, seien irrationale Momente. Ihr einzigartiger Reiz beruhe auf der Treffsicherheit, mit der Hegel einzelne Gestalten charakterisiere, und auf der Anschaulichkeit, die er ihrer Individualität verleihe.[51] Andererseits aber hat nach Glockner gerade die Phänomenologie Hegel in das tragische Schicksal verstrickt, sein »philosophisches Künstlertum« dem System opfern zu müssen.[52] Zu diesem Geheimnis der Hegelschen Philosophie ist die Phänomenologie nun geworden.

Doch die problematischen Perspektiven, unter denen einflußreiche Repräsentanten des Neuhegelianismus die Phänomenologie behandelt haben – auch Härings These zur Entstehungsgeschichte der Phänomenologie gehört hierher –, sollten nicht vergessen machen, daß dieser Epoche für das Verständnis der Phänomenologie im einzelnen sehr viel zu verdanken ist.[53] Man kann auch nicht leugnen, daß Hegel in die Phänomenologie mehr als in jedes andere seiner systematischen Werke von seinen politisch-historischen Arbeiten eingebracht hat. Daher wurde an diesem Werk besonders auffällig, daß Hegel eher durch ein Wunder als vorhersehbarerweise zum Systematiker geworden ist. Er war keine anima naturaliter hegeliana.

6. Die veränderte Einschätzung, wie sie Hegel seit Anfang des Jahrhunderts bei Vertretern der akademischen Philosophie erfuhr, kam den jungen Intellektuellen zugute, die nach dem ersten Weltkrieg das »bürgerliche Lager« verließen und sich sozialistischen Gruppierungen anschlossen, ohne sich indes von einer Parteiorganisation das Denken verbieten zu lassen. Das Versagen der Arbeiterbewegung im Westen und bald auch die bedenkliche Tatsache, daß die russische Revolution nur gelang um den Preis langfristiger Bevormundung der Massen durch einen bürokratisch organisierten Parteiapparat, veranlaßten eine funktionale Analyse der marxistischen Orthodoxie und eine Kritik ihrer objektivistischen Auffassung von geschichtlicher Dialektik. Der unverfälschte Marxismus schien zusammen mit seiner Wiederherstellung auch der Klärung seines wirklichen Verhältnisses zur Philosophie bedürftig.[54] Lenin hatte sich 1914 notiert, daß nach einem halben Jahrhundert keiner von den Marxisten Marx begriffen habe, weil man das ›Kapital‹ nicht vollkommen begreifen könne, ohne zuvor die *ganze* Logik

Hegels durchstudiert zu haben.[55] Im Unterschied dazu mußte die Rückbesinnung auf das philosophische Erbe des Marxismus nun zu einem erneuten Interesse an Hegels Phänomenologie führen. Denn ähnlich wie in Hegels Darstellung des *natürlichen* Bewußtseins, »das zum wahren Wissen dringt«[56], sollte sich in den jetzt stattfindenden Auseinandersetzungen – freilich unter der Marxschen Prämisse einer gesellschaftspolitischen Einheit von Theorie und Praxis – die alles Weitere vorbereitende Frage auf die Bedingungen richten, unter denen das hinter den objektiven Erfordernissen der Situation zurückgebliebene *Klassen*bewußtsein die geschichtliche Entwicklung einholen und – selbst praktisch werdend – die Schranken des gesellschaftlichen Systems durchbrechen könne. Auf diesen wohlvorbereiteten Diskussionsboden fiel 1931/32 die Veröffentlichung der Ökonomisch-philosophischen Manuskripte, die die umfangreichste Würdigung der Phänomenologie aus Marx' Feder enthalten.[57] *H. Marcuse* postulierte sogleich, diese Veröffentlichung müsse zu einem entscheidenden Ereignis in der Geschichte der Marxforschung werden.[58] Doch hatte das politische Programm, das sich mit diesem Postulat verband, gegenüber der Allianz von marxistischer Orthodoxie und Parteibürokratie keine Chancen. Diejenigen, die ihm treu blieben, trugen das Los intellektueller und gesellschaftlicher Randexistenz, oder sie mußten sich in die jeweiligen Zonen des gesellschaftspolitischen Gleichgewichts begeben, um von dort aus die quasiphänomenologische Dauerreflexion auf den universalen Verblendungszusammenhang und die ausstehenden Bedingungen seiner Auflösung in Gang zu halten.

Lukács zog solchen Aussichten die Unterwerfung unter die herrschende Parteidoktrin vor. Die Reste seiner widerrufenen gesellschaftstheoretischen Ansätze versteckte er in historischen Arbeiten zur Entwicklungsgeschichte der klassischen deutschen Literatur und Philosophie. Im heiklen Fall Hegels bürgten Marx' Ökonomisch-philosophische Manuskripte für dies Mimikry. So betont Lukács gleich zu Beginn seines Hegelbuchs,[59] er unternehme nichts weiter als den Versuch, auf Hegels Jugendentwicklung die geniale Auffassung anzuwenden, die Marx 1844 in jenen Worten ausgesprochen habe, mit denen er das Große an Hegels Phänomenologie bezeichnete.[60] Wer jedoch das im vorliegenden Band abgedruckte Schlußkapitel des ›Jungen Hegel‹ aufmerksam lesen will, sollte dies vor dem Hintergrund von ›Geschichte und Klassenbewußtsein‹ und im Blick auf die darin enthaltene Abhandlung über »die Verdinglichung und das Bewußtsein des Proletariats« tun.[61]

Ganz anders als im deutschen Sprachraum war die Situation während der 20er und 30er Jahre in Frankreich. Als *A. Koyré* sich um 1930 mit Hegel zu befassen begann, stellte er fest, die Phänomenologie des Geistes habe niemals nennenswerten Einfluß in Frankreich besessen.[62] Einzig *J. Wahl* hatte soeben – von der Beschäftigung mit Hegels Jugendschriften ausgehend – im Phänomenologiekapitel über das unglückliche Bewußtsein eine Antizipation von Kierkegaards wichtigstem Thema entdeckt und zum Leitfaden eines Versuchs gemacht, Hegels Entwicklung und philosophische Methode von der Innenseite gelebter Erfahrung aus zu erschließen.[63] Das um diese Zeit sich erneuernde Hegelinteresse in Frankreich war damit von Anfang an auf ein spezifisches Intellektuellenmotiv festgelegt: die Überwindung der Zerrissenheit des modernen Individuums. Dieses Motiv spielte auch eine erhebliche Rolle, als sich später politisch auf die Volksfront orientierte und marxistische Intellektuelle Hegel zuwandten.[64] Doch als von 1933 an die Marxschen Frühschriften in Frankreich bekannt wurden, waren die linken Intellektuellen ebensowenig mit Hegel vertraut wie die Kommunisten.[65] Die Aufklärung über jene Philosophie, deren Aufhebung und Verwirklichung der junge Marx proklamiert hatte[66], ging von einem russischen Emigranten in Paris aus, für den Marx nur eine Marginalie zu Hegel war: *Alexandre Kojève.* Er hielt von 1933-1939

Vorlesungen[66a] über die Phänomenologie des Geistes an der École des Hautes-Études, wo zuvor schon sein Kollege Koyré Vorlesungen über Hegels Religionsphilosophie gehalten hatte.[67] Unter seinen Hörern waren die wichtigsten Initiatoren der französischen Philosophie in der nächsten Dekade: Sartre, Merleau-Ponty, Hyppolite und Fessard. Die Wirkung der Phänomenologie erreichte auf diesem Wege also nicht nur, ja, nicht einmal direkt und in erster Linie die Marxisten[68], sondern vor allem die Existentialisten[69] und einen bedeutenden christlichen Kritiker des Marxismus[70].

Sicher haben solche Hörer wie Sartre und Merleau-Ponty auch auf Kojève zurückgewirkt. Abgesehen von der drastischen Interpretationstechnik, die Enormitäten nicht scheute, dafür aber immer wieder brillante Teilergebnisse erzielte, abgesehen auch vom paradoxalen Charakter des Gesamtresultats, zu dem die Interpretation kam, hat wohl vor allem dies an Kojèves ›Vergegenwärtigung‹ des Hegelschen Denkens fasziniert: Hier wurde nicht buchhalterisch abgerechnet; begrenzte Einsichten Hegels kamen nicht in die Sollspalte einer bestimmten Klassenlage; und die Hegelsche Dialektik fand sich am Ende umständlicher Transaktionen auch nicht kurzerhand dem Konto des gesellschaftlichen Produktionsprozesses gutgeschrieben. Eher war die Darstellung mit dem Verfahren eines Alchimisten vergleichbar: So heterogene Elemente wie Hegels Lehre von den Erscheinungsformen des sich zur spekulativen Wissenschaft bildenden Geistes, wie der Feuerbach-Kultus des jungen Marx[71] und die Analyse der entfremdeten Arbeit, Heideggers Beschreibung von Furcht, Angst, Sorge, Tod und sich zeitigender Zeitlichkeit[72], Sartres Auffassung von Freiheit als Verneinung des Gegebenen[73] und der darin involvierte ontologische Dualismus des An-sich und Für-sich[74] – sie alle wurden in der genialischen Auslegung eines dunklen Textes miteinander verschmolzen zur geschichtlichen Anthropologie, deren Fundament die Begierde nach Anerkennung und die Differenzierung der Intersubjektivitätssphäre in Herren und Knechte war.[75] Die Phänomenologie, so schien es nun auf einmal, hatte ihr geheimes Zentrum im Kapitel über Herrschaft und Knechtschaft. Dem bedächtig prüfenden Fachmann blieb es vorbehalten, im einzelnen festzustellen, was an diesem Ergebnis wirklich Gold war und was es nur zu sein schien. Man sollte nicht unterschlagen, daß das Urteil des Experten nicht immer günstig ausfällt. Daß Hegel zum Beispiel am Ende des Kapitels über die Moralität den leibhaftigen Napoleon aus der Retorte zaubere, wird man nicht mehr glauben, wenn man E. Hirschs Aufsatz über die Beisetzung der Romantiker in Hegels Phänomenologie gelesen hat.[76] Man wird auch nicht verzeihen, daß trübe Ingredienzien in Kojèves Auslegungschemie vorkommen. Nicht zu überhören sind die faschistoiden Obertöne der Behauptung, die Geschichte beginne damit, daß derjenige, der Herr werden will, sich durch Einsatz seines Lebens über die animalische Natur erhebt; daß er den Knecht im Angesicht des Todes und in der Furcht des Herrn zu arbeiten zwingt; und daß nur dieser produktiven Todesfurcht des Knechts Ideologien, Moralvorstellungen und religiöse Tröstungen entspringen.[77] Mit Hegels Begriff von Weltgeschichte als einer Geschichte des sittlichen Geistes, zu dessen Existenzvoraussetzungen die erfolgreiche Anerkennung gehört, hat all dies nichts zu tun. Insofern war aus anderen als nur philologischen Gründen zu begrüßen, daß die französische Auseinandersetzung mit Hegel durch den fast zu gleicher Zeit wie Kojèves Vorlesungen erschienenen Phänomenologie-Kommentar von J. Hyppolite[78] in geordnetere Bahnen geleitet wurde.[79]

Ein ganz anders gearteter Kommentar zu einem Stück der Phänomenologie wurde 1942/43 von *Heidegger* verfaßt und 1950 unter dem Titel »Hegels Begriff der Erfahrung« veröffentlicht.[80] Er stellt eine ausführliche, Absatz für Absatz besprechende Meditation über jenen Text dar, den Hegel dem ersten Kapitel der Phänomenologie als »Einleitung« vorangestellt hat. Von allem was Kojève ehedem aus Heidegger für die Hegelinterpretation entnommen hatte, enthält er nichts. Er geht nicht darauf aus, Hegels Text dem unvertrauten Leser zugänglich zu machen, und auch nicht darauf, den Gehalt des Textes im Medium marxistischer oder existentialistischer Auffassungen zu vergegenwärtigen. Heidegger betrachtet das von ihm interpretierte Stück als einen Grundtext der abendländischen Metaphysik. Er will darin die verborgenen Vormeinungen aufdecken, die das Verständnis der Grundbegriffe leiten, den Gedankengang organisieren und Hegel Sätze formulieren lassen, deren erst noch zu denkender Sinn und zu beurteilender Anspruch nicht von Hegels eigenem Denken her aufgeschlossen und entschieden werden kann. Hegel und uns sind diese Vormeinungen durch die Herkunft zum Geschick geworden. Unsere terminologisch verhärtete philosophische Begriffssprache gibt sie nicht mehr zu erkennen. Vielmehr müssen sie nach Heideggers Auffassung in frühen Texten aufgesucht werden, in denen sie sich noch als solche aussprechen. Darum bemüht Heidegger sich, Hegels Zeilen gleichsam gegen eine helle Lichtquelle zu halten, um zwischen ihnen wie in Geheimschrift die Formulierungen des Aristoteles sichtbar zu machen und die einen im Kontext der anderen zu lesen. Um Hegel denken zu können – das ist die Interpretationsmaxime – muß man Aristoteles *griechisch* denken. Um sich aber dazu instand zu setzen, muß man schon im Blick haben, was vom Denken der Metaphysik erst bei Hegel zutage getreten ist.

Es ist klar, daß es nicht Sache einer handlichen Sammlung von Studientexten zur Phänomenologie sein kann, das Heideggersche Paradigma dieses ebenso tiefsinnigen wie mühseligen, mikrologischen Entzifferungsverfahrens zu präsentieren. Heideggers Kommentar bedürfte eines Metakommentars. Es ist aber wohl kaum Zufall, daß sich unter der imposanten Menge der Heidegger-Interpretationen keine findet, die diesem Bedürfnis Rechnung trägt. Erst recht nicht sollte die Auseinandersetzung mit einer solchen Abhandlung im Rahmen eines Vorwortes stattfinden. Doch Heideggers Aufsatz über Hegels Begriff der Erfahrung besitzt für viele, die sich der Phänomenologie des Geistes zuwenden, große Anziehungskraft. Deshalb empfiehlt es sich, vor einem Mißverständnis zu warnen, das er nahelegt. Die »Einleitung« zur Phänomenologie ist kein Grundtext der Hegelschen Philosophie, sondern das von philosophischen Vormeinungen der Abfassungszeit ausgehende Prolegomenon zu einem Werk, welches es seiner Idee gemäß verbietet, die Terminologie des Autors gleich zu Anfang in ihrer vollen, für den Autor maßgeblichen Bedeutung zu gebrauchen. Man kann aus dem Kontext dieser Einleitung zum Beispiel noch nicht entnehmen, was Hegel unter ›Erkennen‹, ›Absolutes‹, ›Wahres‹ oder unter ›wollen‹ versteht. Es ist auch nicht sinnvoll, in diesem Kontext danach zu fragen. Sätze, die globale Behauptungen aufstellen – gerade auch solche, die Heidegger ins Zentrum seiner Interpretation stellt –, drücken nicht Hegels abschließendes Urteil aus, sondern ehemals repräsentative Ansichten. Hegel nimmt auf sie Bezug, um sein Unternehmen einer Darstellung des erscheinenden Wissens vorläufig zu erläutern und zu rechtfertigen. Der Text, den Heidegger interpretiert, sollte einen exoterischen Zugang zum Werk verschaffen.[81] Möglichst unverkrampft über ihn zu unterrichten, ist daher dem Zweck, dem er dient, am angemessensten. Unter diesem Gesichtspunkt wurde für den vorliegenden Band das Textstück aus J. E. Erdmanns Philosophiegeschichte ausgewählt.[82]

III

Blickt man auf die Umrisse der Wirkungsgeschichte zurück, von der im Voranstehenden einige allgemeine Zusammenhänge sichtbar gemacht wurden, so zeichnen sich drei Faktoren ab, die in sich wiederum differenziert sind: Was die Phänomenologie zu einem epochalen Werk gemacht hat, war *erstens* die einzigartige begriffliche Durchdringung von Lebensformen. Bis dahin schienen sie nur dem historischen Bericht und der Schilderung von Sitten und Zuständen zugänglich zu sein. Doch die Phänomenologie zeigte, daß man mit den abstrakten Begriffen der Philosophie die Strukturen einer gelebten Welterfahrung rekonstruieren kann, und zwar in einer Weise, die mehr aufdeckt als das, was der direkten Reflexion zugänglich ist, in der sich aber auch der Erfahrungszusammenhang selber wiederzuerkennen vermag. Ohne eine solche Theorie, die diagnostiziert, ohne ihren Adressaten in der Distanz eines bloßen Gegenstandes festzuhalten, muß auch die Verständigung über geschichtliche Situationen und die Frage nach den Aufgaben, die sich in ihnen stellen, dilettantisch, hilflos oder borniert bleiben. Es war mit anderen Worten der Versuch, historische Erscheinungen zu systematisieren und dadurch als Paradigmen für Bildungsfiguren der eigenen Gegenwart kenntlich zu machen – sei es nun, daß der Versuch bestach oder daß er zum Widerspruch herausforderte. Hinzu kam, daß diese Systematisierungen nicht durch ein vorgefertigtes philosophisches System belastet oder belastbar schienen. *Zweitens* war es das wieder einmal ernsthaft unternommene Bemühen, die Abstraktionen der Philosophie und den verdächtig esoterischen Charakter ihrer Behauptungen zu rechtfertigen. Hauptsächlich vier Instanzen, vor denen die Phänomenologie eine solche Rechtfertigung erwarten ließ, kamen dabei in Betracht: die Tradition der erkenntnistheoretischen Frage nach den Gründen von Wissen überhaupt, sowie die mit ihr verbundene Theorie der Subjektivität; unsere nicht konstruktiven, ›natürlichen‹ Überzeugungen, deren wir uns nicht entledigen können, es sei denn um den Preis, daß wir uns selbst und anderen unverständlich werden; exemplarische Erkenntnisse der Wissenschaften sowie ihre Methodologie; und schließlich die nicht von außen, gemeinverbindlich festsetzbaren Prioritäten und Entscheidungszwänge der menschlichen Existenz. In all diesen Hinsichten war hier –

wie schon bei Plato – von seiten der Philosophie die Forderung anerkannt, sich auf die Zweifel einzulassen, die sich gegen die Philosophie kehren und die an Instanzen wie die genannten appellieren. Die Forderung war anerkannt, nicht weil derjenige, der ein überlegenes Wissen besitzt, sich dazu herablassen sollte, andere aufzuklären; sondern weil die Philosophie nur zu sich selbst kommt, indem sie ihre Überzeugungen von der Vermischung mit den Voraussetzungen befreit, die der an ihr Zweifelnde macht und die sich bei genauer Prüfung als falsch oder als inadäquat verstanden erweisen. *Drittens* hat die Phänomenologie ihre wirkungsgeschichtliche Spur dadurch gezogen, daß sie immer wieder zur Konfrontation mit anderen bedeutenden Konzeptionen der Philosophie herausforderte.

Alle diese Motive sind auch heute noch lebendig. Sie machen sich jedoch unter veränderten Bedingungen und in der Applikation auf neue Inhalte geltend. Es kommt ihnen auch zugute, daß seit Anfang der 60er Jahre die Idee und Methode der Phänomenologie, sowie ihre Ursprungsgeschichte, in gründlichen, historisch durchgeführten, aber systematisch angelegten Untersuchungen sehr viel genauer diskutiert werden als während der Jahrzehnte, in denen sich das erneute Interesse an der Phänomenologie Bahn brach.[83]

Der erste der drei erwähnten Faktoren kam während der letzten Jahre vor allem im Umkreis *J. Ritters* zur Wirkung.[84] Charakteristisch gegenüber Lukács und Kojève ist hier, daß die religiöse Thematik der Phänomenologie nicht mehr nur unter ideologiekritischem Aspekt gesehen oder auf Anthropologie reduziert wird.[85] Die erkenntnistheoretische Fragestellung wurde von *J. Habermas* wieder an die Phänomenologie herangetragen;[86] sowie von *W. Becker*, der den subjektivitätstheoretischen Überlegungen *W. Cramers* viel verdankt.[87] Für die Bestrebungen, sich mit Hegels Phänomenologie vom Standpunkt des ›natürlichen‹ Bewußtseins aus zu befassen, sind heute die hermeneutischen Arbeiten von *H. G. Gadamer* repräsentativ.[88] Bis zu einem gewissen Grad hat sich auch das existenz-philosophische Interesse in jüngeren Arbeiten niedergeschlagen.[89] Am wenigsten profiliert ist dagegen die Beschäftigung mit der Phänomenologie unter dem Gesichtspunkt des Verhältnisses von Philosophie und Wissenschaft. Ohne Zweifel reflektiert sich hierin ein Mangel, mit dem das Werk von 1807 selbst behaftet war. Es war Hegel nicht sehr überzeugend gelungen, die Idee einer ›Darstellung des erscheinenden Wissens‹ an der kritischen Behandlung exemplarischer Forschungsergebnisse der Einzelwissenschaften zu bewähren. Für Versuche, Hegels Leistung in dieser Hinsicht zu übertreffen, stand schon früher nahezu ausschließlich das Werk von Marx, und auch dies in so verwickelter Weise, daß eine detaillierte Aufklärung hierüber noch immer aussteht. An keine Einzelwissenschaft und an keine Reflexion auf ihre Grundlagen knüpft sich heute eine vergleichbar intensive Auseinandersetzung mit der Phänomenologie. Gleichwohl gibt es gerade auf diesem Feld Beziehungen, die sich nicht in der Abwandlung älterer Motive erschöpfen. *Gadamer* zum Beispiel hat seine Auffassung von hermeneutischer Erfahrung nicht zuletzt in Abhebung gegen den phänomenologischen Erfahrungsbegriff Hegels entwickelt.[90] Ähnliches gilt für einige philosophische Interpretationen der Psychoanalyse. *H. Marcuse, P. Ricœur* und *J. Habermas* haben deren Struktur in Verbindung mit Hegels Begriff der Bildungsgeschichte des Bewußtseins gebracht.[91] Bei aller Verschiedenartigkeit der Herkunft bestehen zwischen der Psychoanalyse und der Phänomenologie des Geistes Zusammenhänge, die eine Konfrontation fruchtbar erscheinen lassen. Denn eine solche Konfrontation verspricht, die Aufmerksamkeit auf Schwierigkeiten zu lenken, die unbeachtet bleiben, solange man beide Theorien nur mit ihren eigenen Mitteln interpretiert. Im Fall Freuds liegen die Probleme in der Bestimmung der Bedingungen, unter denen man sinnvoll fordern kann: »Wo Es war, soll Ich werden«[92]. Im Fall Hegels betreffen sie die Frage, ob denn tatsächlich »die Wunden des Geistes heilen, ohne daß

Narben bleiben«[93]; ob nicht vielmehr der erscheinende Geist, wenn er seine Substanz nur gegen erbitterte, innere Widerstände begreifen kann, nach deren Überwindung bleibende Spuren seines Kampfes an sich trägt. In beiden Fällen geht es um den inhaltlichen Zusammenhang zwischen geistiger Individualität, Gesellschaft und Natur. Es gibt jedoch auch methodologische Probleme, durch die sich die Reflexion auf die Wissenschaft mit dem Programm der Phänomenologie berührt. Seit kurzem haben einige Vertreter der analytischen Wissenschaftstheorie begonnen, mit Hegel zu kokettieren. Dabei ist im Zuge der Rehistorisierung des Rationalitätsbegriffs jüngst sogar Hegels ›List der Vernunft‹ wieder zu Ehren gekommen.[94]

Was schließlich den dritten der oben genannten wirkungsgeschichtlichen Faktoren betrifft, so bleibt nur noch eines zu erwähnen: an die Stelle von Heideggers Auseinandersetzung mit der Hegelschen Phänomenologie, die keine nennenswerte Diskussion ausgelöst hat, sind seit den 50er Jahren Versuche getreten, Husserls Idee einer beschreibenden, transzendentalen Phänomenologie im Lichte der Phänomenologie Hegels zu betrachten. Umgekehrt gibt es auch Ansätze, die Phänomenologie des Geistes mit Hilfe Husserlscher Begriffe zu interpretieren.[95] Wie naheliegend solche Versuche sind, ersieht man am besten daraus, daß Husserl es als eine seiner wichtigsten Aufgaben betrachtete zu zeigen, wie man auf einsichtige Weise in die transzendentale Phänomenologie hineinkommt, und daß er dieses Ziel nie erreicht hat.

Als Lukács, Kojève und Heidegger sich mit der Phänomenologie befaßten, dürften sie die Überzeugung geteilt haben, die Merleau-Ponty auf die prägnante Formel brachte: »Hegel befindet sich am Ursprung all dessen, was sich Großes in der Philosophie seit einem Jahrhundert ereignet hat«[96]. Ebenso würden Lukács, Kojève und Heidegger damals in der Auffassung übereingekommen sein, daß Merleau-Pontys Urteil in erster Linie auf den Hegel der Phänomenologie zutrifft – so weit dabei ihre Ansichten in der Frage auseinandergingen, was zu diesen großen geistigen Ereignissen gezählt werden darf: ob Marxismus, Nietzsche, Phänomenologie, deutsche Existenzphilosophie, Psychoanalyse, die Merleau-Ponty als Beispiele anführte, oder anderes. Lukács, Kojève und Heidegger hatten in ihrem Verhältnis zur Phänomenologie auch dies gemein, daß sie versuchten, gleichsam mit dem Atem Hegels zu philosophieren. Daran mag man ermessen, welch fundamentaler Wandel sich inzwischen vollzogen hat. Wer sich heute für die Phänomenologie interessiert und an Merleau-Pontys Wort erinnert wird, muß sich fragen, was Russell, Wittgenstein und Carnap dazu gesagt hätten. Sie hätten bestenfalls entschieden widersprochen, wahrscheinlich aber nur mit der Achsel gezuckt. Gleichwohl waren sie philosophische Theoretiker von großem Gewicht. Das Bewußtsein des Bruchs in unserer gegenwärtigen philosophischen Bildung wird jeden, der sich mit Hegel beschäftigt, nüchtern stimmen. Aus solcher Nüchternheit sollte das Verlangen entstehen, in der Verständigung über die Phänomenologie und ihre Gegenstände zu größerer Klarheit zu kommen, als man bisher für nötig hielt. Andererseits aber ist zu wünschen, daß Hegels Phänomenologie auch bei uns jene Rolle behält, die sie außerhalb Mitteleuropas seit langem besitzt: widerstandsfähig zu machen gegen die Meinung, in der Philosophie verhalte sich nur derjenige vernünftig, der keine anderen Fragen stellt als solche, deren Beantwortung den strengsten Ansprüchen cartesianischer Klarheit und logischer Formalisierung genügt. Die Phänomenologie bleibt ein Korrektiv gegen die Illusion, für den ernsthaft Philosophierenden bestehe eine vollständige Alternative zwischen der analytischen Behandlung von Detailproblemen und bedeutungsvollem Schweigen.

IV

Abschließend ein Wort zu den Texten, die der vorliegende Band enthält. Die allgemeinen Gesichtspunkte der Auswahl wurden zu Beginn des Vorworts bereits genannt. Hinweise auf den Stellenwert einzelner Aufsätze ergaben sich im Zusammenhang des Überblicks über die Wirkungsgeschichte und über die gegenwärtige Diskussionslage. So bleibt hier nur noch etwas zur Gliederung des Bandes, zum Gewichtsverhältnis der Teile und zu den Maximen zu sagen, nach denen wichtige Arbeiten nicht aufgenommen wurden. Um mit dem letzteren zu beginnen: die Absicht war, vor allem solche Arbeiten zu berücksichtigen, die vergriffen oder aber nicht selbständig erschienen sind und daher meist nur in öffentlichen Bibliotheken eingesehen werden können. Auf neue Bücher, die als ganze dem Studium der Phänomenologie dienen, verweist das Literaturverzeichnis. Die Gliederung des Bandes ist so angelegt, daß in verschiedenen Hinsichten die Teile I und V, die Teile I-III sowie die Teile III-V eng zusammengehören. Teil I enthält zwei Arbeiten, die den ersten Zugang zum Werk erschließen helfen sollen, während in Teil V zwei Arbeiten zur Idee des Werks und seiner Genese einander gegenübergestellt sind. Andererseits enthalten die ersten beiden Teile je eine Interpretation zur Vorrede, zur Einleitung und zu den drei ersten, grundlegenden Kapiteln der Phänomenologie. Teil III fügt ihnen einige Arbeiten zur Diskussion der wichtigsten Stücke des vierten Kapitels hinzu. Er ist mit den in Teil II enthaltenen Arbeiten vor allem durch den Aufsatz Gadamers verknüpft. Das aus Kojèves Vorlesungen abgedruckte Kapitel hat nicht nur im Diskussionsbeitrag Kellys und in Bemerkungen Gadamers sein Gegenstück. Es enthält auch eine Auffassung vom Aufbau der Phänomenologie, zu der die Arbeiten der Teile IV und V im Spannungsverhältnis stehen: die Arbeiten des Teils IV im Hinblick auf konkrete historische Bezüge, in denen Hegel dachte; diejenigen des Teils V hinsichtlich abstrakter Konstruktionsprinzipien, die dem Aufbau der Phänomenologie zugrundeliegen. – Ein früherer Plan des Bandes sah vor, der Diskussion über Herrschaft und Knechtschaft breiteren Raum zu geben und die in Deutschland schwer zugänglichen französischen Beiträge der Nachkriegszeit zu sammeln, die zu dieser Diskussion gehören. Er ließ sich nicht durchführen, zeigte aber auch, daß die Antwort, die Kojève um diese Zeit von seiten der französischen Marxisten erfuhr, nicht gewichtig genug war, um den Verzicht auf Lukács Stimme zu rechtfertigen. Die Modifikation des ursprünglichen Plans gab außerdem Gelegenheit, den zu Unrecht wenig beachteten Beitrag von E. Hirsch wieder in Erinnerung zu bringen.

Die Herausgeber danken allen, die ihre Erlaubnis zur Veröffentlichung von Beiträgen gegeben haben und die bei der Entstehung des Bandes mitwirkten.

Anmerkungen

1 Bamberger Zeitung vom 28. Juni und vom 10. Juli 1807; Intelligenzblatt der Jenaischen Allgemeinen Literatur-Zeitung vom 28. Oktober 1807. 693 f. Zitiert nach dem Text der JALZ.

2 Briefe von und an Hegel. Hrsg. v. J. Hoffmeister. Hamburg 1952-54. Band I. 161.

3 Th. Haering: Die Entstehungsgeschichte der Phänomenologie des Geistes. In: Verhandlungen des dritten Hegelkongresses. Tübingen 1934.

4 O. Pöggeler: Zur Deutung der Phänomenologie des Geistes. In: Hegel-Studien. Bonn 1961. Band I.

5 Phänomenologie des Geistes. Hrsg. v. J. Hoffmeister. Hamburg 1952. XXXIII. Vgl. K. Fischer: Hegels Leben, Werke und Lehre. Heidelberg 1901. Erster Teil. 63 f.

6 Vgl. F. Nicolin: Zum Titelproblem der Phänomenologie des Geistes. In: Hegel-Studien. Bonn 1967. Band IV. 113 ff.

7 Vgl. das Verzeichnis der Dokumente zur Phänomenologie am Schluß dieses Bandes.

8 Wissenschaft der Logik. Hrsg. v. G. Lasson. Leipzig 1934. Band I. 7 [*V, 18*].

9 Briefe IV. 30.
10 Briefe I. 136.
11 Briefe IV. 30.
12 Phän. 578.
13 Es ist nicht klar, ob es sich hier um einen Lesefehler Hoffmeisters (»re« statt »1e«?), ein falsch aufgelöstes Kürzel oder um das Ende eines Wortes handelt, das durch Seitenwechsel getrennt oder abgerissen ist (z. B. »weite-re« oder »ausführliche-re«).
14 Es wurden verglichen die Ausgaben von: J. Schulze 1832; 1841; Lasson 1907; Bolland 1907; Weiß 1909; Lasson 1921; 1927; Glockner 1927; Hoffmeister 1937; 1949; 1952; Michel/Moldenhauer 1970; Ullstein 1970.
15 Vgl. zu dieser und den folgenden arabischen Ziffern O. Pöggeler: Zur Deutung der Phänomenologie des Geistes. A.a.O.; zu Ziffer 1,2,4,5 H. F. Fulda: Das Problem einer Einleitung in Hegels Wissenschaft der Logik. Frankfurt 1965. 57 ff.
16 G. A. Gabler: Lehrbuch der philosophischen Propädeutik. Erste Abteilung. Kritik des Bewußtseins. Erlangen 1827.
17 Ebenda. Vorrede.
18 C. L. Michelet: Geschichte der letzten Systeme der Philosophie in Deutschland. Zweiter Teil. Berlin 1838. 617; vgl. ders.: Anthropologie und Psychologie. Berlin 1840. V.
19 I. H. Fichte, Ch. H. Weiße, K. Ph. Fischer, H. Ulrici, H. M. Chalybäus, J. U. Wirth u. a.
20 Zu Hegels Charakteristik. In: Zeitschrift für Philosophie und spekulative Theologie. XII. 1844. 303.
21 Die drei Grundfragen der gegenwärtigen Philosophie. Ebenda I. 82 ff.
22 Kritik der Hegelschen Philosophie. In L. Feuerbach: Sämmtliche Werke. Leipzig 1846. Band II. 185 ff. Vgl. zu den folgenden Ziffern auch R. K. Maurer: Hegel und das Ende der Geschichte. Stuttgart 1965. § 9, 10.
23 Vgl. damit neuerdings J. Habermas' Konsensustheorie der Wahrheit. J. Habermas/N. Luhmann: Theorie der Gesellschaft oder Sozialtechnologie. Frankfurt/M 1971. 124 ff.
24 L. Feuerbach: a.a.O. II. 207.
25 A.a.O. II. 208.
26 Ebenda 207.
28 Ebenda 257.
29 Vgl. Udo Johansen: Kierkegaard und Hegel. In: Zs. f. philosophische Forschung VII. 1953. 20 ff.
30 Vgl. Papirer. Udgivne af P. A. Heiberg og V. Kuhr. København 1909 ff. 4C. 59.
31 Thesen über Feuerbach 1. In: K. Marx/Fr. Engels: Werke. Berlin

1958. Band III. 5. Vgl. D. Henrich: Karl Marx als Schüler Hegels. In: D. Henrich: Hegel im Kontext. Frankfurt/M 1971. 198 ff.
32 Ökonomisch-philosophische Manuskripte. A.a.O. Berlin 1968. Ergänzungsband I. 570.
33 Ebenda 571.
34 Ebenda 573.
35 Ebenda 574.
36 S. u.
37 R. Haym: Hegel und seine Zeit. Berlin 1857.
38 Ebenda 8.
39 Vgl. J. Ritter: Hegel und die französische Revolution. Frankfurt/M 1965. 7 f.; 75 ff. Aber auch H. Kimmerle: Zum Hegelbuch von Rudolf Haym. In: Hegel-Studien. Bonn 1969. Band V. 259 ff.
40 A.a.O. 13 f.; 235 ff.
41 Spekulative Charakteristik und Kritik des Hegelschen Systems. Erlangen 1845. 186.
42 Haym: A.a.O. 243.
43 Ebenda 232.
44 Vgl. H. Levy: Die Hegel-Renaissance in der deutschen Philosophie mit besonderer Berücksichtigung des Neu-Kantianismus. Charlottenburg 1927; H. Glockner: Hegelrenaissance und Neuhegelianismus. In: Logos XX (1931). 169 ff.; G. Lukács: Die Zerstörung der Vernunft. Fünftes Kapitel. In: Werke. Neuwied 1960. Band IX. 474; R. Kroner: Hegel heute. In: Hegel-Studien. Bonn 1961. I. 135 ff.; P. Honigsheim: Die Hegelrenaissance im Vorkriegs-Heidelberg. In: Hegel-Studien. Bonn 1963. II. 291 ff.
45 Vgl. H. Nohls Urteil in W. Dilthey: Gesammelte Schriften. Leipzig/Berlin 1921. Band IV. S. VII.
46 Ebenda 217; 157.
47 Vgl. Fragmente aus W. Diltheys Hegelwerk. In: Hegel-Studien. Bonn 1961. I. 128 ff.
48 R. Kroner: Rede zur Eröffnung des zweiten internationalen Hegel-Kongresses. In: Verhandlungen des zweiten internationalen Hegel-Kongresses. Tübingen 1932. 14.
49 R. Kroner: Von Kant bis Hegel. Tübingen 1921/24. Band II. 421; 434.
50 H. Glockner: Hegel. Stuttgart 1928/40. Band II. 348 ff.
51 Ebenda 543.
52 Ebenda 544.
53 Vgl. das Literaturverzeichnis im vorliegenden Band.
54 Vgl. K. Korsch: Marxismus und Philosophie. ^{1}1923; ^{2}1930; dasselbe: Hrsg. v. E. Gerlach. Frankfurt/M. 1966; G. Lukács: Geschichte und Klassenbewußtsein. Berlin 1923. H. Marcuse: Zum

Problem der Dialektik. In: Die Gesellschaft 1930; ders.: Das Problem der geschichtlichen Wirklichkeit. Ebenda 1931. Vgl. auch das Phänomenologie-Kapitel in dem noch ganz unter Heideggers Einfluß stehenden und aus Dilthey-Studien hervorgegangenen Hegel-Buch Marcuses: Hegels Ontologie und die Grundlegung einer Theorie der Geschichtlichkeit. Frankfurt/M 1932; [2]1968.

55 W. I. Lenin: Aus dem philosophischen Nachlaß. Berlin 1949. 99.

56 Phän. a.a.O. 67.

57 Fast gleichzeitig erschienen in: S. Landshut/J. P. Mayer: Der Historische Materialismus. Leipzig 1931. 283 ff.; sowie in der Marx-Engels-Gesamtausgabe (MEGA). Berlin 1932. Erste Abteilung Band III. 33 ff.

58 Neue Quellen zur Grundlegung des Historischen Materialismus. In: Die Gesellschaft 1932. Wieder in: H. Marcuse: Ideen zu einer kritischen Theorie der Gesellschaft. Frankfurt/M 1969. 7 ff.

59 G. Lukács: Der junge Hegel. Über die Beziehungen von Dialektik und Ökonomie. Zürich 1948. Wieder in: Werke. Neuwied/Berlin 1967. Band VIII. 29. Zur Diskussion dieses Buches vgl. H. Lübbe: Zur marxistischen Auslegung Hegels. In: Philosophische Rundschau II (1954/55); I. Fetscher: Das Verhältnis des Marxismus zu Hegel. In: Marxismus-Studien. Tübingen 1960. Band III. 128 ff.

60 S. o. 20 f.

61 A.a.O.; bes. 94 ff.

62 Rapport sur l'état des études hégéliennes en France. In: Verhandlungen des ersten Hegel-Kongresses. Tübingen 1931. Vgl. J. Wahl: Le rôle de A. Koyré dans le développement des études hégéliennes en France. In: Hegel-Studien. Bonn 1966. Beiheft III. 15 ff.

63 J. Wahl: Le malheur de la conscience dans la philosophie de Hegel. Paris 1929.

64 Vgl. I. Fetscher: Der Marxismus im Spiegel der französischen Philosophie. In: Marxismus-Studien. Tübingen 1954. Band I. 173 ff.; ders.: Hegel in Frankreich. In: Antares I, 3 (1953). 3 ff.

65 Vgl. G. Lichtheim: Marxism in Modern France. New York/London 1966. 84 ff.

66 Zur Kritik der Hegelschen Rechtsphilosophie. Einleitung. In: Werke. Berlin 1964. Band I. 384.

66a Zur Veröffentlichung dieser Vorlesungen s. u. 133.

67 Einen Aufsatz über ›Hegel in Jena‹ nennt Kojève die Quelle und Grundlage seiner eigenen Interpretation. (Kojève-Fetscher 98)

68 Eine frühe Auseinandersetzung mit Kojève vom Standpunkt des dialektischen Materialismus aus enthält der Aufsatz von Tran-Duc-Tao: La Phénoménologie de l'Ésprit et son contenu réel. In: Temps

modernes IV (1948). 492 ff.; vgl. vom selben Autor: Phénoménologie et matérialisme dialectique. Paris 1951.

69 Vgl. zu Sartre: L'être et le néant. Paris 1949. 290 ff.; deutsche Ausgabe Hamburg 1962. 316 ff.; zu Merleau-Ponty: L'existentialisme chez Hegel. In: Sens et non-sens. Paris 1948. Wieder: Paris 1966. 109 ff.; Marxisme et philosophie. Ebenda, bes. 236.

70 Vgl. G. Fessard: France, prends garde de perdre ta liberté. Paris 1946; ders.: Par delà le fascisme et le communisme. Paris o. J. (Coll. la Cité chrétienne. Ser. 1).

71 Vgl. Marx' Briefe an Engels vom 24. April 1867. Werke. A.a.O. XXXI. 289.

72 M. Heidegger: Sein und Zeit. Tübingen 1927. §§ 30, 40 ff.

73 L'être et le néant. 558 f. (deutsche Ausg. 606 f.).

74 Das im vorliegenden Band abgedruckte Stück aus Kojèves Vorlesungen enthält nicht alle Themen, die in den Vergegenwärtigungsprozeß eingehen. Es läßt die fundamentale Rolle nur erahnen, die für Kojève die Zeitlichkeit des menschlichen Daseins spielt (vgl. Kojève-Fetscher, Kapitel III). Ganz außer Betracht bleibt Kojèves Interpretation der Dialektik (vgl. Kojève-Fetscher, Kapitel IV), sowie die Kritik am ontologischen Monismus Hegels, die eng damit zusammenhängt. (Vgl. Kojève 483 ff.; Kojève-Fetscher 149 ff.)

75 Wie diese Zentrierung der Phänomenologie-Interpretation in Marx' Analyse der entfremdeten Arbeit entspringt, läßt sich ablesen an Marcuses Besprechung der Ökonomisch-philosophischen Manuskripte. Vgl. H. Marcuse: Ideen ... A.a.O. 43 f.

76 Vgl. in diesem Band 184, 262.

77 S. u. 155 ff., 186 f.

78 J. Hyppolite: Genèse et structure de la Phénoménologie de l'Esprit de Hegel. Paris 1946.

79 Weitere Titel zur Diskussion des Verhältnisses von Herrschaft und Knechtschaft nennt das Literaturverzeichnis am Schluß des vorliegenden Bandes.

80 M. Heidegger: Holzwege. Frankfurt/M 1950. 105 ff.

81 Das ist richtig gesehen bei J. Loewenberg: The exoteric approach to Hegel's »Phenomenology«. In: Mind XLIII (1934) 424 ff.

82 S. u. 54 ff.

83 Für die an dieser Stelle zu nennenden Publikationen vgl. das Literaturverzeichnis.

84 Z. B. G. Rohrmoser: Subjektivität und Verdinglichung. Gütersloh 1961; R. K. Maurer: Hegel und das Ende der Geschichte. Stuttgart 1965.

85 Rohrmoser: a.a.O. 101 ff.

86 J. Habermas: Erkenntnis und Interesse. Frankfurt/M 1968. 14 ff.

87 W. Becker: Hegels »Phänomenologie des Geistes«. Stuttgart 1971.
Vgl. insbes. W. Cramer: Vom transzendentalen zum absoluten Idealismus. In: Kant-Studien LII (1960/61). 3 ff.
88 S. u. 106 ff. und 217 ff.; ferner gehört hierher G. Krüger: Die dialektische Erfahrung des Bewußtseins bei Hegel. In: Hermeneutik und Dialektik. Hrsg. v. R. Bubner / K. Cramer / R. Wiehl. Tübingen 1970. 285 ff.; an älteren Arbeiten wäre unter diesem Gesichtspunkt auch das Phänomenologie-Kapitel in N. Hartmanns Hegelbuch (Berlin 1929) zu erwähnen gewesen.
89 Z. B. H. Schmitz: Hegel als Denker der Individualität. Meisenheim 1957; G. Rohrmoser: Subjektivität und Verdinglichung. A.a.O.; in entfernterer Beziehung zur Phänomenologie steht J. Flügge: Die sittlichen Grundlagen des Denkens. Hegels existentielle Erkenntnisgesinnung. Hamburg 1953.
90 H. G. Gadamer: Wahrheit und Methode. Tübingen 1960. 336 ff.
91 H. Marcuse: Eros und Kultur. Stuttgart 1957. 114 ff.; P. Ricœur: De l'interpretation. Essai sur Freud. Paris 1965. 447 ff.; deutsche Ausgabe Frankfurt/M. 1969. 473 ff.; J. Habermas: Erkenntnis und Interesse. Frankfurt/M. 1968. 258 ff.
92 S. Freud: Gesammelte Werke. Frankfurt/M. [4]1967. Band XV. 86.
93 Phän. 470.
94 St. Toulmin: Human Understanding. Princeton N. J. 1972. Band I. 478 ff.
95 A. de Waelhens: Phénoménologie husserlienne et phénoménologie hegelienne. In: Revue philosophique de Louvain LII (1954) 234 ff.; ders.: Réflexions sur une problématique husserlienne de l' inconscient, Husserl et Hegel. In: Phenomenologica IV (1959) 221 ff.; K. R. Dove: Die Epoché der Phänomenologie des Geistes. Demnächst in: Hegel-Studien. Bonn 1973. Beiheft XI.
96 Sens et non-sens, a.a.O. 109.

Das Programm der Phänomenologie

Jean Hyppolite
Anmerkungen zur Vorrede der Phänomenologie des Geistes und zum Thema: das Absolute ist Subjekt

Beim Studium Hegels muß der Philosophiehistoriker einer doppelten Anforderung genügen, die fast widersprüchlich oder zumindest paradox ist. Es gibt keinen systematischeren Denker als Hegel; er selbst wollte, seit er in Jena Philosophie zu lehren anfing, ein System entwickeln, und in der Vorrede der Phänomenologie insistiert er nachdrücklich auf dem System als Charakter der Wahrheit. Das System ist keine Methode oder brauchbare Denkweise, es ergibt sich vielmehr aus dem Wesen des Absoluten: das Absolute ist Subjekt, und das Wissen, das es von sich hat, kann nur systematisch sein, das bedeutet, »daß das Wissen nur als Wissenschaft oder als System wirklich ist und dargestellt werden kann«.[1] Aber – und das ist der Grund für die umgekehrte Anforderung – etwas zugespitzt muß man sagen, es gibt keinen weniger systematischen Denker als Hegel. Begnügt man sich nicht mit einer Übersicht, die er selbst als oberflächlich erklärt, so entdeckt man einen Inhaltsreichtum, eine Fülle von Aspekten, eine Vielfalt von Darstellungsweisen, daß man als Interpret in Verlegenheit gerät, und das um so mehr, als man beim reifen Hegel oft den Eindruck hat, er verberge bestimmte Züge oder zumindest bestimmte Konsequenzen seiner Philosophie. Der Philosoph ist vorsichtig, aber er weist auf das Wahre hin. Wenn er die Rose im Kreuz der Gegenwart[2] sucht, so deckt er nichtsdestoweniger die sozialen und politischen Widersprüche auf, derentwegen diese Gegenwart noch ein Kreuz, immer noch unsta-

[Aus: *Hegel-Studien*. Bonn 1969. Beiheft 4. 75 ff. Aus dem Französischen übersetzt von Traugott König]

bil und unruhig ist und derentwegen die Tendenz, der *élan* in der Gegenwart nicht hinter dem fertigen Resultat verschwunden sind. Sagt er doch in der Vorrede der Phänomenologie: »das nackte Resultat ist der Leichnam, der die Tendenz [*den élan*] hinter sich gelassen«.[3] Das Absolute ist immer Sichanderswerden, immer Aufbruch, Abenteuer, was etymologisch Eventualität der Zukunft heißt, ebenso wie es zugleich eine Zurücknahme seiner Rückkehr in sich, »Zurückgegangensein in die Einfachheit«[4] ist. Wundern wir uns also nicht, wenn Hegel im Lauf seiner philosophischen Entwicklung verschiedene Darstellungen seines Systems gibt. Das gilt gewiß für die Periode, in der sich das System erst sucht, für die Jenenser Zeit, wo wir das unvollendete »System der Sittlichkeit« haben, wo der Logik noch eine Metaphysik folgt, die Phänomenologie schließlich »System der Wissenschaft. Erster Teil« heißt, während der zweite Teil die geplante spekulative Logik ist, die von der Vorrede (bekanntlich nach der überstürzten Redaktion der Phänomenologie geschrieben) angekündigt und vorbereitet wird. Aber das scheint mir ebenso gewiß, wenn auch weniger sichtbar und deutlich, für die Zeit der Reife und die letzten Werke zu gelten. Hinter dem Gerüst Logik/Natur/Geist, hinter den großen, jetzt festen Unterteilungen – subjektiver, objektiver, absoluter Geist, Kunst, Religion, Philosophie – verbergen sich Unterschiede und Abwandlungen, die alles andere als bedeutungslos sind. In den von Hegels Schülern herausgegebenen Vorlesungen entdeckt man Randbemerkungen und Zusätze von einer Vorlesung zur anderen, die deutlich machen, daß dieses Denken, das systematisch sein will, gleichzeitig *offen* ist, offen nicht aus Zufall oder menschlicher Inkonsequenz, sondern seinem Wesen nach. Der Kreis, obwohl bei Hegel ein beliebtes Bild (»Das Wahre ist das Werden seiner selbst, der Kreis, der sein Ende als seinen Zweck voraussetzt und zum Anfang hat«[5]), ist nichtsdestoweniger ein unangemessenes Bild, das die Vorstellung von etwas Geschlossenem nahelegt: »Der Kreis, der in sich geschlossen ruht und als Substanz seine Momente hält, ist das unmittelbare und darum nicht verwundersame Verhältnis.«[6]

Vielleicht können wir zu klären oder zumindest darzulegen versuchen, was uns hier als paradoxe Form vorgekommen ist. Die Vorrede der Phänomenologie wird uns dabei helfen; sie ist das Scharnier zwischen der Phänomenologie und der spekulativen Logik, sie ist sicher das erste authentische Bewußtsein, das Hegel von seinem Genius und seiner philosophischen Bestimmung gewinnt. Nannte er nicht die Phänomenologie seine Entdeckungsreise, und ist nicht das philosophische Bewußtsein, das ontologische Bewußtsein stets heimlich auf jeder Stufe des *Weges* anwesend. Dieser Weg ist bekanntlich der des natürlichen Bewußtseins, das sich zum absoluten Wissen seiner selbst und des Seins erhebt und zugleich lernt, daß es schon bei sich war, als es aufbrach, daß seine Ilias zugleich seine Odyssee, sein Abenteuer, zugleich Aufbruch und Rückkehr, Offenheit und Geschlossenheit, Linie und Kreis war. »Der Geist ist nie in Ruhe, sondern in immer fortschreitender Bewegung begriffen.«[7] Diese Bewegung dreht sich jedoch in sich selbst, sie ist »der Kreis, der sein Ende als seinen Zweck voraussetzt«. Diese beiden Bilder sind nicht miteinander vereinbar. Sie müssen aber zusammen gedacht werden, die spekulative ewige Wiederkehr schließt keine eintönige, sich wiederholende Geschichte ein, sondern eine der Ekstase des Werdens immanente Perspektive von Sinn, von Teleologie. Hinter diesem paradoxen und scheinbar sophistischen Spiel stecken zwei komplementäre und fast unvereinbare Aspekte des Hegelschen Denkens. 1) Es ist ein Denken der Geschichte, des konkreten menschlichen Abenteuers, und es konstituierte sich, um über diese Erfahrung Aufschluß zu geben. 2) Es ist auch ein Abenteuer des Seins – Hegel sagt, des Absoluten – und nicht nur des Menschen, und deshalb ist es spekulativ, absolutes Wissen, während es zugleich Geschichte, Werden und Zeitlichkeit bleibt; das absolute Wissen existiert nicht anderswo, es ist nicht jenseits dieses Werdens, in einem intelligiblen oder übersinnlichen Himmel, aber dieses Werden ist auch seinerseits keine zerstreute, zusammenhanglose Folge, es ist eine nicht vorgegebene Teleologie, ein Abenteuer des Sinns, wo die Momente sich verbinden, indem sie sich entfernen wie die Momente der Zeit: »Die Zeit ist der daseiende Begriff... sie ist die Unruhe des Lebens und absolute Unterscheidung.«[8]

Auf dem ersten Punkt brauchen wir kaum zu insistieren. Aus Hegels Jugendschriften, seinen Briefen, seinen so realistischen politischen Schriften wissen wir, welchen Anteil er an den großen Ereignissen seiner Zeit nahm, an der Französischen Revolution, der Terreur, dem Aufstieg und Fall Napoleons, der Restauration (an die er nicht glaubte, weil er jede Wiederholung in der Geschichte für illusorisch hielt). Wir wissen auch, welchen Platz er der Geschichte und der Geschichtsphilosophie einräumte. Selbst seine systematischen Arbeiten über Recht, Gesellschaft und Staat sind, wie er ausdrücklich sagt, von einem historischen Ereignis[9] bedingt und, ohne es direkt zu wollen, Vorboten einer Zukunft, in die niemand hineinspringen kann, ohne der Utopie zu verfallen (nur der Akteur und nicht der Betrachter der Geschichte kann das, Hegel unterscheidet immer den Philosophen, der die Welt nachdenkt, vom Mann der Tat, der sie macht; aber was auf diese Weise gemacht ist, muß seinem Wesen nach auch immer nachgedacht werden können). Hegel nennt das Beispiel des Platoschen Staates als Denken der griechischen Polis und Ankündigung ihres Niedergangs. »Die Eule der Minerva beginnt erst mit der einbrechenden Dämmerung ihren Flug.«[10]

Es ist der zweite Punkt, der Schwierigkeiten bereitet. Selbst wenn man eine historische Tragik außer acht läßt, die bei Hegel im Gegensatz steht zur Prosa des wirtschaftlichen und sozialen Lebens (dem er im übrigen eine große Wichtigkeit beimißt und das er so scharfsinnig beschreibt), kommt man nicht leicht von Hegel zu Marx. Denn das Abenteuer des

Menschen ist auch ein Abenteuer des Seins, ein spekulatives Abenteuer durch den Menschen und sein Selbstbewußtsein hindurch, ein Abenteuer des Seins als Sinn des Seins. Die existentielle Tragik, die selbst in der Prosa der Welt fortdauert, ist, wie der Tod, der ihr Zentrum ist, die Spur des Absoluten in der conditio humana. All das ist kondensiert in dem berühmten Satz der Vorrede »Das Absolute ist Subjekt«[11] und in der Dualität von Phänomenologie und spekulativer Logik. Wer sagt, das Wissen ist System, weil das Absolute Subjekt ist, der hat ohne Zweifel eine originelle Auffassung vom Subjekt, das die Substanz ersetzt, und vom System, das den Grund oder Ursprung ersetzt. Was Hegel unter Subjekt versteht, ist nicht eine feste Stütze, eine unerschütterliche Basis oder ein seiner Geschichte Vorgegebenes, was seine Prädikate in sich enthielte – »Predicatum inest subjecto«. Wo läge also seine Originalität? Er wiederholt tatsächlich weder Leibniz noch Fichte. Er schließt sie vielmehr aus. »Es kommt darauf an, ob dieses intellektuelle Anschauen nicht wieder in die träge Einfachheit zurückfällt und die Wirklichkeit selbst auf eine unwirkliche Weise darstellt.«[12] Das auf sich selbst reduzierte Selbstbewußtsein ist nicht das Subjekt, die lebendige Wirklichkeit. Diese setzt *an ihr selbst* einen Verlust und ein radikales Sichanderswerden voraus, ein »sich-Hingeben an den absoluten Unterschied«, so daß »die Reflexion im Anderssein in sich selbst«[13] allein das Wahre ist und nicht eine ursprüngliche Einheit als solche oder unmittelbare Einheit als solche. Aus dieser Konzeption – das ist vielleicht nicht genügend bemerkt worden – ergibt sich das Wissen als *System*. Auf den ersten Blick ist das ein Paradox: die Forderung des Systems abhängig zu machen von einer zwangsläufigen Öffnung nach außen, d. h. auf eine Andersheit, unter welcher Form die Totalität sich selbst entfremdet sein muß; während das System vielmehr an einen inneren Zusammenhang gebunden zu sein scheint. Aber die Zeilen der Vorrede, die den eben zitierten folgen, rechtfertigen die Hegelsche Position.

Das Wissen ist System, weil es keine erste, ursprüngliche Affirmation, kein vorgegebenes Absolutes gibt. Die Philosophen vor und nach Hegel haben eine Grundlage und quasi einen ersten Moment der Zeit gesucht, wovon Fichte sagte, daß es nur immer einen zweiten gegeben habe, sie haben eine apodiktische Gewißheit finden wollen, auf der alles übrige fußen sollte (man denke an Descartes oder an Husserl).

Wie man sagt, ist für Hegel Gott nicht, aber er wird, oder in spekulativen Termini: »Es ist von dem Absoluten zu sagen, daß es wesentlich *Resultat*, daß es erst am *Ende* das ist, was es in Wahrheit ist.«[14] Die systematische Forderung ist also nicht mehr eine formale, sie entspricht dem Anspruch des Resultats an dem (vorausgesetzten) Ausgangspunkt: einer Verschiedenheit, die auf ihrer Zukunft beruht und nicht auf ihrer Vergangenheit; das System ist nicht im Vorhinein konstituiert, es konstituiert sich, es errichtet sich. Das Sichselbstsetzen ist immer nur eine Voraussetzung, die sich als solche negieren muß. Diese Rückkehr in sich erfordert aber das System, dieses Ende, das nicht endet. Es gibt, logisch gesagt, keine einfache Affirmation, sondern nur die reine und einfache Negativität; d. h. die Affirmation hängt von der Bewegung ab, die selbst nicht aufhört, sie erscheint immer als Negation der Negation, nie als ein Ursprung. Das System ist der lebendige Zusammenhang – der Sinn – dessen, was sich ständig entfremdet und aus sich heraustritt. Es gibt ein System, heißt also nicht, es gibt ein formales Gerüst, eine geschlossene Totalität, sondern das Ganze selbst bleibt offen, indem es Totalität bleibt. Sind die Trennung und der Zusammenhang der Momente der Zeit nicht das beste Indiz für das, was Hegel bezeichnen will?

Daß dieses Denken beeinflußt wurde von der geschichtlichen Erfahrung, von dem Erfordernis einer Kultur, die keine harmonische und spontane Entwicklung ist, keine Dauer im Bergsonschen Sinn, sondern eine Verirrung, eine Selbstvergessenheit und ein reflexiver Wiedergewinn, scheint uns heute ohne Zweifel zu sein. Die Öffnung zu sich selbst führt durch die Begegnung mit dem Anderen; die Kultur ist keine spontane, von selbst ablaufende Entwicklung, kein Bergsonscher Schneeball; sie setzt voraus, daß der Geist sich seiner selbst entfremdet hat, daß ihm seine Vergangenheit wie eine äußere Natur erscheint, die er sich aneignen muß. Aber wie kann dieses Subjekt, das seine Geschichte ist, gleichzeitig einem absoluten Wissen Anlaß geben, einer spekulativen Logik, die in der *Sprache der Vorstellung* »Gott selbst vor der Erschaffung der Welt und eines endlichen Geistes« ist.[15] Die Begründung dieser These, die die These der Onto-Theologie ist, ist viel schwieriger; sie führte uns gewiß zu weit ab, ohne sichere Aussicht auf Erfolg. Wir würden im uferlosen Meer der Metaphysik treiben. Man kann nur darauf hinweisen, daß diese Logik, dieses absolute Denken, das ebenso unbewußt sein kann wie die Natur oder das spinozistische Attribut, im Bewußtsein seiner selbst das Denken dieses Subjekts ist, das sein eigenes Abenteuer und seine eigene Rückkehr in sich ist, ein Denken, das die absolute Differenz enthält, doch ohne sie wirklich zu sein, weil es eine Natur und einen endlichen Geist gibt. Deshalb ist die Logik selbst nur ein Moment, ein möglichst ähnliches und möglichst verschiedenes Bild der Existenz. Hegel wollte den Rahmen einer formalen Logik, eines a priori ändern, das Philosophen als einen Ursprung anzusehen gewohnt waren. Wenn das Absolute Subjekt ist, müssen die immanenten Kategorien seiner Entwicklung ebenso dialektisch sein wie seine Geschichte: sie müssen in ihrer Bewegung und Systematisierung dieses reine Sichselbstwerden ausdrücken, das Hegel in einer Kulturepoche konzipiert hat, die sich für ihn mit der Morgenröte des 19. Jahrhunderts öffnet. Dem unmittelbaren Geist, dem Schauspiel, das der Geist in Kunst und Religion (die auf der Ebene der Phänomenologie vermischt werden) von sich selbst gab, muß mit dem Staat und der neuen Gesellschaft eine Wissenschaft folgen, die der Begriff des Geistes von sich selbst ist (wie er schon in den verschiedenen Philosophien vorgebildet war). Hegel sieht sich in der Vorrede selbst als der Philosoph, der diese spekulative, von Kant aus der Taufe gehobene und von Fichte und Schelling anerkannte Idee ins Werk setzt. Aber diese Idee trifft, oder besser, begleitet ein Weltzeitalter. Der Begriff des Seins von sich läßt die Vorstellungen nicht verschwinden, die der Geist in den Religionen und Kunstwerken von sich selbst gegeben hat, er ist deren Reminiszenz und Er-Innerung[16], er setzt sie in dem, was er hinter sich gelassen hat, voraus, indem er über sie hinausgeht. So existiert für Hegel der Geist und stellt sich – für sich selbst – vor in der Bild gewordenen Natur, im Kunstwerk, in der Geschichte des Fleisch gewordenen Gottes. Aber es gelingt ihm auch, sich zu begreifen. Welche tiefe Beziehung kann dann zwischen diesem Begriff und dieser neuen Epoche der Menschheitsgeschichte bestehen? Es ist nicht sicher, ob Hegel auf diese historische Frage, die er auf den ersten Seiten der Vorrede der Phänomenologie selbst stellt, eine befriedigende Antwort gibt.

Anmerkungen

[Für Nachweise zur Phänomenologie des Geistes vergleiche man die Seitenkonkordanz der verschiedenen Ausgaben am Ende des vorliegenden Bandes. Den Seitenangaben zu anderen Werken Hegels sind die entsprechenden Band- und Seitenzahlen der Theorie-Werkausgabe (Frankfurt 1970) in Kursivsatz hinzugefügt. Die Anmerkungen zum vorliegenden Aufsatz sind Ergänzungen der Herausgeber. In den Anmerkungen zu den anderen Beiträgen wurden Zusätze der Herausgeber in eckige Klammern gesetzt.]

1 [Phänomenologie des Geistes. Hrsg. v. J. Hoffmeister, Hamburg 1952. 23.]

2 [Vgl. G. W. F. Hegel: Werke. Berlin 1832 ff. Band VIII. 19; XI. 277; XVII. 227 *VII. 26; XVI. 333 f.; XI. 466*]

3 Phän. 11

4 Ebenda 22.

5 Ebenda 20.

6 Ebenda 29.

7 Ebenda 15.

8 Ebenda 38 f.

9 Vgl. Briefe von und an Hegel. Hrsg. v. J. Hoffmeister. Hamburg 1952-54. Band II. 220. 447.

10 G. W. F. Hegel: Werke. Band VIII. 21. [*VII. 28*]

11 Phän. 19.

12 Ebenda 20.

13 Ebenda 20.

14 Ebenda 21.

15 Vgl. Wissenschaft der Logik. Hrsg. v. G. Lasson. Leipzig 1934. Band I. 31. [*V. 44*]

16 Phän. 564.

Johann Eduard Erdmann
Die Phänomenologie des Geistes

Die isolierte Stellung, welche Fichte und Schelling der Philosophie angewiesen hatten, wird aufgehoben durch den Nachweis, daß von dem vorwissenschaftlichen Bewußtsein zum absoluten Wissen eine Erhebung möglich und daß sie notwendig ist. Dieses vermöge der dialektischen Methode zu leisten, die mit mehr Bewußtsein angewandt und darum weiter ausgebildet wird als von Fichte und Schelling, das ist das Verdienst von Hegels Phänomenologie des Geistes, welche daher nicht nur eine Einleitung in die Philosophie oder eine psychologische Begründung derselben enthält, sondern zeigen will, daß, wie das Bewußtsein der Einzelnen, so auch der Geist der Menschheit durch die Stufen des bloßen Bewußtseins, des Selbstbewußtseins, der Vernunft, des sittlichen Geistes und der Religion hindurchgehen muß, um sich auf den Standpunkt des absoluten Wissens zu erheben, welches eben darum nicht ein unmittelbares, mit der Anschauung zum Organ, ist, sondern ein vermitteltes, dessen Gestalt der Begriff, dessen Organ das Denken.

Sowohl die Wissenschaftslehre als das Identitätssystem hatten als das eigentliche Organ des Philosophierens die intellektuelle Anschauung bestimmt. Beide aber verstanden darunter Verschiedenes. Dem durch und durch künstlerischen Schelling erschien sie als etwas dem poetischen Talent Verwandtes, der streng moralische Fichte dagegen nahm sie als Betätigung eines energischen Wollens. Blickte jener verächtlich auf die »untergeordneten Naturen« herab, die solcher Begabung entbehrten, so lag dagegen in Fichtes höhni-

[Aus: J. E. Erdmann: *Versuch einer wissenschaftlichen Darstellung der Geschichte der neuern Philosophie.* Leipzig 1834-1853. Faksimile-Neudruck in sieben Bänden. Hrsg. v. H. Glockner. Stuttgart 1932. Band VII. 413 ff.]

scher Bemerkung: Mancher ziehe es vor, sich als ein Ding wie ein Stück Lava anzusehen, ehe er sich dazu ermanne, sich selber zu setzen, – offenbar die Anklage eines kläglichen Charakters. Wenn sie beide nun auch, in löblicher Inkonsequenz, alles *taten*, um mit den draußen Stehenden sich zu verständigen, so hielten sich ihre Anhänger an ihre *Worte*, und so ward es Mode anstatt zu beweisen, teils vom Dreifuß herab zu orakeln, teils die Annahme der vorgetragenen Lehre dem Hörer ins Gewissen zu schieben. Die Erbitterung, welche dies Verfahren natürlich hervorrief, trug dazu bei, immer mehr die Philosophie zu isolieren, deren Formeln allmählich allen, mit Ausnahme der Adepten, ganz unverständlich wurden, und die sich darin gefiel, das Wort Verstand als Scheltwort, Reflexionsphilosophie und Unphilosophie als gleichbedeutend zu brauchen. Gegen dieses Verfahren tritt nun Hegel in der Vorrede zu seiner Phänomenologie mit einer solchen Energie auf, daß man sie nicht mit Unrecht einen Absagebrief an die gleichzeitigen Schellingianer genannt hat. Er behauptet darin, daß die Unverständlichkeit der Formeln nur in ihrer Unbestimmtheit liege, denn was bestimmt, ist verständlich und exoterisch[1], daß der Formalismus der sog. Konstruktion bei den Schellingianern, der nur so lange imponiere, als man ihnen das leichte Kunststück nicht abgelernt habe, besonders darin fehlerhaft sei, daß man Ausdrücke, die in einer Sphäre richtig sind, noch beibehalte, wenn man über diese hinausgehe, und so von Einheit des Entgegengesetzten, ja des Guten und Bösen usf. spreche, als wenn nicht in der Einheit jedes zum Moment geworden sei, und also aufgehört habe zu sein was es war, endlich daß ihr Absolutes, worin alles gleich und eins sein soll, nur die Leere und Nacht ist, in der alle Kühe schwarz sind.[2] Im Gegensatz gegen diese Verwirrung, welche in ihrem Gefolge die oberflächlichen Analogien hat, wird die verwundersame Macht des Verstandes gepriesen und ihm das Recht vindiziert, im vernünftigen Wissen berücksichtigt zu werden.[3] Ebenso ist es ein Verkennen der Vernunft, wenn die Reflexion aus dem Wahren ausgeschlossen, und alle Vermittlung in der absoluten Erkenntnis perhorresziert wird.[4] Man verkennt dabei nämlich, daß allerdings der Anfang der Philosophie die Forderung macht, daß das Bewußtsein sich in dem Elemente des Wissens befinde, daß aber umgekehrt das Individuum Recht hat zu fordern, daß die Wissenschaft ihm die Leiter wenigstens zu diesem Standpunkte reiche, ihm in ihm selbst denselben aufzeige.[5] Dieses Recht hat das Individuum namentlich auf der Stufe, auf welcher der selbstbewußte Geist gegenwärtig steht. Er ist nämlich über das substantielle Leben, das er sonst im Elemente des Gedankens führte, über die Unmittelbarkeit des Glaubens und die Sicherheit der Gewißheit, hinaus; er ist aber ebenso über das andere Extrem, der substanzlosen Reflexion seiner in sich selbst, hinausgegangen; er ist sich seines Verlustes bewußt und verlangt die Herstellung jener Substantialität. Diese wird nun nicht gewährt dadurch, daß die Philosophie erbaulich wird, sondern durch die Erhebung der Philosophie zur Wissenschaft oder, was dasselbe heißt, zum Begriff, eine Erhebung, die gegenwärtig an der Zeit ist.[6] Nur ein anderer Ausdruck für diese Erhebung ist, daß das Wahre nicht nur als Substanz sondern als Subjekt aufzufassen sei, d. h. als solches, was in Wahrheit wirklich ist, indem es sich durch das Sichanderswerden vermittelt.[7] Als Subjekt, man kann auch sagen als System, wird das Wahre nur dann aufgefaßt, wenn das Absolute sich als Resultat darstellt. Dies geschieht, indem das Geistige, dieses allein Wirkliche, das zunächst nur geistige Substanz ist, dies für sich selbst wird, sein anfängliches Sein als mangelhaftes aufgehoben, und im Einswerden des Selbstbewußtseins mit dem Wissen das Werden des absoluten Geistes zur Wissenschaft gezeigt wird.[8] Wenn nun die Phänomenologie sich die Aufgabe stellt, dieses Werden der Wissenschaft darzustellen und die lange Arbeit, durch welche das Wissen von seiner untersten Gestalt bis zur obersten aufsteigt, welche das Absolute selbst ist, anstatt daß die

Schellingianer »wie aus der Pistole mit dem absoluten Wissen unmittelbar anfangen«,[9] so stellt sie sich zunächst zu den Forderungen, mit welchen das Identitätssystem beginnt, so, wie sich Reinhold zur Kritik der reinen Vernunft, Fichte zu den beiden Kantischen Kritiken und der Elementarphilosophie gestellt hatte (vgl. § 19, p. 450, § 26, p. 633 ff.),[10] d. h. sie wird zu jener Leiter, von welcher oben die Rede war. Von einer sog. Einleitung will Hegel sie dadurch unterschieden wissen, daß sie nicht *ein* Individuum, sondern das allgemeine Individuum, den Geist, welcher die Substanz der besonderen Individuen ist, leitet oder vielmehr in seiner Bildung betrachtet, deren Ziel eben in der Einsicht des Geistes in das besteht, was das Wissen ist.[11] Weil es aber so die geistige Substanz, der Weltgeist, ist, den die Phänomenologie betrachtet, deswegen konnte Hegel, vielleicht mit Beziehung auf Fries, bei der Ankündigung derselben erklären lassen, es solle dadurch der psychologischen Begründung der Philosophie entgegengetreten werden. Eben deswegen würde man auch mit Unrecht Hegels Phänomenologie mit Krauses analytischem Lehrgange vergleichen, von dem bemerkt wurde (p. 683), daß er eine psychologische Begründung gebe, während Hegel solche Betrachtungen anstellt, die schon Kant und Fichte als transzendentale von den psychologischen streng gesondert hatten. So wenig aber Fichtes reines Ich ein von allen empirischen Ichs getrenntes und geschiedenes Wesen war, ebenso wenig Hegels geistige Substanz oder allgemeines Individuum von den besonderen Individuen. Ihr Verhältnis ist dieses: In dem allgemeinen Individuum zeigt sich jedes Moment so, daß es konkrete Form und eigene Gestaltung gewinnt, welche dann, wenn der Geist sich höher entwickelt, zu einem unscheinbaren Moment, zu bloßer Spur und Schattierung wird. Diese Vergangenheit durchläuft das Individuum, dessen Substanz der höher entwickelte Geist ist, in der Weise, wie der eine höhere Wissenschaft treibt, die Vorbereitungskenntnisse noch einmal durchläuft, ohne bei ihnen zu verweilen. Die durchlaufenen Bildungsstufen des allgemeinen Geistes sind, gerade wie die Schriften alter Weisen für den heutigen Knaben, für das Individuum der Gegenwart seine unorganische Natur; seine Bildung besteht darin, sie aufzuzehren und für sich in Besitz zu nehmen. Dies ist aber von der Seite des allgemeinen Geistes als der Substanz nichts anderes, als daß diese sich ihr Selbstbewußtsein gibt, ihr Werden und ihre Reflexion in sich hervorbringt.[12] Indem die Phänomenologie die Erfahrungen darstellt, welche das Bewußtsein gemacht hat, sowohl die geistige Substanz, welche sie als ihre Zustände erlebte, als das besondere Individuum, welches sie in sich wiederholt,[13] ist es erklärlich, daß die Darstellung manchmal jene allgemeinen Weltgestaltungen schildert, dann wieder besonders ihren Reflex in dem besonderen Individuum, welches dann als Typus, oder wenn man will als Symbol, einer ganzen Weltgestaltung gilt. Diese Weise, welche dem Buche einen eigentümlichen Reiz gibt, mit dem zu vergleichen, den Goethes berühmtes, zu stets neuen Deutungen herausforderndes Märchen gewährt, – sie erschwert auf der anderen Seite das Verständnis, weil manche Erscheinung der damaligen Gegenwart, die heutzutage als minder wichtig erscheint, ja vielleicht vergessen ist, zu solchem Symbol genommen ward. (Wer sich wundern wollte, daß, ganz wie der Konflikt der, das Altertum beseelenden, sittlichen Mächte an der Sophokleischen Antigone dargestellt wird, gerade so an Rameaus Neffen gezeigt wird, wie das geistreich zerrissene Bewußtsein zum bürgerlich ehrlichen steht, den müßte man daran erinnern, daß dieser Diderotsche Dialog eben von Goethe übersetzt war und ein ungeheures Aufsehen machte, zugleich aber, daß noch heute das Lesen desselben den Eindruck sittlicher Verworrenheit hervorbringt, den Hegel schildern wollte.) Die Phänomenologie zeigt also, durch welche Gestalten die Menschheit hindurchging, ehe das absolute Wissen möglich wurde, und durch welche Zustände das Individuum, ehe sich in ihm das absolute Wissen verwirklicht. – Danach könnte es nun scheinen, als werde die Philosophie von Hegel zwar nicht psychologisch, aber historisch begründet, durch eine Bildungsgeschichte nämlich des Geistes. Da würde aber vergessen, daß die Phänomenologie nicht die Geschichte, sondern die begriffene Geschichte darstellen, daß sie nicht erzählen will, wie der Geist sich entwickelt hat, sondern wie er sich entwickeln mußte. Diese Notwendigkeit wird nun nachgewiesen durch die richtige Methode der Betrachtung. Wenn Hegel sagt, daß die Vorstellungen, welche sich darauf beziehen, was philosophische Methode ist, einer verschollenen Bildung angehören und nicht erkennen, daß die wahre Methode die Wahrheit in ihrer eigenen Bewegung betrachte, wenn er auf seine spekulative Philosophie oder Logik verweist, welche die Natur der Methode entwickle, während hier ihre Richtigkeit nur versichert werde,[14] – so scheint Hegel *sich* als den Urheber der, von ihm dialektisch genannten, Methode zu bezeichnen, damit aber teils undankbar teils mit sich im Widerspruch zu sein. Undankbar. Denn wenn man sieht, wie in der Phänomenologie stets dies den Fortgang bildet, daß, was das Bewußtsein für uns (oder an sich) war, jetzt für es selbst wird, so ist dies doch bis auf die Ausdrücke ganz dasselbe Verfahren, welches Schellings transzendentaler Idealismus beobachtete, und lehnt sich also, ganz wie dieser letztere, an die Wissenschaftslehre, die diese Weise des Fortgehens zuerst angeregt hatte. Aber auch im Widerspruch mit sich. Denn noch in einem der letzten Aufsätze, den Hegel geschrieben hat (Rezension über Ohlerts Idealrealismus), hat er es anerkannt, daß Fichte das Verdienst gehöre, zuerst wieder die richtige Methode angewandt zu haben. Etwas anderes aber ist, sie anwenden und eine richtige Vorstellung über ihr Wesen und eigentliche Natur haben. Diese nun vindiziert er sich, und mit Recht. Wenn bisher als das Wesentliche dies genommen war, daß der Antithese die Synthese folgte (§ 25, p. 620), so war damit einerseits die Gefahr nahegelegt, die Fichte selbst nicht immer vermieden hat, den Gegensatz nicht zu überwinden, sondern abzuschwächen, andrerseits die eines geistlosen Formalismus mit seinen Polen und Indifferenzpunkt, den die Schellingianer nur zu sehr zeigten. Hegel setzt nun schon hier, ganz wie auch später, das Wesen der *dialektischen Methode* darein, daß sie, wo ein Gegensatz sich auflöst, das Resultat nicht wie der Skeptizismus als = 0, sondern als ein *bestimmtes* Negatives, d. h. eine Negation mit positivem Inhalte faßt, indem das Negierte nicht verschwunden, sondern als Spur, als Moment, geblieben ist,[15] ein Verhältnis, welches Hegel später, eben seines Doppelsinnes wegen, mit dem Worte »aufgehoben sein« bezeichnet hat. Die wahre Methode folgt also der eigenen Bewegung des Seienden, welches, indem es sich ein Anderes wird, diese Entfaltung aber in sich zurücknimmt und zu einem Moment macht, sich als Negativität des Unterscheidens zeigt.[16] Nach dieser Methode den Geist betrachten heißt, da er sein unmittelbares Dasein als Bewußtsein hat, seiner Entwicklung in diesem Elemente nachgehen, wo alle seine Momente als Gestalten des Bewußtseins existieren.[17] Dadurch wird der Weg seiner Erfahrung, der Weg des natürlichen Bewußtseins zum Wissen, auf dem sich die Seele zum Geist läutert, Gegenstand nicht nur einer Beschreibung, sondern der Wissenschaft.[18] Der Gang derselben ist, daß sie den Geist aufnimmt in der Gestalt, welche, da sie seinem Begriff am wenigsten entspricht, die geistloseste genannt werden kann, und nun nachweist, daß dieselbe nicht absolut falsch, denn dergleichen gibt es für die Philosophie ebenso wenig wie absolutes Böses, sondern verschwindend ist, zum Moment wird, wodurch es aufhört falsch zu sein.[19] Diese verschwindenden Gestalten können die Gestalten des erscheinenden Wissens genannt werden, über welche hinausgegangen wird zum wirklichen, wahren, absoluten.[20] Es entsteht nun die Schwierigkeit, wonach entschieden werden soll, ob eine Gestalt des Wissens nur eine untergeordnete oder die vollendete ist? Da ein äußerer Maßstab unzulässig ist, so wird er nur in dem Bewußtsein selbst gefunden werden müssen. Da hat man ihn an dem, was von dem Bewußtsein für wahr erklärt wird. Nimmt man nämlich dieses und zeigt dem Bewußtsein, daß es daran gar nicht das hat, was es zu haben glaubte, so ist ihm offenbar ein Widerspruch in ihm selbst aufgedeckt, der als ein Widerspruch des Gegenstandes und des Begriffs, oder dessen, was der Gegenstand an sich und für das Bewußtsein ist, oder endlich der Wahrheit und Gewißheit bezeichnet werden kann, so aber, daß beides *in* das Bewußtsein fällt. Mit der Erkenntnis aber, daß, was ihm als an sich galt, nur für es ist, wird ihm natürlich ein anderer Gegenstand entstanden sein und es selbst eine andere Gestalt angenommen haben, die es annehmen mußte, um nicht mit sich selbst im Widerspruch zu stehen. Seine dialektische Bewegung wird also von uns erkannt werden, wenn wir zusehen, wie – oder veranlassen, daß – das Bewußtsein sich selber prüft, d. h. seinen Gegenstand mit seinem Wissen von ihm vergleicht, und bei hervortretendem Widerspruch beide in Übereinstimmung setzt, indem sein Wissen von dem ersten Gegenstande jetzt selbst zum Gegenstande wird.[21] Da unser Tun also nur ist, dem Bewußtsein zum Verständnis seiner selbst zu verhelfen, so wird der Fortgang stets so gemacht werden, daß dem Bewußtsein gezeigt wird (also *für es* wird), wovon wir bereits wissen, daß sich's *an sich* so verhalte (d. h. was *für uns* ist). Diese Formeln, welche auch mit der anderen vertauscht werden, daß an die Stelle des Bewußtseins das Selbstbewußtsein, d. h. das Wissen vom Bewußtsein trete, treten daher bei jedem Übergange von einer Gestalt zur anderen, oft bis zur monotonen Wiederholung, hervor. Dabei ist zu bemerken, daß die Veränderung in einem empirisch gegebenen Bewußtsein so schnell und plötzlich eintreten kann, daß dieses selbst nicht bemerkt, daß es sich auf einer anderen Stufe befindet, oder umgekehrt die Kontinuität mit der früheren vergißt, in solchem Falle werden wir, die Betrachtenden, gleichsam hinter seinem Rücken stehen[22] und ihm in das Spiel sehen. (Übrigens kann, wenn oben bemerkt wurde, daß Hegel *im Gegensatz* gegen Fichte und Schelling den philosophischen Standpunkt mit dem gewöhnlichen zu vermitteln suche, hier mit demselben Recht gesagt werden, daß er sich *in Übereinstimmung* mit beiden zeige: Mit Schelling gesteht er zu, daß nur *das* Bewußtsein zu ihm fortgehen könne, welches [durch die Reflexion über sich selbst] scharfsinnig genug ist, den gemeinen Standpunkt zu überfliegen. Mit Fichte *fordert* er von dem Bewußtsein, daß es nicht träge im Widerspruch beharre. Ebenso kann man, wenn oben gesagt wurde, es lehne sich Hegels dialektische Methode an Fichte und Schelling an, dies jetzt näher bestimmen. Sein »Zusehen« zeigt *mehr* Selbsttätigkeit als Schellings oft rein analytisches *Deduzieren* und mehr Hingabe an die Sache als Fichtes oft willkürliches *Reflektieren.* Er dankt diesen Fortschritt seinem richtigeren Verständnis des Wesens der Methode, welches ja auch Schelling [s. § 43, p. 518] anerkennen mußte.)

Anmerkungen

1 Phänomenologie des Geistes. Hrsg. v. J. Schulze. Berlin 1832.
2 Ebenda 31, 39, 14, u. a.a.O.
3 Ebenda 26, 13.
4 Ebenda 17, 16.
5 Ebenda 20, 21.
6 Ebenda 7, 9, 6.
7 Ebenda 14, 15.
8 Ebenda 19, 20.
9 Ebenda 22.
10 [Die Stellenangaben im Text beziehen sich auf Erdmanns Werk, dem das Vorliegende entnommen ist.]
11 Ebenda 22, 23.
12 Ebenda 22, 23.
13 Ebenda 28.
14 Ebenda 37, 38, 45.
15 Ebenda 47, 65. Vgl. G. W. F. Hegel: Wissenschaft der Logik. Hrsg. v. G. Lasson. Leipzig 1948. Teil I. 36. [*V. 49*]
16 Ebenda 42.
17 Ebenda 28.
18 Ebenda 63, 72.
19 Ebenda 30, 36.
20 Ebenda 62.
21 Ebenda 67–71.
22 Ebenda 71.

Dialektik des Bewußtseins

Wolfgang Wieland
Hegels Dialektik der sinnlichen Gewißheit

I

Die Schwierigkeiten, die sich bei jedem Versuch einer Interpretation von Hegels erstem Hauptwerk, der ›Phänomenologie des Geistes‹, bieten, haben ganz verschiedene Gründe. Nur zum Teil nämlich gehen diese Schwierigkeiten auf die Eigenart des spekulativen Denkens zurück, die nicht nur hier eine Modifikation des sonst üblichen Argumentationsstils notwendig zu machen scheint. Dieses spekulative Denken ist – was oft nicht genügend berücksichtigt wird – nicht von der Art, daß man es durch »Anwendung« eines mehr oder weniger komplizierten formalen Schemas auf einen von ihm unabhängigen Inhalt üben könnte. Wer von einer Methode fordert, daß sie solche gegenüber den jeweiligen Inhalten gleichgültige Schemata an die Hand gibt, wird bei Hegel vergeblich nach einer Methode des Denkens suchen: er ist einem epigonalen Mißverständnis zum Opfer gefallen. Hegel zwingt noch mehr als die meisten anderen großen Denker dazu, jede seiner Argumentationen für sich auf ihre Struktur hin zu untersuchen. Hegels eigene Hinweise auf den Weg seines Denkens, etwa seine Lehre von der Selbstbewegung des Begriffs, die Lehre vom spekulativen Satz oder gar die absolute Vorstellung vom dialektischen Dreischritt, können, richtig verstanden, niemanden der Mühe der geduldigen Einzelanalyse, die sich durch keine Formalstruktur vorwegnehmen läßt, entheben. Trotzdem, vielleicht aber auch gerade deshalb, ist die Hegelliteratur sehr arm an

[Aus: *Orbis scriptus.* Dmitrij Tschižewskij zum siebzigsten Geburtstag. Hrsg. v. D. Gerhardt u. a. München 1966. 933 ff. Anschließend an die Seitenangaben zur Phänomenologie werden – in eckige Klammern gesetzt – die entsprechenden Seitenzahlen der Hoffmeisterschen Ausgabe vermerkt.]

Detailinterpretationen von Textstücken, in denen der Interpret Satz für Satz und Wort für Wort dem Gedanken folgt. Man hält sich gedankenlos allzu oft an den bekannten Satz Hegels, wonach das Wahre das Ganze ist; man übersieht aber sehr leicht, daß es nicht möglich ist, dieses Ganze in einem unmittelbaren Zugriff in Besitz zu nehmen. Wer dies glaubt, reduziert Hegel auf eine Position, die seine Philosophie nach ihrem ausdrücklichen Selbstzeugnis überwunden zu haben beansprucht.

Die besonderen Schwierigkeiten der ›Phänomenologie des Geistes‹ hängen nicht zuletzt damit zusammen, daß die Beziehung sehr schwer zu bestimmen ist, die dieses Werk zu dem auf die ›Wissenschaft der Logik‹ gegründeten System Hegels einnimmt. Man kann schwerlich behaupten, daß es bis jetzt gelungen wäre, eine der vielen Meinungen zu dieser Frage wirklich überzeugend zu begründen. Dazu kommt, daß Hegels eigene Auffassung von der Natur dieser Beziehung offensichtlich einer Entwicklung unterworfen war. Mochte Hegel zunächst die ›Phänomenologie des Geistes‹ auch als Einleitung in das System konzipiert haben –, später neigte er dazu, in der Logik die philosophische Fundamentaldisziplin zu sehen, die selbst einer Begründung nicht nur nicht bedarf, sondern ihrer noch nicht einmal fähig ist. Dann fragt sich allerdings, was für eine Funktion das Unternehmen einer ›Phänomenologie des Geistes‹ noch erfüllt. Aber Sachfragen lassen sich nicht dadurch aus der Welt schaffen, daß man nur noch genetische Probleme erörtert. Denn auch die Ergebnisse einer genetischen Untersuchung können philosophisch nur dann relevant sein, wenn die Wahrheitsfrage nicht von Anfang an ausgeklammert worden ist.

So kann man nur schwer angeben, was Hegels Phänomenologie nun eigentlich ist. Der Untertitel »Wissenschaft der Erfahrung des Bewußtseins« scheint einen ersten Hinweis darauf zu geben. Doch wie sieht dieser Weg aus, der durch die Reihe der Erfahrungen des Bewußtseins gebildet wird? Lassen sich seine einzelnen Etappen aus sich selbst und aus den jeweils vorhergehenden Etappen verstehen oder sind sie alle, angefangen mit der sinnlichen Gewißheit, nur im Hinblick auf das Ende des Weges im absoluten Wissen zu begreifen? Setzt die ›Phänomenologie des Geistes‹ zu ihrem Verständnis das ganze System bereits voraus oder handelt es sich bei ihr um den Versuch einer philosophischen Letztbegründung allen Wissens, die wir auch nach dem heute üblichen Sprachgebrauch noch als »phänomenologisch« bezeichnen müssen? – Vielleicht ist es zweckmäßig, solche Fragen wenigstens einmal vorläufig auf sich beruhen zu lassen. Man wird sie ohnehin nicht eher in angemessener Weise beantworten können, als man es gelernt haben wird, jenes eigentümliche Begriffsstenogramm, das der Text der ›Phänomenologie des Geistes‹ ist, zu entziffern. Davon sind wir heute noch weit entfernt: Es ist offenbar leichter, über das Ganze mehr oder weniger angemessene Behauptungen zu formulieren, als einen einzelnen Gedankenschritt so verständlich zu machen, daß man ihn nachvollziehen kann.

II

Besonders der Anfang der ›Phänomenologie des Geistes‹, nämlich die Dialektik der sinnlichen Gewißheit, setzt dem Verständnis oft einen scheinbar unüberwindlichen Widerstand entgegen. Auf den ersten Blick ist denn auch das, was hier dem Bewußtsein zugemutet wird, kaum zu rechtfertigen. Man vergegenwärtige sich: Auf die Frage »was ist das Jetzt?« kommt die Antwort »das Jetzt ist die Nacht«. Eine wahre Antwort kann durch Aufschreiben nichts von ihrer Wahrheit verlieren. Schreiben wir nun diese Wahrheit auf, so machen wir, wenn wir sie am nächsten Mittag betrachten, die Erfahrung, daß sie, wie Hegel sagt, schal geworden ist.[1] – Jeder fühlt natürlich, daß hier nicht alles ganz mit rechten Dingen zugeht. Wer logisch geschult ist, hat es nicht sehr schwer, die Punkte, hinsichtlich derer sich Bedenken ergeben, genau zu bezeichnen. Doch man wird Hegel nicht gerecht, wenn man ihm logische oder semantische Fehler nachweist und nicht gleichzeitig die Möglichkeit in Rechnung stellt, daß er diese Fehlerhaftigkeit selbst gekannt und berücksichtigt hat. Daß man aus Fehlern lernen kann, ist bekannt. Dies kann so geschehen, daß man seinen Ursprung erkennt; es kann aber auch so geschehen, daß man zwar nicht durch einen Fehler, wohl aber bei Gelegenheit eines solchen eine neue Erfahrung macht, die das Interesse an seiner logischen Auflösung ganz zurücktreten läßt. Beispielsweise lassen sich manche Stellen in Platons Dialogen auf diese Weise deuten.

Eine Orientierung an der platonischen Dialogtechnik kann uns in der Tat hier weiterhelfen. Denn was am Anfang von Hegels Phänomenologie geschieht, unterscheidet sich in mehrfacher Hinsicht wenig von dem, was Protreptik und Elenktik in den frühen Platondialogen zustande bringen. Man wird also einmal von der Hypothese ausgehen dürfen, daß Hegels Dialektik der sinnlichen Gewißheit in Analogie zu jener frühplatonischen Dialektik zu verstehen ist,[2] zu der – mindestens – zwei Partner nötig sind. Es wird nun überraschen, daß wir in der Dialektik der sinnlichen Gewißheit ebenfalls zwei Partner, gleichsam stilisiert, vorfinden: In Hegels Gedankengang kommt nicht nur die sinnliche Gewißheit, das unmittelbare Wissen selbst vor, sondern ebenso auch *wir*, die wir dieses unmittelbare Wissen zum Gegenstand der Betrachtung machen:[3] »Wir haben uns eben so unmittelbar oder aufnehmend zu verhalten, also nichts an ihm, wie es sich darbietet, zu verändern, und von dem Auffassen das Begreifen abzuhalten«.[4] Der nun folgende Abschnitt beschreibt diese sinnliche Gewißheit so, wie *wir* sie sehen: sie erscheint als die reichste Erkenntnis, wenn ihr Inhalt betrachtet werden soll, nämlich »ebensowohl, wenn wir im Raume und in der Zeit, worin er sich ausbreitet hinaus-, als wenn wir uns ein Stück aus dieser Fülle nehmen, und durch Theilung in dasselbe hineingehen«. Die sinnliche Gewißheit erscheint ferner als die wahrhafteste Erkenntnis, weil sie ihren Gegenstand so läßt, wie er ist, und noch nichts von ihm weggenommen hat.

Doch das gilt nur, solange wir die unmittelbare sinnliche Gewißheit zum Gegenstand der Untersuchung machen. Denn in der angegebenen Weise erscheint sie nur *uns*. Ein Fortschritt im Gang der Untersuchung ergibt sich erst, wenn wir fragen, wie sich die sinnliche Gewißheit selbst versteht. Sie ist nämlich, wie man leicht sieht, kein transzendentales oder reines Bewußtsein, sondern eine Bewußtseinsform von der Art, daß sie Aussagen machen und, wie sich später zeigen wird, auch Fragen beantworten kann. Mag sein, daß *uns* die sinnliche Gewißheit als die reichste aller Erkenntnisweisen erscheint, wenn wir darauf achten, welche Aussagen *wir* über sie machen können, und wenn wir die Fülle ihrer möglichen Inhalte ansehen. Anders aber sieht es aus, wenn wir die sinnliche Gewißheit selbst anhören. »Diese Gewißheit aber giebt in der That sich selbst für die abstrakteste und ärmste Wahrheit aus«. Das bedeutet nicht, daß das Bewußtsein im Modus der sinnlichen Gewißheit eine Aussage dieser Art selbst machen könnte. Was in diesem Satz gesagt ist, ist vielmehr nur das Ergebnis einer Reflexion, der wir die Aussagen unterwerfen, die die sinnliche Gewißheit macht. Denn die Gewißheit *gibt sich* selbst nur für die ärmste Wahrheit *aus*; Hegel sagt nicht, daß sie dies so von sich behaupte oder aussage. Denn: »Sie sagt von dem, was sie weiß, nur dieß aus: es ist; und ihre Wahrheit enthält allein das Seyn der Sache«. Gemeint ist damit folgendes: die Tatsache, daß die sinnliche Gewißheit von allen ihren Inhalten nichts anderes als allein das ärmste und leerste Prädikat – das Sein – aussagen kann, zeigt, daß für sie selbst der Reichtum, den *wir* an ihr zu sehen glauben, gar nicht vorhanden ist. So kann ihr Gegenstand für sie selbst immer nur ein bloßes »Dieses« sein, ohne alle weitere Bestimmung. Diese Diskrepanz zwischen dem Bild, das wir uns von der sinnlichen Gewißheit machen, und der Selbstdeutung dieser Gewißheit provoziert den Fortgang der Erörterung.

III

Das reine Sein macht in dem angegebenen Sinn das Wesen der sinnlichen Gewißheit aus; anstatt vom »Wesen« kann Hegel hier gleichbedeutend auch von der »Wahrheit« sprechen. Diese Wahrheit zeigt sich indessen erst dann, wenn Aussagen gemacht werden; dennoch meint Hegel bei dem Wort »Wahrheit« keinen Wahrheitswert einer Aussage. Wenn für ihn das reine Sein die Wahrheit der sinnlichen Gewißheit ist, so bedeutet dies nur, daß die sinnliche Gewißheit als solche von ihren Inhalten nichts prädizieren kann, es sei denn das bloße Sein. Zu diesem Ergebnis kommen aber erst wir mit unserer Reflexion; die sinnliche Gewißheit kann sich aus eigener Kraft nicht zu dieser Allgemeinheit erheben, sie ist vielmehr immer an ihren jeweiligen einzelnen Inhalt hingegeben. Wenn Hegel von der Wahrheit der sinnlichen Gewißheit spricht, geht es demnach nicht darum, ob die Aussagen, die die sinnliche Gewißheit macht, wahr sind oder unter welchen Bedingungen sie wahr sind; es geht vielmehr nur um den Inbegriff dessen, was in Aussagen solcher Art überhaupt ausgesagt werden kann. Dies bezeichnet Hegel mit einem Kategorialbegriff – hier mit dem Begriff des reinen Seins. So kommt es, daß »Wahrheit« in dem von Hegel verwendeten Sinn einem *Begriff* zukommt, aber trotzdem nur gefunden wird, indem man *Aussagen* betrachtet und über sie reflektiert.

Der nächste Abschnitt macht das bisher Erarbeitete zum Gegenstand der Betrachtung. »An dem reinen Seyn aber ... spielt, wenn wir zusehen, noch vieles andere beiher. Eine wirkliche sinnliche Gewißheit ist nicht nur diese reine Unmittelbarkeit, sondern ein Beispiel derselben«. Wichtig ist hier der Zusatz »wenn wir zusehen«. Die sinnliche Gewißheit weiß noch nicht von allein, daß sie es immer mit Beispielen zu tun hat, die ein Allgemeines nur repräsentieren. Das heißt: sie kann noch nicht das Beispiel *als* Beispiel sehen. Auch die Unterscheidung zwischen Ich und Gegenstand, sowie die Vermittlung von beiden – die Tatsache, daß sie aufeinander angewiesen sind und sich gegenseitig fordern – wird von *uns* an der sinnlichen Gewißheit und nicht von dieser selbst gefunden und festgestellt.

Nun heißt es freilich sogleich: »Diesen Unterschied des Wesens und des Beispiels, der Unmittelbarkeit und der Vermittelung machen nicht nur wir, sondern wir finden ihn an der sinnlichen Gewißheit selbst, und in der Form, wie er an ihr ist, nicht wie wir ihn soeben bestimmten, ist er aufzunehmen«. Es handelt sich also jetzt nicht nur um das Ergebnis einer äußeren Reflexion. Wir müssen versuchen, auch in dieser Hinsicht die sinnliche Gewißheit zum Reden zu bringen. Die Unterscheidung von Wesen und Beispiel kommt also nicht ganz von außen; sie wird nicht an die sinnliche Gewißheit herangetragen, sondern wir *finden* sie *an* ihr. Immerhin ist auch hier zu berücksichtigen, daß *wir* es sind, die den Unterschied finden; wir finden ihn aber erst, nachdem wir ihn gesucht haben. Wenn wir nun sehen, wie die sinnliche Gewißheit die Beziehung von Ich und Gegenstand vor aller Reflexion über sie versteht, so finden wir von jener wechselseitigen Vermittlung, von der die Rede war, nichts mehr vor. Denn die sinnliche Gewißheit läßt das Ich als ein gegenüber dem Gegenstand Unwesentliches zurücktreten. Für sie ist jedes Wissen ein Wissen von einem Gegenstand, jedoch in der Weise, daß der Gegenstand als etwas dem Wissen gegenüber Selbständiges erfahren wird. Es ist jenes Weltverständnis, das man in der erkenntnistheoretischen Diskussion als naiven Realismus zu bezeichnen pflegt: die Dinge sind und bleiben das, was sie sind, unabhängig davon, ob sich das erkennende Bewußtsein auf sie richtet oder nicht. Man kann nach dieser Auffassung die Dinge so, wie sie sind, erkennen. Das Wissen ist zwar auf die Dinge angewiesen, die Dinge hingegen nicht auf das Wissen. Das ergibt sich vielmehr erst durch unsere Reflexion.

Zum zweiten Male bereits ist also die Situation entstanden, daß *unsere* Auffassung von der sinnlichen Gewißheit zu deren Selbstdeutung im Gegensatz steht. Nur hatten wir beim ersten Mal selbst unsere Auffassung korrigieren können, nachdem für uns die sinnliche Gewißheit selbst an ihren Aussagen greifbar geworden war. Jetzt aber soll umgekehrt die sinnliche Gewißheit selbst dazu gebracht werden, das Unzureichende ihres Wirklichkeitsverständnisses von ihren eigenen Voraussetzungen aus einzusehen und zu korrigieren. Das kann indes nicht so geschehen, daß sie nur von *uns* belehrt würde über Ergebnisse, zu denen wir erst auf dem Wege der Reflexion gekommen sind. Hier gilt immer nur die Einsicht, zu der das Bewußtsein selbst gekommen ist. Die sinnliche Gewißheit kann indes nicht auf sich selbst reflektieren, und daher müssen wir nach einem anderen Weg suchen, der dahin führt, daß die Selbstdeutung der sinnlichen Gewißheit als Selbsttäuschung entlarvt wird.

Hier beginnt das schon erwähnte Experiment, bei dem die beiden Partner in eine dialogische Situation eintreten. Die sinnliche Gewißheit wird von uns *gefragt*, und dies auf gezielte Weise. Doch die Gewißheit selbst kann dies jetzt noch nicht überschauen. Es wird nach dem »Dieses« gefragt und, da es in zwei verschiedenen Gestalten vorkommt, sofort nach dem Hier und dem Jetzt: in ihnen sieht das Bewußtsein jene unmittelbare Wirklichkeit, die auf ein Ich oder eine Subjektivität nicht angewiesen ist. Das Spiel beginnt mit der Wesensfrage: »was ist das Jetzt?« Die Wesensfrage wird als solche nicht erfaßt, wie sich an der Antwort zeigt: »das Jetzt ist die Nacht«. Nun ist allerdings gesagt, daß *wir* die Antwort geben. Eine hier möglicherweise auftauchende Schwierigkeit verschwindet, wenn man bedenkt, daß *wir* uns hier ja gerade auf den Standpunkt der sinnlichen Gewißheit gestellt haben und von diesem Standpunkt aus die Frage sogleich beantworten.[5] Wenn es sich schon um eine stilisierte Dialogsituation handelt, so macht es wenig aus, ob man den Dialog mit einem realen Partner führt oder aber mit sich selbst, vorausgesetzt, man kann die beiden Bewußtseinsstufen voneinander unterscheiden. Die Dialektik ist hier also ihrer Form nach ein Spiel von Frage und Antwort.[6] Es entspricht der Naivität der sinnlichen Gewißheit recht gut, wenn sie von den Komplikationen einer gezielten Was-Frage noch ebensowenig weiß wie von den Schwierigkeiten, die sich durch eine Substantivierung – »das Jetzt« – ergeben können, wenn man den ursprünglichen Funktionssinn des Wortes »jetzt« dabei vergißt. Die Antwort auf die Wesensfrage nennt also nur ein Beispiel –, ein häufiger Eröffnungszug in den platonischen Dialogen.[7] – Die Analyse des Beispiels führt weiter: Wir schreiben die Wahrheit auf: denn auch die sinnliche Gewißheit wird ohne weiteres der Voraussetzung zustimmen, daß eine Wahrheit nicht dadurch aufhört, Wahrheit zu sein, daß man sie aufschreibt und aufbewahrt. Doch am nächsten Mittag ist jene Wahrheit schal geworden.

Auf diese Weise macht das Bewußtsein die Erfahrung, daß das, was es zunächst als Wahrheit ausgegeben hatte, seinem eigenen Anspruch nicht genügen kann. Die Wahrheit ist gerade nicht im konkreten Jetzt zu finden: es zeigt sich, daß das Jetzt als solches zwar bleibt, daß aber das andere, dem das Jetztsein nur zukommt, dem Wandel unterworfen ist wie in unserem Beispiel die Nacht oder der Mittag. »Das Jetzt selbst erhält sich wohl, aber als ein solches, das nicht Nacht ist«.

So fragwürdig, vom Standpunkt des reflektierenden Bewußtseins aus betrachtet, auch die logischen Mittel sein mögen, mit Hilfe derer das Bewußtsein zu dieser Erfahrung gebracht wird – auf andere Weise hätte ihm diese Erfahrung schwerlich vermittelt werden können, da ihm die Unterscheidungsgesichtspunkte der Reflexion noch nicht zur Verfügung stehen. Auf dem Weg über *unsere* gezielte Frage und über den Versuch, die hier gewonnene vermeintliche Wahrheit durch Aufschreiben und Aufbewahren festzuhalten, hat die sinnliche Gewißheit die Erfahrung gemacht, daß das Jetzt in Wahrheit ein Allgemeines ist; alles, was sie zunächst als unmittelbares Seiendes angesehen hatte, hat nunmehr auch für sie nur noch die Funktion eines Beispiels. Insofern die sinnliche Gewißheit die Sprache benutzt, hat sie es immer schon mit dem Allgemeinen zu tun, auch wenn sie das nicht weiß. Sie meint wohl, mit dem Einzelnen zu tun zu haben; aber indem sie versucht, darüber zu reden, macht sie die Erfahrung, daß das Einzelne als solches gar nicht aussagbar ist. In diesem Fall *sagt* man also notwendig immer etwas anderes als man *meint*: »Die Sprache aber ist, wie wir sehen, das wahrhaftere; in ihr widerlegen wir selbst unmittelbar unsere Meinung, und da das Allgemeine das Wahre der sinnlichen Gewißheit ist, und die Sprache nur dieses Wahre ausdrückt, so ist es gar nicht möglich, daß wir ein sinnliches Seyn, das wir meinen, je sagen können«.[8]

Ein entsprechendes Spiel wird mit dem »Hier« durchgeführt. Die sinnliche Gewißheit macht auch hier die Erfahrung, daß nicht das unmittelbare Einzelne im Hier das Wesentliche und Bleibende ist. Gerade umgekehrt zu ihrer ursprünglichen Annahme gilt: beim Hier und beim Jetzt ist nicht der jeweilige Gegenstand das Bleibende, sondern allein das Ich. Was auch immer jetzt und hier ist: es kann immer nur für ein Ich jetzt und hier sein. – Beim Ich zeigt sich aber in ähnlicher Weise, daß es als Einzelnes nicht aussagbar ist. Was ausgesagt werden kann, ist auch im Falle des Ich nur ein Allgemeines: »Die sinnliche Gewißheit erfährt also, daß ihr Wesen weder in dem Gegenstande noch in dem Ich . . . ist; denn an beiden ist das, was Ich meine, vielmehr ein Unwesentliches, und der Gegenstand und Ich sind allgemeine, in welchen dasjenige Jetzt und Hier und Ich, das ich meine, nicht bestehen bleibt, oder ist«.[9] Das Wesentliche der sinnlichen Gewißheit läßt sich also nicht einseitig im Subjekt finden; es liegt vielmehr im Ganzen seines Weltverhältnisses. Das Einzelne auf der subjektiven Seite läßt sich ebensowenig aussagen wie das Einzelne auf der objektiven Seite. Es läßt sich nur noch zeigen, und zwar wird es *uns* gezeigt.

IV

Hegel bezeichnet schon in diesem Abschnitt den Weg des Bewußtseins mit Hilfe des Wortes »Dialektik«. Es ließ sich zeigen, daß für diese Art von Dialektik der Gegensatz zwischen zwei Partnern, nämlich dem Bewußtsein in der Weise der sinnlichen Gewißheit und *uns* konstitutiv ist. *Wir* können uns dabei zwar in dieses Bewußtsein versetzen, aber *wir* können andererseits auch einen Dialog mit ihm führen, schließlich können *wir* auch noch darüber reflektieren. Wenn man hier die frühplatonische Dialektik zum Vergleich heranzieht, dann kann man dies nicht nur in Hinblick auf die dialogische Situation als solche tun, sondern vor allem auch im Hinblick darauf, daß es sich hier um ein Analogon zu jener Form der Gesprächsführung handelt, die Platon im Blick auf Sokrates in Abgrenzung gegen die Diskussionsspiele der Sophisten entwickelt hat: es geht nicht darum, mit einer im voraus formulierten These recht zu behalten, sondern darum, in gemeinsamer Bemühung zu einer Einsicht zu kommen.[10] Dabei ist es durchaus möglich, daß ein Partner eine zunächst eingenommene Position auch wieder aufgibt, ohne daß dadurch schon der Dialog »entschieden«, d. h. beendet wäre.

Platoniker ist Hegel in der Phänomenologie aber auch noch in anderer Hinsicht: es wird nur dann etwas als Einsicht akzeptiert, wenn das Bewußtsein selbst darauf gekommen ist. Nichts anderes ist gemeint, wenn Hegel von der *Erfahrung* des Bewußtseins spricht: die Phänomenologie will den Weg dieser Erfahrung nachzeichnen, aber sie will weder formgerechte Deduktionen liefern, noch sich mit bloßen Reflexionen über das Bewußtsein zufriedengeben. Freilich kann es sich auch hier nicht um eine naive Rezeption Platons handeln; dazu war sich Hegel viel zu sehr der Verschiedenheiten in den Ausgangspunkten bewußt. Was zwischen Hegel und Platon steht, ist im Hinblick auf unsere Frage vor allem die von Descartes begründete Philosophie der Subjektivität, insbesondere die Philosophie Kants, Fichtes und Schellings. Die neuzeitliche Philosophie der Subjektivität versucht zunächst, alles Wissen aus dem Bewußtsein zu begründen; sodann unternimmt sie es aber auch, dieses selbst auf die Bedingungen seiner Möglichkeit hin zu untersuchen: Das Bewußtsein wird aus Prinzipien deduziert, doch dem gewöhnlichen Bewußtsein bleibt seine Herkunft aus jenen Prinzipien dunkel. Hegels Phänomenologie ist nun zwar ebenso Bewußtseinsphilosophie wie die Philosophie seiner Vorgänger. Worauf es Hegel hier aber vor allem ankommt, ist dies: er will das Bewußtsein nicht nur zum Gegenstand der Reflexion machen, sondern er will es mit allen seinen Erfahrungsmöglichkeiten an seiner Theorie selbst beteiligen. So steht das Bewußtsein, das die Theorie macht, dem Bewußtsein, über das es die Theorie macht, nicht mehr unvermittelt gegenüber. Das Bewußtsein ist auch nach idealistischer Auffassung nichts, was aus sich selbst verständlich wäre. Hegel versucht indes nicht, das Bewußtsein auf Grund dieser Tatsache aus einem höheren Prinzip zu deduzieren, sondern er sucht einen Weg, der es dem unmittelbaren Bewußtsein gestattet, seine Abhängigkeiten und Verflechtungen schrittweise selbst einzusehen. Das gilt im Grunde für den ganzen Weg des Bewußtseins bis hin zum absoluten Wissen. Der Hiatus zwischen dem gewöhnlichen Bewußtsein und den Prinzipien, die in seinem Rücken stehen, wird so aufgehoben. So konnte es für Hegel naheliegen, platonische Denkformen auf dem Boden der neuzeitlichen Philosophie der Subjektivität zu wiederholen. Sie vermögen den für den frühen Hegel zentralen Gegensatz zwischen Unmittelbarkeit und Reflexion zu überbrücken.

Man könnte noch einige andere platonische Elemente in Hegels Dialektik der sinnlichen Gewißheit aufweisen: Wenn Hegel zu zeigen sucht, daß wir uns letztlich selbst widersprechen, wenn wir glauben, von einzelnen, sinnlichen Dingen reden zu können, ohne das Allgemeine im Blick zu haben,[11] so nimmt er auch hier eine platonische Einsicht auf.

– Noch wichtiger ist jedoch dies: die sinnliche Gewißheit ist keine ungeschichtliche, abstrakte Bewußtseinsstruktur – etwa im Sinne eines kantianischen »Bewußtseins überhaupt« –, sondern ein empirisches, konkretes und geschichtlich vermitteltes Bewußtsein, das schon in einer Welt – der von 1806 – lebt. Es handelt sich – analog zu den Figuren in den frühplatonischen Dialogen – um ein Bewußtsein, das schon vielerlei mitbringt, manches zu wissen glaubt, Vorurteile und Vormeinungen hat, ein Bewußtsein vor allem, das Rede und Antwort stehen kann. Dieses Bewußtsein ist bei Hegel durch das bestimmt, was er in seinen ersten Druckschriften als Entzweiung oder als »Dualismus in der Kultur der neueren Geschichte unserer nordwestlichen Welt« bezeichnet. Diese Entzweiung zeigt sich besonders in dem Verhältnis von Subjektivität und Objektivität.[12] Das Bewußtsein, bei dem die Phänomenologie ansetzt, ist zugleich das des gemeinen Menschenverstandes. Hegel wußte von der Kontingenz der Inhalte dieses gemeinen Menschenverstandes; er hat ihn als Ausgangspunkt der spekulativen Untersuchung anerkannt, freilich als einen Ausgangspunkt, der überwunden werden muß. Der gemeine Menschenverstand glaubt im unmittelbaren Wissen eine Grundlage zu haben, die sich durch nichts erschüttern läßt.[13] Die Phänomenologie des Geistes entwickelt aber dann die Dialektik, die das Unwahre am gemeinen Menschenverstand in einer auch für ihn selber einsehbaren Weise aufdecken soll.

Die sinnliche Gewißheit ist nun allerdings auf das Absolute bezogen, und man ist leicht versucht, das Gesetz des Fortgangs in der Phänomenologie des Geistes mit dem Absoluten in Verbindung zu bringen oder aus ihm zu erklären. Das ist wohl zulässig, doch man darf dann im Absoluten keine im Hintergrund wirkende, gleichsam teleologisch steuernde Instanz sehen. Das Absolute ist vielmehr, wie Hegel es in der Einleitung zur Phänomenologie ausdrückt, »an und für sich schon bei uns«.[14] Dies muß aber in einem ausweisbaren

Sinn auch schon für das unmittelbare Wissen und den gemeinen Menschenverstand gelten. Das Absolute ist nämlich insofern »bei uns«, als der Wahrheitsanspruch, der mit allen Formen und Gestalten unseres Wissens immer verbunden ist, seinem Wesen nach ein Absolutheitsanspruch ist, ob wir das wollen oder nicht.[15] Dieser Anspruch wird der Prüfung unterworfen, bei der sich zeigt, daß er nicht gerechtfertigt werden kann. Doch Hegel weiß, daß man einen Absolutheitsanspruch immer nur dann zurückweisen kann, wenn man einen neuen und anderen Absolutheitsanspruch erhebt. Weil das so ist, kann seine Philosophie zugleich Theorie des Absoluten und radikale Skepsis sein. Hegel geht davon aus, daß wir in allem unserem Denken, auch im trivialsten Bewußtsein, immer schon ein Absolutes vorausgesetzt haben, denn auch das trivialste Bewußtsein erhebt den Anspruch, im Besitz von Wahrheit zu sein. Freilich hält dieser Wahrheitsanspruch einer Prüfung nicht stand. Doch die Präsenz des Absoluten, von der die Einleitung spricht, kann auch in der Gestalt vorliegen, daß nur ein Absolutheits*anspruch* in der Form des Wahrheitsanspruchs erhoben wird. Der Weg der Erfahrung des Bewußtseins hat aber zur Folge, daß es seine Auffassung von der Wahrheit ständig korrigieren muß, wenn es nicht mit sich selbst in Widerspruch geraten will.

Anmerkungen

1 Vgl. II 83 [81]. Zitate aus Werken Hegels beziehen sich auf die Jubiläumsausgabe, ed. H. Glockner, Stuttgart 1927 ff.

2 Vgl. dazu R. Robinson: Plato's Earlier Dialectic. 2nd ed., Oxford 1953; bes. 7 ff., 49 ff.

3 Wer »wir« sind, wird im Text nicht gesagt. Sicher scheint mir zu sein, daß »wir« nicht die Position des absoluten Wissens einnehmen. Denn diese Redeweise dient auch bei Hegel zugleich dem Zweck, den Leser in unaufdringlicher Weise in den Gedankengang einzubeziehen. So sind »wir« eher eine Art sokratischer Instanz.

4 II 81 [79]. Die folgenden Textstellen sind alle dem Zusammenhang der Seiten 81–84 [79–82] entnommen.

5 Die Möglichkeit dieser Deutung wird bestätigt durch eine Stelle II 84 [82]: »... wir sprechen schlechthin nicht, wie wir es in dieser sinnlichen Gewißheit meinen«. Vgl. auch eine Parallele aus einem anderen Zusammenhang, II 88 [85]: »Wir müssen ... uns zu demselben diesem Ich, welches das gewißwissende ist, machen lassen«. *Wir* können also das Bewußtsein verstehen, weil wir uns immer auf seinen Standpunkt zu begeben vermögen. Das gilt aber nicht in umgekehrter Richtung: das Bewußtsein kann uns durchaus nicht immer verstehen.

6 Vgl. dazu auch die Bestimmung der Dialektik in Schellings Weltaltern: »Diese Scheidung, diese Verdoppelung unserer selbst, dieser geheime Verkehr, in welchem zwei Wesen sind, ein fragendes und ein antwortendes, ein unwissendes, das aber Wissenschaft sucht, und ein wissendes, das aber sein Wissen nicht weiß, dieses stille Gespräch, diese innere Unterredungskunst, das eigentliche Geheimniß des Philosophen, ist es, von welcher die äußere, darum Dialektik genannt, das Nachbild, und wo sie zur bloßen Form geworden, der leere Schein und Schatten ist« (Fr. W. J. Schelling: Sämtliche Werke. Stuttgart 1861. Band VIII. 201).

7 Vgl. Hegels Charakterisierung der platonischen Dialogtechnik: »der Autor läßt den Antworter sprechen, was er (der Autor) will. Die Frage ist so auf die Spitze gestellt, daß nur ganz einfache Antwort möglich ist« (XVIII 185). [*XIX. 26*]

8 In den Vorlesungen über die Geschichte der Philosophie kommt Hegel bei Gelegenheit der Behandlung der Megariker auf diese Zusammenhänge zu sprechen. Vgl. XVIII 143 f. [*XVIII. 536 f.*] Vgl. dazu auch W. Purpus: Zur Dialektik des Bewußtseins nach Hegel. Berlin 1908, 45 f.

9 II 86 f. [84].

10 Zur Unterscheidung des »harten« eristischen vom »weichen« dialektischen Diskussionsstil vgl. bei Platon vor allem Menon 75 c8–d7.

11 Vgl. II 90 [87]: »Eine solche Behauptung (sc. das Seyn von äußeren Dingen als diesen, oder sinnlichen, habe absolute Wahrheit für das Bewußtseyn) weiß zugleich nicht, was sie spricht, weiß nicht, daß sie das Gegenteil von dem sagt, was sie sagen will.«

12 Vgl. I 44 ff., 47, 187. [*II. 20 f.; 22 f.; 184 f.*] Descartes ist für Hegel historisch gesehen nicht der Urheber dieses Dualismus, sondern er hat nur in abstrakter Form ausgesprochen, wodurch diese Zeit in der nordwestlichen Welt ohnehin schon bestimmt ist.

13 Hegel hat das Problem des unmittelbaren Wissens später noch einmal in systematischer Weise in der Enzyklopädie abgehandelt,

VIII 164-184 [*VIII. 148-168*]; zum Problem des Verhältnisses von gemeinem Menschenverstand und unmittelbarem Wissen vgl. S. 168 f.

14 II 68 [64]; vgl. in der Differenzschrift I 55 f. [*II. 30 f.*]

15 Der gemeine Menschenverstand hat eine Beziehung auf die absolute Totalität, wenngleich diese »im Innern und unausgedrückt« bleibt; vgl. I 56. [*II. 31*]

Merold Westphal
Hegels Phänomenologie der Wahrnehmung

Das Ziel von Hegels Phänomenologie ist »die Einsicht des Geistes in das, was das Wissen ist«[1]. Aber »das Wahre ist das Ganze« für Hegel[2]. Das bedeutet nicht allein, daß seine Philosophie andere Philosophien nur so verdrängen kann, daß sie sie zugleich in sich einschließt, sondern auch, daß Philosophie als solche ihre Wahrheitsansprüche nur dadurch rechtfertigen kann, daß sie diejenigen nicht-philosophischen Formen von Erfahrung einschließt, die einen Anspruch auf die Wahrheit erheben[3]. So wie die Wahrheit der Pflanze weder die Knospe, noch die Blüte, noch auch die Frucht ist, vielmehr der ganze Prozeß, in dem jedes seine eigene notwendige Rolle spielt und dabei seine radikale Verschiedenheit von den andern bewahrt, so mag die volle Wahrheit über das Wissen sich als höchst komplex herausstellen[4]. Es mag sein, daß sie nicht nur die Diskussion so naheliegender Themen wie Sinneswahrnehmung und Naturwissenschaften einschließen muß, sondern auch noch eine Analyse der »Verrücktheit des Diderotschen Musikers ... und des Fanatismus der Marat und Robespierre«[5].

Immerhin können wir dankbar sein, daß Hegel dort beginnt, wo wir es von einer erkenntnistheoretischen Abhandlung erwarten würden, bei der Sinneswahrnehmung und unserem Wissen von der äußeren Welt. Man kann die drei ersten Kapitel, die unter dem Obertitel »Bewußtsein« stehen, als eine Nacherzählung von Platons Theätet lesen. Die Parallele ist dreifach. Hegels Dialog, mit dem natürlichen Bewußtsein in der Rolle des Theaitetos, ist durchaus sokratisch. Mindestens sein Anspruch ist, daß »keine der Reden von mir ausgeht, sondern stets von dem Mitunterredner,

[*Originalbeitrag*. Aus dem Englischen übersetzt v. Rüdiger Bittner.]

während ich mich nur auf eine Kleinigkeit verstehe, die darin besteht, daß ich die Rede eines andern weisen Mannes einer richtigen Behandlung und Prüfung unterwerfe. ... Also abermals muß ich mich an den weisen Theätet wenden«[6]. Das Ergebnis ist so sokratisch wie die Methode. Wir können am Ende der Bewußtseinskapitel sagen, daß wir viel gelernt haben, nicht aber, daß wir wissen, was Wissen ist; was ja das Ziel war.

Die vielleicht fruchtbarste Parallele schließlich besteht zwischen den drei Antworten des Theaitetos und den dreien, die das natürliche Bewußtsein unter Hegels Befragung gibt. Am sichtbarsten ist die Verbindung auf der rein sinnlichen Ebene. Was Theaitetos im Auge hat, wenn er sagt, daß Wissen Wahrnehmung sei, ist das, was die Phänomenologie »sinnliche Gewißheit« nennt. Aber sorgfältiges Lesen zeigt, daß Hegels »Wahrnehmung« und »Verstand« aufs engste mit der zweiten und dritten Antwort des Theaitetos verbunden sind, nämlich daß Wissen richtige Meinung, und daß es richtige Meinung verbunden mit Erklärung sei. Denn Hegels Analyse der Wahrnehmung betont das Vermittelte, den Urteilscharakter an ihr; ebenso findet er den Verstand zur Anwendung solcher übersinnlichen Kategorien wie Kraft und Gesetz motiviert durch sein Drängen auf Erklärung der sinnlichen Welt der Wahrnehmung.

Noch eine andere Geschichte erzählt Hegel in diesen Kapiteln nach: die von Kant und seiner kopernikanischen Wende. Die Analyse des Hier, des Jetzt und des Ich im Kapitel über die sinnliche Gewißheit kann gelesen werden als eine neue Deduktion von Raum, Zeit und der transzendentalen Einheit der Apperzeption, als den Bedingungen a priori der Möglichkeit von Erfahrung. Die Konstitution von Objekten in Raum und Zeit durch und für das transzendentale Subjekt, und insbesondre die Rolle der Substanz-Kategorie hierbei, sind die kantischen Themen, die der Diskussion des Dings und seiner Eigenschaften im Wahrnehmungs-Kapitel zugrunde liegen. Und im Kapitel über den Verstand wird die von Kant aufgedeckte Bedeutung der Regeln und des Naturbegriffs im allgemeinen für die Konstitution der Erfahrungsobjekte neu dargelegt. So läßt es sich als eine weitere Deduktion der Kategorien von Ursache und Wechselwirkung lesen.

Die Unterredung zwischen Hegel und dem natürlichen Bewußtsein fällt mit keiner dieser Geschichten zusammen, und zweifellos gibt es andre Perspektiven dieser Art, die ein bedeutsames Licht auf den Text werfen. Hegels Prinzip der Totalität fordert, von all diesen Blickwinkeln zugleich zu lesen, wenn das Ganze, das die Wahrheit über diese Bewußtseinsformen ist, gefaßt werden soll. Das ist auch nicht die einzige Forderung jenes Prinzips. Hegels Darstellung ist im genauen Sinne ein Dialog, denn sie vergegenwärtigt sowohl die Erfahrung des natürlichen Bewußtseins als die Meta-Erfahrung »für uns«, die »wir« in der Beobachtung der dialektischen Bewegung des natürlichen Bewußtseins machen. Diese Momente getrennt und auch zusammen zu sehen ist für ein Verständnis dieser Wissenschaft der Erfahrung des Bewußtseins wesentlich[7]. Zwei Stellen aus der Vorrede erläutern diese Forderung. Beide stellen der Bewegung des natürlichen Bewußtseins eine andere Bewegung des Denkens gegenüber, welche allein die des Lesers sein kann, der dem philosophischen Gang folgt.

Der Anfang der Bildung und des Herausarbeitens aus der Unmittelbarkeit des substantiellen Lebens wird immer damit gemacht werden müssen, Kenntnisse allgemeiner Grundsätze und Gesichtspunkte zu erwerben, sich nur erst zu dem Gedanken der Sache überhaupt heraufzuarbeiten, nicht weniger sie mit Gründen zu unterstützen oder zu widerlegen, die konkrete und reiche Fülle nach Bestimmtheiten aufzufassen und ordentlichen Bescheid und ernsthaftes Urteil über sie zu erteilen zu wissen[8].

Diese Bewegung des Denkens von der anfänglichen Unmittelbarkeit zur Erkenntnis, die den Gegenstand nur durch die Vermittlung eines Allgemeinen, das heißt im Urteil, erfaßt und dann weiter ihre Urteile mit Gründen unterstützt, dies ist die Bewegung des Theätet. Hegel hebt die Abstraktheit des so erzeugten Wissens hervor. Da die Aufgabe des Denkens das Herausarbeiten und Heraufarbeiten ist, führt die Bewegung des Gedankens zur Sache überhaupt von der Sache selbst hinweg, weg von der konkreten und reichen Fülle, die zu denken es ausging.

Dieser Anfang der Bildung wird aber zunächst dem Ernste des erfüllten Lebens Platz machen, der in die Erfahrung der Sache selbst hineinführt: und wenn auch dies noch hinzukommt, daß der Ernst des Begriffs in ihre Tiefe steigt, so wird eine solche Kenntnis und Beurteilung in der Konversation ihre schickliche Stelle behalten.[9]

Dem Denken, das seiner Abstraktheit zu danken hat, was es vollbringt, tritt – im Namen des Ernstes – unvermeidlicherweise der Appell an konkrete Erfahrung, an Unmittelbarkeit, an Intuition usw. entgegen. Aufklärung und Romantik gehen immer zusammen. Aber es gibt einen andern Ernst, der sich von beiden unterscheidet. Er behauptet, ernster zu sein als der Ernst der Unmittelbarkeit, denn er ist sich der Mängel des ersten Versuchs zu denken bewußt, ohne doch anzunehmen, daß sich die Möglichkeiten des Denkens damit erschöpfen. Der Ernst des Begriffs, der zugleich Anstrengung und Enthaltsamkeit ist[10], erkennt den Ernst des Appells an die Erfahrung der Sache selbst an, aber kühn behauptet er, daß sie gerade es ist, was er denken wird.

Eine zweite Stelle, in der dieselben zwei Denkweisen einander gegenübertreten, zeigt deutlicher, wie die zweite, der Ernst des Begriffs, aussieht. Hier ist die abstrakte Denkweise der Antike zugeschrieben:

Die Art des Studiums der alten Zeit hat diese Verschiedenheit von dem der neuern, daß jenes die eigentliche Durchbildung des natürlichen Bewußtseins war. An jedem Teile seines Daseins sich besonders versuchend und über alles Vorkommende philosophierend, erzeugte es sich zu einer durch und durch betätigten Allgemeinheit. In der neuern Zeit hin-

gegen findet das Individuum die abstrakte Form vorbereitet; die Anstrengung, sie zu ergreifen und sich zu eigen zu machen, ist mehr das unvermittelte Hervortreiben des Innern und abgeschnittne Erzeugen des Allgemeinen als ein Hervorgehen desselben aus dem Konkreten und der Mannigfaltigkeit des Daseins. Jetzt besteht darum die Arbeit nicht so sehr darin, das Individuum aus der unmittelbaren sinnlichen Weise zu reinigen und es zur gedachten und denkenden Substanz zu machen, als vielmehr in dem Entgegengesetzten, durch das Aufheben der festen bestimmten Gedanken das Allgemeine zu verwirklichen und zu begeisten. ... Durch diese Bewegung werden die reinen Gedanken Begriffe *und sind erst, was sie in Wahrheit sind ... geistige Wesenheiten.*[11]

Soviel ist klar: wenn die Entwicklung des natürlichen Bewußtseins die Bewegung vom unmittelbaren Dasein zur Allgemeinheit des Gedankens ist, so ist die Überwindung des natürlichen Bewußtseins die Bewegung vom reinen Gedanken zum Begriff, präziser: vom reinen Gedanken zum Geist. Hegel prägt in diesem Zusammenhang das Wort »begeisten«. Es übernimmt etwas von dem Sinn von »begeistern«, aber interpretiert dies als be-Geist-en. Die leblose Allgemeinheit des Gedankens ist überwunden in der Entdeckung, daß reine Gedanken geistige Wesenheiten sind, daß sie dem Geist angehören. Die volle Bedeutung hiervon kann erst Hegels Entwicklung des Begriffs des Geistes bringen, die im vierten Kapitel beginnt, wo er eingeführt wird als »Ich, das Wir, und Wir, das Ich ist«[12]. Aber die folgenden Hinweise sind in dem eben zitierten Absatz gegeben.

Jene Bestimmungen [die festen bestimmten Gedanken] haben das Ich, die Macht des Negativen oder die reine Wirklichkeit zur Substanz und zum Element ihres Daseins. ... Die Gedanken werden flüssig, indem das reine Denken, diese innere Unmittelbarkeit, *sich als Moment erkennt, oder indem die reine Gewißheit seiner selbst von sich abstrahiert; – nicht sich wegläßt, auf die Seite setzt, sondern das* Fixe *ihres Sichselbstsetzens aufgibt, sowohl das Fixe des reinen Konkreten, welches Ich selbst im Gegensatz gegen unterschiedenen Inhalt ist, als das Fixe von Unterschiedenen, die im Elemente des reinen Denkens gesetzt, an jener Unbedingtheit des Ich Anteil haben.*

Die Bewegung ist zweifach. Zuerst die kopernikanische Wende, die Entdeckung der transzendentalen Funktion des denkenden Subjekts: das cartesische Ich, die gedachte und denkende Substanz, erkennt sich selbst als ein Moment seines eigenen Erkennens, als den Ursprung der Gedankenbestimmungen, die seine Erkenntnis möglich machen. Aber das ist nur die Hälfte dessen, was es heißt, das Allgemeine zu begeisten. Wenn das Denken sich selbst als ein Moment im Erkenntnisprozeß erkennt, erkennt es auch seine eigene Relativität. Das Fixe seines Sichselbstsetzens, als transzendentale Einheit der Apperzeption und als bestimmte Kategorien, durch die jene Einheit im wirklichen Erkennen an sich festhält, gibt es auf, und darin gibt es die Unbedingtheit des Ich auf, die es zuerst im Element des reinen Gedankens für sich beansprucht. So wie die transzendentale Wendung dem Objekt das Fixe abnimmt, indem sie zeigt, daß es nicht einfach gegeben ist, so deckt dieser zweite Schritt auf, daß das Subjekt nicht einfach selbstgesetzt ist. Diese innere Unmittelbarkeit ist ebensowenig wie das Objekt unmittelbar da. Der Weg zum absoluten Wissen wandert durch das finstere Tal dieser doppelten Relativität[13].

In einem vollen Verständnis des Wahrnehmungs-Kapitels muß auch sein Beitrag zu dieser Art von Meta-Erfahrung erfaßt sein, die »wir« Leser mit Hegel zu teilen aufgefordert sind. Aber das natürliche Bewußtsein, das wir beobachten, weiß selber von all dem gar nichts. In der Welt der Wahrnehmung findet es sich von Natur aus zu Hause. Wenn aber gleich alle unsere Erfahrung mit der Wahrnehmung anfängt, so bleibt sie darum doch nicht eben immer bei der Wahrnehmung. Das natürliche Bewußtsein zieht aus der Welt der Wahrnehmung aus und richtet sich in einer neuen Welt, die

Hegel Verstand nennt, ein. Es versteht nicht, warum es sich so von zu Hause fortwagt, denn diese Bewegung findet gleichsam »hinter seinem Rücken« statt[14]. Die Hauptaufgabe des Kapitels über die Wahrnehmung ist es, die Natur und innere dialektische Notwendigkeit dieser Bewegung zu zeigen. Damit wird es die erste Illustration zu Hegels Behauptung geben, »Geist ist nur als aufhebend das, was er *unmittelbar* ist, davon zurücktretend«;[15] oder dramatischer ausgedrückt, »nicht das Leben, das sich vor dem Tode scheut und von der Verwüstung rein bewahrt, sondern das ihn erträgt und in ihm sich erhält, ist das Leben des Geistes. Er gewinnt seine Wahrheit nur, indem er in der absoluten Zerrissenheit sich selbst findet«.[16]

Es mag jedoch scheinen, daß die Bewegung von Wahrnehmung zu Verstand die zweite ist, die Hegel in der Phänomenologie beschreibt, und nicht die erste. Aber das scheint nur so. Denn die Bewegung der ersten beiden Kapitel geht nicht so sehr von der sinnlichen Gewißheit zur Wahrnehmung, als sie aufdeckt, daß Bewußtsein immer und unausweichlich auf der Ebene von Wahrnehmung sich befindet. Die sinnliche Gewißheit ist eine unwirkliche Abstraktion. Unser Wissen von der äußeren Welt fängt nicht in der verdünnten Atmosphäre reiner Sinnlichkeit an, sondern in der konkreten Lebenswelt des alltäglichen Bewußtseins von Dingen und ihren Eigenschaften. Es ist die Welt des Baumes hier und des Hauses dort, die Welt des Wechsels von Tag und Nacht, die Welt, in der Krämer und Hausfrau sich beklagen, daß es allemal beim Jahrmarkt und am Waschtag regnet, die Welt, in der das Federmesser neben der Schnupftabaksdose liegt, und neben beiden ein Würfel Salz mit seiner vertrauten Weiße und Schärfe.

Aber das natürliche Bewußtsein, wie der glänzende Theaitetos, ist nicht gewohnt, über seine Erfahrung zu reflektieren. Nach seinem Ausgangspunkt befragt, sagt es, wo es gern beginnen würde, nämlich mit unmittelbarem sinnlichem Bewußtsein, statt genau nachzuschauen, wo es wirklich beginnt. Es ist nicht schwer zu sehen, woher dieser Wunsch kommt und wieso er stark genug ist, die Wahrnehmung gegen ihre wirkliche Situation blind zu machen. Hegel gibt dem Wahrnehmungs-Kapitel den Untertitel »das Ding und die Täuschung«. Die Rede von Täuschung spielt ein wenig, denn während er uns die sophistische Selbsttäuschung sehen lassen möchte, der die Wahrnehmung unterliegt, wenn sie reflexiv zu werden gezwungen wird, ist doch das primär Gemeinte die wahrnehmende Erfahrung selbst: »Das Wahrnehmende hat das Bewußtsein der Möglichkeit der Täuschung«[17]. Wie Sokrates' Unterredung mit Theaitetos zeigt, ist dies die erste Entdeckung, welche die Wahrnehmung auf ihrem Wege zum Selbstbewußtsein macht. Unvermeidlich ergibt sich daraus irgendeine Art des Appellierens an das Gegebene. Der Gegenstand ist da. Das wahrnehmende Bewußtsein »hat ihn nur zu nehmen, und sich als reines Auffassen zu verhalten; was sich ihm dadurch ergibt, ist das Wahre. Wenn es selbst bei diesem Nehmen etwas täte, würde es durch solches Hinzusetzen oder Weglassen die Wahrheit verändern«. Wenn es so auszusehen beginnt, als ob Wahrnehmung schließlich doch kein »einfaches reines Auffassen« wäre, expliziert sie ihren Appell an das gegebene weiter: das Bewußtsein »unterscheidet sein Auffassen des Wahren von der Unwahrheit seines Wahrnehmens«[18].

Eben diese Sorgen der Wahrnehmung liegen dem Appell an Unmittelbarkeit als sinnliche Gewißheit zugrunde. Unmittelbarkeit heißt hier, »nichts an dem Seienden, wie es sich darbietet, zu verändern und von dem Auffassen das Begreifen abzuhalten«. Sinnliche Gewißheit soll die unbefleckte Empfängnis des Gegebenen sein. »Denn sie hat von dem Gegenstande nichts weggelassen, sondern ihn in seiner ganzen Vollständigkeit vor sich«[19]. Aus dem ersten Grunde behauptet sie die wahrhafteste, aus dem zweiten, die reichste Erkenntnis zu sein. Es wird klar: wenn das natürliche Bewußtsein sich als sinnliche Gewißheit beschreibt, so ist das weniger eine spontane und unmittelbare Antwort als der

Versuch, einige der Schwierigkeiten zu vermeiden, die der Anspruch mit sich bringt, innerhalb der Welt der Wahrnehmung die Wahrheit zu finden.

Um den Primat der Wahrnehmung in Hegels Phänomenologie der Erfahrung zu verstehen[20], muß man jedoch mehr als das bloß Abgeleitete des Appells an sinnliche Gewißheit begreifen. Man muß auch einsehen, daß mit diesem Namen überhaupt keine wirkliche Bewußtseinsform bezeichnet ist. Hier wie im folgenden ist es Hegels Methode, den Widerspruch zwischen dem Kriterium, mit dem das Bewußtsein sein Erkennen auszuweisen sucht, und der wirklichen, von ihm hervorgebrachten Erkenntnis zu beobachten. Ein solcher Widerspruch ist schon in dem Anspruch der sinnlichen Gewißheit gegenwärtig, sowohl die wahrhafteste als die reichste Erkenntnis zu sein. Die sinnliche Gewißheit behauptet kraft ihrer Unmittelbarkeit die wahrhafteste Erkenntnis zu sein. Sie hat den Gegenstand unverfälscht, denn sie hat von ihm nichts weggelassen und nichts zu ihm hinzugefügt. Aber dies Kriterium steht in schärfstem Widerspruch zum Reichtum der wirklichen Erkenntnis, den sie für den ihren hält. Die Erkenntnis, die dies Kriterium ernst nimmt, ist nicht die reichste, sondern »die abstrakteste und ärmste Wahrheit« von allen. Sie kann sich vollständig dadurch ausdrücken, daß sie sagt: »es ist«. Die sinnliche Gewißheit weiß und kann sagen, daß ihr Gegenstand ist, aber nicht, was er ist. »Ihre Wahrheit enthält allein das Sein der Sache«[21]. Jeder Versuch, über diese Unbestimmtheit hinauszugelangen, stößt mit dem Unmittelbarkeits-Kriterium zusammen, denn jede Bestimmung ist eine Negation und jede Negation eine Vermittlung.

Da Hegel vorauszusetzen, nicht zu leugnen scheint, daß wir manchmal Bäume wahrnehmen, so dürfen wir unterstellen, daß das »es«, das »ist«, ein Baum ist und als Baum wahrgenommen wird. Aber ein Baum sein heißt, bestimmte Eigenschaften haben, die ihn von einem Computer oder einem Iglu unterscheiden. Damit ist schon Vermittlung gesetzt, denn ein Baum kann ein Baum und nicht bloß ein »es ist« nur kraft seiner negativen Beziehung auf andere Dinge sein. Zugleich bedeutet den Baum als einen Baum wahrnehmen, ihn als nicht ein Computer und nicht ein Iglu wahrnehmen. Das Bestimmte ist als solches dem Bewußtsein nur durch den vermittelnden Akt gegeben, der es von dem unterscheidet, was es nicht ist. Aber »weder Ich noch die Sache hat [in der sinnlichen Gewißheit] die Bedeutung einer mannigfaltigen Vermittlung, Ich nicht die Bedeutung eines mannigfaltigen Vorstellens oder Denkens, noch die Sache die Bedeutung mannigfaltiger Beschaffenheiten: sondern die Sache *ist* ... sie *ist*, dies ist dem sinnlichen Wissen das Wesentliche, und dieses reine *Sein* oder diese einfache Unmittelbarkeit macht ihre *Wahrheit* aus«.[22] Ihre Gewißheit verdankt solche Erkenntnis ihre Leere. Wie im Theaitet mit dem Satz, Wissen sei Wahrnehmung, verschwindet die Möglichkeit der Wahrheit mit der Möglichkeit des Irrtums.[23]

An diesem Widerspruch zwischen Unmittelbarkeit und Bestimmtheit scheitert die sinnliche Gewißheit. Hegels gnadenlose Bloßstellung desselben im Anfangskapitel der Phänomenologie zeigt uns, nicht daß dies eine unstabile, sondern daß es überhaupt keine Form menschlichen Bewußtseins ist. Die Lage ähnelt der am Beginn der Logik, wie Gadamer sie interpretiert hat, wo die Bewegung von Sein zu Nichts zu Werden keine echte dialektische Progression ist. »Sein und Nichts sind in dem, was sie als Gedanken für das Denken sind, so wenig Bestimmung desselben, daß Hegel ausdrücklich sagen kann, das Sein sei das leere Anschauen bzw. das leere Denken selbst (S. 67) und genau so das Nichts... Das leere Denken ist also ein Denken, das noch gar nicht das ist, was Denken ist«[24]. In einem wichtigen Sinne ist Werden die erste echte Gedankenbestimmung der Logik, gerade weil es die Vermittlung in sich enthält, die Sein und Nichts ausschließen sollen. Ähnlich in der Phänomenologie: Wahrnehmung ist die erste wirkliche Form menschlichen Bewußtseins, da sie die Vermittlung einschließt, die Bestimmung erlaubt, ohne die sie das leere Anschauen oder Denken wäre.

Das Prinzip, daß jede Bestimmung Negation und also Vermittlung ist, bedeutet, daß ein Gegenstand, um als bestimmter gegeben zu werden, als solcher aufgenommen werden muß, das heißt vermittelt durch den intentionalen Akt, der ihn von dem unterscheidet, was er nicht ist. Hegels Analyse des Hier und Jetzt zeigt die besondere Bedeutung dieses Prinzips für sinnliche Erfahrung. Im Verhältnis zu Raum und Zeit wird dies logische Prinzip zu einem ausdrücklich auf Wahrnehmung bezogenen: innerhalb der Wahrnehmung ist ihr Objekt immer als ein Vordergrund gegen einen Hintergrund unterschieden. In beiden Fällen ist das Resultat dasselbe. Nur durch den urteilsartigen Akt des wahrnehmenden Subjekts, das den Gegenstand als hier und nicht dort, jetzt und nicht dann, Baum und nicht Computer oder Iglu nimmt, kann er dem Bewußtsein bestimmt gegenwärtig sein. Husserl macht denselben Gesichtspunkt geltend, wenn er die strenge Korrelation von intentionalem Akt und intentionalem Gegenstand, von Noesis und Noema behauptet. Hegels Übergang zum zweiten Kapitel ist darum mehr als ein Spiel mit dem Wort »Wahrnehmung«, denn er weist bündig die Achillesferse des Appells an sinnliche Gewißheit nach. »Ich zeige es auf, *als* ein Hier, das ein Hier anderer Hier ... Ich nehme es *so* auf, wie es in Wahrheit ist, und statt ein Unmittelbares zu wissen, nehme ich wahr.«[25] Es kann keine unvermittelte Gegebenheit in der Wahrnehmung geben, denn Wahrnehmen ist etwas *als* etwas Nehmen.

Das natürliche Bewußtsein findet sich so in der durchaus vermittelten Welt der Wahrnehmung zu Hause. Aber wie wir gesehen haben, bleibt es nicht zu Hause; es gibt einer Wanderlust nach, die dem Verlangen nach Erklärung entspringt. Wahrnehmung wird Verstand. Dessen Analyse bei Hegel unterscheidet sich von der Kants auf zwei Weisen, die für ein Verständnis seines Begriffs von Wahrnehmung wichtig sind. Erstens, Kant neigte dazu, die Frage »Wie ist Naturwissenschaft möglich?« mit der Frage »Wie ist Erfahrung möglich?« gleichzusetzen. Dies führte dazu, den Begriff der Erfahrung zu verengen und, was noch wichtiger ist, den Unterschied zwischen der Lebenswelt der Wahrnehmung und der Natur, wie sie von den Naturwissenschaften aufgefaßt wird, zu verwischen. Dem entspricht es, daß Hegel in der Jenenser Logik[26], wenn er im wesentlichen dasselbe Material, das in der Phänomenologie zu Wahrnehmung und Verstand gehört, in einer Diskussion der kantischen Relationskategorien (Substanz, Ursache, Wechselwirkung) behandelt, ebenso Naturwissenschaft und Lebenswelt zusammenfließen läßt. Die Bedeutung von Descartes' Analyse des Stücks Wachs in der zweiten Meditation ist zeitweise vergessen. Aber die Phänomenologie stellt die cartesische Perspektive wieder her. Der Unterschied zwischen Wahrnehmung und Verstand ist nicht der zwischen der Kategorie der Substanz auf der einen und den Kategorien der Ursache und Wechselwirkung auf der andern Seite, sondern der zwischen zwei genuin verschiedenen Formen des Bewußtseins.

In Aufnahme des cartesischen Gedankens, wobei nur ein Würfel Salz an die Stelle des Wachsstücks tritt, unterscheidet Hegel die sinnliche Welt der alltäglichen Wahrnehmung von der übersinnlichen Welt der Naturwissenschaften. Das sinnliche ist das vertraute Salz, das wir auf unsre Nahrung und auf vereiste Gehwege streuen. Das übersinnliche Salz ist ganz einfach NaCl, ein Gegenstand, der nicht direkt der Wahrnehmung greifbar wird. Der Begriff der Kraft gibt einen Hinweis auf diese indirekte Beziehung zwischen dem Bewußtsein und seinem Gegenstand. Denkt man in den Begriffen von Kräften und ihren Äußerungen (seien es aristotelische Entelechien oder Gravitations- und magnetische Kräfte), so nimmt man an, »das Ungegenständliche« oder »das Innre der Dinge« sei die Wahrheit[27].

Dieses wahrhafte Wesen der Dinge hat sich jetzt so bestimmt, daß es nicht unmittelbar für das Bewußtsein ist, sondern daß dieses ein mittelbares Verhältnis zu dem Innern hat und als Verstand durch diese Mitte des Spiels der Kräfte in den wahren Hintergrund der Dinge blickt. *Die Mitte, welche die beiden Extreme, den Verstand und das Innere, zusammenschließt, ist das entwickelte* Sein *der Kraft, das für den Verstand selbst nunmehr ein* Verschwinden *ist. Es heißt darum* Erscheinung... *Das* Sein... [*des ansichseienden Gegenstands*] für das *Bewußtsein ist vermittelt durch die Bewegung der* Erscheinung, *worin das* Sein der Wahrnehmung *und das sinnlich Gegenständliche überhaupt nur negative Bedeutung hat, das Bewußtsein also daraus sich in sich als in das Wahre reflektiert, aber als Bewußtsein wieder dies Wahre zum gegenständlichen* Innern *macht... ein Extrem gegen es.... In diesem* innern Wahren... *schließt sich erst über der* sinnlichen *als der* erscheinenden Welt *nunmehr eine übersinnliche als die* wahre *Welt auf, über dem verschwindenden* Diesseits *das bleibende* Jenseits; *ein Ansich, welches die erste und darum selbst unvollkommene Erscheinung der Vernunft, oder nur das reine Element ist, worin die Wahrheit ihr* Wesen *hat.*[28]

Freuds Satz, »die wahrgenommenen Phänomene müssen in unserer Auffassung gegen die nur angenommenen Strebungen zurücktreten«, drückt genau den Unterschied zwischen Wahrnehmung und Verstand aus, den Hegel im Auge hat[29].

Nachdem Hegel das Vermittelte der Wahrnehmung gegenüber den Ansprüchen der sinnlichen Gewißheit herausgehoben hat, betont er nun das Unmittelbare der Wahrnehmung in Gegensatz zur vermittelten Beziehung des Verstandes auf sein Objekt. Wir haben hier ein glänzendes Beispiel der Relativität von Unmittelbarkeit und Vermittlung in Hegels Gebrauch dieser Termini. In diesem Gegensatz erhält Hegels Behauptung des Primats der Wahrnehmung einen reicheren Sinn. Es wird klar, daß Wahrnehmung nicht allein der unausweichliche und unreduzierbare Ausgangspunkt für das natürliche Bewußtsein ist, sondern auch, daß es im

Verlassen seiner vertrauten Lebenswelt und im Übergehen in die neue Welt des Verstandes jene doch nicht wirklich hinter sich zurückläßt. Denn seine Gegenwart bei der übersinnlichen Welt des Verstandes ist immer durch seine unmittelbare Gegenwart in der Welt der alltäglichen Wahrnehmung vermittelt[30].

Zwischen Kants und Hegels Art, die Frage zu stellen, wie Wissenschaft (im Sinne von Verstand) möglich sei, gibt es einen zweiten Unterschied, der zu einem Verständnis von Hegels Interpretation der Wahrnehmung wichtig ist. Er gründet sich darauf, den Unterschied des Sinnlichen und Übersinnlichen klar im Auge zu behalten. Wer jene Frage stellt, schlägt damit den Weg zur Transzendentalphilosophie ein. Aber es ist möglich, diesen Weg gleich wieder zu verlassen. Schon in Kants transzendentaler Dialektik beginnt die Überführung der transzendentalen in die methodologische Frage, wie stellt man es an, Wissenschaft zu treiben? Neukantianismus und Positivismus sind nur die Erben dieser kantischen Tendenz. Wenn jedoch erkannt ist, daß die Wissenschaft sich von dem in alltäglicher Wahrnehmung heimischen Bewußtsein abwendet und es radikal zerstört, so kann die Frage nach der Möglichkeit der Wissenschaft nicht auf die Frage »Wie macht man's?« einer methodologisch orientierten Philosophie der Wissenschaft zurückgeführt werden. Die Frage nach der Methode – »Wie stellt man es an, Wissenschaft zu treiben?« – wird weniger wichtig als die Frage nach dem Motiv: Wie kommt man dazu, Wissenschaft zu treiben? Denn wenn die negative Beziehung der Wissenschaft zur gewöhnlichen Wahrnehmung nicht vergessen wird, kann sie nur als eine Form menschlichen Verhaltens gesehen werden; und wenn auf diese Weise gesehen wird, daß Theorie eine Form von Praxis ist, beginnt die philosophische Reflexion weniger nach der Methode und mehr nach Zweck und Ergebnissen dieser Tätigkeit zu fragen. Was bringt das Bewußtsein auf den Gedanken, sein Erbe zu verlangen und aus seines Vaters Haus fortzuziehen, um Glück und Ruhm in einem fernen Land zu suchen? Wird es sich herausstellen als wahrhaft ein verlorener Sohn, gezwungen sich wegzuwenden von den Trebern des fernen Landes?[31]

Um den transzendentalen Sinn der Frage »Wie ist Wissenschaft möglich?« zu bewahren, tut Hegel den kühnen Schritt, sie in die Frage »Warum ist Wissenschaft nötig?« überzuführen. Ist es ein bloßer Zufall, daß Wahrnehmung zu Verstand wird? Liegt darin nicht vielmehr eine Art innerer Notwendigkeit; etwas an der Wahrnehmung, das sie fort zum Verstand treibt? Der größte Teil des Wahrnehmungs-Kapitels versucht zu zeigen, wieso die Antwort auf die letzte Frage bejahend sein muß.

Hegel richtet unsre Aufmerksamkeit auf einen Würfel Salz, wie Descartes auf ein Stück Wachs. Diese beiden vertrauten Gegenstände aus der Welt der alltäglichen Wahrnehmung illustrieren die Bewegung des Bewußtseins von dieser Welt zu der des wissenschaftlichen Denkens. Aber während Descartes die wissenschaftliche Perspektive aus der Instabilität des Wachses für die Sinne entwickelt, hebt Hegel, und das ist durchaus bezeichnend für ihn, die Instabilität des Salzes für das Denken hervor. Nicht die wechselnde Erscheinung des Salzes, von einem Augenblick zum andern, sondern seine Widersprüchlichkeit in jedem Augenblick gibt die theoretische Deduktion des Verstandes.

Ausgehend von der Annahme, daß der Gegenstand das Wesentliche ist, »gleichgültig dagegen, ob er wahrgenommen wird oder nicht«, richtet sich die Aufmerksamkeit auf seine Bestimmung. Zunächst wird die Lektion des vorigen Kapitels wiederholt. »Das Sein aber ist ein Allgemeines dadurch, daß es die Vermittlung oder das Negative an ihm hat«. Diese Kontext-Definition dessen, was Hegel hier mit Allgemeinheit meint, klärt die sonst rätselhafte Behauptung auf, das Prinzip des Wahrnehmungsobjekts sei »das Allgemeine, in seiner Einfachheit ein vermitteltes«. Als solches ist es »das Ding von vielen Eigenschaften«[32]. Diesen Gegenstand ein Ding zu nennen, drückt seine Einfachheit aus, während die Rede von seinen Eigenschaften »die mannigfaltige Vermittlung«[33] anzeigt, durch die es als etwas Bestimmtes gegeben ist. Der Reichtum des sinnlichen Inhalts ebenso wie die Unmittelbarkeit, welche die sinnliche Gewißheit für ihn beansprucht, sind in den Eigenschaften des Dings gegenwärtig, aber da diese Unmittelbarkeit die Negation nicht aus-, sondern einschließt, nennt Hegel sie »eine allgemeine Unmittelbarkeit«, das heißt eine vermittelte.[34]

Natürlich hat das Ding viele solche Eigenschaften und ist so das Ding, das es ist, genau durch diese Vielfalt. Auf der andern Seite sind diese Bestimmungen nicht kraft ihrer bloßen Bestimmtheit Eigenschaften, sondern dadurch, daß sie dem einen Ding zugehören oder inhärieren, dessen Eigenschaften sie sind[35]. Hegel läßt uns nicht aus den Augen verlieren, daß das Allgemeine, welches das Prinzip der Wahrnehmung ist, *»in seiner Einfachheit* ein vermitteltes ist«[36].

Die einfache sich selbst gleiche Allgemeinheit selbst aber ist wieder von diesen ihren Bestimmtheiten unterschieden und frei; sie ist das reine Sichaufsichbeziehen oder das Medium, *worin diese Bestimmtheiten alle sind, sich also in ihr als in einer* einfachen *Einheit* durchdringen. ... *Dies abstrakte allgemeine Medium* [*ist*] *die* Dingheit *überhaupt.*

Um Lockes verlegene Beschreibung der Dingheit überhaupt als »something I know not what« zu vermeiden, bezeichnet Hegel sie als das Hier und Jetzt, »ein *einfaches Zusammen* von vielen. ... Dies Salz ist einfaches Hier und zugleich vielfach; es ist weiß und *auch* scharf, *auch* kubisch gestaltet, *auch* von bestimmter Schwere usw. Alle diese vielen Eigenschaften sind in Einem einfachen *Hier*. ... Dieses Auch ist also das reine Allgemeine selbst, oder das Medium, die sie so zusammenfassende *Dingheit*«[37].

Der Satz über das Salz zu Beginn weist darauf hin, daß das Ding einfach und zugleich vielfach ist. Hegels Überlegungen zur einfachen Einheit des Dinges führen ihn, wie wir eben gesehen haben, zu einer Analyse des Dings als des Auch. Als solches ist es eine passive Pluralität an Stelle der aktiven ausschließenden Einheit, die eine einfache Einheit wäre. In der Reflexion auf das Wahrnehmungsobjekt als das Eins findet sich Hegel es als das Auch beschreiben, – als ein Merkmal, das offensichtlich in einer gewissen Spannung zu dem steht, von dem es abgeleitet ist, dem Eins[38].

Hegel zögert nicht, diese Spannung Widerspruch zu nennen. Das Bewußtsein, so behauptet er, erfährt wirklich einen Widerspruch, sowohl in seinem Gegenstand als in seinem Verhalten zu ihm. Sein Kriterium für den Gegenstand ist die Sichselbstgleichheit, für es selbst das reine Auffassen. Die Erfahrung, die es macht, enttäuscht jedoch beide Erwartungen. Für Hegels Methode ist es wichtig, daß die Kriterien, nach denen die Wahrnehmung beurteilt wird, nicht die Hegels sind, sondern im Standpunkt der Wahrnehmung selbst liegen. In diesem Sinne ist seine Kritik immanent und seine Methode sokratisch.

Dem wahrnehmenden Bewußtsein kommt der Verdacht, sein Verhalten sei kein reines Auffassen, wenn es die Spannung zwischen dem Ding als Eins und als Auch, als einfach und als vielfach bemerkt[39]. Seine Tätigkeit in der Konstitution des Objekts unterscheidet es von seiner rein passiven Hinnahme des Gegebenen, und trennt sie von dieser ab. Um das Ding als Eins zu bewahren, nimmt es die Schuld für seine anscheinende Vielheit auf sich. Die Tradition, die mit Galileos und Descartes' Ansicht der sekundären Qualitäten als subjektiver begann und mit Berkeleys subjektivem Idealismus ihren Gipfel erreichte, wird in Hegels Darstellung der Behauptung des Bewußtseins in Erinnerung gerufen:

Dies Ding ist also in der Tat nur weiß, an unser *Auge gebracht, scharf* auch, *an* unsre *Zunge,* auch *kubisch, an* unser *Gefühl usf. Die gänzliche Verschiedenheit dieser Seiten nehmen wir nicht aus dem Dinge, sondern aus uns ... Hierdurch also ... erhalten wir die Sichselbstgleichheit und Wahrheit des Dinges, Eins zu sein*[40].

Aber das Bewußtsein erkennt schnell, daß das Ding nur als dasjenige, dem diese Eigenschaften gehören, das eine bestimmte Ding ist, das es ist, im Gegensatz zu bloß irgend etwas im allgemeinen. Um des Dinges willen müssen sie die eigenen Eigenschaften des Dinges sein. So dreht sich das Bewußtsein um und nimmt einen Standpunkt ein, der auf Motive bei Kant und Hume hindeuten könnte. »Das Ding ist das *Auch ... das Bestehen der vielen verschiedenen und unabhängigen Eigenschaften ...* Das *Ineinssetzen* dieser Eigenschaften kommt nur dem Bewußtsein zu.«[41]

Was das Bewußtsein wirklich hier erfährt, ist, daß das Ding Eins sowohl als Auch, für sich und für ein Anderes ist, daß »das Wahre selbst, das Ding, sich auf diese gedoppelte Weise zeigt ... oder an ihm selbst eine entgegengesetzte Wahrheit hat«. Aber obwohl das Ding dies »gedoppelte verschiedene Sein« hat, ist es *»auch Eins;* das Einssein aber widerspricht dieser seiner Verschiedenheit«[42]. Das natürliche Bewußtsein leidet hier an dem, was Hegel gern die »Zärtlichkeit für die Dinge« nennt, die nicht zulassen will, daß sie sich widersprechen[43]. So nimmt es seine Zuflucht zum Insofern. Insofern das Ding für sich oder selbstbezogene Einheit ist, insofern ist es nicht für ein Anderes oder andersbezogene Vielheit. Der eine Aspekt gehört dem Ding zu, der andere kommt vom Bewußtsein.

Hegel fordert uns, die wir die sophistischen Verdrehungen dieser Zärtlichkeit beobachten, dazu auf, zu sehen, was wirklich geschieht. »Der Gegenstand ist vielmehr *in einer und derselben Rücksicht das Gegenteil seiner selbst: für sich, insofern er für anderes,* und *für anderes, insofern er für sich ist.«* Wenn wir fragen, was jene Rücksicht sein mag, ist Hegels klare Antwort: die Bestimmtheit, die das Wesen des Dinges ausmacht. Das Ding kann das eine bestimmte Ding, das es ist, nur dadurch sein, daß es zugleich für sich und für ein Anderes ist. Man muß sagen, insofern das Ding bestimmt ist, ist es für sich, und insofern es bestimmt ist, ist es für ein Anderes. »Das Verhältnis aber ist die Negation seiner Selbständigkeit und das Ding geht vielmehr durch seine wesentliche Eigenschaft (seine Bestimmtheit) zugrunde.«[44]

Zu diesem Ergebnis sind drei Bemerkungen angebracht. Erstens, dies ist der expliziteste Beitrag der ganzen Phänomenologie zu einem Verständnis von Hegels Theorie des Widerspruchs. Mit Bedacht beschreibt er die Elemente, die er für widersprüchlich hält, als »zugleich« und »in einer und derselben Rücksicht« auftretend, und er wiederholt den zweiten Ausdruck, um uns den Punkt nicht verfehlen zu lassen. In Wirklichkeit führt Hegel zwei Ebenen des Widerspruchs vor, die eine innerhalb des Gegenstands der Wahrnehmung selbst und die andere innerhalb des wahrnehmenden Bewußtseins: der Widerspruch zwischen seinen Kriterien und seiner wirklichen Erfahrung. Die erste ist die Art von Widerspruch, mit der sich Hegel in der Logik beschäftigt. Die zweite repräsentiert den Widerspruch des Bewußtseins, der der Phänomenologie eigentümlich ist; im Vorangegangenen wurde er am Beispiel des Widerspruchs dargestellt, der zwischen dem Unmittelbarkeitskriterium der sinnlichen Gewißheit und der reichen Bestimmtheit ihres wirklichen Erkennens besteht.

Zweitens, wir sehen das Bedürfnis einer philosophischen Logik, insbesondere einer Kritik der Kategorien des gesunden Menschenverstandes, den Hegel hier der Wahrnehmung gleichsetzt. Er verachtet die Philosophie, weil sie sich abmüht, über das Meister zu werden, was er für bloße Gedankendinge hält, aber er sieht nicht, daß er selbst »das Spiel dieser Abstraktionen« ist.

Er selbst kommt nicht zu dem Bewußtsein, daß es solche einfachen Wesenheiten sind, die in ihm walten... Der gesunde Verstand ist der Raub derselben, die ihn in ihrem wirbelnden Kreise umhertreiben.

Das ist die Quelle der schlechten Philosophie, die aus einem Reflektieren auf die Wahrnehmung entspringt und die Hegel hier mehrmals als Sophisterei bezeichnet[45].

Aber der Phänomenologie geht es mehr darum, uns die

Möglichkeit als die Notwendigkeit einer solchen Logik zu zeigen; und wie wir gesehen haben, muß sie, um voranzuschreiten, uns zunächst die Notwendigkeit des Verstandes statt seiner bloßen Möglichkeit zeigen. Wir müssen nicht nur sehen, daß der Gegenstand der Wahrnehmung zugrunde geht, sondern auch, daß dies Scheitern einer Bewußtseinsform zugleich die Geburt einer neuen ist. Im Gegensatz zur sinnlichen Gewißheit ist das Prinzip der Wahrnehmung Vermittlung, das Allgemeine. »Aber dies Allgemeine ist, da es *aus dem Sinnlichen herkommt*, wesentlich durch dasselbe *bedingt* und daher überhaupt nicht wahrhaftig sich selbstgleiche, sondern *mit einem Gegensatze affizierte* Allgemeinheit.« Als solche ist sie kategorialen Antinomien ausgesetzt, deren umfassendste die ist, daß wir »ein Fürsichsein« haben, »welches mit dem Sein *für ein Anderes* behaftet ist; indem aber beide wesentlich *in einer Einheit* sind, so ist jetzt die unbedingte absolute Allgemeinheit vorhanden, und das Bewußtsein tritt hier erst wahrhaft in das Reich des Verstandes ein«[46].

Die angemessene Formulierung des Problems gibt, typisch für Hegel, praktisch seine eigene Lösung an die Hand. Die Schwierigkeit bei den Dingen der Wahrnehmung liegt darin, daß sie weder sein noch begriffen werden können getrennt von ihrer Beziehung auf andre Dinge. Sie sind in diesem Sinne bedingt und lassen sich nur durch die Erfassung des Ganzen, von dem sie ein Teil sind, voll verstehen. Dies Ganze ist das unbedingte Allgemeine, das sein und begriffen werden kann aus sich selbst. Es ist vermittelt und daher real und bestimmt, aber es ist selbst-vermittelt und daher an ihm selbst einsichtig. Es ist Spinozas Substanz. In Terminis der kantischen Quantitätskategorien: es ist die Allheit, welche die Einheit und die Vielheit vor dem ständigen Widerstreit und Auseinanderfall bewahrt. Es ist das, was Kant den Begriff der Natur im allgemeinen nennt.

Hegels neue Aufgabe ist es zu zeigen, wieso das natürliche Bewußtsein diesen Begriff in Terminis von Kräften und

Gesetzen ausdrückt, und die Schwierigkeiten zu beobachten, die diese neue Bewußtseinsform erfahren mag. Was das zweite Kapitel betrifft, so ist es hinreichend, daß er zu zeigen versucht hat: was auch die praktischen Motive sein mögen, die der Wissenschaft als instrumenteller Vernunft zugrunde liegen, es gibt eine theoretische Notwendigkeit des Verstandes, die in der kategorialen Struktur der Wahrnehmung selber gesetzt ist. Da seine Analyse an der Kraft ansetzt, sind wir hingewiesen auf Aristoteles und die frühere griechische Spekulation. Aber wenn wir erkennen, daß primitiver Animismus und Dynamismus vielleicht die früheste Version dessen sind, was Hegel als Kraft und ihre Äußerung diskutiert, so werden wir erkennen, daß die Notwendigkeit, von der er spricht, vom natürlichen Bewußtsein lange Zeit ohne die Hilfe spekulativer Denker empfunden worden ist[47].

Anmerkungen

1 Hegel: Phänomenologie des Geistes. Hrsg. v. J. Hoffmeister. Hamburg 1952. 27.
2 Phän. 21.
3 Es ist also ein Hegelsches Prinzip, das Feuerbach gegen Hegel richtet, wenn er schreibt: »Der Philosoph muß das im Menschen, was nicht philosophiert, was vielmehr gegen die Philosophie ist, dem abstrakten Denken opponiert, das also, was bei Hegel zur Anmerkung herabgesetzt ist, in den Text der Philosophie aufnehmen.« (Ludwig Feuerbach: Vorläufige Thesen zur Reform der Philosophie. In: Kleine Schriften. Hrsg. v. K. Löwith. Frankfurt 1966. 135.)
4 Phän. 10.
5 Rudolf Haym: Hegel und seine Zeit. Hildesheim 1962. 241. Er bezieht sich hier auf Kapitel VI, Abschnitt B der Phänomenologie: »Der *sich entfremdete* Geist. Die Bildung.«
6 Theätet 161b-162b. (Übersetzung von Apelt.)
7 Phän. 74.
8 Phän. 11-12.
9 Phän. 12.
10 Phän. 48.

11 Phän. 30-31. Zu dieser Stelle siehe Hans-Georg Gadamers Aufsatz »Hegel und die antike Dialektik«, in: Hegels Dialektik. Fünf hermeneutische Studien. Tübingen 1971.
12 Phän. 140.
13 Jürgen Habermas drückt also, ohne es zu bemerken, die These der Phänomenologie aus, wenn er schreibt: »Die Leistungen des transzendentalen Subjekts haben ihre Basis in der Naturgeschichte der Menschengattung.«
Erkenntnis und Interesse. In: Technik und Wissenschaft als »Ideologie«. Frankfurt 1968. 161.
14 Phän. 74.
15 G. W. F. Hegel: Jenenser Realphilosophie II. Hamburg 1967. 179.
16 Phän. 29-30.
17 Phän. 93.
18 Phän. 92-95. vgl. 103.
19 Phän. 79.
20 Ich beziehe mich hier bewußt auf Maurice Merleau-Pontys Aufsatz »Le primat de la perception et ses conséquences philosophiques«, in: Bulletin de la société française de philosophie. December 1947. 119-53, worin er die zentrale These seines größeren Werks »Die Phänomenologie der Wahrnehmung« aufstellt und verteidigt. Damit soll angedeutet werden, daß Hegels Position hier in den Bewußtseinskapiteln derjenigen Merleau-Pontys sehr ähnlich ist. Siehe unten Anmerkung 30.
21 Phän. 79.
22 Phän. 80.
23 Das gibt einen nützlichen Kommentar zu Hegels Identifizierung der Furcht vor dem Irrtum mit der Furcht vor der Wahrheit in der Einleitung (Phän. 65).
24 Hans-Georg Gadamer: Die Idee der Hegelschen Logik. In: Hegels Dialektik. Tübingen 1971. 61. Die Seitenangabe im Zitat bezieht sich auf Hegels »Wissenschaft der Logik«. Hamburg 1967. Band I. [*V. 82 f.*]
25 Phän. 89, kursiv von mir. Vgl. Kant: Kritik d. r. Vernunft. A68 = B93: »Das Urteil ist also die mittelbare Erkenntnis eines Gegenstandes...«
26 G. W. F. Hegel: Gesammelte Werke. Hamburg 1971. Band VII. 36-75.
27 Phän. 106.
28 Phän. 110 f. Einen fruchtbaren Vergleich kann man anstellen zwischen Hegels Position hier und derjenigen von Wilfrid Sellars in »Philosophy and the Scientific Image of Man«. In: Frontiers of Science ans Philosophy. Hrsg. v. R. G. Colodny. Pittsburgh 1962.

35-78. Nach Sellars Auffassung ist die Annahme unbeobachtbarer Entitäten wesentlich für das »wissenschaftliche« Bild des Menschen und der Welt, im Unterschied zum »manifesten« Bild.
29 Sigmund Freud: Gesammelte Schriften. Wien 1924-34. Band VII. 62.
30 Die Bedeutsamkeit dieser Abhängigkeit ist als eines der großen Themen der Phänomenologie des zwanzigsten Jahrhunderts subtil entwickelt worden, nicht nur in dem oben erwähnten Werk Merleau-Pontys (Anm. 20), sondern zuvor in Heideggers »Sein und Zeit« und Husserls »Krisis«. [= Husserliana. Haag 1954. Band VI.]
31 In der Vorrede, bei der Diskussion der Armut des Geistes, die seiner Rückkehr zur Unmittelbarkeit zugrunde liegt, ruft Hegel selbst das Bild des verlorenen Sohnes vor Augen. Im folgenden Absatz bezieht er dies direkt auf die wissenschaftliche Revolution. Phän. 13-14.
32 Phän. 90. Vgl. Wissenschaft der Logik, Band II. 105-114, wo Hegel die Kategorie »Das Ding und seine Eigenschaften« untersucht. [*VI. 129-139*]
33 Phän. 80.
34 Phän. 90.
35 Vgl. Kants Diskussion des Urteils in § 19 der Transzendentalen Deduktion in der zweiten Auflage der Kritik der reinen Vernunft.
36 Phän. 90, kursiv von mir.
37 Phän. 91.
38 Phän. 92.
39 Phän. 93-95.
40 Phän. 95.
41 Phän. 96.
42 Phän. 97.
43 Wissenschaft der Logik. Band II. 40; Encyclopädie der philosophischen Wissenschaften. § 48. Sämtliche Werke. Stuttgart 1927-39. Band XVI. 450 und Band XIX. 582. [*VI. 54 f.; VIII. 126; XVII. 435; XX. 359*]
44 Phän. 98-99. Hegel wiederholt »in einer und derselben Rücksicht« auf Seite 100.
45 Phän. 101-02.
46 Phän. 99-100.
47 G. van der Leeuw: Phänomenologie der Religion. 3. Aufl. Tübingen 1970. Erster Teil.

Hans-Georg Gadamer
Die verkehrte Welt

Die *verkehrte Welt* in Hegels Geschichte der Erfahrung des Bewußtseins ist einer der schwierigsten Abschnitte im Zusammenhang des Ganzen. Ich möchte versuchen, diese Lehre von der *verkehrten Welt* im Kapitel *Kraft und Verstand* als eine für den ganzen Hegelschen Aufbau der Phänomenologie zentrale zu kennzeichnen. Ich kann dabei an das anknüpfen, was R. Wiehl dargelegt hat: daß man den Anfang der Phänomenologie nicht ohne einen direkten Blick auf die kantische Philosophie überhaupt verstehen kann. Wenn man sich die Hauptgliederung der Phänomenologie des Bewußtseins vor Augen stellt, so ist es mit Händen zu greifen, daß Hegel sich die Aufgabe gestellt hat, zu zeigen: wie hängen eigentlich die verschiedenen Erkenntnisweisen, deren Zusammenwirken Kants Kritik untersucht, innerlich zusammen, nämlich Anschauung, Verstand und Apperzeptionseinheit oder Selbstbewußtsein.

Das Kapitel über die Phänomenologie des Bewußtseins ist letzten Endes durch die Frage beherrscht: Wie wird *Bewußtsein Selbstbewußtsein oder wie wird dem Bewußtsein bewußt, daß es Selbstbewußtsein ist?* Diese Behauptung aber, daß das Bewußtsein Selbstbewußtsein ist, ist eine zentrale Lehre der neueren Philosophie seit Descartes. Insofern liegt Hegels Idee der Phänomenologie in der cartesianischen Linie. Wie sehr das der Fall ist, lehren zeitgenössische Parallelen, insbesondere das weithin unbekannte Buch von Sinclair, dem Freunde Hölderlins und Hegels, an den die Sphragis in der Rheinhymne gerichtet ist, das geradezu *Wahrheit und Gewißheit* betitelt ist. Das Werk versucht, gewiß im gleichen, durch Fichte bestimmten Sinne und

[Aus: *Hegel-Studien*. Hrsg. v. F. Nicolin und O. Pöggeler. Beiheft 3. Bonn 1966. 135 ff.]

ungefähr gleichzeitig mit Hegel, den Weg von der Gewißheit zur Wahrheit ganz ausdrücklich vom cartesianischen Begriff des *cogito me cogitare* aus durchzuführen.

Nun steht es für Hegel von vornherein fest, wenn er die Erscheinung des Bewußtseins in seiner Phänomenologie des Geistes beschreibt, daß das, worin sich das Wissen vollenden, worin sich die völlige Übereinstimmung von Gewißheit und Wahrheit allein ergeben kann, nicht das bloße, seiner selbst bewußt werdende Bewußtsein der gegenständlichen Welt sein kann, sondern daß es die Seinsweise der einzelnen Subjektivität übergreifen und *Geist* sein muß. Auf dem Wege zu diesem Resultat steht als die erste These Hegels: *Bewußtsein ist Selbstbewußtsein*, und es ist die wissenschaftliche Aufgabe des ersten Teils der Phänomenologie, diese These auf eine einleuchtende Weise zu rechtfertigen, indem Hegel die Überführung des Bewußtseins ins Bewußtsein seiner selbst, d. h. den notwendigen Fortgang des Bewußtseins zum Selbstbewußtsein ›beweist‹. Insofern ist die kantische Begrifflichkeit: Anschauung, Verstand, Selbstbewußtsein von Hegel der Gliederung bewußt zugrundegelegt worden, und der Beitrag von R. Wiehl zeigt, wie man von rückwärts her die sinnliche Gewißheit als den Ausgangspunkt verstehen muß, nämlich als das sich über sein eigenes Wesen als Selbstbewußtsein noch ganz unbewußte Bewußtsein.

Im ganzen besteht das Buchstabieren Hegels, dem unsere Bemühungen gelten, wenn ich noch diese methodische Vorbemerkung machen darf, darin, daß man verifiziert, soweit es gelingt, was Hegel selber fordert, wenn er sagt, es komme auf die Notwendigkeit des Fortgangs an. Wir müssen begreifen, wir als das hier zuschauende Bewußtsein – das ist der Standpunkt der Phänomenologie –, welche Gestalten des Geistes auftreten und in welcher Folge dieselben auseinander hervorgehen.

Ein solcher Anspruch auf Notwendigkeit des dialektischen Fortgangs realisiert sich und verifiziert sich immer wieder, wenn man genau liest. Genau lesen hat nämlich bei Hegel immer – und nicht nur bei ihm – die merkwürdige Folge, daß genau das, was man in mühsamen Interpretationsversuchen des gelesenen Abschnittes gerade herausbekommen hat, im folgenden Abschnitt des Textes ausdrücklich geschrieben steht. Das ist die Erfahrung, die jeder Leser Hegels machen wird; je mehr er sich den Inhalt des Gedankenganges expliziert, den er gerade vor sich hat, desto sicherer kann er sein, daß im folgenden Abschnitt des Hegeltextes diese Explikation selber folgt. Das schließt ein (und das hat für das Wesen der Philosophie zentrale Bedeutung, ist aber vielleicht nirgends so greifbar wie bei Hegel), daß eigentlich immer vom Selben die Rede ist und daß auf verschiedenen Niveaus der Explikation sich als der eigentliche und einzige Gegenstand oder Inhalt das Selbe darstellt und herausstellt.

Dieses Selbe hat am Anfang der Phänomenologie die Gestalt, daß Bewußtsein Selbstbewußtsein ist; es ist das Selbst des Bewußtseins, das als der wahre Gegenstand des Wissens heraustreten soll. So muß man von vornherein die Aufgabe, die sich Hegel in der Phänomenologie gestellt hat, verstehen: das Selbstbewußtsein, die Synthesis der Apperzeption Kants, nicht als etwas Vorausgegebenes, sondern als etwas selber zu Beweisendes zu behandeln, und das heißt: es als die Wahrheit in allem Bewußtsein zu beweisen. Alles Bewußtsein ist Selbstbewußtsein. Wenn wir dies als das Thema erkennen, dann ist der systematische Ort deutlich, den das Kapitel von der verkehrten Welt, das ich kurz vorstellen möchte, einnimmt. Es ist im Kapitel über *Kraft und Verstand*, wo sich die nachdenkliche und schockierende Wendung von der verkehrten Welt findet. Hegel ist ein Schwabe und Schockieren ist seine Leidenschaft, wie die aller Schwaben. Aber was er hier meint und wie er zu dieser Wendung gelangt, ist besonders schwer einzulösen. Ich werde zu zeigen versuchen, was sich unter Zuhilfenahme der historischen Interpretationsinhalte unter Hegels ›verkehrter Welt‹ verstehen läßt und in welchem Sinne die wahre Welt, die sich hinter den Erscheinungen verbirgt, verkehrt genannt wird.

Es handelt sich um den Text von S. 110 an.[1] Die entscheidende Wendung von der verkehrten Welt folgt auf S. 121. Die wahre Welt, von der Hegel S. 111 spricht, ist die Welt, deren Verkehrung zur verkehrten Welt auf S. 121 dargelegt wird. Hier (111) ist sie noch nicht als verkehrte Welt erkannt, sondern will die wahre Welt, nichts als die Wahrheit sein.

Der Gang des Gedankens war der, daß Hegel zunächst den Begriff der Kraft als die Wahrheit der Wahrnehmung erkennt. Das Bewußtsein der Wahrnehmung, dem das philosophische Bewußtsein zuschaut, erfährt, daß die Wahrheit, die mit dem Ding und seinen Eigenschaften gemeint war, nicht das Ding und seine Eigenschaften sind, sondern die Kraft und das Spiel der Kräfte. Das ist der Schritt, den Hegel für das philosophische Bewußtsein, wie ich meine, zu begreifen fordert. Es soll einsehen, daß die Zersetzung des Dinges in die vielen Dinge, d. h. der Standpunkt der Atomistik, der sich ergibt, wenn man, z. B. mit den Mitteln der modernen chemischen Analyse, an das, was ein Ding ist oder was seine Eigenschaften sind, herangeht, nicht ausreicht, um zu verstehen, was eigentlich die Wirklichkeit ist, in der die Dinge mit ihren Eigenschaften wirklich sind. Das Wahrnehmen bleibt zu äußerlich. Es nimmt Eigenschaften und Dinge, die Eigenschaften haben, wahr, d. h. für die Wahrheit. Aber ist das so Wahrgenommene, ist der chemische Aufbau der Dinge ihre ganze und wahre Wirklichkeit? Man muß erkennen, daß hinter diesen Eigenschaften in Wahrheit Kräfte stehen, die ihre Wirkung gegeneinander ausüben. Die Konstitutionsformel des Chemikers sagt die Konstitution eines Stoffes aus. Aber was dieser in Wahrheit ist, das ist, wie gerade die moderne Entwicklung und Verwandlung der Chemie in Physik bestätigt hat, ein Spiel von Kräften.

Ich habe damit den Ort erreicht, an dem die genauere Analyse einzusetzen hat. Die Dialektik der Kraft gehört zu den Stücken Hegels, die von ihm selbst am besten kommentiert sind, weil sie nicht nur in der Phänomenologie auftreten, sondern in weit größerer Ausführlichkeit in der Logik bzw. in der Enzyklopädie. Die Dialektik der Kraft hat etwas so unmittelbar Zwingendes und Einleuchtendes, daß Hegel hier für jedermann so weit von aller Sophistik entfernt ist, wie er sich selber sieht.

Es ist überzeugend, daß es eine falsche Abstraktion ist zu sagen: hier ist eine Kraft, welche sich äußern will und die sich äußert, wenn sie zur Äußerung sollizitiert wird. Darin bestehe die Wirklichkeit dessen, was hier vorliegt. Es ist doch kein Zweifel und für jeden einzusehen, daß das, was eine Kraft zur Äußerung sollizitiert, in Wahrheit selber Kraft sein muß. Was da ist, ist also stets nur ein Spiel der Kräfte: Sollizitieren und Sollizitiertwerden ist in diesem Sinne derselbe Vorgang. Ebenso gilt – und das ist die Dialektik von Kraft und Äußerung –, daß Kraft gar nicht die gestaute Kraft ist, die sich in sich zurückbehält, sondern immer nur als ihre eigene Wirkung ist. Es war ein äußerliches Verständnis, das das Verhältnis von identisch-sich-gleichbleibendem, substanziellem Ding und den sich an ihm verändernden, akzidentellen Eigenschaften für das Wirkliche hielt. Was die innere Wirklichkeit des Dinges ist, das ist, wie uns bewußt wird, Kraft. Aber wieder ist es eine falsche Abstraktion zu meinen, es gäbe die Kraft für sich, die von ihrer Äußerung und von dem Zusammenhang aller Kräfte isoliert ›existierte‹. Was existiert, sind Kräfte und ihr Spiel. Wenn man entsprechend die Gestalten des Bewußtseins, die diesen Formen der gegenständlichen Erfahrung entsprechen, gegenüberstellt, so ist das Wahrnehmen ein äußerliches Verhalten, das sich Gleichbleibendes und an ihm sich Veränderndes wahrzunehmen meint. Im Vergleich dazu begreift die Wissenschaft, die hier Verstand heißt, weil sie hinter diese Äußerlichkeit zurückgeht, dahinter zu kommen sucht und nach Gesetzen fragt, welche die Kräfte regieren, sehr viel besser, was die Wahrheit der Wirklichkeit ist.

Das ist in der Tat der grundlegende Schritt, den Hegel hier (von S. 110 an) macht. Ich darf zu dieser Stelle eine allgemeine Bemerkung vorausschicken. Wenn man Hegels Phänomenologie analysiert, macht man immer die Beobachtung, daß jede neue Gestalt des Bewußtseins in zwei Formen dargelegt wird. Zunächst in einer für uns seienden Dialektik oder Aporetik; Hegel zeigt, welcher begriffliche Widerspruch in dem vermeintlichen Gegenstand als solchem liegt, und zeigt ebenso, wie widersprüchlich sich uns das Bewußtsein von diesem Gegenstande darstellt, – und dann zeigt er die Bewegung auf, in der diese Widersprüche für das beobachtete Bewußtsein selber zur Erfahrung kommen. Wenn so das beobachtete Bewußtsein die Erfahrung des Widerspruchs macht, muß es seine Position aufgeben, d. h. seine Meinung über den Gegenstand ändern. Das ist er gar nicht, was er zu sein schien. Das hat aber die Folge für unser Beobachten, daß es die Notwendigkeit begreift, nun zu einer anderen Bewußtseinsgestalt fortzugehen, von der man erwarten kann, daß das, was sie meint, wirklich wahr ist. Es wird uns bewiesen: dies Bewußtsein der sinnlichen Gewißheit, der Wahrnehmung, des Verstandes, hat nicht recht. Es ist kein wirkliches Wissen. Wir müssen also über das Bewußtsein, das in diesen Gestalten erscheint, hinausgehen. Denn es verwickelt sich in Widersprüche, die ihm das Bleiben bei seiner vermeintlichen Wahrheit unmöglich machen und uns deren Unwahrheit beweisen. Als das Bewußtsein, das es ist, z. B. das des Physikers, beharrt es freilich hartnäckig bei sich selbst und weigert sich, über sich hinauszugehen. Hegel drückt das so aus: es vergißt seine Einsicht immer wieder und ist und bleibt die gleiche Gestalt des Bewußtseins; wir, das philosophische Bewußtsein, müssen ein besseres Gedächtnis haben und begreifen, daß ein solches Wissen nicht alles Wissen ist und die von ihm begriffene Welt nicht die ganze Welt. Die Philosophie begreift also die Notwendigkeit, über dieses hartnäckige Bewußtsein hinauszugehen. Wir werden zu verfolgen haben, wie das geschieht.

Was zunächst entwickelt wird, ist der Widerspruch, wie er sich uns darstellt. Das ist eigentlich nicht die phänomenologische Dialektik. Denn Hegel behandelt zunächst die Widersprüche, die in dem Gedanken des Gegenstandes, in seinem Wesen liegen: so ist die Dialektik von Wesen und Unwesentlichem, von Ding und Eigenschaften, von Kraft und Äußerung im Begriff gelegen und gehört daher eigentlich zur Logik. Die phänomenologische Einsicht, die Hegel an ihnen gewinnt und um deren willen er sie überhaupt entwickelt, ist eine über das Wissen derselben, daß es nämlich über das Wahrnehmen hinauszugehen hat, – wenn es der eigentlichen Aufgabe des Verstandes genügen will, die ist, dahinterzukommen, was eigentlich ist. Wir blicken jetzt ins Innere. Das ist zunächst ganz schlicht gemeint, im Vergleich zu der Oberflächlichkeit der Unterscheidung von bleibendem Ding und wechselnden Eigenschaften. Sehen wir derart ins Innere hinein, so wird die Frage sein: was ist in diesem Inneren zu sehen? Was ist das innere Wesen der äußeren Erscheinung? Eines ist dabei klar: ins Innere sehen, ist Sache des Verstandes, nicht mehr der sinnlichen Wahrnehmung. Es ist das, was Plato mit dem Begriff des νοεῖν bezeichnet hat im Gegensatz zur αἴσθησις. Der Gegenstand des ›reinen Denkens‹ (νοεῖν) ist offenbar dadurch charakterisiert, daß er nicht sinnlich gegeben ist.

Insofern ist es überzeugend, daß Hegel auf S. 111 von dem *›innern Wahren‹* spricht »als dem *absolut Allgemeinen*, also nicht nur sinnlich Allgemeinen, welches für den Verstand geworden ist« – das ist das νοητὸν εἶδος, um mich zunächst platonisch auszudrücken. In ihm »schließt sich erst über der sinnlichen als der erscheinenden Welt nunmehr eine übersinnliche als die wahre Welt auf.« Es ist der Schritt Platos.[2] Das Allgemeine ist nicht ein dem Meinen vorschwebendes Gemeinsames der sinnlichen Erscheinung – es ist das ὄντως ὄν, das εἶδος, das Allgemeine des Verstandes und nicht das des Sinnlichen in seiner erscheinenden Andersheit. Die hegelsche Fortsetzung bekommt nun einen sehr merkwürdigen Klang: »über dem verschwindenden Diesseits das bleibende Jenseits«. Hier rückt Plato mit dem Christentum eng zusammen – und da dieser Standpunkt ja nicht die letzte Wahrheit sein soll, hört man schon fast Nietzsche und seine Formulierung, daß das Christentum Platonismus fürs Volk ist. In der Tat ist die Struktur, die Hegel hier beschreibt, von einer äußersten begrifflichen Abstraktion, die, wie sich zeigen wird, nicht nur die platonische und die christliche Position, sondern auch die der modernen Naturwissenschaft umfaßt.

Diese übersinnliche Welt soll die wahre Welt sein. Sie ist das Bleiben im Verschwinden, ein Ausdruck, der sehr oft vorkommt bei Hegel. Wir werden genau diesem Ausdruck noch begegnen, wenn es gilt, die verkehrte Welt zu verstehen. Denn, um es gleich vorweg anzuzeigen, wo es hingeht – dort wird herauskommen: gerade das ist das Bleibende, das, was wirklich ist, daß alles immerfort verschwindet. Gerade das ist die wirkliche Welt, darin ihr Bestehen zu haben, daß es immerfort Anderswerden gibt, beständiges Anderswerden. Beständigkeit ist dann nicht mehr der bloße Gegensatz zum Verschwinden, sondern sie ist selbst die Wahrheit des Verschwindens. Das ist die These der verkehrten Welt.

Wie kommt Hegel dahin? Ich möchte das nicht so sehr logisch nachkonstruieren, als vielmehr die Phänomene selber, von denen hier Hegel spricht, so konkret vor Augen stellen, daß es gelingt zu sehen, was jeweils die Vermeintlichkeit an der Wahrheit, die das Bewußtsein zu haben meint, ist. R. Wiehl hat mit Recht betont: das Meinen bleibt immer da, als die Vermeintlichkeit, die den ganzen Fortgang der Aufweisung der Gestalten des Bewußtseins treibt. So stellt Hegel jetzt die Frage, was hier das Bewußtsein meint: Was ist dieses Innere, in das nun der Verstand hineinblickt – was ist dies Bewußtsein des Jenseits? Meint es ein leeres Jenseits, ist es die Vorform des unglücklichen Bewußtseins?

Aber das ist nicht wahr, sagt Hegel. Dieses Jenseits ist nicht leer, denn »es kommt aus der Erscheinung her«, es ist ihre Wahrheit. Was für eine Wahrheit? Dafür findet er die glänzende Formulierung: dieses Jenseits ist die Erscheinung *als* Erscheinung. Das heißt: die Erscheinung, die nicht die Erscheinung eines anderen ist, sich nicht mehr unterscheidet von einem jenseits ihrer gelegenen, eigentlichen Sein, sondern die nichts als Erscheinung ist. Sie ist also nicht Schein gegen ein Wirkliches, sondern Erscheinung als das Wirkliche selbst. Erscheinung ist ein Ganzes des Scheins, so lautete die Formulierung auf S. 110. Damit war gemeint, daß die Erscheinung nicht bloße Äußerung einer Kraft ist, die mit ihrem ›Erlahmen‹ sich selbst und ihre Wirkung aufhebt – vielmehr ist die Erscheinung das Ganze der Wirklichkeit. Sie *hat* nicht nur ihren Grund, sie *ist* als die Erscheinung des Wesens. Gegenüber dem Oberflächenschein der Rede von einem Ding, das Eigenschaften ›hat‹, ja selbst gegenüber der dahinterkommenden Einsicht in die Kraft, die sich äußert oder gestaut ist, tut sich dem Blick ins innere Wesen der Dinge der ›absolute Wechsel‹ des Spiels der Kräfte auf, in dem die Wirklichkeit besser erfaßt wird als in jenem oberflächlichen Blick des Wahrnehmens. Sofern sich dies Spiel der Kräfte als ein Gesetzliches erweist, sind es ›die Erscheinungen‹ (τὰ φαινόμενα), die damit ›gerettet‹ sind. »Das Einfache an dem Spiele der Kraft selbst und das Wahre desselben ist das Gesetz der Kraft« (114). Entsprechend heißt es in der Logik von den Reflexionsbestimmungen: »Ihr [sc. der Formbestimmungen] Schein vervollständigt sich zur Erscheinung.«[3] Die Wendung: »das Ganze des Scheins« führt auf diese Weise zu dem Begriff des Gesetzes. Es ist einleuchtend, daß das Gesetz ein Einfaches ist im Vergleich zu dem wechselnden Ineinanderspiel der aufeinander wirkenden Kräfte: Als das einfache Gesetz bestimmt es das Ganze der Erscheinungen. Der vermeintliche Unterschied in den Kräften, der die Wirkung der Kräfte ausmacht, Sollizitieren, Sollizitiertwerden, Gestautsein und Sich-äußern, dieser Unterschied des Allgemeinen ist in Wahrheit einfach.

Das ist sehr hegelisch ausgedrückt, aber man kann es phänomenologisch anschaulich verifizieren; dieser Unterschied ist in Wahrheit gar nicht der von voneinander getrennten Kräften, die für sich vorkommen und die man nachträglich aufeinander bezieht: er ist die Erscheinung des einfachen und gleichen Gesetzes.

So ist es das Naturgesetz, das eine, die Wirklichkeit schließlich beherrschende, d. h. die Erscheinungen voll erklärende Gesetz der Mechanik, was im folgenden als die Wahrheit des Gegenstandes herauskommt. Das ist ein sehr wichtiger Punkt. Hier darf man an jene Platodeutung erinnern, die die platonische Idee als das Naturgesetz interpretierte. Das war ungewußter Hegelianismus. Bei Hegel ist in der Tat dieser Schritt der Identifikation vollzogen. Aber es wird sich zeigen, warum er nicht bei dieser Gleichsetzung stehen bleibt.[4] Zunächst jedenfalls kann er sagen: Der allgemeine Unterschied »ist im Gesetze ausgedrückt als dem beständigen Bilde der unsteten Erscheinung«. Das Gesetz ist das Bleiben des Verschwindens. Die Wirklichkeit wird angesehen als die Welt der Gesetze, die über dem Verschwinden bleibt. »Die übersinnliche Welt ist hiemit ein ruhiges Reich von Gesetzen« – jenseits der wahrgenommenen Welt, aber doch in ihr gegenwärtig als »ihr unmittelbares stilles Abbild«. Das steht auf S. 114 f. Hegel nennt es geradezu: stilles Abbild der beständigen Veränderung.

Es ist kein Zweifel, daß diese Wendung nicht nur platonisch, sondern auch galileisch klingt. Galilei ist im folgenden *da*, oder noch besser Newton. Denn es ist ja das vollendete System der galileischen Mechanik, das hier mit der Anspielung auf die Schwerkraft als die universale Definition des Körpers impliziert ist. Hegel zeigt nun, daß dieser Schritt in die übersinnliche, wahre Welt, der Schritt des Verstandes, nur ein erster Schritt ist, von dem man einsehen muß, daß er nicht die ganze Wahrheit erreicht. Es ist unmöglich zu sagen: die Wahrheit der Wirklichkeit ist das Naturgesetz (wie Natorp etwa Plato interpretiert hat). Hegel zeigt nämlich, daß in einer solchen Formulierung wie der eines ›Reiches der Gesetze‹ immer schon mitgesagt ist, daß sie nicht die ganze Erscheinung enthält. Das Bewußtsein verwickelt sich mit Notwendigkeit in die Dialektik von Gesetz und Fall, beziehungsweise es ergibt sich eine Vervielfachung der Gesetze; man denke in concreto daran, wie etwa das Fallgesetz Galileis zu seiner Zeit von den Aristotelikern bestritten wurde, weil es nicht die volle Erscheinung deckte. Die volle Erscheinung enthält ja in diesem Falle das Moment des Widerstandes, der Reibung mit. Ein anderes Gesetz muß hier zu dem Gesetz des freien Falls, den es nie gibt, hinzukommen, das Bremsgesetz des widerstehenden Mediums. Und das heißt grundsätzlich: keine Erscheinung ist ein ›reiner‹ Fall eines Gesetzes.

Wir haben also im Falle unseres Beispiels zwei Gesetze, wenn wir wirklich das Resultat erzielen wollen, die wirkliche Erscheinung im stillen Abbild der Gesetze darzustellen. Der Versuch, die Mechanik in dieser Weise auszubauen, daß sie mit ihren ›unreinen‹ Fällen fertig wird, führt zwar zunächst zu einer Vervielfachung der Gesetze, aber sofern dadurch die Natur der Bewegungserscheinungen als Ganze ›verstanden‹ wird, erschließt sich der Blick auf die Einheit der Gesetzlichkeit derselben, die ihre letzte Realisation in der Zusammenfassung von terrestrischer Physik und Himmelsmechanik findet. Das ist es, was nach Hegel im Ausdruck der allgemeinen Attraktion liegt, »daß alles einen beständigen Unterschied zu anderem hat« – und das will sagen, daß es nicht zufällige Bestimmtheiten (›in der Form der sinnlichen Selbständigkeit‹ des Einen gegenüber dem Anderen) sind, auf denen aller Unterschied beruht, sondern die wesentliche Bestimmtheit jedes Körpers, ein Kraftfeld zu bilden. Das ist der neue Standort, von dem aus sich das Wesen der Kraft nicht im Unterschied von Kräften, sondern als ein Unterschied im Gesetz der Kraft selbst darstellt, so daß z. B. Elektrizität immer positive und negative ist – als die ›Spannung‹, die wir elektrische Kraft nennen.

Freilich, als solcher Unterschied der Vorzeichen ist sie nur im Verstande. Wenn so das Spiel der Kräfte als Gesetz gefaßt etwa positive und negative Elektrizität ist, so meint das nichts als die Spannung, die in Wahrheit die elektrische Energie ist, und nicht etwa zwei unterschiedene Kräfte. Das also ist die Wahrheit des Spiels der Kräfte: die eine Gesetzlichkeit der Wirklichkeit, das Gesetz der Erscheinung.[5]
Daß die Rede von unterschiedenen Kräften unwahr ist, dazu gibt es eine Entsprechung seitens des Bewußtseins. Es macht die Dialektik des Erklärens aus, daß das Gesetz von der Wirklichkeit, die es bestimmt, nur im Verstande unterschieden ist. Die Tautologie des Erklärens läßt sich etwa am Beispiel der Lautgesetze demonstrieren: man spricht da von den Gesetzen der Lautverschiebung, die den Lautwandel einer Sprache ›erklären‹. Aber die Gesetze sind natürlich nichts anderes als das, was sie erklären. Sie haben nicht eine Spur von anderem Anspruch. Jede grammatische Regel hat denselben tautologischen Charakter. Hier wird gar nichts erklärt, sondern wird lediglich als Gesetz, das die Sprache beherrscht, ausgesprochen, was in Wahrheit das Leben der Sprache ist.
Ich habe mit Absicht soeben ›das Leben‹ der Sprache gesagt. Darauf zielt der Gedanke hin, und damit komme ich zu Hegels Lehre von der verkehrten Welt. Denn: was ist es denn eigentlich, was da überall fehlt, wo wir Gesetze das Wechseln der Erscheinungen bestimmen lassen? Warum ist das noch nicht die wahre Wirklichkeit? Es fehlt eben dieser platonisch-galileischen Vorstellung von dem ruhigen Reich der Gesetze oder der einen einheitlichen Gesetzlichkeit die Wirklichkeit selber, das Sichverändern als solches. Hegel nennt es die Absolutheit des Wechsels, d. h. das Prinzip der Veränderung. So hat schon Aristoteles Plato kritisiert, die Ideen, die εἴδη, seien mehr αἴτια ἀκινησίας ἤ κινήσεως: sie stellen mehr eine Antwort auf die Frage dar: »Was ändert sich in der Natur *nicht*?«, als eine Antwort auf die Frage: »Was ist Natur?« Denn Natur, so sagt Aristoteles, ist ganz

das, was die ἀρχὴ τῆς κινήσεως ἐν ἑαυτῷ ἔχει, d. h. was sich selbst von sich aus verändert.

So schreibt Hegel am Schluß dieses Abschnittes, in dem die verkehrte Welt zuerst genannt wird (S. 121): »Denn die erste übersinnliche Welt war nur die *unmittelbare* Erhebung der wahrgenommenen Welt in das allgemeine Element« – wir interpretieren: = *ascensus* des platonischen Höhlengleichnisses, Aufstieg zur noetischen Welt der bleibenden Idee. – »Sie hatte ihr notwendiges Gegenbild an dieser«. Das ist die Schwäche der Ideenwelt, der wahrgenommenen Welt entgegengesetzt zu sein (als nichtseiender). Das Gleiche meint auch die kritische Wendung des Aristoteles, daß Platon die Welt verdoppelt: wozu dieses Abbild der wahrgenommenen Welt, die noetische Welt? Bleibt diese mathematisch figurierte Welt nicht das Entscheidende schuldig? Ist sie nicht nur die wahre Welt *für* diese im Wechsel bewegte wahrgenommene Welt und entbehrt des Prinzips des Wechsels und der Veränderung, wie sie das Sein der wahrgenommenen Wirklichkeit ausmacht?[6] So schließt Hegel: »das erste Reich der Gesetze entbehrte dessen, erhält es aber als verkehrte Welt«. Eine Welt, die die ἀρχὴ κινήσεω in sich enthält und als solche die wahre Welt ist, ist eine Verkehrung der platonischen Welt, in der Bewegung und Veränderung das Nichtige sein sollten. Auch diese Welt ist jetzt eine übersinnliche Welt, d. h. hier sind die Veränderungen nicht bloßes ›anders‹, also nicht seiend, sondern sind *als Bewegungen* verstanden. Sie ist nicht bloß das ruhige Reich der Gesetze, dem alle Veränderung gehorchen muß, sondern eine Welt, in der sich alles bewegt, weil es den Ursprung von Wechsel in sich enthält. Das scheint eine reine Umkehrung, und die moderne Forschung kam ganz von selber auf das Bild der ›Umkehrung‹ für das Verhältnis des Aristoteles zur platonischen Ideenlehre. Nicht das oberste Eidos, sondern das τόδε τι ist ja die ›erste Substanz‹ (J. Stenzel).

Aber inwiefern kann sich durch diese Umkehrung des ontologischen Vorzeichens die wahre Welt eine verkehrte nennen? Wie sieht diese zweite übersinnliche Welt aus? Hier muß ich, um das Ganze einleuchtend zu machen, noch einmal zurückgreifen. Hegel hat als Beispiel für den Unterschied in der Kraft selbst die Elektrizität gegeben und das formalisiert zu der Dialektik von Gleichnamigem und Ungleichnamigem, welches Letztere bei der Elektrizität als der Unterschied des Positiven und Negativen erscheint. Hegels Beispiele brauchen einen aber nicht zu beschränken. Was Hegel jeweils durch die Beispiele illustriert, ist auch von ihm oft aus verschiedenen ‹Sphären‹ belegt. Hier führt einen der Ausdruck ›gleichnamig‹ weiter. Griechisch heißt das Gleichnamige ὁμώνυμον oder lateinisch *univocum*. Das Gleichnamige ist – scholastisch gesehen – die Gattung. Gesetz und Gattung sind hier in eins gefaßt. Sie haben beide dieses an sich, daß sie eigentlich nur *sind* als die differenten Fälle. Das kann man sich bewußt machen und sagen: Das Gleichnamige sucht also, d. h. meint das Ungleichnamige. Die Gattung Huftier z. B. meint Pferde, Esel, Maulesel, Kamele usw.; das Ungleichnamige meint sie, das ist ihre Wahrheit. Und jede einzelne Art meint ebenso die differenten Individuen. Wenn wir nun das weiterdenken, so sehen wir, daß darin letzten Endes der Gedanke steckt: der Unterschied, das Differente, das im Gleichnamigen nicht Ausgesagte oder Gefaßte, ist gerade das Wirkliche. Wieder erkennen wir darin ein antikes Motiv. Denn das gilt grundsätzlich für die aristotelische Kritik an der platonischen Idee und für das, was Aristoteles selber lehrt: das εἶδος ist nur ein Moment am τόδε τι, oder, wie Hegel es S. 124 ausdrücken wird, diese übersinnliche Welt, welche die verkehrte ist, hat die Welt, die sie verkehrt, an sich selbst. Sie enthält das εἶδος. Es ist ja das, *was* dies da ausmacht, was im τόδε τι ist und was auf die Frage des Verstandes: τί ἐστι; allein geantwortet werden kann, so wie es in der Kategorienschrift des Aristoteles steht. Auch Aristoteles kann nicht anders als mit Plato antworten. Wenn ich ein Dieseshier habe und gefragt werde: was ist das?, dann kann ich nur Allgemeines antworten. In diesem Sinne ist der Standpunkt des Verstandes umfassend. Aber das heißt nicht, daß die Wirklichkeit nur das εἶδος ist. Es ist umgekehrt: das, was wirklich ist, ist das Einzelne, das von dieser Art ist und von dem gesagt werden kann, es sei von dieser Art.

Aber warum kann Hegel sagen, dies Seiende der Erscheinung habe seine Umgekehrtheit als Verkehrtheit an sich selber? Warum heißt die wahre Wirklichkeit die verkehrte Welt?

Ich möchte einen Gedankengang entwickeln, der den Begriff der verkehrten Welt verständlich macht: Es ist nie und nimmer ›reines‹ Eidos, was als Erscheinung gegeben ist – wenngleich nur in ihm und seinesgleichen das Eidos überhaupt da ist. Kein Ei gleicht dem anderen (Leibniz). Kein Fall ist ein reiner Fall eines Gesetzes. Die wirkliche Welt, wie sie gegenüber der ›Wahrheit‹ des Gesetzes als Erscheinung gegeben ist, ist also in einem gewissen Sinne verkehrt; es geht in ihr nicht zu, wie es den Idealen eines abstrakten Mathematikers oder Moralisten entsprechen mag. Freilich besteht ihre lebendige Wirklichkeit gerade in dieser ihrer Verkehrtheit. Und das ist ihre Funktion im dialektischen Beweisgang der Phänomenologie: es wird sich ergeben, daß In-sich-verkehrt-sein heißt: Sich-gegen-sich-selber-kehren, sich zu sich selbst verhalten, und das ist: Lebendig-sein.

Indessen, hat Hegel den Sinn von Verkehrtheit als Unrichtigkeit überhaupt mit im Auge? Meint er nicht stets nur die dialektische Umkehrung und will auch hier sagen: Die wahre Welt ist nicht jene übersinnliche Welt der ruhigen Gesetze, sondern die Umkehrung derselben. Das Ungleiche des Gleichen, das Wechselnde ist das Wahre. In diesem Sinne macht die Verkehrung – S. 123 unten – das Wesen der einen Seite der übersinnlichen Welt aus. Aber ausdrücklich mahnt Hegel, die Sache darf nicht sinnlich vorgestellt werden, als ob es sich um die Verkehrung (Umkehrung) eines Gesetzten, für sich Bestehenden handelte, als ob es also die erste übersinnliche Welt gäbe und dann noch die zweite verkehrte. Die Verkehrung ist vielmehr, wie S. 123 sagt,

Reflexion in sich, nicht der Gegensatz zu einem anderen. Der dialektische Sinn dieser Reflexion in sich liegt offenbar in folgendem: Wenn ich das Gegenteil (die verkehrte Welt) als das Wahre – an und für sich – nehme, so ist das Wahre notwendig das Gegenteil seiner Selbst. Denn die Wirklichkeit der Erscheinung hatte sich in dem, was sie an und für sich ist, zwar erwiesen, nicht bloße reine Fälle von Gesetzen zu sein. Aber das schließt ein, daß sie *auch* das Gesetz der Erscheinung ist. Sie ist also beides, das Gesetz und seine Verkehrung. Sie ist das Gegenteil ihrer Selbst. Wenn wir uns das durch Hegels Kritik an den Gedankendingen, die nur sein *sollen*, den Hypothesen und all den anderen ›Unsichtbarkeiten eines perennierenden Sollens‹ illustrieren[7], so ist in der Tat die vernünftige Ansicht der Wirklichkeit von der Art, daß sie die hohle Allgemeinheit solcher Hypothesen und Gesetze verwirft, so sehr auch die Wirklichkeit dieselben umfaßt. Das Vernünftige und Konkrete ist die vom Prinzip des Wechsels bestimmte Wirklichkeit. Abstraktionen werden immer wieder zuschanden, weil es anders kommt.

Bekanntlich enthält die Logik das entfaltete Ganze der Gedankenbestimmungen des Seins und stellt daher zu einem Teile den natürlichen Kommentar zu den Meinungen vom gegenständlichen Sein dar, welche den erscheinenden Gestalten des Bewußtseins entsprechen und in der Phänomenologie entwickelt werden. Auch die verkehrte Welt kommt nicht nur in der Phänomenologie, sondern auch in der Logik vor, und zwar in der Weise, daß die an und für sich seiende Welt die verkehrte der erscheinenden ist. Hier liegt die Bedeutung von Umkehrung dem Ausdruck offen zugrunde, und man wird durch nichts dahin geführt, in einem inhaltlichen Sinne an die Verkehrtheit dieser Welt zu denken. Immerhin bleibt zu beachten, daß die Enzyklopädie (auch in der Heidelberger Fassung) den Begriff der verkehrten Welt überhaupt nicht kennt und daß die Logik die dialektische Entwicklung dieses Begriffes nicht ganz im Einklang mit der Phänomenologie durchführt.

Es sieht so aus, als ob Hegel die abstrakte Entgegensetzung von Gesetz und Erscheinung, wie sie in der Phänomenologie als der Gegensatz von übersinnlicher und sinnlicher Welt vorkommt, dem Sinn von Gesetz überhaupt als unangemessen erkannt hätte. Während er in der Phänomenologie von dem ruhigen Reich der Gesetze sagt, daß es *zwar* jenseits der wahrgenommenen Welt sei, aber in ihr ebenso gegenwärtig und ihr unmittelbares, stilles Abbild, so sagt er in der Logik im selben Zusammenhang[8]: »Das Gesetz ist daher *nicht*[9] jenseits der Erscheinung, sondern in ihr unmittelbar gegenwärtig.« Dem entspricht, daß das Reich der Gesetze überhaupt nicht mehr als eine Welt (sc. eine übersinnliche) erscheint. »Die existierende Welt ist selbst das Reich der Gesetze«.

Natürlich durchläuft der Begriff des Gesetzes auch hier die gleichen Stufen, die in der Entwicklung der Phänomenologie erscheinen. Es ist zunächst die bloße Grundlage der Erscheinung und macht das Bleibende im Wechsel aus – neben dem der wechselnde Inhalt der Erscheinung fortbesteht. Es ist ein zweiter Schritt und ein veränderter Sinn von Gesetz, wenn das Gesetz die Unterschiede selbst setzt, die seinen Inhalt ausmachen. Der Sache nach entspricht das der ersten und der zweiten übersinnlichen Welt der Phänomenologie. Aber bemerkenswerterweise wird hier erst dem sich in die Totalität der Erscheinung in sich reflektierenden Gesetz der Totalitätscharakter, d.h. das Weltsein, zuerkannt. In der Logik wird nämlich das ruhige Reich der Gesetze überhaupt nicht übersinnliche *Welt*[10] genannt, sondern erst die verkehrte, d.h. die total in sich reflektierte, an und für sich seiende Welt heißt Welt (die in der Phänomenologie eine *zweite übersinnliche Welt*[10] genannt wird). So heißt es ausdrücklich erst von dieser: »So ist die in sich reflektierte Erscheinung nun eine Welt, die sich als *an und für sich seiende* über der *erscheinenden Welt auftut.*« Sie heißt auch *»übersinnliche Welt«*,[11] und erweist sich schließlich als die verkehrte Welt. Manche der Hegelschen Beispiele, die hier wie dort für diese Verkehrtheit, d. h. für die Umgekehrtheit dieser übersinnlichen Welt gebraucht werden, helfen für die Aufklärung des Sinnes von Verkehrtheit im allgemeinen nicht weiter. Nordpol und Südpol, positive und negative Elektrizität[12] veranschaulichen lediglich die Umkehrbarkeit dieser Verhältnisse, also ihren dialektischen Charakter.

Gleichwohl läßt sich die Frage nicht abweisen, ob die Wendung von der verkehrten Welt, so sehr sie den dialektischen Sinn der Umkehrung in sich trägt, für Hegel nicht doch etwas anklingen läßt, das dem Doppelsinn von Verkehrtheit entspricht. Einen ersten Hinweis dafür finde ich auf S. 122 der Phänomenologie. Dort begegnet die Wendung von »dem Gesetz der einen Welt, welche eine verkehrte, übersinnliche Welt sich gegenüberstehen hat, in welcher das, was in jener verachtet ist, zu Ehren, was in jener in Ehren steht, in Verachtung kommt«. Die verkehrte Welt ist also eine Welt, in der alles umgekehrt ist wie in der richtigen Welt. Ist das nicht ein wohlbekanntes Prinzip der Literatur, das, was wir Satire nennen? Man denkt etwa an die platonischen Mythen, insbesondere an den Mythos im Staatsmann, und etwa an den Meister der englischen Satire, an Swift. Auch in der Redensart: Das ist ja die verkehrte Welt – z. B. wenn die Diener die Herren spielen und die Herren die Diener – liegt ein Wink, daß solche Umkehrung etwas Aufdeckendes hat. Was in der verkehrten Welt vorliegt, ist nicht einfach das Gegenteil, der bloße abstrakte Gegensatz zur bestehenden Welt. Vielmehr läßt diese Umkehrung, in der alles anders ist, gerade die heimliche Verkehrtheit dessen, was bei uns ist, in einer Art Zerrspiegel sichtbar werden. Die verkehrte Welt wäre danach die Verkehrung der Verkehrtheit. Zu der Verkehrtheit der Welt die verkehrte Welt zu sein, hieße, die Verkehrtheit derselben e contrario darzustellen, und das ist gewiß der Sinn jeder Satire.

Solche Darstellung durch die Gegenmöglichkeit läßt aber

eine wahre, wenn auch unwirkliche Möglichkeit der bestehenden Welt aufblitzen. Ja, der Sinn satirischer Darstellung schließt gerade das ein. Als Aussage traut ja die satirische Umkehrung der Welt zu, sich an ihr als verkehrte und damit auch in ihren wahren Möglichkeiten zu erkennen. Es ist also die wirkliche Welt selbst, die sich in diese Möglichkeit und Gegenmöglichkeit auseinanderwirft. Indem die verkehrte Welt sich als die verkehrte darstellt, spricht sie die Verkehrtheit der bestehenden Welt aus. Hegel kann daher mit Recht von ihr sagen, sie sei »für sich die verkehrte, d. h. die verkehrte ihrer selbst«, denn sie ist nicht das bloße Gegenteil. Die wahre Welt ist vielmehr beides, die als Ideal entworfene Wahrheit und die eigene Verkehrtheit. Bedenken wir nun weiter, daß eine der Grundaufgaben der Satire die Aufdeckung der moralischen Heuchelei, d. h. der Unwahrheit der seinsollenden Welt ist. Das gibt dem Sinn der verkehrten Welt erst die wahre Schärfe. Die wahre Wirklichkeit wird hinter dem falschen Scheine in ihrer Verkehrtheit sichtbar, indem die satirische Darstellung in jedem Falle das ›Gegenteil an sich‹ ist, sei es als Übertreibung, sei es als der Kontrast der Unschuld oder wie immer.[13]

In diesem Sinne ist die verkehrte Welt kein bloß unmittelbarer Gegensatz zu der Erscheinung. Hegel bezeichnet das (S. 122) ausdrücklich als eine oberflächliche Betrachtung, in der »die eine die Erscheinung, die andere aber das An-Sich« ist. Das ist eine äußere Verstandesentgegensetzung. In Wahrheit handelt es sich nicht um den Gegensatz zweier Welten. Es ist vielmehr die »wahre, übersinnliche« Welt, die die beiden Seiten an sich hat, sich in den Gegensatz entzweit und damit sich auf sich bezieht.

Dafür gibt es nun eine ausgezeichnete Dokumentation an einem Lieblingsthema Hegels, das ihn von seiner Jugend an begleitet. Es ist das Problem der Strafe bzw. der Vergebung der Sünden, das den jungen Theologen über die moralische Weltanschauung der kantisch-fichteschen Philosophie hinausnötigte. Tatsächlich findet sich in der Analyse des Problems der Strafe,[14] soweit ich sehe, zum ersten Male der Begriff der Verkehrtheit. Es wäre ein oberflächliches Verständnis, wie die Phänomenologie (S. 122) ausdrücklich sagt, wenn man die Strafe nur in der Erscheinung Strafe, an sich oder in einer anderen Welt aber Wohltat für den Verbrecher sein ließe. Von solchen zwei Welten ist nur in abstraktem Verstandesdenken die Rede. Das ist keine spekulative Umkehrung. Die Umkehrung, die die Strafe gegenüber der Tat bedeutet, ist auch nicht die einer realen Gegenwirkung, gegen die sich der Täter zu wehren sucht. Das wäre überhaupt noch nicht der Standpunkt des Rechtes und damit der Strafe, sondern der Standpunkt der Rache. Wohl gibt es ein solches unmittelbares Gesetz der Vergeltung. Aber die Strafe hat einen ganz umgekehrten Sinn, und insofern kann sie bei Hegel die ›Verkehrung‹ der Rache heißen. Während der sich Rächende sich selbst als Wesen gegen den Verletzenden erweist und sein verletztes *Dasein* durch die Zerstörung des Täters wieder herzustellen sucht, handelt es sich bei der Strafe um etwas ganz anderes, nämlich um das verletzte *Recht*. Die Gegenwirkung der Strafe ist nicht die bloße Folge der Verletzung, sondern sie gehört zum Wesen der Tat selber. Die Tat als das Verbrechen heischt die Bestrafung, d. h. sie hat nicht die Unmittelbarkeit einer bloßen Handlung, sondern ist als das Verbrechen selbst in der Gestalt der Allgemeinheit da. So kann Hegel sagen: »Diese Verkehrtheit desselben, daß es das Gegenteil dessen wird, was es vorher war, ist die Strafe.« Die Strafe als die Verkehrtheit, das will doch offenbar sagen: Die Strafe hat eine innere Wesensbeziehung zur Tat. Die Strafe ist vernünftig. Der Täter muß sich als der Vernünftige, der er sein will, gegen sich selbst kehren. In dem System der Sittlichkeit[15] beschreibt Hegel höchst eindrucksvoll, wie sich diese Umkehrung als eine abstrakte, ideelle im Phänomen des bösen Gewissens vollzieht. Die Selbstentzweiung des Täters mag durch die Furcht vor der Strafe, also durch das Sichwehren gegen ihre Realität, immer wieder betäubt werden – sie stellt sich in der Idealität des Gewissens immer wieder her, und das heißt: die Verkehrtheit stellt sich immer wieder her, sofern die Strafe ›gefordert‹ wird.

Ist es nun nicht notwendig, diese Verwandlung des Sinnes der Strafe in dem vollen Doppelsinne von Verkehrtheit zu verstehen? Daß die Strafe als die geheischte und notwendige die Verkehrtheit der Tat »ist«, heißt doch, daß sie als solche anerkannt ist. In ihr ist daher die Aussöhnung des Gesetzes mit der ihm im Verbrechen entgegengesetzten Wirklichkeit erfolgt. Wird sie aber angenommen und vollzogen, und ist damit die wirkliche Strafe, hebt sie sich selbst auf – und ebenso hat sich damit die Selbstzerstörung des Verbrechers aufgehoben, und er ist mit sich selbst wieder einig. Die Entzweiung des Lebens, die in der Angst vor der Strafe und der Qual des Gewissens ihn beherrschte, ist in der Versöhnung mit dem Schicksal aufgehoben. Auch hier darf man sagen, die verkehrte Welt, die darin besteht, daß die Strafe nicht »den Menschen schändende und vertilgende ist, sondern sein Wesen erhaltende Begnadigung«, ist nicht nur eine Umkehrung der abstrakten Welt des Gegensatzes von Tat und Strafe, sondern deckt zugleich die Verkehrtheit dieser abstrakten Welt auf und hebt sie in die »höhere Sphäre«[16] des Schicksals und der Versöhnung mit dem Schicksal.

Auch zeigt der Fortgang der Gestaltenfolge des Wissens in der Phänomenologie mit voller Klarheit, daß die Verkehrung und Verkehrtheit gerade und vor allem das Gute und das Schlechte erfaßt, so daß die Bedeutung von Verkehrtheit ebenso eine formale wie inhaltliche ist. Im Kapitel *Die Bildung und ihr Reich der Wirklichkeit* wird das in der Logik für die verkehrte Welt mitgenannte Beispiel: »Was im erscheinenden Dasein böse, Unglück usf. ist, ist *an und für sich* gut und ein Glück«[17] zum ausdrücklichen Thema gemacht. Dort[18] heißt es: »Wenn ... das gerade Bewußtsein das Gute und Edle, d. h. das sich in seiner Äußerung Gleichhaltende, auf die einzige Weise, die hier möglich ist, in

Schutz nimmt, – daß es nämlich seinen Wert nicht darum verliere, weil es an das Schlechte *geknüpft* oder mit ihm *gemischt* sei ... –, so hat dies Bewußtsein, indem es zu widersprechen meinte, damit nur ... in eine triviale Weise zusammengefaßt, ... daß das edel und gut Genannte in seinem Wesen das Verkehrte seiner selbst, so wie das Schlechte umgekehrt das Vortreffliche ist.«

Das Gute *ist* das Schlechte. Man kann Hegel gar nicht wörtlich genug verstehen. »Summum ius – summa iniuria« heißt: Die abstrakte Rechtlichkeit *ist* Verkehrtheit, das heißt, sie führt nicht nur zur Ungerechtigkeit, sondern sie ist selber höchste Ungerechtigkeit. Wir sind viel zu sehr gewohnt, spekulative Sätze zu lesen, als ob da ein Subjekt zugrunde liegen bliebe, dem nur eine andere Eigenschaft zugesprochen wird.[19]

Damit kehren wir von unserer Untersuchung des dialektischen Sinnes der verkehrten Welt zu ihrer Funktion im Gedankengang der Phänomenologie zurück. Was ich an dem Beispiel der Strafe und der Versöhnung des Schicksals zeigte, stammte zwar aus einer ›anderen Sphäre‹, die Hegel selber zur Illustration heranzieht,[20] aber die allgemeine Struktur und die innere Notwendigkeit des dialektischen Fortgangs wird dadurch bestätigt. Wir können gar nicht anders als zugeben: Die unsinnliche, übersinnliche Welt des Allgemeinen stellt nur ein Moment an dem, was wirklich ist, dar. Die wahre Wirklichkeit ist die des *Lebens*, das sich in sich selbst bewegt. Plato hat das im αὐτοκινοῦν, Aristoteles als das Wesen der Physis überhaupt gedacht. Im Gange der Gestalten des Wissens, die die Phänomenologie durchläuft, bedeutet es einen ungeheuren Fortschritt, daß jetzt das Sein des Lebendigen gedacht wird. Das Lebendige ist nicht mehr bloßer Fall von Gesetz und Resultat aufeinander wirkender Gesetze, sondern es ist gegen sich selbst gekehrt oder, wie wir sagen: es verhält sich. Es ist ein Selbst. Das ist eine dauerhafte Wahrheit. Soweit uns auch die moderne Physiologie die Rätsel des organischen Lebens enthüllen mag, im

Wissen vom Lebendigen werden wir nie aufhören, eine Umkehr zu vollziehen, und, was als Spiel der Kräfte die Prozesse des organischen Wesens gesetzlich regelt, umgekehrt als ein Verhalten des Organismus zu denken und ihn als lebendig zu ›verstehen‹. Mag immer der Newton des Grashalms eines Tages auftreten – in einem tieferen Sinne wird Kant recht behalten. Unser Weltverständnis wird nicht aufhören, ›teleologisch‹ zu urteilen. Das ist auch für uns, nicht nur für Hegel, ein notwendiger Übergang, ein Fortgang zu einer anderen, höheren Weise des Wissens wie des Gewußten. Was wir als Lebendiges ansehen, das müssen wir in der Tat in einem entschiedenen Sinne als ein Selbst sehen. Selbst aber, das bedeutet, in aller Ununterschiedenheit als Identität mit sich: sich von sich Unterscheiden. Die Seinsweise des Lebendigen entspricht darin der Seinsweise des Wissens selber, das das Lebendige versteht. Denn auch das Bewußtsein des Selbstseins hat die gleiche Struktur eines Unterscheidens, das kein Unterscheiden ist. Damit ist der Übergang in das Selbstbewußtsein grundsätzlich vollzogen. Wenn wir einsehen, daß die in den Augen des Idealisten und des mathematischen Physikers unreine, d. h. verkehrte Welt (weil es in ihr nicht bloß die abstrakte Allgemeinheit des Gesetzes und die reinen Fälle gibt) die richtige Welt ist und daß das heißt, daß in ihr Leben ist und sich im unendlichen Wechsel, in der beständigen Unterscheidung seiner von sich selbst die Einheit des Selbstseins erhält, dann ist die Vermittlung, die Hegel sich in der Dialektik des Bewußtseins als Aufgabe gestellt hat, im wesentlichen gelöst. Dann ist bewiesen, daß das Bewußtsein Selbstbewußtsein ist. Dessen ist es in seinem Wissen eigentlicher gewiß als all der Auffassungen vom Seienden, die ihm Sinne und Verstand vermittelten. Diese Gewißheit übertrifft sie alle. Wenn es ein Seiendes als Selbst, d. h. als das sich auf sich selbst Beziehende denkt, dann ist das so als seiend Gedachte als etwas gemeint, das die gleiche Gewißheit von sich selber hat, welche das eigene Selbstbewußtsein besitzt. Das ist das wahre Eindringen in das Innere der Natur, das allein die Natürlichkeit der Natur, ihr Leben, erfaßt: Das Lebendige fühlt das Lebendige, d. h. es versteht es von innen wie sich selbst, als sich selbst. Das αὐτοκινοῦν ist in seinem abstrakten Wesen das Sich-auf-sich-selbst-Beziehen des Lebendigen, als Wissen ist es die Formel des Idealismus, Ich gleich Ich, das heißt das Selbstbewußtsein.

So löst dieser erste Teil der Phänomenologie die Aufgabe, dem Bewußtsein den Standpunkt des Idealismus in ihm selbst aufzuzeigen. Was Hegel über diesen Standpunkt des Idealismus hinausführt, der Begriff der Vernunft, der die Subjektivität des Selbst überschreitet und der seine Realisation als Geist findet, hat in diesem ersten Teil seine Grundlegung gefunden. Seine Ausführung reicht auch noch über uns selbst hinaus.

Anmerkungen

1 Zugrunde gelegt wird folgende Ausgabe: *G. W. F. Hegel: Phänomenologie des Geistes.* Hrsg. v. J. Hoffmeister. 6. Aufl. Hamburg 1952.

2 Vgl. Hegels Plato-Darstellung in seinen Vorlesungen. *G. W. F. Hegel's Werke.* Bd. 14. Berlin 1833. 169 ff. [XIX. 11 ff.]

3 *G. W. F. Hegel: Wissenschaft der Logik.* Hrsg. v. G. Lasson. Leipzig 1951. Teil 2. 101. [*VI. 124*]

4 Doch konnte auch die Marburger Schule nicht bei dieser Konstruktion des Gegenstandes durch das Gesetz stehenbleiben, wie Natorps späterer Begriff des Urkonkreten zeigt – aber auch die Rezeption der Dialektik des späten Plato durch den späten Natorp, die so auffallend nahe an Hegel heranrückt. Diesen Zusammenhängen ist inzwischen R. Wiehl in seinen vor der Publikation stehenden Studien zur platonischen und hegelschen Dialektik nachgegangen.

5 *Wissenschaft der Logik.* Teil 2. 124 ff. [*VI. 150 ff.*]

6 Es ist hier der Ort, auf das Zwiespältige hinzuweisen, das Hegels Platoauffassung bestimmt. Einerseits sieht er ihn mit aristotelischen Augen: »Plato drückt das Wesen mehr als das Allgemeine aus, wodurch das Moment der Wirklichkeit ihm zu fehlen ... scheint.« Andererseits erkennt er in der Dialektik Platos dies ›negative Prin-

zip‹ (sc. der Wirklichkeit) an, wenn er von ihm sagt: »wesentlich ist es daran, wenn es die Einheit Entgegengesetzter ist«. *Werke*. Bd. 14. 322. [*XIX. 155*]
7 *Phänomenologie des Geistes*. 190.
8 *Wissenschaft der Logik*. Teil 2. 127. [*VI. 153 f.*]
9 Hervorherbung von mir.
10 Hervorhebung von mir.
11 *Wissenschaft der Logik*. Teil 2. 131 f. [*VI. 158*]
12 *Phänomenologie des Geistes*. 122; *Wissenschaft der Logik*. Teil 2. 134. [*VI. 161*]
13 Die literarische Anwendung des Begriffs der ›verkehrten Welt‹ auf die spätmittelalterliche Satire findet sich in extenso bei *Karl Rosenkranz: Geschichte der deutschen Poesie im Mittelalter*. Halle 1830. 586–594. Vgl. auch das Buch von *Klaus Lazarowicz: Verkehrte Welt. Vorstudien zu einer Geschichte der deutschen Satire*. Tübingen 1963, das freilich der Geschichte der Wortprägung nicht nachgeht. Etwas mehr findet man bei *Alfred Liede: Dichtung als Spiel. Unsinnspoesie an den Grenzen der Sprache*. Berlin 1963. II, 40 ff., und einige Belege aus dem 17. Jh. bei *Jean Rousset: La littérature de l'âge baroque*, Paris 1963. 26–28, bes. 27. Danach sieht die Sache so aus, daß das volkstümliche Motiv der Umkehrung ins Absurde erst allmählich den Charakter einer Wahrheitsaussage im Sinne der Satire erhält.
14 *Hegel: Theologische Jugendschriften*. Hrsg. v. H. Nohl. Tübingen 1907. 280. [*I. 341 f.*]
15 *Hegel: Schriften zur Politik und Rechtsphilosophie*. Hrsg. v. G. Lasson. Leipzig 1913. 453.
16 *Theologische Jugendschriften*. 279. [*I. 341*]
17 *Wissenschaft der Logik*. Teil 2. 134. [*VI. 161*]
18 *Phänomenologie des Geistes*. 373 f.
19 Vgl. meinen Beitrag *Hegel und die antike Dialektik*. In: *Hegels Dialektik*. – Übrigens unterscheidet auch unser Sprachgebrauch recht sicher zwischen »falsch« und »verkehrt«. Eine verkehrte Antwort ist zwar nicht richtig, aber die Elemente des Wahren sind darin kenntlich und bedürfen nur der »Richtigstellung«, während eine falsche Antwort als solche keinen Weg zu ihrer Berichtigung enthält. So kann z. B. eine Auskunft falsch heißen, auch wenn sie in bewußter Täuschungsabsicht gegeben wird – in solchem Falle könnte sie aber nicht verkehrt heißen. Denn eine verkehrte Antwort oder Auskunft ist immer eine, die richtig sein will und der es widerfuhr, falsch zu sein. So ist auch das malum die conversio boni.
20 *Phänomenologie des Geistes*. 122.

Herrschaft und Knechtschaft

Alexandre Kojève
Zusammenfassender Kommentar zu den ersten sechs Kapiteln der »Phänomenologie des Geistes«

Kapitel VII der PhG[1] ist überschrieben: »Die Religion«, Kapitel VIII: »Das absolute Wissen«. Dies »absolute Wissen« ist nichts anderes als das vollständige System der Hegelschen Philosophie oder die »Wissenschaft«, die Hegel später in der »Encyclopädie der philosophischen Wissenschaften« ausführte. Im Kapitel VIII handelt es sich also nicht darum, den *Inhalt* des absoluten Wissens zu erörtern; es geht allein um dieses Wissen selbst, gleichsam als »Vermögen«. Es soll dargelegt werden, was dieses *Wissen* sein muß, was der Mensch sein muß, der mit einem Wissen ausgestattet ist, das in vollständiger und adäquater Weise die *Totalität* des existierenden Seins zu offenbaren gestattet. Insbesondere soll der Unterschied dargelegt werden, der zwischen diesem philosophischen absoluten Wissen und einem *anderen*, sich ebenfalls absolut nennenden Wissen besteht: dem Wissen, das in der christlichen Offenbarung

[Aus: Alexandre Kojève: *Hegel.* Eine Vergegenwärtigung seines Denkens. Kommentar zur Phänomenologie des Geistes. Hrsg. v. I. Fetscher. Stuttgart 1958. 34 ff. Titel des französischen Originals: *Introduction à la lecture de Hegel.* Leçons sur la Phénoménologie de l'Esprit professées de 1933 à 1939 à l'École des Hautes-Études. Réunies et publiées par Raymond Queneau. Das abgedruckte Kapitel entspricht den Seiten 161–195 der französischen Ausgabe. Es enthält den Text der drei ersten Vorlesungen aus dem Studienjahr 1937/38. Die v. d. Herausgebern in Fußnoten hinzugefügten Stücke entstammen dem Abschnitt »En guise d'Introduction«, der seinerseits Auszug einer kommentierten, 1939 in *Mesures* veröffentlichten Übersetzung des Phänomenologie-Kapitels IV A ist. Die Seitenzahlen der französischen Ausgabe sind in eckige Klammern gesetzt.]

und der sich daraus herleitenden Theologie enthalten ist. Eines der wichtigsten Themen des Kapitels VIII ist daher der Vergleich zwischen der Philosophie oder der Hegelschen »Wissenschaft« und der christlichen Religion.

Um nun das Wesen dieser beiden Phänomene und ihrer gegenseitigen Beziehungen recht zu verstehen, muß man sie in ihrer Entstehung betrachten.

Die Entstehung des Christentums, der »absoluten *Religion*«, wird, angefangen von der primitivsten Religion, in Kapitel VII beschrieben. Was die Entstehung der Hegelschen Philosophie angeht, so kann man sagen, daß die ganze PhG (insbesondere die Kapitel I bis VI) nichts anderes als eine Beschreibung dieser Entstehung ist, die in der Hervorbringung eben jener PhG kulminiert, welche diese *Entstehung* der Philosophie *beschreibt* und sie so ermöglicht, indem sie ihre Möglichkeit *begreift*. Die Kapitel I bis VI, die darlegen, wie und warum der Mensch schließlich zum absoluten Wissen hat gelangen können, vervollständigen übrigens auch die in Kapitel VII ausgeführte Analyse der christlichen oder absoluten *Religion*. Nach Hegel ist die Religion (um es in marxistischer Sprache zu sagen) lediglich ein ideologischer (ideeller) Überbau, der nur auf Grund eines *wirklichen* (reellen) Unterbaus entsteht und existiert. Dieser Unterbau, der sowohl die Religion als auch die Philosophie trägt, ist nichts anderes als die Gesamtheit der menschlichen *Taten*, die im Laufe der Weltgeschichte vollbracht worden sind – jener Geschichte, in der und durch die der Mensch eine Folge von spezifisch *menschlichen* Welten geschaffen hat, die von der *natürlichen* Welt wesentlich verschieden sind. Diese sozialen Welten sind es, die sich in den religiösen und philosophischen Ideologien widerspiegeln. Und, um es gleich zu sagen, das *absolute* Wissen, das die *Totalität* des Seins offenbart, kann darum nur am *Ende* der Geschichte, in der *letzten* vom Menschen geschaffenen Welt Wirklichkeit werden.

Um zu verstehen, was das absolute Wissen ist, um zu wissen,

wie und warum dieses Wissen möglich geworden ist, muß man also die Gesamtheit der Weltgeschichte verstehen. Und das hat Hegel in Kapitel VI getan.

Will man jedoch das Gebäude der Weltgeschichte und den Prozeß seiner Erstellung verstehen, so muß man das Material kennen, das hierzu beigetragen hat. Dieses Material sind die Menschen. Um zu erfahren, was die *Geschichte* ist, muß man daher wissen, was der Mensch ist, der sie verwirklicht. Gewiß, der Mensch ist etwas ganz anderes als ein Ziegelstein. Wenn man die Weltgeschichte mit der Errichtung eines Gebäudes vergleichen will, muß man erstens feststellen, daß die Menschen nicht allein die Ziegel sind, die zum Bau dienen. Sie sind vielmehr auch die Maurer, die ihn erbauen, und die Architekten, die seinen Plan entwerfen – einen Plan übrigens, der im Laufe der Bautätigkeit selbst fortschreitend erarbeitet wird. Zweitens ist selbst als »Ziegel« der Mensch wesentlich verschieden vom materiellen Ziegelstein: selbst der Ziegel-Mensch ändert sich im Laufe des Bauens, ganz wie der Maurer-Mensch und der Architekt-Mensch. Gleichwohl gibt es im Menschen, in *jedem* Menschen etwas, was ihn in Stand setzt, an der Verwirklichung der Weltgeschichte in passiver oder aktiver Weise teilzunehmen. Dic notwendigen und ausreichenden Bedingungen für den *Beginn* dieser Geschichte, die schließlich im absoluten Wissen ihren Abschluß findet, sind sozusagen vorhanden. Und diese Bedingungen werden von Hegel in den ersten vier Kapiteln der PhG untersucht.

Schließlich ist der Mensch nicht allein Material, Erbauer und Architekt des historischen Gebäudes. Er ist auch derjenige, *für* den dieses Gebäude erbaut worden ist: er lebt darin, er *sieht* es und *versteht* es, er *beschreibt* es und *kritisiert* es. Und es gibt eine ganze Kategorie von Menschen, die nicht aktiv an der historischen Bautätigkeit teilnehmen und sich damit begnügen, in dem erbauten Gebäude zu leben und davon zu *sprechen*. Diese Menschen, die gewissermaßen »über den Schlachten«[2] leben und sich damit begnügen, von

Dingen zu *sprechen*, die sie nicht durch ihre *Tat* schaffen, sind die Intellektuellen, die *Ideologien* für Intellektuelle produzieren und sie für Philosophie halten (und als solche ausgeben). Hegel beschreibt und kritisiert diese Ideologien in Kapitel V.

Um es also noch einmal zu wiederholen: Die gesamte PhG, zusammengefaßt in ihrem Kapitel VIII, die die Frage beantworten: »Was ist das absolute Wissen und wie ist es möglich. Das heißt: Was muß der Mensch und seine historische Entwicklung sein, damit in einem bestimmten Augenblick dieser Entwicklung ein menschliches *Individuum*, das zufällig Hegel heißt, in den Besitz eines *absoluten* Wissens gelangt, d. h. eines Wissens, das ihm nicht mehr nur einen bestimmten und vorübergehenden *Aspekt* des Seins offenbart (den es zu Unrecht für seine Totalität hält), sondern das Sein in seiner allumfassenden *Ganzheit*, wie es an und für sich ist?

Oder um das gleiche Problem noch unter seinem kartesischen Aspekt darzustellen: Die PhG soll auf die Frage des Philosophen antworten, der sich für fähig hält, die endgültige oder absolute Wahrheit zu erreichen: »Ich denke, also *bin* ich; aber *was* bin ich?«

Die Kartesische Antwort auf die Frage des Philosophen: »Was bin ich?«, die Antwort: »Ich bin ein denkendes Wesen«, befriedigt Hegel nicht.

Gewiß mußte er sich sagen: »Ich *bin* ein denkendes Wesen.« Aber was mich vor allem interessiert, ist die Tatsache, daß ich ein *Philosoph* bin, der die endgültige *Wahrheit* offenbaren kann, der also mit einem *absoluten*, d. h. *allgemein*, universell und *ewig* gültigen Wissen begabt ist. Wenn nun aber auch *alle* Menschen »denkende Wesen« sind, so bin ich doch *allein* (zumindest für den Augenblick) im Besitze dieses Wissens. Wenn ich mich frage: »Was bin ich?«, und darauf antworte: »Ein denkendes Wesen«, verstehe ich also nichts – oder nur sehr wenig – von mir.

Ich bin nicht nur ein denkendes Wesen; ich bin Träger eines

absoluten Wissens. Und gegenwärtig, im Augenblick, da ich denke, ist dieses Wissen in mir, in Hegel, inkarniert. Also: ich bin nicht nur ein denkendes Wesen; ich bin auch noch – und vor allem – *Hegel*. Was ist denn nun dieser Hegel? Zunächst einmal ein Mensch von Fleisch und Blut, der *weiß*, daß er dies ist. Und dann schwebt dieser Mensch nicht im luftleeren Raum. Er sitzt auf einem Stuhl an einem Tisch und schreibt mit einer Feder auf Papier. Und er *weiß*, daß alle diese Gegenstände nicht vom Himmel gefallen sind; er weiß, daß das die Produkte eines gewissen Etwas sind, das man menschliche *Arbeit* nennt. Er weiß auch, daß diese Arbeit in einer menschlichen *Welt* vollbracht wird, im Schoße einer Natur, der er selber angehört. Und diese Natur ist in seinem Geiste in eben jedem Augenblick gegenwärtig, wo er schreibt, um auf die Frage »Was bin ich?« zu antworten. So hört er zum Beispiel von Ferne kommende Geräusche. Aber er hört nicht nur *Geräusche*; er *weiß* außerdem, daß diese Geräusche von Kanonenschüssen herrühren, und er weiß, daß auch die Kanonen Produkte von *Arbeit* sind, diesmal für einen *Kampf* auf Leben und Tod zwischen den Menschen hergestellt. Darüber hinaus aber weiß er, daß das, was er hört, die Kanonen Napoleons in der Schlacht von Jena sind; er weiß also, daß er in einer Welt lebt, in der Napoleon handelt.
Das ist nun etwas, was Descartes, Plato und viele andere Philosophen *nicht* wußten, was sie nicht wissen *konnten*. Und erreicht Hegel nicht gerade *deshalb* dieses absolute Wissen, nach dem seine Vorgänger *vergeblich* gestrebt haben?
Vielleicht. Aber warum ist es dann *Hegel*, der es erreicht, und nicht irgendein anderer seiner Zeitgenossen, die alle wissen, daß es einen Mann namens Napoleon gibt? Aber *wie* wissen sie es? Wissen sie, *was* Napoleon ist? *Verstehen* sie ihn?
Was anders aber heißt Napoleon verstehen, als ihn als den verstehen, der das Ideal der französischen Revolution voll-

endet, indem er es *verwirklicht*? Und kann man dieses Ideal, diese Revolution verstehen, ohne die Ideologie der Aufklärung zu verstehen? Allgemein gesagt, Napoleon verstehen heißt ihn auf Grund der gesamten vorangehenden historischen Entwicklung verstehen, heißt die gesamte Weltgeschichte verstehen. Nun hat sich fast keiner von Hegels philosophischen Zeitgenossen dieses Problem gestellt und keiner außer Hegel hat es gelöst. Denn Hegel ist der einzige, der die Existenz Napoleons akzeptieren und rechtfertigen, d. h. sie von den ersten Prinzipien seiner Philosophie, seiner Anthropologie und seiner Geschichtsauffassung aus ableiten kann. Die Anderen sehen sich gezwungen, Napoleon zu verurteilen, d. h. die historische *Wirklichkeit* zu verurteilen, und ihre philosophischen Systeme werden alle (eben deshalb) durch diese Wirklichkeit verurteilt.

Sollte Hegel nicht darum dieser *Hegel* sein, dieser mit einem *absoluten* Wissen begabte Denker, weil er einerseits zu Napoleons Zeit *lebt* und andererseits der einzige ist, der ihn *versteht*? Eben das sagt Hegel in der PhG.

Das absolute Wissen ist *objektiv* möglich geworden, weil in und durch Napoleon der *wirkliche* Prozeß der geschichtlichen Entwicklung, in dessen Verlauf der Mensch neue Welten *geschaffen* und sich selbst in diesem Schaffen verwandelt hat, an sein Endziel gelangt ist. *Diese* Welt offenbaren heißt darum *die* Welt offenbaren, d. h. das Sein in der *vollendeten* Totalität seiner raumzeitlichen Existenz offenbaren. Und *subjektiv* ist das absolute Wissen möglich geworden, weil ein Mensch namens Hegel die *Welt*, in der er lebte, und *sich* als in dieser Welt Lebenden und sie Verstehenden hat verstehen können. Wie jeder seiner Zeitgenossen war Hegel ein Mikrokosmos, der in *seinem* besonderen Sein die vollendete *Totalität* der raum-zeitlichen Realisierung des *allgemeinen* Seins umfaßte. Aber er war der einzige, der sich als diesen Inbegriff *verstand*, der auf die Kartesische Frage »Was bin ich?« eine richtige und vollständige Antwort gab. Indem er sich durch das Verstehen der *Totalität* des historischen, anthropogenen Prozesses verstand, der in Napoleon und seinen Zeitgenossen zum Abschluß kam, indem er diesen Prozeß durch sein *Selbst*-Verständnis verstand, hat Hegel das abgeschlossene Ganze des wirklichen allgemeinen (universellen) Prozesses in sein besonderes (partikuläres) Bewußtsein eindringen lassen, und dieses sein Bewußtsein ist von ihm durchdrungen worden. Damit ist dieses Bewußtsein ebenso total und universell geworden wie der Prozeß, den es, sich selbst verstehend, offenbart und dieses seiner selbst gänzlich bewußte Bewußtsein *ist* das absolute Wissen, das sich in der Rede entwickelt und so den Inhalt der *Philosophie* oder der absoluten Wissenschaft bildet, jener »Encyclopädie der philosophischen Wissenschaften«, die die Summe alles möglichen Wissens enthält.

Die Philosophie Descartes' ist unzureichend, weil die von ihr auf die Frage: »Was bin ich?« gegebene Antwort unzureichend gewesen ist, unvollständig von Anfang an. Gewiß *konnte* Descartes nicht die absolute, Hegelsche Philosophie entwickeln. Als er lebte, war die Geschichte noch nicht vollendet. Auch wenn er sich selbst *völlig* verstanden hätte, würde er daher nur einen *Teil* der menschlichen Wirklichkeit erfaßt haben, und sein auf dieses Selbstverständnis gegründetes System wäre notwendigerweise unzureichend und falsch, insoweit es Anspruch auf *Totalität* erhebt, wie dies jedes dieser Bezeichnung würdige System tun muß. Aber darüber hinaus muß man sagen, daß Descartes (aus Gründen, die Hegel erklärt) die Beantwortung seiner anfänglichen Frage verkehrt angefaßt hat. Darum war seine Antwort: »Ich bin ein denkendes Wesen« nicht nur zu summarisch, sondern auch falsch, weil einseitig.

Indem Descartes vom »Ich denke« ausging, hat er seine Aufmerksamkeit nur auf das »denke« gerichtet und das »ich« vollständig vernachlässigt. Dieses »ich« nun ist wesentlich. Denn der Mensch, und mithin der Philosoph, ist nicht nur Bewußtsein, sondern auch (und vor allem) *Selbst*-Bewußtsein. Der Mensch ist nicht nur ein Seiendes, das *denkt,* das das Sein durch den Logos, durch die aus *sinnvollen* Worten bestehende *Rede* offenbart. Er offenbart auch noch – gleichfalls durch eine Rede – das (Da)sein, das das Sein *offenbart,* das (Da)sein, das er selbst ist, das offenbarende Sein, das er dem offenbarenden Sein *entgegensetzt,* indem er ihm den Namen des Ich, des Selbst gibt.

Zwar gibt es keine menschliche Existenz ohne *Bewußtsein* der äußeren Welt. Aber *wahrhaft* menschliche Existenz, die eine *philosophische* Existenz werden kann, setzt auch noch *Selbst*-Bewußtsein voraus. Und *Selbst*-Bewußtsein setzt dieses Selbst voraus, dieses spezifisch menschliche Etwas, das der Mensch offenbart, das sich offenbart, wenn der Mensch: »ich ...« sagt.

Bevor man das *»ich denke«* analysiert, bevor man zu der Kantischen Theorie der *Erkenntnis,* d. h. der Beziehung zwischen dem (bewußten) *Subjekt* und dem (begriffenen) Objekt, vorschreitet, muß man sich daher fragen, was dieses »Subjekt« ist, das sich in dem und durch das *»ich«* des *»ich denke«* offenbart. Man muß sich fragen, wann, warum und wie der Mensch dazu kommt, »ich ...« zu sagen.

Damit es Selbstbewußtsein gibt, muß es zuvor Bewußtsein geben. Anders ausgedrückt, es muß Offenbarung des Seins durch das Wort geben, und wenn dies nur durch das Wörtchen »Sein« geschähe – Offenbarung eines Seins, das später *»gegenständliches, äußerliches, nicht*-menschliches Sein« genannt wird, »Welt«, »Natur« usw., das aber im Augenblick noch *neutral* ist, weil es noch kein Selbstbewußtsein gibt und infolgedessen keinen Gegensatz zwischen Subjekt und Objekt, zwischen Ich und Nicht-Ich, zwischen dem Menschlichen und dem Natürlichen.

Die elementarste Form des Bewußtseins, der Erkenntnis des Seins und seiner Offenbarung durch das Wort wird von Hegel im 1. Kapitel unter dem Namen der »sinnlichen Gewißheit« untersucht. Ich will nicht wiederholen, was er hier sagt – was uns im Augenblick interessiert, ist dies, daß es von *diesem* Bewußtsein, von *dieser* Erkenntnis aus keine

Möglichkeit gibt, zum *Selbst*-Bewußtsein zu gelangen. Um dorthin zu gelangen, muß man von etwas *anderem* ausgehen als von der *kontemplativen*, betrachtenden Erkenntnis des Seins, von seinem *passiven* Offenbarwerden, das es so läßt, wie es an sich ist, unabhängig von der es offenbarenden Erkenntnis.

Wir wissen ja alle, daß der Mensch, der aufmerksam ein Ding *betrachtet*, der es sehen will, wie es ist, ohne etwas daran zu ändern, durch dieses Betrachten, d. h. von diesem Ding, *»absorbiert«* wird, wie man zu sagen pflegt. Er *vergißt* sich, er denkt nur an das betrachtete *Ding;* er denkt weder an sein Betrachten noch – ja noch weniger – an sich, an sein Selbst. Er ist um so weniger seiner *selbst* bewußt, als er des *Dinges* bewußt ist. Er kann vielleicht von dem Ding sprechen, aber er spricht niemals von sich selbst: in seiner Rede kommt das Wort »ich« nicht vor.

Das Auftauchen dieses Wortes setzt also noch etwas anderes voraus als das rein passive Betrachten, das das Sein nur *offenbar* macht. Dies andere ist nach Hegel die *Begierde*, von der er zu Beginn des Kapitels IV spricht.

Wenn der Mensch eine Begierde empfindet – z. B. wenn er Hunger hat und essen will und wenn er dessen bewußt wird –, wird er nämlich zwangsläufig seiner *selbst* bewußt. Die Begierde offenbart sich immer als *meine* Begierde, und um die Begierde zu offenbaren, muß man sich des Wortes »ich« bedienen. Der Mensch mag noch so sehr von der Betrachtung des Dinges *»absorbiert«* werden – sobald die *Begierde* nach diesem Dinge entsteht, wird er augenblicklich »an *sich selbst* erinnert«. Mit einem Schlage sieht er, daß es außer dem Ding auch noch sein Betrachten gibt, daß es noch *ihn* gibt, der *nicht* dieses Ding ist. Und das Ding erscheint ihm als ein *»Objekt«*, ein Gegen-stand, eine *äußere* Wirklichkeit, die nicht in ihm ist, die nicht *er* ist, sondern ein *Nicht-Ich*.

Also nicht das rein erkennende und passive Verhalten liegt dem Selbstbewußtsein, d. h. der wahrhaft *menschlichen* Existenz (und daher, letzten Endes, der philosophischen Existenz) zugrunde, sondern die *Begierde*. (Darum ist, nebenbei bemerkt, menschliche Existenz nur da möglich, wo es ein gewisses Etwas gibt, das man Leben nennt – biologisches, *animalisches* Leben. Denn es gibt keine Begierde ohne Leben.)

Was ist nun die Begierde (man braucht nur an die »Hunger« genannte Begierde zu denken) anders als das Begehren, das betrachtete Ding durch eine Tat zu *verwandeln*, in seinem Dasein (das ohne Bezug zu dem meinen, unabhängig von mir ist) aufzuheben, es in dieser seiner Unabhängigkeit zu *negieren* und mir zu assimilieren, zu dem *meinen* zu machen, in meinem und durch mein *Ich* zu absorbieren? Die Existenz von Selbstbewußtsein und somit Philosophie setzt also im Menschen nicht nur ein *positives*, passives, das Sein nur *offenbar* machendes Betrachten voraus, sondern auch noch eine das Daseiende *negierende* Begierde, und somit eine dieses Daseiende *verwandelnde Tat*. Das menschliche Selbst muß ein Selbst der *Begierde* sein, d. h. ein *aktives* Selbst, ein *negierendes* Selbst, ein Selbst, das das Sein *verwandelt*, das ein neues Seiendes *schafft*, indem es das Daseiende zerstört.

Was anders ist nun aber das Selbst der Begierde (das Selbst des hungrigen Menschen zum Beispiel) als ein nach Inhalt lechzendes *Leeres*, ein Ich, das sich anfüllen will durch das, was voll ist, sich anfüllen will, indem es dieses Volle *leert*, sich (wenn es erst einmal angefüllt ist) an die Stelle dieses Vollen setzen will, durch *sein* Volles das Leere einnehmen will, welches durch die Aufhebung *des* Vollen entstanden ist, das *nicht* das seine war?

Allgemein gesagt heißt das also: wenn die wahrhafte (absolute) Philosophie nicht, wie die kantische und vorkantische Philosophie, eine Philosophie des *Bewußtseins* ist, sondern eine Philosophie des *Selbst-Bewußtseins*, eine ihrer selbst *bewußte* Philosophie, die sich über sich selbst Rechenschaft ablegt, sich selbst rechtfertigt, sich absolut *weiß* und als solche sich selbst sich offenbart, dann muß der Philosoph, dann muß der Mensch im tiefsten Innern seines Wesens nicht nur passives und positives Betrachten sein, sondern auch noch aktive und negierende *Begierde*. Um das nun sein zu können, kann er nicht ein *Seiendes* sein, das bloß *ist*, das mit sich selbst ewig *identisch* bleibt, das sich selbst *genügt*. Der Mensch muß ein Leeres sein, ein Nichts, das nicht reines Nichts ist, sondern ein Etwas, das insofern *ist*, als es Seiendes *vernichtet*, um auf seine Kosten sich selbst zu verwirklichen und *im* Sein zu nichten. Der Mensch ist negierendes *Tun*, das das Daseiende *verwandelt* und in diesem *Verwandeln* sich selbst verwandelt. Der Mensch *ist* nur insofern, als er *wird*; sein wahres *Sein* ist *Werden*, *Zeit*, *Geschichte*, und er *wird*, er *ist* Geschichte nur in der Tat und durch die *Tat*, die die Gegebenheit negiert, durch das Tun des Kampfes und der Arbeit – der Arbeit, die schließlich den Tisch produziert, auf dem Hegel seine PhG schreibt, und des Kampfes, der letztlich jene Schlacht von Jena ist, deren Lärm er beim Schreiben der PhG hört. Darum hat Hegel, als er auf die Frage: »Was bin ich?« antwortete, ebenso jenen Tisch wie diesen Lärm berücksichtigen müssen.

Es gibt keine menschliche Existenz ohne Bewußtsein und ohne Selbstbewußtsein, d. h. ohne Offenbarung des Seins durch das Wort und ohne eine das Selbst schaffende und offenbarende Begierde. Daher sind innerhalb der PhG, d. h. der phänomenologischen *Anthropologie*, die elementare Möglichkeit der *Offenbarung* des Daseienden durch das Wort (enthalten in der »sinnlichen Gewißheit«) einerseits und das das Daseiende zerstörende oder negierende *Tun* (das aus der Begierde und durch sie entsteht), andererseits zwei nicht weiter zurückführbare Gegebenheiten, die die PhG als ihre *Prämissen* voraussetzt. Aber diese Prämissen genügen nicht.

Die Analyse, die die konstitutive Rolle der Begierde aufdeckt, macht uns verständlich, warum menschliche Existenz nur auf der Grundlage animalischer Existenz möglich ist:

ein Stein, eine Pflanze (die der Begierde ermangeln) gelangen niemals zum Selbstbewußtsein und somit zur Philosophie. Aber das Tier gelangt ebenso wenig dazu. Die *animalische* Begierde ist also eine notwendige, aber nicht ausreichende Voraussetzung der menschlichen und philosophischen Existenz. Und zwar aus folgendem Grunde:

Die animalische Begierde (z. B. der Hunger) und das sich daraus ergebende Tun negieren, zerstören das natürliche Daseiende. Indem das Tier es negiert, es verändert, es sich zu eigen macht, erhebt es sich über dieses Daseiende. Dadurch, daß das Tier die Pflanze frißt, verwirklicht und offenbart es nach Hegel seine *Überlegenheit* über sie. Aber dadurch, daß das Tier sich von Pflanzen ernährt, ist es von ihnen *abhängig*, und so gelingt es ihm nicht, wirklich über sie hinauszugehen. Allgemein gesagt: das lechzende Leere (oder das Selbst), das sich in der *biologischen* Begierde offenbart, füllt sich durch das aus ihm hervorgehende *biologische* Tun nur mit einem *natürlichen*, biologischen Inhalt an. Das Selbst oder das Pseudo-Selbst, das durch die aktive Befriedigung dieser Begierde realisiert wird, ist darum ganz genau so *natürlich*, biologisch, materiell wie das, worauf sich die Begierde und das Tun bezieht. Das Tier erhebt sich über die in seiner tierischen, animalischen Begierde negierte Natur nur, um duch die Befriedigung dieser Begierde sofort in sie zurückzufallen. So gelangt das Tier nur zum Selbst-*Gefühl*, aber nicht zum Selbst-*Bewußtsein;* das heißt, daß es nicht von sich *sprechen*, daß es nicht: »ich ...« *sagen* kann. Und zwar deshalb nicht, weil es sich selbst als *Daseiendes*, d. h. als Körper, nicht wirklich transzendiert; weil es sich nicht *über* sich selbst erhebt, um zu sich *zurückkehren* zu können; weil es sich selbst gegenüber keine *Distanz* hat, die es ihm erlauben würde, sich zu *betrachten*.

Die Existenz von Selbstbewußtsein und Philosophie setzt *Transzendenz* seiner selbst in bezug auf sich selbst als *Daseiendes* voraus. Und das ist nach Hegel nur dann möglich, wenn die Begierde sich nicht auf ein *Daseiendes* bezieht,

sondern auf ein *Nichtseiendes*. Das Daseiende begehren, heißt sich mit diesem Daseienden anfüllen, heißt sich ihm unterwerfen. Das Nichtseiende begehren, heißt sich vom Daseienden befreien, heißt seine Autonomie, seine Freiheit erringen. Die Begierde muß, um anthropogen zu sein, sich auf ein Nichtseiendes beziehen, d. h. auf eine andere *Begierde*, auf ein anderes lechzendes Leeres, auf ein anderes *Selbst*. Denn die Begierde ist *Abwesenheit* von Seiendem (Hunger haben, heißt der Nahrung *ermangeln*): ein Nichts, das im Sein *nichtet*, und nicht ein *Sein*, das *da ist*. Anders ausgedrückt: dem Tun, das eine animalische, auf ein daseiendes *Ding* bezogene Begierde zu befriedigen bestimmt ist, gelingt es niemals, ein menschliches, seiner selbst *bewußtes* Selbst zu realisieren. Die Begierde ist menschlich (oder genauer gesagt »vermenschlichend«, »anthropogen«) nur unter der Bedingung, daß sie auf eine andere *Begierde* und auf eine *andere* Begierde bezogen ist. Um *menschlich* zu sein, muß der Mensch darauf ausgehen, sich nicht ein *Ding* zu unterwerfen, sondern eine andere *Begierde* (nach dem Dinge). Dem Menschen, der menschlich ein Ding begehrt, ist es nicht so sehr um das *Ding* zu tun, als vielmehr um die Anerkennung seines (wie es später heißt) *Rechtes* auf dieses Ding, um seine Anerkennung als *Besitzer* des Dinges. Und das letzten Endes, weil er die Anerkennung seiner *Überlegenheit* über den andern durch diesen andern erstrebt. Nur die Begierde nach einer solchen *Anerkennung*, nur das aus einer solchen Begierde sich ergebende Tun schafft, verwirklicht und offenbart ein *menschliches*, nicht-biologisches Selbst.
Die PhG muß also eine dritte nicht weiter zurückführbare Prämisse annehmen: die Existenz von *mehreren* Begierden, die sich gegenseitig begehren können, von denen eine jede die andere Begierde als Begierde negieren, assimilieren, sich aneignen, sich unterwerfen möchte. Die *Mehrzahl* von Begierden ist genauso »unableitbar« wie das Faktum der Begierde selber. Wenn man sie annimmt, kann man voraussehen oder verstehen (»ableiten«), was menschliche Existenz ist.

Wenn einerseits – wie Hegel sagt – das Selbstbewußtsein und der Mensch im allgemeinen letztlich nichts anderes sind als Begierde, die ihre Befriedigung in dem Faktum sucht, daß sie von einer anderen Begierde in ihrem *ausschließlichen* Recht auf Befriedigung anerkannt wird, so ist es klar, daß der Mensch nur durch den Vollzug einer allgemeinen Anerkennung sich voll realisieren und offenbaren, d. h. sich definitiv *befriedigen* kann. Wenn es nun aber andererseits eine *Mehrzahl* solcher Begierden nach allgemeiner Anerkennung gibt, dann ist es klar, daß das aus diesen Begierden hervorgehende Tun (vorerst wenigstens) nur ein *Kampf* auf Leben und Tod sein kann. Ein *Kampf*, denn jeder will sich den anderen, *alle* anderen durch ein negierendes, zerstörendes *Tun* unterwerfen. Ein Kampf auf Leben und *Tod*, denn die Begierde, die sich auf eine ihrerseits auf eine Begierde gerichtete Begierde bezieht, geht über das biologisch Daseiende *hinaus*, so daß das auf Grund jener Begierde vollbrachte Tun nicht durch dies Daseiende eingeschränkt wird. Anders ausgedrückt: Der Mensch setzt sein biologisches *Leben* ein, um seine *nicht*-biologische Begierde zu befriedigen. Und Hegel sagt, daß ein Wesen, das nicht imstande ist, sein Leben zur Erreichung nicht unmittelbar lebenswichtiger Ziele aufs Spiel zu setzen, d. h. das sein Leben nicht in einem Kampf um die *Anerkennung*, in einem reinen *Prestigekampf* einsetzen kann, *kein* wirklich *menschliches* Wesen ist.

Menschliche, geschichtliche, ihrer selbst bewußte Existenz ist also nur da möglich, wo es blutige Kämpfe, wo es Prestigekriege gibt oder wenigstens gegeben hat. Und den Lärm eines solchen Kampfes hörte Hegel ja auch, als er seine PhG beendete, in der er seiner selbst bewußt wurde, dadurch, daß er die Frage: »Was bin ich?« beantwortete.

Aber es ist klar, daß die drei in der PhG erwähnten Prämissen nicht hinreichen, um die Möglichkeit der Schlacht von Jena zu erklären. Denn wären *alle* Menschen so, wie ich es eben gesagt habe, dann würde ja jeder Prestigekrieg mit dem *Tod* wenigstens eines der Gegner enden, d. h., es würde schließlich nur ein *einziger* Mensch auf der Welt übrigbleiben, und nach Hegel wäre der kein *menschliches* Wesen mehr, weil die menschliche *Wirklichkeit* eben in dem Faktum der *Anerkennung* eines Menschen durch einen *anderen* besteht.[3]

Um das Faktum der Schlacht von Jena zu erklären, das Faktum der *Geschichte*, die durch diese Schlacht vollendet wird, muß man deshalb innerhalb der PhG eine vierte und letzte nicht weiter zurückführbare Prämisse ansetzen. Man muß annehmen, daß der Kampf so endet, daß *beide* Gegner am Leben bleiben. Dafür muß man nun aber voraussetzen, daß der eine dem anderen *weicht* und sich ihm unterwirft, daß er ihn anerkennt, ohne von ihm anerkannt worden zu sein. Man muß annehmen, daß der Kampf mit dem Sieg desjenigen endet, der bis *aufs Letzte* zu gehen bereit ist, über denjenigen, der es angesichts des Todes nicht fertig bringt, sich über seinen biologischen *Instinkt* der Selbsterhaltung, seiner Identität mit seinem animalischen Dasein zu erheben. Um es in Hegels Sprache zu sagen: man muß annehmen, daß es einen Sieger gibt, der der *Herr* des Besiegten wird. Oder, wenn man lieber will, einen Besiegten, der der *Knecht* des Siegers wird. Die Existenz eines Unterschiedes zwischen Herr und Knecht, oder – genauer gesagt – die *Möglichkeit* eines Unterschiedes zwischen *zukünftigem* Herrn und *zukünftigem* Knecht ist die vierte Prämisse der PhG.[4]

Der Besiegte hat seine *menschliche* Begierde nach *Anerkennung* der *biologischen* Begierde nach Erhaltung des *Lebens* untergeordnet: das bestimmt und offenbart – ihm und dem Sieger – seine Unterlegenheit. Der Sieger hat sein *Leben* für ein *nicht* lebenswichtiges Ziel eingesetzt: das bestimmt und offenbart – ihm und dem Besiegten – seine Überlegenheit über das biologische Leben und infolgedessen über den Besiegten. So wird der Unterschied zwischen Herr und Knecht in der Existenz von Sieger und Besiegtem *Wirklichkeit* und wird von beiden *anerkannt*.

Die Überlegenheit des Herrn über die Natur, die im Einsatz des Lebens im Prestigekampf begründet ist, wird durch das Faktum der *Arbeit* des Knechtes Wirklichkeit. Diese Arbeit schiebt sich zwischen den Herrn und die Natur ein. Der Knecht verwandelt die *gegebenen, daseienden* Bedingungen der Existenz so, daß sie den Anforderungen des Herrn *konform* werden. Die durch die Arbeit des Knechtes verwandelte Natur *dient* dem Herrn, ohne daß er es nötig hätte, ihr seinerseits zu dienen. Die knechtende Seite des tätigen Verhältnisses zur Natur fällt dem Knecht zu: Indem der Herr sich den Knecht dienstbar macht und ihn zum Arbeiten zwingt, macht der Herr sich die Natur dienstbar und *realisiert* so seine Freiheit in der Natur. Das Dasein des Herrn kann darum ausschließlich *kriegerisch* bleiben: er kämpft, aber er arbeitet nicht. Was den Knecht angeht, so beschränkt sein Dasein sich auf die *Arbeit*, die er im *Dienst* des Herrn ausführt. Er arbeitet, aber er kämpft nicht. Und nach Hegel ist nur das im Dienste eines anderen ausgeführte Tun »Arbeit« im strengen Sinne des Wortes, nämlich ein wesentlich menschliches und vermenschlichendes Tun. Das Wesen, das tätig ist, um seine *eigenen* Instinkte zu befriedigen, die – als solche – immer *natürlich* sind, erhebt sich nicht über die Natur: es bleibt ein *natürliches* Wesen, ein Tier. Aber wenn ich tätig bin, um einen Instinkt zu befriedigen, der *nicht* der meine ist, so bin ich tätig auf Grund von etwas, das – für mich – nicht Instinkt ist. Ich bin tätig auf Grund einer *Idee*, eines *nicht* biologischen Ziels. Und diese Verwandlung der Natur auf Grund einer *nicht* materiellen *Idee* ist die *Arbeit* im strengen Sinne des Wortes, nämlich Arbeit, die eine nicht natürliche, technische, vermenschlichte Welt schafft, welche der *menschlichen* Begierde eines Wesens angepaßt ist, das seine Überlegenheit über die Natur durch den Einsatz seines Lebens für das *nicht* biologische Ziel der Anerkennung *dargetan* und verwirklicht hat. Nur diese Arbeit hat schließlich den *Tisch* produzieren können, auf dem Hegel seine PhG schrieb, und war inhaltlicher Bestandteil jenes Ich, das er bei der Beantwortung seiner Frage: »Was bin ich?« analysierte.

Allgemein gesagt, wenn man die vier erwähnten Prämissen annimmt, d. h. 1. die Existenz der Offenbarung des Daseienden durch das Wort, 2. die Existenz einer Begierde, die ein das Daseiende negierendes, verwandelndes Tun hervorbringt, 3. die Existenz *mehrerer* Begierden, die sich gegenseitig begehren können, und 4. die Existenz der *Möglichkeit* eines Unterschiedes zwischen den Begierden der (zukünftigen) Herren und der (zukünftigen) Knechte – wenn man diese vier Prämissen annimmt, dann versteht man die Möglichkeit eines *geschichtlichen* Prozesses, einer *Geschichte*, die, im ganzen genommen, die Geschichte der Kämpfe und der Arbeit ist, die schließlich in die Kriege Napoleons und in diesem Tisch ausgemündet sind, auf dem Hegel seine PhG geschrieben hat, um sowohl diese Kriege als auch diesen Tisch zu *verstehen*. Umgekehrt muß man, um die Möglichkeit der auf einem *Tisch* geschriebenen und die Kriege Napoleons erklärenden PhG zu verstehen, die erwähnten vier Prämissen voraussetzen.[5]

Abschließend können wir sagen: Der Mensch wurde geboren und die Geschichte begann mit dem ersten Kampf, der mit dem Auftauchen eines Herrn und eines Knechtes endete. Das heißt, daß der Mensch ursprünglich immer entweder Herr oder Knecht ist; und es gibt keinen wirklichen Menschen, wo es nicht einen Herrn *und* einen Knecht gibt. (Zumindest muß man zu *zweien* sein, um *menschlich* sein zu können.) Und die Weltgeschichte, die Geschichte der Wechselwirkung zwischen den Menschen und ihrer Wechselwirkung mit der Natur, ist die Geschichte der Wechselwirkung zwischen Krieger-Herren und Arbeiter-Knechten. Infolgedessen kommt die Geschichte in dem Augenblick zum Stillstand, in dem der Unterschied, der Gegensatz zwischen Herr und Knecht aufhört, in dem Augenblick, da der Herr aufhört, Herr zu sein, weil es keinen Knecht mehr gibt, und der Knecht aufhört, Knecht zu sein, weil es keinen Herrn mehr gibt (ohne übrigens wiederum Herr zu werden, da es keinen Knecht mehr gibt).

Nun wird aber nach Hegel in den Kriegen und durch die Kriege Napoleons, und insbesondere durch die Schlacht von Jena, dieser Abschluß der Geschichte mit der dialektischen Aufhebung sowohl des Herrn als auch des Knechtes realisiert. Die Gegenwart der Schlacht von Jena in Hegels Bewußtsein ist infolgedessen von grundlegender Bedeutung. Weil Hegel den Lärm dieser Schlacht hört, kann er wissen, daß die Geschichte zum Abschluß kommt oder gekommen ist, daß infolgedessen *seine* Konzeption der Welt eine *totale* Konzeption ist, daß *sein* Wissen ein *absolutes* Wissen ist.

Freilich, um das zu wissen, um zu wissen, daß er der Denker ist, der die absolute Wissenschaft zu verwirklichen imstande ist, muß er *wissen,* daß die napoleonischen Kriege die dialektische Synthese des Herrn und des Knechtes realisieren. Und dafür muß er einerseits wissen, was das *Wesen* des Herrn und des Knechtes ist, und andererseits, wie und warum die Geschichte, die mit dem »ersten« Prestigekampf begonnen hat, in die Kriege Napoleons ausgemündet ist.

Die Analyse des Wesens des Gegensatzes Herr–Knecht, d. h. des die Weltgeschichte bewegenden Prinzips, findet man im Kapitel IV. Und was die Analyse des geschichtlichen Prozesses selbst betrifft, so wird sie im Kapitel VI gegeben.

Die Geschichte, dieser universelle menschliche Prozeß, der die Bedingungen für das Auftreten Hegels, des mit einem *absoluten* Wissen begabten Denkers geschaffen hat – ein Prozeß, den dieser Denker durch eine *Phänomenologie verstehen* muß, bevor er dieses absolute Wissen im »System der Wissenschaft« entfalten kann – die Weltgeschichte ist also nichts anderes als die Geschichte der *dialektischen,* d. h. der *aktiven* Beziehung zwischen Herrschaft und Knechtschaft. Die Geschichte kommt darum in dem Augenblick zum Abschluß, da die Synthese von Herr und Knecht Wirklichkeit geworden ist, nämlich der integrale, heile Mensch, der

Bürger des universellen und homogenen, von Napoleon geschaffenen Staates.

Diese Konzeption, derzufolge die Geschichte eine Dialektik oder Wechselwirkung von Herrschaft und Knechtschaft ist, macht uns den *Sinn* der Einteilung des geschichtlichen Prozesses in drei große Perioden (von übrigens sehr ungleicher Länge) verständlich. Wenn die Geschichte mit dem Kampf beginnt, der zur *Beherrschung* eines Knechts durch einen Herrn führt, dann muß die erste geschichtliche Periode natürlich die sein, in der die menschliche Existenz gänzlich durch die *Existenz* des *Herrn* bestimmt wird. Im Laufe dieser Periode offenbart also die *Herrschaft* ihr Wesen, indem sie durch die Tat ihre existentiellen Möglichkeiten realisiert. Aber wenn die Geschichte nur eine Dialektik von Herrschaft *und* Knechtschaft ist, dann muß natürlich auch letztere sich selbst gänzlich offenbaren, indem sie sich durch die Tat vollständig realisiert. Also muß die erste Periode durch eine zweite vervollständigt werden, in der die menschliche Existenz durch die *knechtische* Existenz bestimmt wird. Wenn schließlich das Ende der Geschichte die *Synthese* von Herrschaft und Knechtschaft und das *Verstehen* dieser Synthese ist, dann muß auf jene beiden Perioden eine dritte folgen, während welcher sich die gleichsam neutralisierte, synthetische menschliche Existenz sich selbst offenbart dadurch, daß sie aktiv ihre eigenen Möglichkeiten realisiert.

Aber jene Möglichkeiten umfassen diesmal nun auch die Möglichkeit, sich völlig und endgültig, d. h. vollkommen zu *verstehen*.

Diese drei großen geschichtlichen Perioden werden von Hegel im Kapitel VI analysiert.

Doch es genügt natürlich nicht zu wissen, daß die Geschichte drei Perioden hat, wenn man das Kapitel VI schreiben und verstehen will, was die Geschichte ist. Man muß auch noch wissen, was jede dieser Perioden ist, man muß das Warum und das Wie der Entwicklung einer jeden von ihnen und den Übergang von der einen zur anderen verstehen. Dafür aber muß man wissen, was das *Wesen* der Herrschaft und der Knechtschaft ist – dieser beiden Prinzipien, die in ihrer Wechselwirkung den untersuchten Prozeß hervorbringen. Diese Analyse des Herrn als solchen und des Knechtes als solchen wird im Abschnitt A des Kapitels IV durchgeführt.

Beginnen wir mit dem Herrn. Er ist der Mensch, der in einem Prestigekampf bis zum Letzten gegangen ist, der sein *Leben* eingesetzt hat, um sich in seiner absoluten Überlegenheit durch einen *anderen* Menschen *anerkennen* zu lassen. D. h., er hat seinem *reellen*, natürlichen, biologischen Leben etwas *Ideelles*, Spirituelles, *Nicht*biologisches vorgezogen: die Tatsache nämlich, in einem und durch ein *Bewußtsein anerkannt* zu werden, den *Namen* »Herr« zu tragen, »Herr« *genannt* zu werden. So hat er seine *Überlegenheit* »bewährt«, erwiesen, realisiert und offenbart – seine Überlegenheit über die biologische Existenz, über *seine* biologische Existenz, über die natürliche Welt im allgemeinen und über all das, was sich selbst und was er mit dieser Welt *identifiziert*, vor allem über den Knecht. Diese zunächst rein *ideelle* Überlegenheit, die in der geistigen Tatsache des als Herrn durch den Knecht Anerkanntseins und Sich-anerkannt-wissens besteht, *realisiert* und materialisiert sich durch die *Arbeit* des Knechtes. Der Herr, der den Knecht dazu zwingen konnte, ihn als Herrn *anzuerkennen*, kann ihn auch dazu zwingen, für ihn zu *arbeiten*, ihm das Resultat seiner *Tätigkeit* abzutreten. So braucht der Herr keine Anstrengungen mehr zu unternehmen, um seine (natürlichen) Begierden zu befriedigen. Die *knechtende* Seite dieser Befriedigung ist auf den Knecht übergegangen: indem der Herr den Arbeiter-Knecht beherrscht, beherrscht er die Natur und lebt in ihr als *Herr*. In der Natur bestehen, ohne gegen sie zu kämpfen, heißt aber im Genuß leben. Und der Genuß, den man ohne Anstrengungen erwirbt, bringt Lust. Insoweit das Leben der Herren nicht blutiger Kampf, Prestigekampf mit anderen Menschen ist, ist es ein Leben der Lust.

Auf den ersten Blick kann es so aussehen, als ob der Herr den Gipfel menschlicher Existenz darstellt, weil er ja ein Mensch ist, der in seiner und durch seine wirkliche Existenz, durch das, was er ist, völlig *befriedigt* wird. Aber tatsächlich ist das nicht der Fall.

Was ist dieser Mensch, was *will* er sein, wenn nicht ein Herr? Um *Herr* zu werden und zu sein, hat er sein Leben eingesetzt, und nicht, um der Lust zu leben. Als er den Kampf aufnahm, wollte er sich damit von einem *anderen* anerkennen lassen, d. h. durch einen *anderen* als er selbst, aber durch einen, der *wie er* ist, durch einen *anderen Menschen.* Doch tatsächlich wird er am Ende des Kampfes nur durch einen *Knecht* anerkannt. Um *Mensch* zu sein, wollte er sich von einem anderen Menschen anerkennen lassen. Aber wenn Mensch-sein *Herr*-sein heißt, dann ist der Knecht kein Mensch, und sich durch einen Knecht anerkennen lassen heißt nicht, sich durch einen *Menschen* anerkennen lassen. Man müßte sich durch einen andern Herrn anerkennen lassen. Aber das ist unmöglich, weil – per definitionem – der Herr dem Tod vor dem knechtischen Anerkennen der Überlegenheit eines anderen den Vorzug gibt. Kurz, dem Herrn gelingt es nie, sein Ziel zu realisieren, das Ziel, für das er sein eigenes Leben einsetzt. Der Herr kann nur in dem Tod und durch den Tod – *seinen* Tod oder den Tod seines *Gegners* – befriedigt werden. Doch man kann nicht völlig befriedigt werden durch das, was in dem *Tod* und durch den *Tod* ist – durch das, was man in dem *Tod* und durch den *Tod ist.* Denn der Tod *ist* nicht, der Tote *ist* nicht. Und was *ist,* was lebt, das ist nur ein Knecht. Doch wäre es da der Mühe wert, sein Leben einzusetzen, um sich von einem *Knechte* anerkannt zu wissen? Natürlich nicht. Solange der Herr nicht in seiner Lust und in seinem Genuß verdummt, d. h. sobald er sich über sein *wirkliches* Ziel und die Triebfedern seines (»kriegerischen«) *Tuns* Rechenschaft ablegt, ist und wird er daher niemals durch das befriedigt, was *ist* und was *er* ist.

Anders ausgedrückt, die Herrschaft ist eine existentielle Sackgasse. Der Herr kann entweder in Lust *verdummen* oder auf dem Schlachtfeld als Herr *sterben*, doch er kann nicht *bewußt* leben und sich dabei durch das, was er *ist*, *befriedigt* wissen. Nun kann aber allein die bewußte Befriedigung die Geschichte vollenden, denn nur der Mensch, der *weiß*, daß er durch das, was er ist, *befriedigt* wird, strebt nicht mehr über sich hinaus, hinaus über das, was er ist und was (durch das die Natur verwandelnde Tun und durch das die Geschichte erschaffende Tun) ist. Wenn die Geschichte *vollendet* werden, wenn das absolute Wissen möglich sein soll, dann kann dies allein der Knecht vollbringen, indem er die Befriedigung erreicht. Und darum sagt Hegel, daß der Knecht die »Wahrheit« (= die offenbarte Wirklichkeit) des Herrn ist. Das menschliche Ideal, das dem Herrn seine Entstehung verdankt, kann sich nur in der Knechtschaft und durch sie *realisieren* und offenbaren, Wahrheit werden.

Um innehalten und sich verstehen zu können, muß man *befriedigt* sein. Das setzt zwar voraus, daß man *aufhört*, Knecht zu sein. Aber man kann nur *aufhören*, Knecht zu sein, wenn man Knecht *gewesen* ist. Und weil es nur da einen Knecht gibt, wo es einen Herrn gibt, ist die Herrschaft, wenngleich eine Sackgasse, doch »gerechtfertigt« als *notwendige* Etappe der geschichtlichen Existenz, die zu Hegels absoluter Wissenschaft führt. Der Herr tritt nur auf, um den Knecht hervorzubringen, der ihn als Herrn »aufhebt«, indem er sich damit als Knecht selbst »aufhebt«. Und dieser »aufgehobene« Knecht ist befriedigt durch das, was er *ist*, und versteht sich als befriedigt in der und durch die Philosophie Hegels, in der und durch die PhG. Der Herr ist nur der »Katalysator« der Geschichte, die durch den Knecht oder den zum Staatsbürger, zum Citoyen gewordenen ehemaligen Knecht verwirklicht, vollendet und »offenbart« wird.

Doch wir wollen erst einmal zusehen, was der Knecht im *Anfang* ist, der Knecht des *Herrn*, der Knecht, der noch nicht durch das Staatsbürgertum befriedigt wird, das seine Freiheit verwirklicht und offenbart.

Der Mensch ist Knecht geworden, weil er die Furcht des Todes gekannt hat. Zwar offenbart diese Furcht einerseits seine Abhängigkeit von der Natur und rechtfertigt so seine Abhängigkeit vom Herrn, der selbst die Natur *beherrscht*. Doch andererseits hat diese gleiche Furcht nach Hegel einen positiven Wert, der die *Überlegenheit* des Knechtes über den Herrn bewirkt. Denn durch die animalische Furcht des Todes hindurch hat der Knecht den Schrecken oder die Angst vor dem Nichts erfahren. Er hat sich selbst als Nichts erblickt, er hat begriffen, daß seine ganze Existenz nur ein »aufgehobener« Tod war – ein im Sein bestehendes Nichts.[6] Nun ist – wie wir gesehen haben und noch sehen werden – die Hegelsche Anthropologie zutiefst begründet in dem Gedanken, daß der Mensch nicht ein Sein ist, das in einer ewigen Identität mit sich selbst im Raume *da* ist, sondern ein Nichts, das als Zeit im räumlichen Sein *nichtet* durch die *Negation* dieses Seins – durch die Negation oder Verwandlung des Daseienden von einer Idee oder einem Ideal aus, das noch *nicht* ist, das noch Nichts (»Entwurf«) ist – durch die Negation, die sich *Tat* nennt, Tätigkeit des Kampfes und der Arbeit. Der Knecht, der – durch die Furcht des Todes hindurch – das (menschliche) Nichts erfaßt, das den Grund seines (natürlichen) Seins ausmacht, versteht also sich selbst und damit den Menschen besser als der Herr. Vom »ersten« Kampfe an hat der Knecht eine Ahnung von der menschlichen Wirklichkeit, und das ist der eigentliche Grund dafür, daß schließlich er – und nicht der Herr – es ist, der die Geschichte vollendet, indem er die Wahrheit über den Menschen offenbar macht, indem er seine Wirklichkeit durch die Hegelsche Wissenschaft offenbart.

Aber der Knecht hat – immer dank dem Herrn – noch einen anderen Vorzug, der dadurch bedingt ist, daß er *arbeitet*, und zwar im *Dienst* eines *anderen*, daß er *arbeitend* einem anderen *dient*. Für einen *anderen* arbeiten, heißt den *Instinkten* entgegenhandeln, die den Menschen zur Befriedigung seiner *eigenen* Bedürfnisse treiben. Es gibt keinen *Instinkt*, der den Knecht zur Arbeit für den Herrn zwänge. Er tut das vielmehr aus der *Furcht* des Herrn heraus.[7] Aber *diese* Furcht ist eine andere als die, die er im Augenblick des Kampfes verspürt hat: die Gefahr ist nicht mehr *unmittelbar*. Der Knecht *weiß* nur, daß der Herr ihn töten kann; er *sieht* ihn aber nicht in der Gebärde des Tötens. Anders ausgedrückt: der Knecht, der für den Herrn *arbeitet*, »hemmt«, verdrängt seine *Instinkte* auf Grund einer *Idee*, eines *Begriffes*. Und eben das macht seine Tätigkeit zu einer spezifisch *menschlichen*, zur *Arbeit*. Indem er tätig ist, negiert, verwandelt er das Daseiende, die Natur, *seine* Natur; und zwar auf Grund einer Idee, auf Grund dessen, was nicht im biologischen Sinne des Wortes *da ist* – der Idee eines *Herrn*, d.h. einer wesentlich *gesellschaftlichen*, menschlichen, geschichtlichen Vorstellung. Wenn man aber das natürliche Daseiende auf Grund einer *nicht* natürlichen Idee verwandeln kann, dann ist man im Besitz einer *Technik*. Und die Idee, die eine Technik hervorbringt, ist eine *wissenschaftliche* Idee, ein *wissenschaftlicher* Begriff. Wenn man aber wissenschaftliche Begriffe besitzt, dann ist man mit Verstand, mit dem Vermögen *abstrakter* Vorstellungen begabt.

Der Verstand, das abstrakte Denken, die Wissenschaft, die Technik, die Künste – alles dies hat daher seinen Ursprung in der Zwangsarbeit des Knechtes. Der Knecht also und nicht der Herr realisiert all das, was auf diese Dinge Bezug hat. Insbesondere die Newtonsche Physik (die Kant solchen Eindruck gemacht hat), diese Physik der Kraft und des Gesetzes, die laut Hegel letzten Endes die Kraft des Siegers im Prestigekampf und das durch den Knecht anerkannte Gesetz des Herrn sind.

Aber das ist noch nicht der ganze Vorzug, den die Arbeit

verschafft. Sie eröffnet schließlich auch den Weg zur Freiheit oder, genauer gesagt, zur Befreiung.[8]

Der Herr hat ja seine Freiheit errungen, indem er im Kampfe seinen Lebens*instinkt* überwunden hat. Wenn nun aber der Knecht für einen *anderen* arbeitet, überwindet auch er seine *Instinkte*, und – indem er sich dadurch zum Denken, zur Wissenschaft, zur Technik erhebt, indem er die Natur auf Grund einer Idee verwandelt – erreicht auch er es, daß er die Natur und *seine* »Natur« beherrscht, d. h. eben die Natur, die ihn im Augenblick des Kampfes beherrschte und aus ihm den Knecht des Herrn gemacht hat. Durch seine Arbeit gelangt der Knecht also zum gleichen Ergebnis, zu dem der Herr durch den Einsatz seines Lebens im Kampfe gelangt ist: er hängt nicht mehr von den gegebenen natürlichen Bedingungen der Existenz ab, sondern *verändert* sie auf Grund der Idee, die er sich von sich selbst macht. Indem er dieser Tatsache *bewußt* wird, wird er darum seiner *Freiheit*, seiner Selbständigkeit bewußt. Und indem er sich des *Denkens* bedient, das aus seiner Arbeit entsteht, bildet er die abstrakte *Vorstellung* der Freiheit aus, die in ihm durch eben diese Arbeit Wirklichkeit geworden ist.

Zwar entspricht bei dem Knecht im eigentlichen Sinne des Wortes diese *Vorstellung* der Freiheit noch nicht einer wahrhaften *Wirklichkeit*. Er befreit sich geistig nur dank der *Zwangs*-Arbeit, nur weil er der Knecht eines Herrn ist.[9] Und tatsächlich *bleibt* er jener Knecht. Er befreit sich also sozusagen nur, um aus freier Wahl Knecht zu sein, um in noch stärkerem Maße Knecht zu sein, als er es gewesen war, bevor er die *Idee* der Freiheit gebildet hatte. Doch die Unzulänglichkeit des Knechtes ist zu gleicher Zeit auch seine *Vollkommenheit:* weil er nämlich nicht wirklich frei *ist*, weil er eine *Idee* der Freiheit hat, eine *nicht Wirklichkeit* gewordene Idee, die aber durch die bewußte und freiwillige Verwandlung der gegebenen Existenz, durch die aktive Abschaffung der Knechtschaft Wirklichkeit werden kann.

Der Herr hingegen *ist* frei; seine Idee der Freiheit ist nicht *abstrakt.* Darum ist sie keine *Idee* im eigentlichen Sinne des Wortes, kein zu verwirklichendes *Ideal.* Darum bringt der Herr es auch niemals fertig, die in *ihm* verwirklichte Freiheit und die Unzulänglichkeit *dieser* Freiheit zu überwinden. Der *Fortschritt* in der Verwirklichung der Freiheit kann nur durch den Knecht bewerkstelligt werden, der von einem *nicht* verwirklichten Ideal der Freiheit ausgeht. Und weil er ein *Ideal,* eine *abstrakte* Idee hat, darum kann der Fortschritt der *Verwirklichung* der Freiheit seine Vollendung finden im *Begreifen* der Freiheit, in der Entstehung der *absoluten Idee* der menschlichen Freiheit, die in dem und durch das absolute Wissen offenbart wird.

Ganz allgemein gesagt: der Knecht, und er allein, kann einen *Fortschritt* bewirken und das *Daseiende* überwinden – insbesondere das Daseiende, das er selbst ist. Einerseits besitzt er, wie ich es eben gesagt habe, die *Idee* der Freiheit, ist aber *nicht* frei, so daß er veranlaßt wird, die (sozialen) Bedingungen seiner Existenz zu verwandeln, d. h. einen geschichtlichen Fortschritt zu bewirken. Weiterhin – und das ist der springende Punkt – hat dieser Fortschritt für ihn einen Sinn, wie es ihn für den Herrn nicht gibt und nicht geben kann. Die im und durch den Kampf hervorgebrachte Freiheit des Herrn ist eine Sackgasse. Damit sie Wirklichkeit wird, muß man sie durch einen *Knecht* anerkennen lassen, muß man den, der sie anerkennt, in einen Knecht verwandeln. Nun ist aber meine Freiheit nur insoweit kein Traum, keine Illusion, kein abstraktes Ideal, als sie *allgemein anerkannt* wird durch die, die ich als des sie-Anerkennens würdig anerkenne. Und genau das kann der Herr *niemals* erreichen. Zwar seine Freiheit ist anerkannt; sie ist also *wirklich.* Aber sie ist nur durch Knechte anerkannt; sie ist also unzureichend in ihrer Wirklichkeit; sie kann den, der sie verwirklicht, nicht *befriedigen.* Doch solange sie Freiheit des Herrn bleibt, kann es nicht anders sein. Wenn hingegen die Freiheit des Knechts anfänglich auch durch niemand anders als ihn selbst anerkannt wird, wenn sie infolgedessen rein *abstrakt* ist, so kann sie doch schließlich *Wirklichkeit* werden, und zwar *vollkommen.* Denn der Knecht *anerkennt* die menschliche Wirklichkeit und Würde des Herrn. Er braucht daher nur *seine* Freiheit dem Herrn aufzuzwingen, um die endgültige Befriedigung zu erreichen, die die *gegenseitige* Anerkennung gewährt, und so den geschichtlichen Prozeß zum Stillstand zu bringen.

Dafür muß er nun zwar gegen den Herrn kämpfen, und das heißt eben, er muß aufhören, Knecht zu sein, und muß die Furcht des Todes überwinden; er muß ein *anderer* werden, als er *ist.* Aber im Gegensatz zum Krieger-Herrn, der immer das bleibt, was er schon *ist* – nämlich Herr –, kann sich der Arbeiter-Knecht verwandeln, und dank der Arbeit verwandelt er sich tatsächlich.

Das menschliche Tun des Herrn beschränkt sich auf den Einsatz seines Lebens. Nun ist aber der Einsatz des Lebens immer und überall der gleiche. Die Tatsache des Einsatzes ist es, die zählt, und es ist nebensächlich, ob dabei ein Steinbeil oder ein Maschinengewehr verwendet wird. So ist es auch nicht der Kampf als solcher und der Einsatz des Lebens, sondern die *Arbeit,* die eines Tages nicht mehr ein Steinbeil, sondern ein Maschinengewehr produziert. Die ausschließlich kriegerische Haltung des Herrn variiert nicht im Laufe der Jahrhunderte; sie kann also keinen geschichtlichen Wandel hervorbringen. Ohne die Arbeit des Knechtes würde der »erste« Kampf sich unaufhörlich wiederholen: nichts würde sich daran ändern; er würde nichts am Herrn ändern; nichts würde sich also im Menschen durch den Menschen und für den Menschen ändern; die Welt bliebe mit sich selbst identisch, sie wäre Natur und nicht geschichtliche, menschliche Welt.

Ganz anders ist die von der Arbeit geschaffene Situation. Der arbeitende Mensch *verwandelt* die gegebene Natur. Wenn er seine Tat wiederholt, so wiederholt er sie daher unter *anderen* Bedingungen, und seine Tat ist so selbst eine andere. Nachdem der Mensch das erste Steinbeil hergestellt hat, kann er es verwenden, um sich ein zweites herzustellen, das, eben dadurch, anders und besser ist. Die Produktion verwandelt die Produktionsmittel; die Umgestaltung der Mittel vereinfacht die Produktion usw. Wo es Arbeit gibt, gibt es deshalb notwendigerweise Veränderung, Fortschritt, geschichtliche Entwicklung[10].

Geschichtliche Entwicklung – denn auf Grund der Arbeit verändert sich nicht allein die natürliche Welt, sondern darüber hinaus – und sogar vor allem – der Mensch selbst. Der Mensch hängt vorweg von den daseienden, natürlichen Bedingungen seiner Existenz ab. Gewiß kann er sich durch den Einsatz seines Lebens in einem Prestigekampf über diese Bedingungen erheben. Aber in diesem Einsatz negiert er gleichsam die *Gesamtheit* dieser Bedingungen, die immer die gleichen sind: er negiert sie in Bausch und Bogen, ohne sie zu verändern, und diese Negation ist immer die gleiche. So hängt die Freiheit, die er in dieser Tat und durch diese Tat der Verneinung schafft, nicht von den besonderen Formen des Daseienden ab. Der Mensch kann mit dem Konkreten, das je nach Raum und Zeit differiert, nur dadurch in Kontakt bleiben, daß er sich über die daseienden Bedingungen durch die Negation erhebt, die sich in der *Arbeit* und durch die *Arbeit* vollzieht. Darum wandelt er sich selbst, indem er die Welt verändert.

Das Schema der geschichtlichen Entwicklung sieht also so aus:

Zu Beginn sind der zukünftige Herr und der zukünftige Knecht beide durch eine daseiende, natürliche, von ihnen unabhängige Welt bestimmt: sie sind also noch nicht wahrhaft menschliche, geschichtliche Wesen. Dann erhebt sich der Herr durch den Einsatz seines Lebens über die daseiende Natur, über seine daseiende (animalische) »Natur« und wird ein menschliches Wesen, das sich in seiner bewußten negierenden Tat und durch sie selbst erschafft. Dann zwingt er den Knecht zu arbeiten. Dieser verändert die daseiende wirkliche Welt, erhebt sich also ebenfalls über die Natur, über seine (animalische) »Natur«, denn er vermag aus ihr eine andere zu machen, als sie (unmittelbar) ist. Zwar ist der Knecht, wie der Herr, wie der Mensch im allgemeinen, durch die wirkliche Welt bestimmt. Aber weil die Welt *verwandelt* worden ist[11], wandelt er sich selbst. Und weil *er* es ist, der die Welt verwandelt hat, darum ist *er* es, der sich *selbst* wandelt, während der Herr sich nur durch den Knecht wandelt. Der geschichtliche Prozeß, das geschichtliche Werden des menschlichen Wesens ist also das Werk des Arbeiter-Knechts, und nicht des Krieger-Herrn. Zwar hätte es ohne den Herrn keine Geschichte gegeben. Aber einzig deshalb, weil es ohne ihn keinen Knecht und darum keine Arbeit gegeben hätte.

Also noch einmal: dank seiner Arbeit *kann* der Knecht sich wandeln und ein anderer werden, als er ist, d. h. aufhören, Knecht zu sein. Die Arbeit ist Bildung im doppelten Sinne des Wortes: einerseits bildet sie die Welt, bildet sie um, vermenschlicht sie, indem sie dieselbe dem Menschen stärker anpaßt; andererseits bildet sie den Menschen um, bildet, erzieht, vermenschlicht ihn, indem sie ihn der *Idee* konformer macht, die er sich von sich selbst macht und die zunächst nur eine *abstrakte* Idee, ein *Ideal* war. Wenn also der Knecht in der daseienden Welt zu Beginn eine furchtsame *»Natur«* hatte und sich dem Herrn, dem Starken, unterwerfen *mußte*, so ist damit noch nicht gesagt, daß es *immer* so sein wird. Dank seiner Arbeit kann *er* ein anderer und kann die *Welt* eine andere werden. Und das ist tatsächlich eingetreten, wie die Weltgeschichte und schließlich die französische Revolution und Napoleon zeigt.

Diese schöpferische Erziehung des Menschen durch die Arbeit (die Bildung) schafft die Geschichte, d. h. die menschliche *Zeit*. Die Arbeit *ist* Zeit, und darum ist sie notwendigerweise *in* der Zeit: sie erfordert Zeit. Die Verwandlung des Knechtes, die es ihm erlaubt, seinen Schrecken, seine Furcht des Herrn zu überwinden, indem er die Angst vor dem Tode überwindet – diese Verwandlung ist langwierig und schmerzhaft. Dem Knecht, der sich – durch seine Arbeit – zur abstrakten *Idee* seiner Freiheit erhoben hat, gelingt es zunächst nicht, sie zu *verwirklichen*, weil er noch nicht im Hinblick auf diese Verwirklichung zu *handeln*, nämlich gegen den Herrn zu kämpfen und sein Leben in einem Kampf um die Freiheit einzusetzen wagt.

So erdenkt sich der Knecht, bevor er die Freiheit *verwirklicht*, eine Reihe von Ideologien, mit denen er versucht, sich selbst und seine Knechtschaft zu rechtfertigen, das *Ideal* der Freiheit mit dem *Faktum* der Sklaverei zu versöhnen.

Die erste dieser Knechts-Ideologien ist der Stoizismus. Der Knecht versucht sich einzureden, daß er *effektiv* frei ist auf Grund der bloßen Tatsache, daß er sich frei *weiß*, d. h., daß er die abstrakte *Idee* seiner Freiheit hat. Die *wirklichen* Bedingungen der Existenz hätten keinerlei Bedeutung: es sei nebensächlich, ob man römischer Kaiser oder Sklave, reich oder arm, krank oder gesund sei; es genüge, die *Idee* der Freiheit zu haben, d. h. eben der Autonomie, der absoluten Unabhängigkeit von allen *daseienden* Bedingungen der Existenz. (Daher – das sei in Paranthese gesagt – die moderne Variante des Stoizismus, von der Hegel im Kapitel V spricht: die Freiheit wird identifiziert mit der *Gedanken*-Freiheit; der Staat heißt frei, wenn man darin frei *sprechen* kann; solange *diese* Freiheit sichergestellt ist, gibt es an diesem Staat nichts zu ändern.)

Hegels Kritik oder, genauer gesagt, seine Erklärung der Tatsache, daß der Mensch nicht bei dieser auf den ersten Blick so befriedigend wirkenden stoischen Lösung stehen geblieben ist, kann wenig überzeugend und sonderbar erscheinen. Hegel sagt, daß der Mensch den Stoizismus aufgibt, weil er sich als Stoiker *langweilt*. Die stoische Ideologie ist erfunden worden, um die Tatenlosigkeit des Knechtes zu rechtfertigen, seine Weigerung, für die *Verwirklichung* seines freiheitlichen Ideals zu *kämpfen*. Diese Ideologie hindert den Menschen also daran, tätig zu sein: sie nötigt ihn,

sich mit dem *Sprechen* zu begnügen. Aber, sagt Hegel, jede Rede, die bloße Rede *bleibt*, *langweilt* schließlich den Menschen.
Dieser Einwand – oder diese Erklärung – scheint nur auf den ersten Blick oberflächlich, hat aber in Wirklichkeit eine tiefe metaphysische Grundlage. Der Mensch ist nicht ein Sein, das *da ist:* er ist Nichts, das durch die Negation des Seins *nichtet*. Die Negation des Seins aber ist die Tat. Darum sagt Hegel: »Das *wahre* Sein des Menschen ist vielmehr seine *Tat*« (S. 236). Nicht *tätig* sein bedeutet also, nicht als wahrhaft *menschliches* Wesen existieren, sondern als Sein, als gegebenes, bloß natürliches Seiendes da sein, m. a. W. herunterkommen, verdummen. Und diese metaphysische Wahrheit offenbart sich dem Menschen durch das Phänomen der Langweile: der Mensch, der – wie das Ding, wie das Tier, wie der Engel – mit sich selbst identisch bleibt, negiert nicht, negiert sich nicht, d. h. er ist nicht tätig – er *langweilt* sich. Und nur der Mensch kann sich langweilen.
Wie dem auch sei, die durch das stoische Geschwätz verursachte *Langweile* hat den Menschen gezwungen, sich etwas anderes zu suchen. In Wirklichkeit kann der Mensch nur durch die *Tat* befriedigt werden. Tätig sein aber heißt, die Wirklichkeit umgestalten. Und die Wirklichkeit umgestalten heißt, das Daseiende *negieren*. Im Falle des Knechtes würde die wirksame Tat darin bestehen, die Knechtschaft zu negieren, d. h. den Herrn zu negieren, also sein Leben in einem Kampf gegen ihn einzusetzen. Der Knecht wagt das noch nicht. Da aber die Langweile ihn zur Tat treibt, begnügt er sich damit, gleichsam sein Denken zu aktivieren. Er läßt es das Daseiende *verneinen*. Der stoische Knecht wird zum *skeptisch-nihilistischen* Knecht.
Diese neue Haltung gipfelt im Solipsismus: der Wert, ja selbst die Wirklichkeit all dessen, was nicht Ich ist, wird negiert, und der rein *abstrakte*, verbale Charakter dieser Negation wird durch ihre Allgemeinheit und ihren Radikalismus ausgeglichen.

Gleichwohl gelingt es dem Menschen nicht, sich in dieser skeptisch-nihilistischen Haltung zu behaupten. Es gelingt ihm nicht, weil er sich in Wirklichkeit durch seine Existenz selbst widerspricht: wie und warum soll man leben, wenn man den Wert und das Sein der Welt und der anderen Menschen negiert? So würde das Ernstnehmen des Nihilismus Selbstmord bedeuten, würde bedeuten, daß man völlig zu handeln und – infolgedessen – zu leben aufhört. Aber der *radikale* Skeptiker interessiert Hegel nicht, weil er per definitionem durch den Selbstmord verschwindet, zu sein aufhört, und infolgedessen aufhört, ein menschliches Wesen, ein Vermittler der geschichtlichen Entwicklung zu sein. Nur der Nihilist, der am *Leben bleibt,* ist interessant.
Dieser nun muß schließlich den Widerspruch erkennen, den seine Existenz enthält. Und das Bewußtwerden eines *Widerspruches* ist, ganz allgemein gesagt, die Triebfeder der menschlich-geschichtlichen Entwicklung überhaupt. Eines Widerspruches bewußt werden heißt notwendigerweise, ihn aufheben wollen. Nun kann man aber tatsächlich den Widerspruch einer daseienden Existenz nur so aufheben, daß man die daseiende Existenz *verändert,* daß man sie durch die Tat verwandelt. Doch im Falle des Knechtes bedeutet die Existenz verwandeln wiederum, gegen den Herrn kämpfen. Das will er aber nicht tun. Er versucht also durch eine neue Ideologie diesen Widerspruch der skeptischen Existenz zu rechtfertigen, der letzten Endes der stoische, d. h. knechtische Widerspruch zwischen der *Idee* oder dem *Ideal* der Freiheit und der *Wirklichkeit* der Knechtschaft ist. Und diese dritte und letzte Ideologie des Knechtes ist die *christliche* Ideologie.
Der Knecht leugnet jetzt nicht den widersprüchlichen Charakter seiner Existenz, aber er sucht ihn durch die Behauptung zu rechtfertigen, daß *jede* Existenz notwendig und unausweichlich einen Widerspruch enthalte. Zu diesem Zweck erdenkt er eine »andere Welt«, die das »Jenseits« der natürlichen, sinnlichen Welt ist. Hier unten ist er Knecht,

und er tut nichts, um sich zu befreien. Aber er hat recht, denn in *dieser* Welt ist *alles* nur Knechtschaft, und der Herr ist hier ebenso Knecht wie er selbst. Doch die Freiheit ist nicht ein leeres Wort, eine einfache abstrakte *Idee*, ein nicht zu realisierendes Ideal, wie im Stoizismus und im Skeptizismus. Die Freiheit ist *wirklich:* nämlich im *Jenseits.* Es ist also nicht nötig, gegen den Herrn zu kämpfen, weil man schon frei *ist* insoweit, als man am Jenseits Anteil hat, weil man durch dieses Jenseits, durch das Eingreifen des Jenseits in die sinnliche Welt befreit ist. Es ist nicht nötig, um die Anerkennung durch den Herrn zu kämpfen, da man durch einen Gott anerkannt wird. Es ist nicht nötig zu kämpfen, um sich in dieser Welt zu befreien, die für den Christen ebenso eitel und wertlos wie für den Skeptiker ist. Es ist nicht nötig zu kämpfen und zu handeln, weil man – im Jenseits, in der einzigen Welt, die wahrhaft zählt – schon befreit und dem Herrn (in der Knechtschaft Gottes) *ebenbürtig* ist. Man kann also bei der stoischen Haltung bleiben, aber jetzt mit gutem Recht. Und auch ohne Langweile, denn jetzt bleibt man nicht ewig der *selbe:* man wandelt sich und man *muß* sich wandeln, man muß immer über sich hinausgehen, um sich über sich zu erheben, über sich als Daseiendes in der wirklichen empirischen Welt, um die transzendente Welt zu erreichen, das Jenseits, das unerreichbar bleibt.
Ohne Kampf, ohne Anstrengung realisiert der Christ also das Ideal des Knechtes: er erhält – in und durch (oder für) Gott – die *Gleichheit* mit dem Herrn: die Ungleichheit ist nur eine Täuschung, ganz wie die sinnliche Welt, wo Knechtschaft und Herrschaft walten.
Hegel hält das für eine geniale Lösung und findet es nicht erstaunlich, daß sich der Mensch jahrhundertelang durch diese fromme Belohnung seiner Arbeit für »befriedigt« halten konnte. Aber (fügt er hinzu) all das ist zu schön – zu einfach, zu leicht –, um wahr zu sein. Was aus dem Menschen einen Knecht gemacht hat, ist in Wirklichkeit die Weigerung, sein Leben einzusetzen. Er wird darum so lange

unfrei bleiben, als er nicht sein Leben in einem *Kampf* gegen den Herrn einzusetzen bereit ist und damit die Idee seines *Todes* akzeptiert. Eine Befreiung ohne blutigen Kampf ist also metaphysisch unmöglich. Und diese metaphysische Unmöglichkeit wird auch in der christlichen Ideologie selbst offenbar.

Der christliche Knecht kann ja seine Gleichheit mit dem Herrn nur dann behaupten, wenn er die Existenz einer »anderen Welt« und eines transzendenten Gottes zugibt. Nun ist dieser Gott aber notwendigerweise ein *Herr*, und zwar ein *absoluter*. Der Christ befreit sich vom menschlichen Herrn also nur, um sich dem göttlichen dienstbar zu machen. Er befreit sich – zumindest in seiner eigenen Vorstellung – vom menschlichen Herrn. Aber auch ohne Herrn hört er nicht auf, Knecht zu sein. Er ist ein Knecht ohne Herr, ein Knecht an *sich*, das reine Wesen der Knechtschaft. Und diese »absolute« Knechtschaft bringt einen ebenso absoluten Herrn hervor. Vor *Gott* kommt er dem Herrn gleich. Er kommt ihm also nur in der absoluten *Knechtschaft* gleich. Er bleibt also *Knecht*, der Knecht eines Herrn, zu dessen Ruhm und für dessen Vergnügen er arbeitet. Und dieser neue Herr ist derart, daß der neue christliche Knecht sogar in *stärkerem* Maße Knecht ist als der heidnische.

Wenn der Knecht diesen neuen göttlichen Herrn akzeptiert, so tut er das aus dem gleichen Grunde, aus dem er den menschlichen Herrn akzeptiert hat: aus der Furcht des Todes. Er hat seine erste Knechtschaft akzeptiert – oder produziert –, weil sie der Preis für sein biologisches *Leben* war. Die zweite akzeptiert – oder produziert – er, weil sie den Preis für sein *ewiges* Leben darstellt. Denn die letzte Triebfeder der Ideologie der »zwei Welten« und der Dualität der menschlichen Existenz ist das knechtische Verlangen nach Leben um jeden Preis, sublimiert in das Verlangen nach dem *ewigen* Leben. Das Christentum entsteht letzten Endes aus der Angst des Knechtes vor dem Nichts, seinem

Nichts, das heißt – für Hegel –, dem Unvermögen, die notwendige Bedingung der Existenz des Menschen zu ertragen – die Bedingung des Todes, der Endlichkeit[12].
Die Unzulänglichkeit der christlichen Ideologie aufzuheben, sich vom absoluten Herrn und vom Jenseits zu befreien, die Freiheit zu *verwirklichen* und in der Welt als menschliches, autonomes und freies Wesen zu *leben* – all das ist infolgedessen nur unter der Bedingung möglich, daß man die Idee des Todes, und folglich den Atheismus akzeptiert. Und die ganze Entwicklung der christlichen Welt ist nichts anderes als ein Vorwärtsschreiten zum atheistischen Bewußtwerden der wesentlichen Endlichkeit der menschlichen Existenz. Nur so, nur durch die »Aufhebung« der christlichen *Theologie*, hört der Mensch definitiv auf, Knecht zu sein, und *realisiert* die Idee der Freiheit, die das Christentum hervorgebracht hat (wobei sie eine abstrakte Idee, d. h. ein Ideal blieb).
Dies geschieht durch die französische Revolution, die die Entwicklung der christlichen Welt zum Abschluß bringt und das dritte geschichtliche Weltalter einleitet, in dem die *verwirklichte* Freiheit schließlich durch die Philosophie begriffen wird: durch die deutsche Philosophie, und *abschließend* durch Hegel. Aber wenn es einer Revolution *wirklich* gelingen soll, das Christentum aufzuheben, dann muß das christliche Ideal zunächst in Gestalt einer *Welt* Wirklichkeit werden. Denn wenn eine Ideologie vom Menschen wirklich überwunden und »aufgehoben« werden soll, muß der Mensch zuerst die Erfahrung der *Verwirklichung* dieser Ideologie in der realen Welt, in der er lebt, gemacht haben. Es geht also um die Frage, wie die heidnische Welt der Herrschaft zu einer christlichen Welt der Knechtschaft werden konnte, ohne daß es zum Kampf zwischen Herren und Knechten, zu einer Revolution im eigentlichen Sinne gekommen ist. Denn in diesem Falle wäre der Knecht zum freien Arbeiter geworden, der kämpft und sein Leben einsetzt, hätte also aufgehört, Knecht zu sein, und könnte infol-

gedessen keine *christliche*, wesentlich knechtische Welt aufbauen.

Hegel löst dies Problem im Abschnitt A des Kapitels VI. Wir wollen sehen, was er dort sagt.

In der PhG spricht Hegel nicht von der *Entstehung* des heidnischen Staates. Studieren wir ihn also als schon gebildeten Staat.

Das Wesen dieses Staates und der heidnischen Gesellschaft ist dadurch bestimmt, daß es sich um einen Staat und eine Gesellschaft von *Herren* handelt. Der heidnische Staat erkannte nur die Herren als Staatsbürger an. Staatsbürger ist nur, wer am Kriege teilnimmt, und nur der Staatsbürger nimmt am Kriege teil. Die Arbeit ist den Knechten zugewiesen, die am Rande der Gesellschaft und des Staates leben. Und der Staat als ganzer ist so ein Herren-Staat, der den Sinn seiner Existenz nicht in der Arbeit sieht, sondern in seinem Prestige, in den Prestigekriegen, die er mit der Absicht führt, seine Autonomie und Suprematie durch *alle* übrigen Staaten anerkennen zu lassen.

Aus all dem folgt nun nach Hegel, daß der heidnische Staat der kriegerischen und müßigen Herren nur das *allgemeine* Moment der menschlichen Existenz anerkennen, anerkennen lassen und realisieren kann, während das Moment der *Einzelheit* am Rande der Gesellschaft und des Staates im eigentlichen Sinne bleibt.

Dieser Gegensatz der Einzelheit und der Allgemeinheit ist grundlegend bei Hegel. Und wie nach ihm die Geschichte als eine Dialektik von Herrschaft und Knechtschaft interpretiert werden kann, so kann sie auch begriffen werden als eine Dialektik des Einzelnen und des Allgemeinen in der menschlichen Existenz. Diese beiden Interpretationen ergänzen sich übrigens gegenseitig, denn die Herrschaft entspricht der Allgemeinheit und die Knechtschaft der Einzelheit. Das bedeutet nun folgendes:

Von Anfang an sucht der Mensch Anerkennung. Er begnügt sich nicht damit, sich selbst einen Wert beizumessen, sondern will, daß dieser *einzelne* Wert, dieser *sein* Wert, von *allen, allgemein* anerkannt werde. Anders ausgedrückt: Der Mensch kann nur wahrhaft »befriedigt« werden, die Geschichte kann nur zum Stillstand kommen in der und durch die Bildung einer Gesellschaft, eines Staates, in dem der ganz einzelne, persönliche, individuelle Wert eines jeden als solcher, in eben seiner Einzelheit, durch *alle*, durch die im Staat als solchem inkarnierte Allgemeinheit anerkannt wird, und in dem der allgemeine Wert des Staates durch den Einzelnen als Einzelnen, durch *alle* Einzelnen anerkannt und verwirklicht wird[13]. Nun ist ein solcher Staat, eine solche Synthese der Einzelheit und der Allgemeinheit nur möglich nach »Aufhebung« des Gegensatzes zwischen Herr und Knecht, weil die Synthese des Einzelnen und des Allgemeinen auch eine Synthese von Herrschaft und Knechtschaft ist.

Solange der Herr dem Knecht gegenüber steht, solange es Herrschaft und Knechtschaft gibt, kann die Synthese des Einzelnen und des Allgemeinen nicht Wirklichkeit werden und wird die menschliche Existenz nie »befriedigt«. Dies nicht nur deshalb, weil der *Knecht* nicht allgemein anerkannt wird, und der Herr selbst nicht zur *wahrhaft* allgemeinen Anerkennung gelangt, solange er einen Teil derjenigen, die ihn anerkennen – nämlich die Knechte –, nicht anerkennt. Diese Synthese ist vielmehr darum unmöglich, weil der Herr nur das *allgemeine* Element im Menschen zu verwirklichen und anerkennen zu lassen vermag, während der Knecht seine Existenz auf einen bloß *einzelnen* Wert beschränkt.

Der Herr begründet seinen menschlichen Wert im und durch den Einsatz seines Lebens. Nun ist dieser Einsatz aber überall und immer (bei *allen)* der gleiche. Der Mensch, der sein Leben einsetzt, unterscheidet sich durch die bloße Tatsache, daß er sein Leben eingesetzt hat, in nichts von anderen, die das gleiche getan haben. Der durch den Kampf begründete menschliche Wert ist wesentlich *allgemein*, »unpersönlich«. Darum anerkennt der Herrenstaat, der einen Menschen nur auf Grund der Tatsache anerkennt, daß dieser Mensch für den Staat in einem Prestigekrieg sein Leben einsetzt, lediglich das ganz *allgemeine* Element im Menschen, im Staatsbürger, der Bürger dieses Staates ist, irgend *ein* Staatsbürger; als vom Staat anerkannter Staatsbürger unterscheidet er sich in nichts von den andern; er ist *ein* anonymer Krieger, nicht Herr *Soundso*. Und selbst das Oberhaupt des Staates ist nur irgend *ein* Repräsentant des Staates, des Allgemeinen, und nicht ein *Individuum* im eigentlichen Sinne: in seiner Tätigkeit ist er Funktion des Staates, dagegen ist nicht der Staat Funktion seines persönlichen, einzelnen Willens. Kurz, das Oberhaupt des griechischen Gemeinwesens ist kein »Diktator« im modernen, christlichen, romantischen Sinn des Begriffes. Er ist nicht ein Napoleon, der einen Staat durch seinen persönlichen Willen *schafft*, mit der Absicht, seine *Individualität* zu verwirklichen und anerkennen zu lassen. Das heidnische Oberhaupt nimmt einen *gegebenen* Staat hin, und sein eigener Wert, selbst seine Wirklichkeit ist nur eine Funktion dieses Staates, dieses *allgemeinen* Elements der Existenz. Darum ist der Herr, der Heide, niemals »befriedigt« – nur das Individuum könnte es sein.

Was die Existenz des Knechtes angeht, so beschränkt sie sich auf das bloß *einzelne* Moment. Der durch die Arbeit begründete menschliche Wert ist ein wesentlich *einzelner*, »persönlicher«. Die Bildung des Arbeiters durch die Arbeit hängt von den konkreten Bedingungen ab, unter denen die Arbeit ausgeführt wird – Bedingungen, die im Raume variieren und sich in der Zeit auf Grund der Arbeit selbst modifizieren. Letzten Endes ist es also die Arbeit, durch die die Unterschiede zwischen den Menschen begründet und die »Einzelheiten«, die »Persönlichkeiten« ausgebildet werden. Und es ist auch der Arbeiter-Knecht und nicht der Krieger-Herr, der seiner »Persönlichkeit« bewußt wird und die »individualistischen« Ideologien erdenkt, in denen der Einzelheit, der individuellen »Persönlichkeit« absoluter Wert zugesprochen wird, und nicht der Allgemeinheit, dem Staat als solchem und dem Staatsbürger als Staatsbürger.

Allerdings wird *allgemein*, durch die *anderen*, durch den Staat, durch die Herrschaft als solche, weder die Arbeit noch die »Persönlichkeit« des Arbeiters, sondern höchstens das unpersönliche *Produkt* der Arbeit anerkannt. Solange der arbeitende Knecht Knecht bleibt, d. h., solange er nicht sein Leben einsetzt, solange er nicht kämpft, um seinen persönlichen Wert dem Staate aufzuzwingen, solange er nicht aktiv in das gesellschaftliche Leben eingreift, bleibt sein einzelner Wert rein *subjektiv:* er *allein* erkennt ihn an. Sein Wert ist also *lediglich* einzeln; die *Synthese* des Einzelnen und des Allgemeinen, d. h., die Individualität, findet im Knecht ebensowenig wie im Herrn ihre Verwirklichung. Darum – noch einmal – kann die Synthese der Einzelheit und der Allgemeinheit in der Individualität, die allein den Menschen wirklich »befriedigen« kann, nur in der und durch die Synthese, in einer und durch eine »Aufhebung« von Herrschaft und Knechtschaft Wirklichkeit werden.

Aber wenden wir uns wieder dem heidnischen Staate, dem Gemeinwesen der nicht-arbeitenden Krieger-Herren, zu.

Wie jeder Staat interessiert dieser sich nur für das *Tun* der Staatsbürger und anerkennt nur dieses, das sich – hier – auf die kriegerische Tätigkeit beschränkt. Der heidnische Staat anerkennt also im Staatsbürger nur den *allgemeinen* Aspekt der menschlichen Existenz. Dennoch ist das Moment der Einzelheit nicht völlig ausgeschlossen, und es kann auch nicht ausgeschlossen werden.

Der Herr ist ja nicht nur Herr von Knechten und Krieger-Bürgern eines Staates. Er ist notwendig auch noch Glied einer Familie. Und der Familie gehört – beim heidnischen Herrn – der *einzelne* Aspekt seiner Existenz an.

Im Schoße seiner Familie ist der Herr nicht irgend *ein* Herr, Staatsbürger oder Krieger, sondern Vater, Gatte, Sohn, und zwar *dieser* Vater, *dieser* Gatte: – *der und der*, eine einzelne

»Privatperson«. Freilich ist seine in der und durch die Familie anerkannte Einzelheit nicht wirklich menschlich. Denn in Wirklichkeit beschränkt sich beim heidnischen Herrn, der nicht arbeitet, das menschliche und humanisierende Tun auf die kriegerische Tätigkeit des Kampfes. Nun gibt es aber keinen Kampf, keinen Einsatz des Lebens im Schoße der Familie. Also wird nicht das menschliche *Tun* als solches in der Familie und durch sie anerkannt, sondern einzig das *Sein*, das statische gegebene Sein, die biologische Existenz des Mannes, des Vaters, des Gemahls, des Sohnes, des Bruders usw....

Wenn man aber einem Wesen einen absoluten Wert nicht auf Grund dessen beilegt, was es *tut*, auf Grund seiner Taten, sondern einfach darum, weil es *ist*, mit Rücksicht auf die bloße Tatsache seines *Seins* – dann liebt man es. Man kann also auch sagen, daß die Liebe es ist, die in der und durch die antike Familie Wirklichkeit wird. Und weil die Liebe nicht von *Taten*, von der *Tätigkeit* des Geliebten abhängt, so kann sie nicht einmal bei seinem *Tod* erlöschen. Wenn man den Menschen in seiner *Tatenlosigkeit* liebt, betrachtet man ihn, *als ob* er tot wäre. Der Tod kann darum nichts ändern an der Liebe, an dem in der und durch die Familie dem Einzelnen verliehenen Wert. Darum haben die Liebe und der Totenkult ihren Ort im Schoße der heidnischen *Familie*.

Die *einzelne* und sich ver-einzelnde Familie ist darum ein notwendiges Komplement des *allgemeinen* und universalistischen heidnischen Staates. Freilich wird der heidnische Herr durch sein Familienleben ebenso wenig befriedigt wie durch seine Existenz als Staatsbürger. Seine *menschliche* Existenz findet zwar in dem und durch den Staat Wirklichkeit und Anerkennung, aber diese Existenz ist nicht wahrhaft *seine:* nicht *er* ist es, der anerkannt wird. Was die Familie angeht, so erkennt sie seine persönliche, einzelne Existenz an. Aber diese, wesentlich untätige Existenz ist nicht wahrhaft *menschlich*.

Wo die menschlichen Tätigkeiten der Arbeit und des Kampfes nicht in einem *einzigen* menschlichen Wesen ihre Synthese finden, wird der Mensch nie völlig »befriedigt«. Die Verwirklichung und die Anerkennung der bloß allgemeinen *Tätigkeit* im Staate »befriedigt« den Menschen ebenso wenig wie die Verwirklichung und die Anerkennung seines persönlichen, einzelnen *Seins* in der Familie.
Gewiß könnte (im Prinzip) eine Synthese des der Familie zugehörigen Momentes der Einzelheit und des dem Staate zugehörigen Momentes der Allgemeinheit den Menschen befriedigen. Aber eine solche Synthese ist in der heidnischen Welt völlig unmöglich. Denn Familie und Staat schließen sich hier gegenseitig aus, ohne daß der Mensch eins von beiden entbehren könnte. Für die Familie ist ja der oberste Wert das *Sein*, das natürliche Sein, das biologische *Leben* seines Gliedes. Nun fordert aber der Staat von diesem Mitglied der Familie eben den Einsatz seines Lebens, seinen *Tod* für die allgemeine Sache. Seine Pflicht als Staatsbürger erfüllen heißt darum notwendig, dem Gesetze der Familie zuwiderhandeln und umgekehrt.
In der heidnischen Welt ist dieser Konflikt unvermeidlich und ausweglos: der Mensch kann nicht auf die Familie verzichten, weil er nicht auf die Einzelheit seines Seins verzichten kann; und er kann nicht auf den Staat verzichten, weil er nicht auf die Allgemeinheit seiner Tat verzichten kann. So kommt es, daß er immer und notwendig ein Verbrechen begehen muß, entweder am Staate oder an der Familie. Das macht den *tragischen* Charakter des heidnischen Lebens aus.
Wie der Held der antiken Tragödie befindet sich die heidnische Welt der Krieger-Herren in einem unausweichlichen und ausweglosen Konflikt, der notwendig zum Tode, zum vollkommenen Zusammenbruch dieser Welt führt. Die Entwicklung dieser Tragödie wird von Hegel in der PhG wie folgt geschildert.
Letztlich geht die heidnische Welt unter, weil sie die Arbeit

ausschließt. Aber unmittelbar wird ihr Zusammenbruch merkwürdigerweise durch die Frau bewirkt. Denn die Frau vertritt das Familienprinzip, d. h. jenes Prinzip der Einzelheit, das der Gesellschaft als solcher feindlich ist und dessen Sieg den Zusammenbruch des Staates, des Allgemeinen im eigentlichen Sinne bedeutet.

Einerseits wirkt die Frau auf den *jungen* Mann ein, der noch nicht gänzlich von seiner Familie gelöst ist, der noch nicht gänzlich seine Einzelheit der Allgemeinheit des Staates untergeordnet hat. Andererseits muß der gleiche *junge* Mann – der junge militärische Held – gerade weil der Staat ein *kriegerischer* ist –, schließlich die Macht ergreifen. Und nachdem er einmal zur Macht gelangt ist, bringt dieser junge Held (= Alexander der Große) seine aus dem Familiengeist entspringende weibliche Einzelheit zur Geltung. Er strebt danach, den Staat in sein *privates* Eigentum, in ein Familienerbteil zu verwandeln, aus den *Bürgern* des Staates seine eigenen *Untertanen* zu machen. Und das gelingt ihm.

Warum? Wiederum deshalb, weil der heidnische Staat die Arbeit ausschließt. Da sein einziger *menschlicher* Wert derjenige ist, welcher im und durch den Kampf unter Einsatz des Lebens Wirklichkeit wird, muß das Leben des Staates notwendig ein kriegerisches sein: der heidnische Staat ist nur insoweit ein *menschlicher*, als er ständig Prestigekriege führt. Die Gesetze des Krieges, der rohen Gewalt, sind aber so beschaffen, daß der stärkste Staat allmählich die schwächeren verschlingen muß. Und das *siegreiche Gemeinwesen* verwandelt sich so allmählich in das *Imperium* – in das Imperium Romanum.

Nun sind aber die Bewohner des Mutterlandes, die Herren im eigentlichen Sinne, nicht zahlreich genug, um das Imperium zu verteidigen. Der Kaiser muß also auf Söldner zurückgreifen. Mit einem Schlage sind die Bürger des Gemeinwesens nicht mehr *verpflichtet*, am Kriege teilzunehmen. Und allmählich, nach Ablauf einer gewissen Zeit, tun sie es auch nicht mehr. Eben deshalb aber können sie

dem Partikularismus des Kaisers keinen Widerstand mehr entgegensetzen, so daß dieser sie als *Staatsbürger* »aufhebt« und sie in *Einzelne* verwandelt, in »Privatpersonen«, die zu seinem *Patrimonium* gehören.
Alles in allem, die ehemaligen Staatsbürger werden *Knechte* des Souveräns. Und sie werden es, weil sie es schon *sind.* Denn Herr sein heißt ja kämpfen, sein Leben einsetzen. Die Staatsbürger, die nicht mehr am Kriege teilnehmen, hören also auf, Herren zu sein, und darum werden sie Knechte des römischen Kaisers. Darum übernehmen sie auch die *Ideologie* ihrer Knechte: zuerst den Stoizismus, dann den Skeptizismus und schließlich das Christentum.
Damit sind wir also bei der Lösung des uns interessierenden Problems angelangt: die Herren haben die Ideologie ihrer Knechte angenommen, der heidnische Mensch der Herrschaft ist zum christlichen Menschen der Knechtschaft geworden, und dies ohne Kampf, ohne Revolution im eigentlichen Sinne – weil die Herren *selbst* Knechte geworden sind. Genauer: *Pseudo*-Knechte, oder, wenn man so will, Pseudo-Herren. Denn wenn sie auch keine echten Herren mehr sind, nicht mehr ihr Leben einsetzen, so sind sie doch ebenso wenig echte Knechte, weil sie nicht im Dienste eines andern arbeiten. Sie sind sozusagen Knechte ohne Herren, Pseudo-Knechte. Und wenn sie aufhören, echte Herren zu sein, so haben sie schließlich auch keine wirklichen Knechte mehr: sie lassen sie frei, und die Knechte werden so selbst Knechte ohne Herren, Pseudo-Herren. Der Gegensatz von Herrschaft und Knechtschaft ist also »aufgehoben«. Jedoch nicht, weil die Knechte wirkliche Herren geworden sind. Die Einigung vollzieht sich vielmehr in der *Pseudo*-Herrschaft, die tatsächlich eine Pseudo-*Knechtschaft* ist, eine Knechtschaft ohne Herren.
Diesen Knecht ohne Herrn, diesen Herrn ohne Knecht nennt Hegel den *Bürger*, den Bourgeois, den Privateigentümer. Dadurch, daß er Privateigentümer wird, wird der griechische Herr, der *Staatsbürger*, der Citoyen des Gemeinwe-

sens, zum römischen friedliebenden Bourgeois, zum Untertan des Kaisers, der seinerseits auch nur ein Bourgeois ist, ein Privateigentümer, dessen Patrimonium das Imperium ist. Und auf Grund des Privateigentums vollzieht sich auch die Befreiung der Knechte, die Eigentümer, Bourgeois werden, ähnlich ihren ehemaligen Herren.

Im Gegensatz zum griechischen Gemeinwesen ist das römische Imperium also eine bourgeoise Welt. Und als solche wird sie schließlich zu einer christlichen.

Die bürgerliche Welt arbeitet das Privat*recht* aus – nach Hegel die einzige originale Schöpfung Roms. Und der Grundbegriff des römischen Rechtsdenkens, der der »rechtlichen Persönlichkeit«, entspricht der *stoischen* Auffassung von der menschlichen Existenz ebenso wie dem Prinzip des Familienpartikularismus. Ebenso wie die Familie legt auch das Privatrecht dem bloßen *Sein* des Menschen einen absoluten Wert bei, unabhängig von seinem Tun. Und ganz wie in der stoischen Konzeption hängt der der »Person« zugesprochene Wert nicht von den konkreten Bedingungen ihrer Existenz ab: immer und überall ist man eine »Rechtsperson«, und alle sind es in gleicher Weise. Und man kann sagen, daß der auf die Idee des *Privat*rechtes gegründete bürgerliche Staat die *wirkliche* Basis des Stoizismus ist, wenn man dabei den Stoizismus nicht als abstrakte *Idee* nimmt, sondern als gesellschaftlich-geschichtliche *Wirklichkeit.*

Genau so ist es auch mit dem nihilistischen Skeptizismus: das private *Eigentum* ist seine wirkliche Basis und seine gesellschaftliche, geschichtliche Wirklichkeit. Den nihilistischen Skeptizismus des solipsistischen Knechtes, der nur sich selbst wirklichen Wert und wirkliches Sein zuspricht, findet man ebenso beim Privateigentümer, der alles, selbst den Staat, dem absoluten Werte *seines* eignen Eigentums unterordnet. Daher können, wenn die einzige *Wirklichkeit* der partikularistischen, »individualistisch« genannten Ideologien das Privateigentum ist, jene Ideologien nur in einer von

der Idee des Privateigentums beherrschten bürgerlichen Welt zu realen gesellschaftlichen Kräften werden.
Um ein wirklich menschliches Wesen zu sein, muß der Bourgeois (der grundsätzlich nicht kämpft, nicht sein Leben einsetzt) *arbeiten,* ganz wie der Knecht. Aber er hat im Gegensatz zum Knecht keinen Herrn und muß nicht im Dienste eines *andern* arbeiten. Er glaubt daher, für sich selbst zu arbeiten. In der Hegelschen Auffassung kann aber Arbeit nur unter der Bedingung echte Arbeit, spezifisch *menschliche* Tätigkeit sein, daß sie auf Grund einer *Idee* (eines »Entwurfes«) durchgeführt wird, d. h. auf Grund von etwas anderem als dem Daseienden und (insbesondere) dem Daseienden, welches der Arbeiter selbst ist. Dergestalt konnte der Knecht *arbeiten,* indem er sich auf die Idee des *Herrn,* der Herrschaft, des *Dienstes* stützte. Man kann auch (und das ist die *Hegelsche,* endgültige Lösung des Problems) arbeiten, indem man sich auf die Idee der *Gemeinschaft,* des Staates, stützt: man kann (und man muß) für den Staat arbeiten. Aber der Bourgeois kann weder das eine noch das andere tun. Er hat keinen Herrn mehr, dem er durch seine Arbeit dienen könnte. Und er hat noch keinen Staat, denn die bürgerliche Welt ist nur eine Anhäufung von isolierten *Privat*eigentümern ohne wirkliche Gemeinschaft.
Das Problem des Bourgeois erscheint also unlösbar: er muß für einen *andern* arbeiten und kann doch nur für *sich selbst* arbeiten. Tatsächlich gelingt es aber den Menschen, ihr Problem zu lösen, und zwar lösen sie es noch einmal durch das bürgerliche Prinzip des privaten *Eigentums.* Der Bourgeois arbeitet nicht für einen anderen. Aber er arbeitet ebenso wenig für sich, insofern er eine bloß biologische Größe ist. Er arbeitet für sich als »Rechts-*Person*«, als Privat-*Eigentümer:* er arbeitet für das Eigentum als solches, d. h. für das *Geld* gewordene Eigentum, das Kapital.
Anders ausgedrückt, der bourgeoise Arbeiter setzt eine *Entsagung* der menschlichen Existenz voraus (und bedingt sie); der Mensch transzendiert sich, geht über sich hinaus, proji-

ziert sich weit aus sich heraus, indem er sich auf die Idee des Privateigentums projiziert, des Kapitals, das – obschon das Werk des Eigentümers – von ihm unabhängig wird und ihn sich dienstbar macht, ganz wie der Herr den Knecht, freilich mit dem Unterschied, daß die Knechtschaft diesmal vom Arbeiter bewußt und frei hingenommen wird. (Man sieht, nebenbei bemerkt, daß für Hegel wie für Marx das zentrale Phänomen der bürgerlichen Welt nicht die Knechtung des Handarbeiters, des *armen* Bourgeois, durch den reichen Bourgeois ist, sondern die Knechtung *beider* durch das Kapital.) Wie dem auch sei, die bürgerliche Existenz setzt Entsagung voraus, erzeugt sie und erhält sie aufrecht. Gerade diese Entsagung aber spiegelt sich in der dualistischen christlichen Ideologie wider, wobei sie ihr einen neuen, spezifischen, nicht heidnischen Inhalt sichert. Der gleiche christliche Dualismus findet sich in der bürgerlichen Existenz: als Gegensatz zwischen der »Rechtsperson«, dem Privateigentümer und dem Menschen von Fleisch und Blut; als Existenz einer transzendenten ideellen Welt, die in der Wirklichkeit durch das Geld repräsentiert wird, durch das Kapital, von dem man annimmt, daß der Mensch ihm seine Taten weiht und seine sinnlich-biologischen Begierden opfert.

Und was die Struktur des christlichen Jenseits betrifft, so ist sie den Beziehungen nachgebildet, die im römischen Reich zwischen dem Kaiser und seinen Untertanen bestanden, Beziehungen, die (wie wir gesehen haben) den gleichen Ursprung haben wie die christliche Ideologie: die Ablehnung des Todes, die Begierde nach dem animalischen Leben, nach dem *Sein*, im Christentum sublimiert zu einem Bedürfnis nach Unsterblichkeit, nach »ewigem Leben«. Und wenn der heidnische Herr die christliche Ideologie seines Knechtes annimmt, die Ideologie, die ihn zum Diener des absoluten Herrn, des Himmelskönigs Gottes macht, dann tut er es, weil er begreift, daß, seit er aufhörte, sein Leben einzusetzen, um friedfertiger Bourgeois zu werden, er auch aufgehört hat, ein *Staatsbürger* zu sein, der sich durch politische

Tätigkeit befriedigen kann. Er sieht ein, daß er ein passiver Untertan eines Despoten-Kaisers ist. Ebenso wie der Knecht hat er also nichts zu verlieren und alles zu gewinnen, wenn er eine transzendente Welt erdenkt, in der alle *gleich* sind vor einem allmächtigen, wirklich *allgemeinen*, universellen Herrn, der übrigens den absoluten Wert eines jeden *einzelnen* als solchen anerkennt.

Wie und warum ist also aus der heidnischen Welt der Herren die christlich-bürgerliche Welt geworden?

Im Gegensatz zum Heidentum, zur Religion der Herren, der Krieger-Citoyens, die nur der Allgemeinheit, d. h. dem für alle und allgemein Geltenden wirklichen Wert zusprechen, legt das Christentum, die Religion der Knechte, oder, genauer gesagt, der Bourgeois-Untertanen, der Einzelheit, dem Hier und Jetzt, einen absoluten Wert bei. Dieser Wechsel der Haltung äußert sich deutlich in dem Mythos von der Inkarnation Gottes in Jesus Christus, wie auch in der Idee, daß Gott in einer direkten, unmittelbaren Beziehung zu jedem einzelnen Menschen steht, die nicht durch das allgemeine, das heißt gesellschaftlich-geschichtliche Element der menschlichen Existenz vermittelt ist.

Das Christentum ist also anfangs eine partikularistische, vom Geist der Familie und der Knechtschaft getragene Reaktion auf den heidnischen Universalismus der Citoyens-Herren. Aber es ist noch mehr als das. Es enthält auch eine Synthese des Einzelnen und des Allgemeinen, d. h. der Herrschaft und Knechtschaft: die Idee der Individualität, d. h. dieser Realisation der allgemeinen Werte und Wirklichkeiten im und durch das Einzelne und jener allgemeinen Anerkennung des Wertes des Einzelnen, die allein dem Menschen die höchste und endgültige »Befriedigung« zu geben vermag.

Anders ausgedrückt, das Christentum findet die Lösung der heidnischen Tragödie. Darum gibt es seit dem Kommen Christi keine echte Tragödie mehr, d. h. keinen unausweichlichen und wahrhaft ausweglosen Konflikt.

Das ganze Problem besteht jetzt darin, die christliche Idee der Individualität zu verwirklichen. Und die Geschichte der christlichen Welt ist nichts anderes als die Geschichte dieser Verwirklichung.

Nun kann aber nach Hegel das *anthropologische* Ideal des Christentums (das er prinzipiell akzeptiert) nur dadurch verwirklicht werden, daß man die christliche *Theologie* »aufhebt«: der christliche Mensch kann nur dadurch wirklich das werden, was er sein möchte, daß er ein Mensch ohne Gott, oder, wenn man so will, ein Gott-Mensch wird. Er muß *in sich selbst* verwirklichen, was er ursprünglich in seinem Gott verwirklicht glaubte. Um wirklich Christ zu sein, muß er *selbst* Christus werden.

Nach der christlichen *Religion* vollzieht sich die Synthese des Einzelnen und des Allgemeinen zur Individualität nur im Jenseits und durch das Jenseits, nach dem Tode des Menschen.

Diese Auffassung hat nur dann Sinn, wenn man den Menschen für unsterblich hält. Nun ist aber nach Hegel die Unsterblichkeit unvereinbar mit dem Wesen des Menschen, und infolgedessen auch mit der christlichen Anthropologie.

Das menschliche Ideal kann also nur dann verwirklicht werden, wenn es so beschaffen ist, daß es von einem *sterblichen* und seiner Sterblichkeit bewußten Menschen verwirklicht werden kann. Anders ausgedrückt, die christliche Synthese soll sich nicht im Jenseits, nach dem Tode vollziehen, sondern im Diesseits, während des Lebens des Menschen. Das bedeutet, daß das *transzendente Allgemeine* (Gott), das das Einzelne anerkennt, durch ein der Welt *immanentes Allgemeines* ersetzt werden muß. Und für Hegel kann dieses immanente Allgemeine nur der Staat sein. Im und durch den Staat, im irdischen Königreich, muß verwirklicht werden, was angeblich durch Gott im Königreich des Himmels Wirklichkeit werden sollte. Darum sagt Hegel, daß der »absolute« Staat, den er im Auge hat (das napoleonische Reich), die

Verwirklichung des himmlischen Königreiches des Christentums ist.

Die Geschichte der christlichen Welt ist also die Geschichte der fortschreitenden Verwirklichung dieses idealen Staates, in dem der Mensch endlich »befriedigt« ist, indem er sich als Individualität verwirklicht – als Synthese des Allgemeinen und des Einzelnen, des Herrn und des Knechtes, des Kampfes und der Arbeit. Aber um diesen Staat verwirklichen zu können, muß der Mensch seine Blicke vom Jenseits abwenden, sie auf das Diesseits richten und einzig im Hinblick auf das Diesseits handeln. Anders gesagt, er muß die christliche Idee der Transzendenz ausschalten. Darum ist die Entwicklung der christlichen Welt eine zwiefache: es gibt einerseits die *reale* Entwicklung, die die sozialen und politischen Bedingungen für das Heraufkommen des »absoluten« Staates vorbereitet, und andererseits eine *ideelle* Entwicklung, die das *transzendente* Ideal ausschaltet, die – wie Hegel sagt – den Himmel auf die Erde herunterholt.

Diese ideelle Entwicklung, diese Zerstörung der christlichen *Theologie* ist das Werk der Intellektuellen. Hegel interessiert sich sehr für das Phänomen des christlichen oder bourgeoisen Intellektuellen. Er spricht davon im Abschnitt B des Kapitels VI, und er widmet ihm das ganze Kapitel V[14].

Dieser Intellektuelle kann nur in der christlich-bürgerlichen Welt leben, in der es möglich ist, nicht Herr zu sein, d. h. keine Knechte zu haben und nicht zu kämpfen, ohne doch darum selbst Knecht zu werden. Aber der bürgerliche Intellektuelle ist trotzdem etwas anderes als der Bourgeois im eigentlichen Sinne. Denn wenn er zwar, ganz wie der Bourgeois, der Nicht-Herr, wesentlich friedliebend ist und nicht *kämpft*, so unterscheidet er sich doch vom Bourgeois durch die Tatsache, daß er auch nicht *arbeitet*. Das Wesen des Knechtes geht ihm also ebenso ab wie das des Herren.

Da er kein Knecht ist, kann sich der Intellektuelle von dem wesentlich knechtischen Aspekt des Christentums freimachen, nämlich von seinem theologisch-transzendenten Element. Doch da er nicht Herr ist, kann er das Element der Einzelheit, die »individualistische« Ideologie der christlichen Anthropologie, beibehalten. Kurz, da er weder Herr noch Knecht ist, kann er – in diesem *Nichts*, in dieser Abwesenheit jeder gegebenen *Bestimmtheit* – gleichsam die gesuchte Synthese der Herrschaft und der Knechtschaft »realisieren«: er kann sie sich *vorstellen*. Freilich, da er *weder* Herr *noch* Knecht ist, d. h., da er sich jeder Arbeit und jedes Kampfes enthält, kann er die Synthese, die er entdeckt, nicht wahrhaft *realisieren:* ohne Kampf und ohne Arbeit bleibt diese vom Intellektuellen erkannte Synthese vielmehr rein *verbal*.

Nun geht es aber um diese *Realisierung*, denn nur die *Realität* der Synthese kann den Menschen »befriedigen«, die Geschichte zum Abschluß bringen und die absolute Wissenschaft bewahrheiten. Also muß der ideelle Prozeß sich mit dem realen Prozeß vereinigen; die gesellschaftlichen und geschichtlichen Bedingungen müssen so beschaffen sein, daß die Ideologie des Intellektuellen realisiert werden kann. Das aber tritt nun ein im Augenblick der Französischen Revolution, in deren Verlauf die immanentistische Idee der Individualität, die von den Ideologen des Aufklärungszeitalters ausgearbeitet worden war, sich im und durch den Kampf der Arbeiter-Bourgeois *realisierte*, die zuerst Revolutionäre waren und dann Citoyens, Bürger des allgemeinen und homogenen Staates wurden (des napoleonischen Imperiums).

Die *Realisierung* der christlichen Idee, die durch die Intellektuellen säkularisiert und damit realisierbar gemacht worden ist, ist nicht möglich ohne Kampf, ohne sozialen Krieg, ohne Einsatz des Lebens. Und zwar aus gleichsam »metaphysischen« Gründen. Da die zu realisierende Idee die Idee einer Synthese von Herrschaft und Knechtschaft ist, kann sie nur realisiert werden, wenn sich das knechtische Element der Arbeit mit dem für den Herrn kennzeichnenden Element des Kampfes auf Leben und Tod verbindet: der arbeitende Bourgeois *muß* Krieger werden, um (»befriedigter«) Citoyen des »absoluten« Staates zu werden, d. h., er muß den Tod in seine Existenz aufnehmen, indem er bewußt und freiwillig sein Leben einsetzt, wiewohl er dabei um seine Sterblichkeit weiß. Nun haben wir aber gesehen, daß es in der bourgeoisen Welt keine Herren gab. Der fragliche Kampf kann also kein Klassenkampf im eigentlichen Sinne sein, kein Kampf zwischen Herren und Knechten. Der Bourgeois ist weder Knecht noch Herr, sondern – als Knecht des Kapitals – sein *eigener* Knecht. Er muß sich also von sich selbst befreien. Darum nimmt auch der befreiende Einsatz des Lebens nicht die Form der Gefährdung auf dem Schlachtfeld an, sondern die Form der Gefährdung durch die Schreckensherrschaft Robespierres. Der zum Revolutionär gewordene arbeitende Bourgeois schafft selbst die Situation, in der er das Moment des Todes in seine Existenz aufnimmt. Und nur dank der Schreckensherrschaft wird die Idee der abschließenden Synthese, die den Menschen endgültig »befriedigt«, verwirklicht.

In der Schreckensherrschaft aber entsteht der Staat, in dem diese »Befriedigung« erreicht wird. Dieser Staat ist für den Verfasser der PhG das Imperium Napoleons. Und Napoleon selbst *ist* der gänzlich »befriedigte« Mensch, der in seiner und durch seine endgültige Befriedigung den Verlauf der geschichtlichen Entwicklung der Menschheit abschließt. *Er* ist das menschliche *Individuum* im eigentlichen und vollen Sinn des Wortes, weil durch *ihn*, durch diesen Einzelnen, die wirklich allgemeine »gemeinsame Sache« (das Gemeinwesen) verwirklicht wird, und weil dieser Einzelne eben in seiner Einzelheit durch alle, allgemein anerkannt ist. Was ihm fehlt, ist einzig das *Selbst*-Bewußtsein: er *ist* der vollkommene Mensch, aber er *weiß* es noch nicht; darum ist in ihm allein der Mensch nicht völlig »befriedigt«. Alles, was ich eben von ihm gesagt habe, kann er von sich selbst nicht *sagen*.

Nun habe ich das gesagt, weil ich es in der PhG gelesen

habe. Hegel, der Verfasser der PhG, ist also gleichsam das *Selbstbewußtsein Napoleons.* Und weil der vollkommene Mensch, der völlig durch das, was er *ist,* »befriedigt« wird, nur ein Mensch sein kann, der *weiß,* was er ist, der völlig seiner selbst *bewußt* ist, darum ist die Existenz Napoleons, insofern sie allen in der und durch die PhG *offenbar* wird, das verwirklichte Ideal der menschlichen Existenz.

Darum muß die christliche Periode (Kapitel VI B), die in Napoleon kulminiert, durch eine dritte, übrigens sehr kurze Geschichtsperiode vervollständigt werden (Kapitel VI C), nämlich die der deutschen Philosophie; und diese letzte Periode kulminiert in Hegel – dem Verfasser der PhG.

Das Phänomen, das die geschichtliche Entwicklung zum Abschluß bringt und damit die absolute Wissenschaft ermöglicht, ist also das Begreifen Napoleons durch Hegel. Diese Zweiheit, die von Napoleon und Hegel gebildet wird, ist der vollkommene Mensch, der völlig und endgültig »befriedigt« ist durch das, was er *ist,* und durch das, wovon er *weiß,* daß es ist. In *ihr* haben wir die Realisierung des durch den Mythos von Jesus Christus offenbarten Ideals, des Gott-Menschen. Und darum beendet Hegel das Kapitel VI mit den Worten: »*Es ist* der erscheinende Gott...«, der *reale,* wirkliche Christus...

Nachdem er das gesagt hat, sieht sich Hegel aber genötigt, sich mit der christlichen, theologischen Interpretation der Christusidee auseinanderzusetzen. Er muß von der Beziehung zwischen seiner Philosophie, zwischen der PhG und der christlichen Theologie sprechen. Er muß sagen, was diese Theologie in Wirklichkeit *ist.* Das ist das zentrale Thema des Kapitels VII.

Anmerkungen

1 PhG = Phänomenologie des Geistes. [Zitiert nach der Ausgabe von J. Hoffmeister.]

2 Anspielung auf den gleichnamigen Roman von Romain Rolland (französischer Titel: »Au-dessus de la mêlé«). [Anm. I. Fetschers.]

3 Vgl. Kojève-Fetscher 19 f. [19 f.]:
Das heißt, daß der Mensch nur in dem Maße Mensch ist, als er sich einem anderen Menschen aufzwingen, von ihm anerkannt werden will. Zunächst, solange er noch nicht wirklich vom Anderen anerkannt wird, ist dieser Andere das Ziel seines Tuns, von diesem Anderen, von der Anerkennung durch diesen Anderen hängt sein menschlicher Wert und seine menschliche Wirklichkeit ab, in diesem Anderen ist der Sinn seines Lebens konzentriert. Er ist also »außer sich«. Aber auf seinen eignen Wert und seine eigne Wirklichkeit kommt's ihm an, und er will diese in sich selbst haben. Er muß also sein »Anderssein« aufheben. Das heißt, er muß sich vom Anderen anerkennen lassen, in sich selbst die Gewißheit haben, von einem Anderen anerkannt zu sein. Damit ihn diese Anerkennung aber befriedigt, muß er wissen, daß der Andere ein Mensch ist. Zunächst sieht er an ihm jedoch nur die animalische Seite. Um zu erfahren, daß hinter dieser Oberfläche eine menschliche Wirklichkeit steckt, muß er sehen, daß der Andere ebenfalls anerkannt werden will und bereit ist, sein eigenes animalisches Leben in einem Kampf um die Anerkennung seines menschlichen Fürsichseins daranzusetzen. Er muß also den anderen »provozieren«, ihn dazu zwingen, einen reinen Prestigekampf auf Leben und Tod aufzunehmen. Und – nachdem er das getan hat, ist er genötigt, um nicht selbst getötet zu werden, den Anderen zu töten. Unter diesen Umständen kann also der Kampf um die Anerkennung nur mit dem Tod des einen Gegners oder beider zugleich enden.

4 Vgl. Kojève-Fetscher 16 [15]:
Anders gesagt, in seinem Anfangszustand ist der Mensch niemals einfach »Mensch«, sondern notwendig und wesentlich entweder Herr oder Knecht. Wenn die menschliche Wirklichkeit nur als soziale entstehen kann, dann ist die Gesellschaft – wenigstens in ihrem Anfang – nur unter der Bedingung menschlich, daß sie ein Element der Herrschaft und eins der Knechtschaft umfaßt, »selbständige« und »unselbständige« Wesen. Und deshalb heißt vom Ursprung des Selbstbewußtseins sprechen, notwendig von »Selbständigkeit und Unselbständigkeit des Selbstbewußtseins (von) Herrschaft und Knechtschaft« reden.

5 Man könnte versuchen, die erste Prämisse aus den drei anderen abzuleiten: das Sein offenbarmachende Wort (Logos) entsteht in

und aus dem Selbstbewußtsein des Knechtes (durch die Arbeit). Was die vierte Prämisse betrifft, so postuliert sie den Akt der *Freiheit.* Denn nichts *bestimmt* den zukünftigen Herrn zur Herrschaft *voraus,* wie auch nichts den zukünftigen Knecht zur Knechtschaft *vorausbestimmt;* jeder von ihnen kann sich als Herr oder Knecht (frei) *erschaffen.* Was gegeben ist, ist also nicht der *Unterschied* von Herrn und Knecht, sondern der freie Akt, der ihn *erschafft.* Nun ist aber der *freie* Akt per definitionem »unableitbar«. Es handelt sich also sehr wohl um eine absolute *Prämisse.* Man kann nur sagen, daß ohne den freien ursprünglichen Akt, der Herrschaft und Knechtschaft erschafft, die Geschichte und die Philosophie nicht existieren könnten. Dieser Akt aber setzt seinerseits eine Mehrzahl von Begierden voraus, die sich *gegenseitig begehren.*

6 Vgl. Kojève-Fetscher 28 [29]:
In der Furcht des Todes wird dem Menschen seine Wirklichkeit, der Wert, den für ihn das einfache Faktum des Lebens hat, bewußt; nur so wird ihm der »Ernst« der Existenz klar. Aber ihm wird noch nicht seine Selbständigkeit, der Wert und der »Ernst« seiner menschlichen Freiheit bewußt.

7 Nach Hegel entstehen Begriff und Verstand aus der Arbeit des Knechtes, während die sinnliche Gewißheit eine nicht weiter zurückführbare Gegebenheit ist. Aber man könnte auch versuchen, *alle* menschliche Erkenntnis aus der Arbeit abzuleiten.
Vgl. Kojève-Fetscher 29 f. [30 f.]:
Wenn die Geschichte des Menschen die Geschichte seiner Arbeit ist, so ist diese Arbeit doch nur unter der Bedingung geschichtlich, sozial und menschlich, daß sie gegen den Instinkt oder das unmittelbare Interesse des Arbeiters durchgeführt wird, indem sie im Dienste eines Anderen, als von der Furcht vorm Tode beflügelte Zwangsarbeit erfolgt. Diese Art von Arbeit und allein sie befreit den Menschen (den Knecht) und vermenschlicht ihn. Einerseits schafft diese Arbeit eine wirkliche, objektive Welt, die eine nicht-natürliche, kulturelle, historische, menschliche Welt ist. Und allein in dieser Welt lebt der Mensch ein wesentlich vom im Schoße der Natur lebenden Tier (und Primitiven) verschiedenes Leben. Andererseits befreit diese Arbeit den Knecht von der Furcht, die ihn an die Natur fesselte und von seiner eigenen angeborenen tierischen Natur. Durch die in der Furcht des Herrn, im Dienste des Herrn verrichtete Arbeit befreit sich der Knecht von der Furcht, die ihn dem Herrn unterwarf.

8 Vgl. Kojève-Fetscher 30 f. [32]:
Der Mensch kommt erst dann zu seiner wahren Selbständigkeit und zu authentischer Freiheit, wenn er durch die Knechtschaft hindurchgegangen ist und durch die Arbeit im Dienste eines Anderen (der für

ihn die Inkarnation dieser Furcht ist) die Furcht des Todes überwunden hat. Die befreiende Arbeit ist also notwendig zunächst die Zwangs-Arbeit eines Knechtes im Dienste eines allmächtigen Herrn, der Inhaber aller Gewalt ist.

9 Vgl. Kojève-Fetscher 32 [33]:
Der Mensch, welcher nicht die Furcht des Todes empfunden hat, weiß nicht, daß die natürliche Welt ihm feindlich ist, daß sie darauf ausgeht, ihn zu töten und wesenhaft außerstande ist, ihn wirklich zu befriedigen. Dieser Mensch bleibt also im Grunde mit der daseienden Welt solidarisch. Er wird höchstens versuchen, sie zu »reformieren«, das heißt einige Details zu ändern, partielle Umwandlungen durchzuführen, ohne ihre wesentlichen Züge zu modifizieren. Dieser Mensch wird als »geschickter« Reformist oder auch als Konformist handeln, niemals jedoch als echter Revolutionär. Die Welt, die er bewohnt, gehört aber dem (irdischen oder himmlischen) Herrn, und in dieser Welt ist er notwendig Knecht. Nicht die Reform, sondern lediglich die »dialektische« oder revolutionäre Aufhebung der Welt kann ihn daher befreien und – folglich – befriedigen. Diese revolutionäre Verwandlung der Welt setzt aber die »Negation», die Ablehnung der bestehenden Welt im ganzen voraus. Und der Ursprung dieser absoluten Negation kann nur der von dieser daseienden Welt, oder richtiger der von dem diese Welt Beherrschenden, der vom Herrn dieser Welt eingeflößte absolute Schrecken sein. Der Herr aber, der (unabsichtlich) die Begierde nach revolutionärer Negation erzeugt, ist der Herr des Knechtes. Der Mensch kann sich also nur dann von der daseienden Welt, die ihn nicht befriedigt, befreien, wenn diese Welt in ihrer Ganzheit das Eigentum eines (wirklichen oder »erhabenen« [sublimierten]) Herren ist.

10 Im hergestellten Objekt inkarniert sich eine Idee (»Entwurf«), die vom materiellen Hier und Jetzt unabhängig ist; darum sind diese Objekte austauschbar. Daher kommt es zur Entstehung einer »ökonomischen«, spezifisch menschlichen Welt, in der Geld, Kapital, Zins, Arbeitslohn usw. auftauchen.

11 Die Tiere haben auch (Pseudo)-Techniken: die erste Spinne hat die Welt verwandelt, als sie in ihr das erste Netz wob. Man müßte also richtiger sagen: die Welt wandelt sich (»se change«) *wesentlich* (und wird menschlich) durch den »Handel«, den Austausch (»l'échange«), der nur möglich ist auf Grund der einen »Entwurf« ausführenden Arbeit.

12 Es gibt keine menschliche (bewußte, sprechende, freie) Existenz ohne Kampf und den damit verbundenen Einsatz des Lebens, das heißt, ohne Tod, ohne wesentliche Endlichkeit. »Der unsterbliche Mensch« ist ein »viereckiger Kreis«, ein »hölzernes Eisen«.

13 Der Einzelne, der einen allgemeinen Wert verwirklicht, ist übrigens kein Einzelner mehr: er ist Individuum (= Staatsbürger des allgemeinen und homogenen Staates), Synthese des Einzelnen und des Allgemeinen. Ebenso ist das durch den Einzelnen verwirklichte Allgemeine (Staat) individualisiert. Das ist der Individuum-Staat oder das Staat-Individuum, inkarniert in der Person des allgemeinen Oberhaupts (Napoleon) und offenbart durch den Weisen (Hegel).

14 Tatsächlich findet man den Intellektuellen des Kapitels V (der Mensch, der in Gesellschaft und in einem Staate lebt, und dabei doch glaubt oder so tut, als sei er »allein auf der Welt«) auf allen Stufen der bürgerlichen Welt. Aber mit seiner Beschreibung wollte Hegel vor allem seine Zeitgenossen treffen.

George Armstrong Kelly
Bemerkungen zu Hegels »Herrschaft und Knechtschaft«

Was ist lebendig in Hegel? In der Mitte des zwanzigsten Jahrhunderts möchte man antworten: sein Sinn für das Kollektive, sein Begriff eines zur politischen Gestalt gekommenen Volkes als der Einheit historischen Sinns, seine Begründung des Rechts in intersubjektivem Zweck, seine eindringenden Untersuchungen psychischer und sozialer Konflikte. Bewunderer sowohl als Kritiker halten sich an diese Kategorien, weil sie nicht nur bei Hegel, sondern auch in unserer Zeit als Themen der Diskussion lebendig sind.
Hegels Philosophie malte also nicht sozusagen bloß »Grau in Grau«. Es überrascht jedoch nicht, daß das zeitgenössische Interesse an dieser »letzten Philosophie« hauptsächlich der anregenden Weite ihrer Einsichten, statt einem Verlangen nach systematischer Rekonstruktion zu verdanken ist. Hegelsche Probleme und Gedankenmuster haben sich auf willkürliche Weise einen neuen Platz im Bereich des sozialen und religiösen Denkens sowie bei denen erworben, für die klassische politische Theorie keine tote Übung ist. Hegel behält seine entscheidende Bedeutung, so könnte man sagen, weil er weiter strittige Fragen aufwirft. Wenn ein riesenhaftes Gebäude menschlicher Spekulation außer Kraft kommt – manche meinen, ich denke zu Unrecht, daß Hegel dies Schicksal für seine eigene Philosophie stillschweigend anerkannte –, aber *in membris disjectis* überlebt, so ist das die Zeit der für Parteizwecke zusammengestellten Anthologien. So erging es, wie Karl Löwith uns erinnert, dem labilen Hegelschen Gleichgewicht in den Händen der unmittelba-

[Aus: *Review of Metaphysics* XIX (1965). 780 ff. Aus dem Englischen übersetzt von Rüdiger Bittner.]

ren Schüler des Philosophen[1]. Die letzte Generation hat eine Erneuerung dieses *Kulturkampfs*, nur jetzt nach dem totalen Krieg, dem Marxismus und der Krise der Religion erlebt. Der Gegensatz von »Was wollte Hegel sagen?« und »Was sagt Hegel uns?« wird wieder und wieder aufgestellt. Als Geisteshistoriker habe ich persönlich den Eindruck, daß einiger Schaden dadurch entsteht, daß die beiden Fragen nicht in wechselseitiger Beziehung gestellt werden.

Ein wichtiger Punkt, der hierunter fällt, ist wohl die typische moderne Behandlung des berühmten Hegelschen Szenariums von »Herrschaft und Knechtschaft«, die Darstellung der Befreiung durch Arbeit, die so tief auf den jungen Karl Marx in seinen Manuskripten von 1844 eingewirkt hat[2]. Am ausführlichsten wird diese Schilderung in der ›Phänomenologie des Geistes‹ von 1807 entfaltet, aber knapper ist sie auch in der ›Propädeutik‹ (1808–1816) und in der ›Enzyklopädie der philosophischen Wissenschaften‹ (Ausgaben von 1817, 1827, 1830 und 1840–45) enthalten; in den Grundzügen skizziert wird sie in den beiden Jenaer Vorlesungsreihen über die Philosophie des Geistes (1803–1804 und 1805–1806), die ›Grundlinien der Philosophie des Rechts‹ (1821) spielen darauf an und nach einigen Interpreten findet sich in der Diskussion der jüdischen Religion in den sogenannten theologischen Jugendschriften eine Vorahnung davon[3]. Herrschaft und Knechtschaft als Bewußtseinsform waren für Hegels dialektische Deduktion der Bildung des subjektiven Geistes ständig unerläßlich und hatten ihn von seinen frühesten Versuchen einer Systemkonstruktion an beschäftigt. Da kein Streit über die zentrale Stelle dieses philosophischen »Momentes« sein kann, wird es wesentlich, seinen genauen Sinn und Inhalt zu erfassen.

Auf eine genaue Inhaltsangabe dieser vielbewunderten Stelle wird hier verzichtet. Ich habe keinen besonderen Einwand gegen ihre Behandlung etwa bei Hyppolite, so weit diese geht[4]. Viele moderne Auffassungen, angeregt von Kojèves kunstvoller Exegese in seiner Introduction à la lecture de Hegel[5], neigen jedoch dazu, Herrschaft und Knechtschaft im Hegelschen Gesamtbau zu verzerren. Obwohl jeder, der Hegel studiert, von Kojève sehr bereichert wird, ist dieses Erlebnis nicht ohne seine Gefahren. Im vorliegenden Fall scheint mir die Schwierigkeit hauptsächlich von zweierlei Art: die Subjektivität des Szenariums wird weithin ignoriert, und aus der Herr-Knecht-Beziehung wird ein unqualifiziertes Werkzeug zur Erhellung des Fortschritts menschlicher Geschichte gemacht. Die eine Tendenz führt zu einer einseitig »sozialen« Interpretation der Phänomenologie, insbesondere des Abschnitts über *»Selbstbewußtsein«;* die andre setzt sich leicht in anachronistische Anklänge an den Marxschen Klassenkampf um.

Die regulative Idee von Herrschaft und Knechtschaft läuft wie ein roter Faden durch große Teile von Kojèves Analyse. Seine allgemeine Einleitung hebt den Punkt hervor: »Allein der Knecht kann über die daseiende (dem Herrn gehörige) Welt hinaussteigen, ohne unterzugehen. Allein der Knecht kann die Welt, die ihn bildet und an die Knechtschaft bindet, verwandeln und eine von ihm gebildete Welt schaffen, in der er frei sein wird«[6]. Kojève sagt an einer späteren Stelle, daß er eine »anthropologische« Lesart der Phänomenologie gegeben hat, und daß Hegel ebenso eine »metaphysische« Dimension intendiert, wobei die zwei Stränge im Schlußkapitel über das absolute Wissen notwendigerweise verflochten werden[7]. Aus einer Fußnote dazu erhellt, so scheint es, Kojèves Vorsatz unter der anthropologischen Hinsicht innere und äußere Beziehungen des Bewußtseins gleichberechtigt zu behandeln – wie es gewiß Hegels Ziel war. Aber obwohl Kojève äußere (politische) sowohl als innere (psychologische) Konsequenzen zugibt, sieht er in Wirklichkeit die Herr-Knecht-Beziehung rein als eine äußerliche Konfrontation. Für Kojève hält sich dies *Motiv* in verschiedenen aufsteigenden Formen bis zum Hegelschen Ende der Zeit durch. Also: Arbeit und Kampf = Freiheit = Zeit = Geschichte = Vergänglichkeit = Nichts = Mensch.

In bescheidenerer Sprache: die Zukunft gehört dem ehemals in Furcht versetzten Produzenten, der durch das vergeistigte Wesen seiner eigenen Arbeit fortschreitend befreit wird; nicht dem scheinbar allmächtigen Verbraucher, der den Knecht und sein Produkt als bloße tote Dinge behandelt. In Wirklichkeit erlöst der Sklave die Geschichte von der Natur, und es ist seine Befriedigung, welche die Geschichte zum Abschluß bringt. Während er den Hegelschen Primat von Ideen über Dinge beibehält, neigt Kojève somit wie Marx dazu, Formen von Knechtschaft als Epiphänomene von Produktionsbeziehungen zu betrachten.
Der mit der Entwicklung der philosophischen Ideen Vertraute weiß, daß Kojèves Hegel-Vorlesungen eine außerordentliche Wirkung ausgeübt haben. Um ein neueres Beispiel zu nehmen, der britische Forscher John Plamenatz hat im Phänomenologie-Kapitel seines zweibändigen Werkes über das politische Denken Europas eine Interpretation nach Kojève und Hyppolite (unter Verweis auf diese Autoren) vorgelegt. Er rückt Herrschaft und Knechtschaft ganz auf die interpersonale Ebene, und seine Schlußfolgerung gibt die gewohnte Argumentation wieder: »... die Zukunft ist mit dem Knecht. Seine Bestimmung ist es, eine Gemeinschaft zu schaffen, in der jeder jedem andern Anerkennung zugesteht – die Gemeinschaft, in der der Geist an sein Ziel gelangt und Befriedigung erreicht«[8]. Aber wo hat Hegel das jemals gesagt? Plamenatz' Einwände gegen Hegel (auf dem Weg über die französischen Kommentare) beruhen auf derselben Analyse. Wie kann man, fragt er, die Möglichkeiten von Gemeinschaft in der Betrachtung *eines* Herrn und *eines* Knechts erforschen, wie es Hegel zu tun scheint? Wie kann man sich der Einsicht verweigern, daß Handarbeit nicht die einzig würdige Form von Arbeit ist; gibt es nicht auch die des Management?[9] Obgleich Hegel manchmal nicht leichter zu verteidigen als zu verstehen ist, wird diese Art der Frage nicht mehr so dringend erscheinen, wenn Herrschaft und Knechtschaft eine ausgewogenere, »phänomenologischere«

Deutung erhalten haben. Mit »phänomenologisch« meine ich, daß Hegels Ich hier als ein Idealtypus gesehen werden muß, kollektiv nur im Sinne des Exemplarischen, in den Gestalten von Existenz genetisch einschlagen, deren jede getilgt, aber auch als ein Moment von ewiger Bedeutsamkeit bewahrt werden wird.

Was ich vorschlage, ist kein Taschenspielerstück, das aus Hegel das »Soziale« herausnehmen soll. Offenkundig ist es die These, die er vertritt, daß die wahre Sittlichkeit des Menschen »konkret« und »objektiv« ist, daß sie sich gründet auf eine gemeinsame Erfahrung gemäß den immanenten Harmonien einer vernünftigen Gemeinschaft, in welcher Freiheit und Ordnung sich einigen. »Die Erfahrung, was der Geist ist«, ist nach der Phänomenologie: *»Ich*, das *Wir«*, eine Vielheit von Ich, »und *Wir*, das *Ich«*, ein einzelnes, ist[10]. Obgleich die Einleitung zur Diskussion des Selbstbewußtseins dies Prinzip ankündigt, wird der gemeinsame Geist erst Wirklichkeit, wenn die *Vernunft* Intersubjektivität erreicht und in *Geist* übergeht[11]. Herrschaft und Knechtschaft ist ein Moment des *Selbstbewußtseins*, das auf Gesellschaft vorausdeutet und explizite historische Verzweigungen besitzt. Daß die Szene jedoch ein rein soziales Phänomen vorstellt, ist eine einseitige und korrekturbedürftige Ansicht.

Die These, die ich vertrete, ist, daß eine angemessene Auffassung Herrschaft und Knechtschaft von drei Blickwinkeln betrachten muß, die gleichermaßen gültig sind und sich wechselseitig durchdringen können. Einer davon ist notwendig der soziale, von dem Kojève eine so blendende Darstellung gegeben hat. Ein anderer betrachtet das wechselnde Muster von Herrschaft und Dienstbarkeit innerhalb des individuellen Ich. Der dritte verschmilzt dann die andern beiden Prozesse: die inneren Folgen der äußeren, im Kampf des Anerkennens begonnenen Konfrontation von Selbst und Anderem, Anderem und Selbst. An einem gegebenen Punkt der Geschichte gibt es in der äußeren sozialen Wirklichkeit

Sklaven und Herren. Im Innern des Bewußtseins besitzt jeder Mensch in bezug auf sich selbst die Fähigkeiten von Knechtschaft und Herrschaft, die er in Übereinstimmung zu bringen sich abmüht; das Problem tritt auf, so oft der Wille auf eine widerstrebende »Andersheit« trifft, die über einen bloß physischen Widerstand gegen seine Tätigkeit hinausgeht. Umgekehrt werden die sozialen und die persönlichen Gegensätze durch die Tatsache vermittelt, daß der Mensch die Fähigkeit hat, andere zu versklaven und von ihnen versklavt zu werden. Dank der Allgegenwart des Geistes wird das Kontinuum nicht unterbrochen durch den Unterschied von Welt und Selbst.

Kurz, der Mensch überträgt die Spannungen seines Daseins auf die Welt derer, die mit ihm sind, und wandelt sich selbst in dieser Bewegung. Auf diese Beziehung sollte Wert gelegt werden, denn sie ergibt die Brücke zwischen Psychologie und Geschichte. Es sei hier auch hinzugefügt, daß Hegels Psychologie moralisch, nicht analytisch ist: deshalb stellt die Erfahrung sie immer wieder auf einen neuen Boden und deshalb ist sie im tiefsten Sinne historisch, eine Psychologie der Entwicklung, ein Bildungsroman.

Auf der einen Seite zeigt Hegel, daß bloße politische Herrschaft oder Unterwerfung das lange Abenteuer von Geschichte und Freiheit nicht in Gang setzen können, wenn nicht Fähigkeiten des subjektiven Geistes, die notwendig in allen Menschen vorhanden sind, dazu die Möglichkeit schaffen und die Bedingungen des Resultats setzen. Auf der andern Seite ist klar, daß nichts davon sich in einer solipsistischen Welt begreifen läßt. »Es ist ein Selbstbewußtsein für ein Selbstbewußtsein«[12] ist das abrupte und dramatische Präludium zum Kampf um Anerkennung, aus dem Herrschaft und Knechtschaft hervorgehen. Die Möglichkeit von Philosophie, Moralität und Recht hängt von der Forderung eines zweiten endlichen Ich und schließlich von der Annahme einer Vielheit von Ich ab. Ganz ähnlich wie Fichte ein zweites Ich erzeugt, um seine Lehre des Naturrechts zu begründen[13], so setzt Hegel zu einem noch tieferen Zweck die Gesellschaft an den Aufgang von Selbstbewußtsein: im Hinblick auf die Analyse des gebrochenen Ich, das sich selbst wiederherzustellen bemüht. Aber wenn das Selbst und der Andere, grob gesprochen, Menschen sind, so leben sie doch auch innerhalb jedes Menschen. Sie sind ursprüngliche Prinzipien des Ich, die durch die Erscheinung eines andern Ich, in dem sie sich verdoppeln, zum Kampf erweckt und von da an durch die Geschichte in eine neue Form gebracht werden. Ohne diese Erschütterung gäbe es keine Geschichte; nur Begierde, die den Menschen mit der Tierwelt verbindet, und die unproduktiv sich wiederholenden Zyklen der biologischen Natur.

Gewiß erklärt sich Hegel längst nicht so deutlich über die inneren Aspekte von Herrschaft und Knechtschaft als über die interpersonalen und historischen Dimensionen. Die oberflächlichste Lektüre der Phänomenologie und anderer Texte macht klar, daß Hegel auf die Analyse von Beziehungen zwischen Menschen und auf eine Reflexion der Entstehung historischer Gemeinschaften durch Eroberung abzielt. Aber diesen offenkundigen Tatbestand leugnet meine Erläuterung keineswegs.

Gewisse andere Zufälligkeiten verdunkeln die Interpretation, die ich vorschlage. Einmal erhalten die »sozialen« Implikationen der Gegenüberstellung noch stärkere Betonung in den Jenaer Entwürfen, die man natürlich in Betracht ziehen muß, wenn man Hegels Gedankenentwicklung verstehen will. An vielen Stellen dieser frühen, experimentellen »Philosophie des Geistes« geht es Hegel wesentlich um die konkrete Bildung der Gesellschaft, um die Natur der Arbeit und ihre Erhebung zu geistiger Substantialität, um die Schaffung eines Schemas dialektischer Entwicklung. Diese Vorlesungen skizzieren verschiedene Reihen der Entfaltung und verschiedene Terminologien, manche übernommen, hauptsächlich von Schelling, manche originell. Was sich später an getrennten Stellen in der Behandlung des subjektiven und objektiven Geistes finden wird – Begierde, Arbeit, Liebe, Familie, Volksgeist usw. –, das sieht man hier nach systematischer Entfaltung streben. Und zugegeben, in der Darstellung der »Anerkennung« liegt der Ton auf dem Konkreten und Sozialen. In den Vorlesungen von 1803/04 geht die Deduktion der Familie dem Kampf um Anerkennung voraus, was darauf hindeutet, daß es Hegel hier um die Entwicklung der Menschengeschichte, statt um die Vorstellung von »Tatsachen des Bewußtseins« geht[14]. Eine Stelle der Vorlesungen von 1805/06, die dem entspricht, was Hegel später »Anthropologie« nennen wird (die Gestalten der menschlichen Seele vor dem Erwachen des Bewußtseins), stellt dagegen den Anderen als ein Schellingsches »dunkles Prinzip« dar: »Das Andre [ist] das Böse, Insich-Seiende, das Unterirdische, das Wissende über das, was am Tage liegt und das zusieht, wie dieses sich seinen Untergang durch sich selbst [gibt] oder so gegen es tätig ist, daß es seinem Sein, seiner Selbsterhaltung vielmehr das Negative unterschiebt«[15]. Die Enzyklopädie wird uns deutlich machen, wie das vorbewußte Sein gespalten ist, noch bevor es seiner eigenen Selbstheit inne wird, und wie Herrschaft und Knechtschaft eine analoge Selbstentfremdung auf der höheren Ebene des Bewußtseins entfalten.

Irreführen könnte zum andern Hegels charakteristisches Insistieren gegen Kant, daß die Eigenschaften des Geistes ein Ganzes bilden und nicht von getrennten Vermögen oder Prinzipien abzuleiten sind, wie theoretische und praktische Vernunft (Erkennen und Wollen)[16] oder wie die Fichtesche Doppelung des endlichen und des reinen Ich, die nur von einem Sollen aufgelöst wird[17]. Dies ist natürlich der »Standpunkt der Vernunft«, das Ziel von Hegels Philosophie. Aber offenbar kann man von hier nicht zu der Folgerung überspringen, daß niedere Formen des Bewußtseins sich monistisch verstehen. In der Tat ist das Gegenteil wahr, ob nun das Andre als Trieb, als ein feindlicher Fremder oder als ein transzendenter Gott empfunden wird. Da Hegels Philosophie Bewegung ist – mag auch ihre Apotheose Einheit sein –, so hat sie zumeist mit den logischen, genetischen oder historischen Gegensätzen zu tun, die im Fortgang des Geistes aufgetreten sind.

In seiner hervorragenden Arbeit zu Hegels Logik hat G. R. G. Mure auf den dualistischen Gang von »höheren« und »niederen« Prinzipien besonders aufmerksam gemacht und die wirksame Auflösung ihrer Dissonanz bezweifelt[18]. Ich teile diese Empfindung. Natürlich kann man den in den Tiefen der Phänomenologie liegenden Reichtum nicht erfassen, wenn man sie allein durch die Brille der Nach-Aufklärung betrachtet. Die Probleme der griechischen Antike stehen immer im Hintergrund und treten oft an die Oberfläche: Hegel arbeitet an ihnen und sucht sie ebenso zu überwinden wie unter einem fremden Himmelsstrich zu verewigen. Die platonische Parallele zwischen den Kämpfen im Staat und den Kämpfen in der Seele ist nie weit entfernt. Ich wage zu behaupten, daß die großen Gestalten des Aristoteles, Platon und Sophokles jeweils über den Abschnitten zum Bewußtsein, Selbstbewußtsein und Geist stehen. Das Problem von Herrschaft und Knechtschaft ist in seiner Anlage wesentlich platonisch, weil es dabei um die ursprüngliche Kluft in der Geschichte der Gesellschaft sowohl als der Geschichte des Ich geht. Die zwei anfänglichen Ich, deren Kampf zu Herrschaft und Knechtschaft führt, sind auch in einen Kampf mit sich selbst verstrickt.

Was zum dritten einer ausgewogenen Deutung von Herrschaft und Knechtschaft im Wege steht, ist die Versuchung, die Phänomenologie als eine rätselvolle Geschichtsphilosophie zu behandeln. Manchmal geschieht dies so, daß ihre »progressiven« Implikate in einen für sie günstigen Vergleich mit den Resultaten von Hegels späteren Vorlesungen gesetzt werden können. Aber die schematische Anordnung von Hegels vollendetem System, wie sie die Enzyklopädie bietet, sollte uns vor diesem Abenteuer warnen: Geschichte gehört zum objektiven und Phänomenologie zum subjektiven Geist, auch wenn die Erfahrung des objektiven Geistes eine Tatsache des Bewußtseins ist. Obgleich die Phänomenologie notwendig die Geschichte zur Illustration der Bewußtseinsformen benutzen muß, ist daraus nicht zu schließen, daß die beiden Genealogien gänzlich parallel laufen. Daß Hegel bewußt Eigennamen vermeidet, ist der beste Hinweis auf seine Absicht.

Dieser Punkt kann verwischt werden, weil Hegel auf beiden Seiten mit einem zeitlichen Prozeß zu tun hat und historische Zeit die Bedingung für menschliches Denken ist. Die Entwicklung des Bewußtseins verläuft entlang derselben Zeitskala wie das Geschick der Nationen. Daher müssen philosophische Analysen, die begrifflich nicht voneinander abhängen, sich doch im kommunikativen Diskurs verbinden und aus demselben Erfahrungsschatz ihr Material holen. Bewußtsein als Geist ist der zusammenfassende Operator, gerade so wie Zeitlichkeit die Operation möglich macht. Aber die Phänomenologie ist nicht in erster Linie eine Untersuchung zur politischen Philosophie; sie zeichnet die Bemühungen des Geistes auf, Frieden zu erlangen in dem Wissen, daß nichts außerhalb seiner selbst ist.

Man kann wie ich die Taschenspielerstücke Hegels fragwürdig finden, mit denen er diese beiden Linien der philosophischen Untersuchung getrennt hält und zugleich aufeinander bezieht. Es ist nicht bloß böser Wille in Hayms berühmter Beschwerde: »etwas Anderes ist die Geschichte, und etwas Anderes ist die Psychologie«[19].

Es ist ganz legitim, daß wir alle die Phänomenologie wirklich als einen historischen und politischen Kommentar lesen, da sie sich mit den äußeren Beziehungen des Bewußtseins inmitten einer Vielheit von Ich befaßt. Aber die Umformungen des Bewußtseins in sich selbst sind ebenso wichtig. Beide Geschicke werden nach Hegel letztlich identisch sein.

Schließlich, wenn wir unterstellen, daß Herrschaft und Knechtschaft beide Entwicklungen enthält, werden uns Hegels Sprünge zwischen dem Sozialen und dem Einzelnen in seiner Deduktion des Selbstbewußtseins, wo er das Anderssein in den Formen von Stoizismus, Skeptizismus und unglücklichem Bewußtsein umreißt, nicht besonders beunruhigen.

Den Schlüssel zum Ganzen gibt, denke ich, die folgende Stelle der Phänomenologie:

Der Begriff dieser seiner [*des Selbstbewußtseins*] *Einheit in seiner Verdoppelung, der sich im Selbstbewußtsein realisierenden Unendlichkeit, ist eine vielseitige und vieldeutige Verschränkung, so daß die Elemente derselben teils genau auseinandergehalten, teils in dieser Unterscheidung zugleich auch als nicht unterschieden oder immer in ihrer entgegengesetzten Bedeutung genommen und erkannt werden müssen*[20].

Wenn Hegel das meint, was ich denke, so ermutigt er uns, aus der Konfrontation des Selbst und des Anderen die Fülle von Assoziationen zu ziehen. Daher, obwohl Hegel nur unvollkommen sich mit statischen Formeln wiedergeben läßt: Selbst = Anderer; Selbst = Selbst + Anderer; Selbst (Anderer) < > Anderer (Selbst); Selbst + Anderer im Selbst = Selbst + Anderer im Anderen, usw. Die letzte Formulierung betrachte ich als die vollständigste. In der folgenden Diskussion weitet Hegel diesen Gedanken aus:

Diese Bewegung des Selbstbewußtseins in der Beziehung auf ein anderes Selbstbewußtsein ist... vorgestellt worden, als das Tun des Einen; *aber dieses Tun des Einen hat selbst die gedoppelte Bedeutung, ebensowohl* sein Tun, *als* das Tun des Andern *zu sein... Das Tun ist also nicht nur insofern doppelsinnig, als es ein Tun ebensowohl* gegen sich *als* gegen das Andre, *sondern auch insofern, als es ungetrennt ebensowohl das* Tun des Einen *als* des Andern *ist*[21].

Eine entsprechende Stelle aus der Propädeutik, die für den Unterricht von Schülern des Gymnasiums gedacht war, ist einfacher und vielleicht klarer:

Ein Selbstbewußtsein, das für ein anderes ist, ist nicht als bloßes Objekt für dasselbe, sondern als sein anderes Selbst.

Ich ist keine abstrakte Allgemeinheit, in der als solcher kein Unterschied oder Bestimmung ist. Indem Ich also dem Ich Gegenstand ist, ist es ihm nach dieser Seite als dasselbe, was es ist. Es schaut im Andern sich selbst an[22].

Eine Schwierigkeit, Hegel zu folgen, liegt darin, daß er oft die Erfahrung des Bewußtseins sowohl von dessen eigenem Standpunkt als von der hohen Ebene des Philosophen her wiederzugeben versucht. Eine andere liegt in dem ständigen Übergang von Innerem zu Äußerem: dieser treibt die Erfahrung des Bewußtseins voran, die sich in letztem Wissen auflösen wird. Aber das Erwachen entgegengesetzter Fähigkeiten im Ich, das vom Faktum der Gesellschaft angeboten wird, ist das Prinzip, von dem Selbstbewußtsein abhängig erscheinen dürfte. Zunächst schafft die Vergeistigung der Begierde die Grundlage für ein Selbstsein. Dann wird Anerkennung zu dessen Beglaubigung erforderlich. Die Vermögen des Ich müssen, um zu handeln, miteinander kämpfen, da ein einzelnes umfassendes Vermögen, gleichgültig in wievielen Ich, sie gänzlich statisch oder gänzlich destruktiv machen würde – was auf dasselbe hinausläuft.

Demgemäß entfaltet sich dies Muster im sozialen Leben. Daß zwei Personen sich einander bewußt sind, ihr wechselseitiges Bedürfnis nach Anerkennung, ihr Kampf, sie zu erreichen, und die schließliche Unterwerfung des einen unter den andern – diese Stadien idealisieren die primitiven Ursprünge menschlicher Geschichte, diesmal betrachtet vom Blickwinkel der Gesellschaft, aber immer noch verwurzelt im Problem des sich entwickelnden Bewußtseins. Plamenatz sollte keine Schwierigkeit darin finden, daß nur zwei Protagonisten auftreten. Denn unter diesem Blickwinkel wird der Herr, wenn der Kampf in Herrschaft und Knechtschaft endet, nur eine einzige Sklaven-Maschine wahrnehmen, die sein Geheiß ausführt, und der Sklave nur eine einzige Quelle der Unterdrückung. Hegels Formulierung hier stellt das Vermittlungsglied zwischen Bewußtsein und Gesellschaft her, das etwa demselben Zweck wie das analoge Mittel des homo oeconomicus dient. In der Tat verweist Hegel uns in der Propädeutik auf die berühmte Geschichte von Robinson und Freitag[23].

So wie Hegels Analyse zwei Ich zu postulieren nötigt (*ein* Mensch als Geist wäre Gott oder besäße nicht Geist)[24], so muß das Bewußtsein auf jeder seiner aufsteigenden Stufen sich als zwei entfremdete Prinzipien erfassen, bis sein Ziel erreicht ist. Am klarsten wird das in der Enzyklopädie sichtbar, wo wir hinter die Regungen des subjektiven Geistes und die eigentliche »Phänomenologie« in »Anthropologie« zurückgraben können, deren Brennpunkt der Begriff der »natürlichen Seele« ist. Hier ist der Geist aus der Natur hervorgegangen, aber noch nicht zum Bewußtsein erwacht. In diesem verhältnismäßig wenig untersuchten Teil von Hegels Werk entspricht die Seele ungefähr dem, was die Psychoanalyse später als das »Vorbewußte« bezeichnen wird; er enthält viele Wahrnehmungen und Einsichten zur neurotischen Angst, die sich ohne Zweifel auf die persönliche Erfahrung des Philosophen und den tragischen Verfall seines Freundes Hölderlin gründen[25].

In den Paragraphen 318 f. der Enzyklopädie von 1817[26] macht Hegel klar, daß die Seele Leben am Rande des Bewußtseins ist, daß sie eine primitive Empfindung ihrer Doppelheit, ihres Antagonismus mit einem Anderssein hat. An ihre künftige selbstbewußte Laufbahn ist sie subjektiv fest gebunden – und doch verstrickt in der blinden Allgemeinheit der Natur. Auf der andern Seite (§ 323)[27] ist der Gegensatz produktiv und notwendig. Hier liegt der primäre innere Gegensatz in der Entstehung der conditio humana.

Bewußtsein tritt auf, wenn die natürliche Seele sich als ein Ich zu behaupten vermag, indem sie ihren Instinkt gegen die Natur setzt (§ 327)[28]. Die Beziehung zum Anderssein ist nun eine Spaltung zwischen Selbst und natürlicher Seele (§ 329)[29]. Selbstbewußtsein andrerseits erfordert, daß das Ich seine eigene Identität behauptet, in der unmittelbaren Form der Begierde (§§ 344–346)[30]. An dieser Stelle setzt eigentlich der Abschnitt »Selbstbewußtsein« der Phänomenologie ein, mit der Unzulänglichkeit der sich wiederholenden Begierde, mit der Wendung der Begierde zu einem andern Ich, dem Kampf um Anerkennung und der dialektischen Auflösung in Herrschaft und Knechtschaft. Der innere Kampf, der sich zuerst in der natürlichen Seele, dann im Bewußtsein ausdrückte, ist nicht aufgelöst oder zurückgelassen worden. Vielmehr kann Persönlichkeit nur auf Grund ihres Bedürfnisses nach Anerkennung ihrer selbst hervortreten, was daraus folgt, daß sie die Begierde nicht mehr bloß auf die Gegenstände des rein natürlichen Strebens richtet (§ 351)[31]. Das Bewußtsein ist auf eine höhere, widerständige Andersheit gestoßen; sie drückt sich äußerlich als ein zweites Ich, innerlich als einfache Vernunft oder Selbstbeherrschung und durch einander vermittelt als die Fähigkeit zu Wollen und Freiheit aus. Aber wie die ursprüngliche Behauptung von Selbstbewußtsein durch das sich seiner Innewerden des Ich, so muß diese neue Stufe des Seins ihrerseits beglaubigt werden. Dies geschieht im Kampf um Anerkennung, worin Trieb und geistige Selbstachtung miteinander streiten. Sie können einander ebensowenig zerstören wie die sozialen Antagonisten: die vom Menschen durchlaufene Bahn ist der Beweis. So ergeben sich Herrschaft und Knechtschaft, sowohl innerhalb des Ich als auch, wie Hegel vollauf klar macht (§ 355), in der Geschichte der Gesellschaft[32].

Die parallel gehenden Erklärungen sind notwendig. Denn von einem rein sozialen Blickpunkt gesehen besteht kein guter Grund, warum nicht zwei identische Ich, in einem Kampf, der sie beide ihrer Bewegungsmöglichkeit beraubt, zu einem statischen Patt gelangen sollten. Es ist keine Antwort, daß Hegels Lösung gute Dialektik ist. Statt dessen sollten wir uns deutlich machen, daß natürliche Ungleichheiten in Folge innerer Ungleichgewichte, nicht durch die An- oder Abwesenheit reiner Prinzipien in einzelnen Individuen entstehen. Ich werde zu diesem Punkt in Verbindung mit Theorien der Geschichte zurückkehren.

»Wo liegt der Ursprung von Hegels Auffassung der Beziehung zwischen Herr und Knecht?« fragt Dirk J. Struik in seiner Ausgabe der Marxschen Manuskripte von 1844[33]. Diese interessante Frage hat für den vorliegenden Gegenstand beträchtliches Gewicht. Wir können dazu beitragen, die Bedeutung des Hegelschen Abschnitts aufzuklären, indem wir die geistige Umwelt, in der seine Philosophie sich formte, in Betracht ziehen.
Es ist wichtig zu verstehen, daß in dieser Welt noch die Ansicht gilt, die Formen der Gesellschaft würden von einer normativen Psychologie beherrscht. Trotz ersten Ansätzen einer Sozialwissenschaft fragt man noch »Was ist der Mensch?«, um die gesellschaftliche Ordnung, die der Mensch geschaffen hat, zu begreifen. Der Widerstreit in der Natur des Menschen ist ein Gemeinplatz; wie Montesquieu es ausdrückt: »Der Mensch ... ist aus den zwei Substanzen zusammengesetzt, deren jede in ihrem Hin- und Widerfließen Herrschaft auferlegt und erleidet«[34]. Auf der psychologischen Ebene wäre an Humes schlagende Formel, daß »Vernunft der Sklave der Leidenschaften ist« und an die darauf folgenden Versuche des deutschen Idealismus zu erinnern, den Primat der Vernunft durch Erweiterung ihres Inhalts wiederherzustellen. Zu bemerken wäre auch, daß die Beziehung von Vernunft und Leidenschaft ihr Wesen in einem metaphorischen Inhalt ausdrückt, der genau derjenige von Herrschaft und Knechtschaft ist. Kants Philosophie, die sich auf das Ideal der Autonomie der Person gründet, besteht ihrem Wesen nach in der Aufstellung einer Theorie davon, wie das Individuum durch Ausübung von Moralität oder »reiner praktischer Vernunft« über seine inhalt-gerichteten Interessen Herr werden kann, wie auch von den Bedingungen, durch die eine gesetzmäßige Ordnung der Gesellschaft dies möglich machen kann. Der berühmte Ausspruch »der Mensch hat einen Herrn nötig«[35] enthält Obertöne des Öffentlichen wie des Privaten. In Wirklichkeit *soll* der Mensch nach Kant sein eigener Herr

sein. Aber, mit Richard Kroners Worten, »weil er Herr seiner selbst sein soll, ist der Mensch nicht wirklich frei, sondern gegen sich selbst geteilt, halb frei und halb Sklave. Im besten Fall ist er sein eigener Sklave, unterdrückt von seinem Herrn, der Vernunft«[36].

Hinter dieser dringenden Frage, die mit dem Ereignis der Französischen Revolution aus der Spekulation in die Geschichte brach, liegt das doppelte Motiv Rousseaus: seine Behauptung, daß es kein »Recht der Eroberung« in der Gesellschaft gibt, und seine tiefgreifende Untersuchung der einander bekriegenden Seiten in der menschlichen Persönlichkeit, die vom Schock der sozialen Verhältnisse ausgelöst wurde. »Es glaubt einer, der Herr der andern zu sein, der wirklich noch mehr Sklave ist als sie«, schreibt Rousseau im Contrat social I, 1[37]; in seiner achten Lettre de la Montagne wiederholt er: »Wer Herr ist, kann nicht frei sein«[38]. Wie wir aus dem zweiten Discours, Emile und den autobiographischen Schriften wissen, liegt dem sozialen Widerstreit ein Kampf menschlicher Vermögen zugrunde[39].

Herrschaft und Knechtschaft war nicht nur für Hegel, sondern auch für seine großen Vorgänger und sein Zeitalter als ganzes ein Problem mit vielen Dimensionen – und ein paradoxes Problem. Das Paradox ist dies: Die Antike, die die Einrichtung der Sklaverei billigte, untersuchte gleichwohl eindringlich das Dilemma der Knechtung des Menschen durch sich selbst. Demgegenüber griff die Aufklärung fortschrittlich die soziale Unterdrückung als einen unmoralischen Mißstand an, während sie deren geistige Dimensionen nur an der Oberfläche berührte. Und doch betrachtete die Aufklärung im allgemeinen die soziale Ordnung von individualistischen Voraussetzungen her. Descartes hatte das Ich gegründet und die empirische Schule hatte von Hobbes' Zeit an eine mechanistische Psychologie aufgebaut, die es sich zur Aufgabe setzte, die Natur der Gesellschaft mittels ihrer Glieder zu erklären. Das Aufleben der Antike, in der Sache wie in der Form, bei Rousseau auf der einen und den deutschen Idealisten auf der andern Seite – auch wenn die querelle des anciens et des modernes dem Anschein nach von den letzteren gewonnen war – ist zum Teil eine Antwort auf diese verwirrende Sachlage. Die Aufklärung hatte ein Gefühl des Fortschritts gegeben; sie hatte nicht die Überzeugung von einer Harmonie wiederhergestellt. Das Bewußtsein sowohl wie die Ordnung der Gesellschaft waren betroffen. War die Gesellschaft in Bewegung, so konnte das Bewußtsein nicht statisch erforscht werden, wie die Rationalisten gelehrt hatten. Mit Hegel tritt die Erkenntnis auf, daß beide Elemente der Erklärung notwendig sind, und daß sie vermittelt werden müssen. Das wird erst möglich auf Grund der Einsicht, daß das Bewußtsein eine eigene Geschichte hat. Die Spannungen, welche die Geschichte der Gesellschaft vorantreiben, werden entsprechend auf die Entwicklung des Ich übertragen – ein Verfahren, in dem Rousseaus und Kants Werke Wegstationen bilden. Die Tiefen des griechischen Denkens finden hier ihren Ort und ihre Funktion. Das Problem von Herrschaft und Knechtschaft liegt auf dieser Linie. Für Hegel kann jedoch die Auflösung nur tragisch oder unerträglich selbstsicher und spießig sein (man trifft seine Wahl), denn die Geschichte, der Gang des Geistes und der Freiheit garantiert auch vollkommen das Schicksal des Menschen.

Eine Stelle aus Fichtes Beiträgen zur Berichtigung der Urteile des Publikums über die Französische Revolution (1793) macht die Geläufigkeit der Herr-Knecht-Metapher weiter anschaulich. Hier verwendet der junge Fichte die Figur der im Streit liegenden Persönlichkeit in einer Prägung, die er von dem französischen Geschichtsschreiber Marmontel übernahm[40]. Die Vernunft (d. h. das Prinzip der Revolution) wendet sich rhetorisch gegen den herkömmlichen Eigennutz (das erbliche Privileg):

Sowie wir geboren wurden, forderte sie [*die Vernunft*] *uns zu einem langen fürchterlichen Zweikampf um Freiheit oder Sklaverei auf. Überwindest du, sagte sie uns, so will ich dein*

Sklave sein. Ich werde dir ein sehr brauchbarer Diener sein können; aber ich bleibe immer ein unwilliger Diener, und sobald du mein Joch erleichterst, empöre ich mich gegen meinen Herrn und Überwinder. Überwinde ich dich aber, so werde ich dich beschimpfen und entehren und unter die Füße treten. Da du mir zu nichts nütze sein kannst, so werde ich nach dem Rechte eines Eroberers dich ganz zu vertilgen suchen[41].

Wir wissen nicht, ob Hegel Fichtes zündende Schrift gegen die deutschen Burkeaner gelesen hat, aber es ist wohl wahrscheinlich, denn unter jungen Intellektuellen war sie, das Mindeste zu sagen, eine heiße Sache. Jedenfalls lassen sich die zeitgenössischen Assoziationen von Herrschaft und Knechtschaft nicht ohne die Illustrationen von der andern Seite des Rheins verstehen.

Als Hegel jedoch daran ging, sein reifes System auszuarbeiten, war er, wie wir wissen, kein vorbehaltloser Bewunderer der Französischen Revolution oder der Autokratie der abstrakten Vernunft mit ihrer »schlechten Unendlichkeit«. Das neue »Recht der Eroberung« war ebensowenig anziehend wie das alte. Wie alle Stufen des menschlichen Kampfes mußten die Gegensätze des Ich versöhnt, nicht mit einer neuen einseitigen Herrschaft abgeschlossen werden[42]. Das einfache Szenarium der Phänomenologie löst Herrschaft und Knechtschaft in »Stoizismus« auf, und wahrscheinlich ist es kein Zufall, daß es Ähnlichkeiten gibt zwischen dieser Bewußtseinsform und Kants transzendentalem Idealismus, der über die Französische Revolution gestellten Idee[43]. Ich will keine Parallelen ziehen, die aus dem Zusammenhang von Hegels System herausfallen, aber es ist vielleicht nicht verfehlt, auf das geistige Klima, in dem seine Gedanken zu Herrschaft und Knechtschaft sich entwickelten, aufmerksam zu machen. Zweifellos spielt die Vorstellung der zeitgenössischen Philosophie Europas von der gespaltenen Persönlichkeit eine große Rolle.

Ein weiterer kurzer Ausflug in die deutsche Geistesgeschichte kann ein anderes Bild verschaffen. Als Hegel die ersten Ansätze der Herr-Knecht-Dialektik entwickelte, war er, wenn auch nicht unkritisch, mit den philosophischen Ideen seines jüngeren, aber frühreiferen Freundes Schelling verbunden. Bis zum Zeitpunkt der Veröffentlichung der Phänomenologie (1807) hatte er zu seiner eigenen, sehr originellen Position gefunden. Inzwischen war die Spaltung zwischen den Philosophien von Schelling und Fichte (die Hegel selbst in seiner »Differenz des Fichteschen und Schellingschen Systems« von 1801 zu vermitteln suchte) unversöhnlich geworden und hatte zu wechselseitigen Schmähungen geführt. Dasselbe Jahrfünft sah den Aufstieg der romantischen Bewegung unter der Ägide des Novalis und der Brüder Schlegel, und ein aufblühendes Interesse an der Philosophie der Geschichte, dessen Vorboten im vergangenen Jahrhundert Lessing und Herder gewesen waren.

Schellings Philosophie, die von der Voraussetzung der Identität des Absoluten ausging, forderte eine Theorie der Geschichte, die den Abstieg des Absoluten in die Vielheit der Schöpfung und die Rückkehr der geschaffenen Dinge zum Absoluten erklären konnte. Der Schlüssel zu dieser Bewegung sollte im Prinzip der menschlichen Freiheit entdeckt werden. Schelling entwarf diese Idee großartig und abstrakt im System des transzendentalen Idealismus (1800), in den Vorlesungen über die Methode des akademischen Studiums (1802) und in einigen späteren Schriften. Auf Schelling und spezieller auf die Romantiker entgegnend, trat Fichte in die Schranken mit den öffentlichen Vorlesungen »Die Grundzüge des gegenwärtigen Zeitalters«, die er 1804 hielt und 1806 veröffentlichte. Fichtes Schema der philosophischen Geschichte, das sich auf rein deduktiven Grundlagen aufbaut und auf manche Weise Kant verpflichtet ist, forderte seine Gegner in verschiedenen Punkten heraus, die für diesen Aufsatz nicht von Belang sind[44]. Von Interesse ist die von Fichte und Schelling geteilte Grundannahme, die kaum Hegels Aufmerksamkeit entgangen sein dürfte[45].

Die spekulative Geschichte Fichtes und diejenige Schellings entwickelten sich in Phasen; in Wirklichkeit suchten beide das Muster herzuleiten, nach dem der ursprüngliche, von Natur unschuldige aber instinkt-bestimmte Mensch zu seinem Ziel der Vernünftigkeit in Freiheit aufstieg, oder das erreichte, was Schelling als eine »zweite Natur« beschrieb. Dazu mußte das Prinzip der Vernunft an seinem Ursprung erklärt werden. Schelling als erster postulierte, daß es am Anfang der Menschheit Geschöpfe von rein instinktartiger Vernunft und primitive Wilde gegeben habe. Fichte übernahm diese Erklärung (die nicht ohne offenbare Anleihen bei der Mythologie auskommt): »... aus nichts wird nichts, und die Vernunftlosigkeit kann nie zur Vernunft kommen; wenigstens in Einem Punkte seines Daseins daher muß das Menschengeschlecht in seiner allerältesten Gestalt rein vernünftig gewesen sein, ohne alle Anstrengung oder Freiheit ...«[46]. Dies Normalvolk hatte jedoch keine Geschichte; ein Tag war für sie wie der nächste, und »Religion allein verschönte ihre Tage«[47]. Es war also notwendig, eine Rasse von Wilden zu postulieren. Die Vereinigung der beiden Rassen machte Geschichte und Gesellschaft möglich. Im »Normalvolk« bestand keine Spannung, um die Feder des Fortschritts aufzuziehen; andererseits verkörperten sie das Prinzip der menschlichen Bestimmung. Den Wilden fehlte ihrerseits vollständig dies Prinzip, aber sie hatten die Kraft in sich, die Geschichte voranzutreiben. Nach einem Zwischenspiel, in dem das Cartesische Paradies und die Darwinsche Roheit vermutlich zusammen bestanden, nahm die Gesellschaft folglich mit der Auflösung der Rassen, der Unterwerfung der Wilden unter Könige des Normalvolks, wechselseitigen Ehen und dem mühsamen Aufstieg des aus den Rassen gemischten Menschen zur Freiheit Gestalt an. Asien war anscheinend der historische Ort dieses Ereignisses; das Alte Testament war eine »Mythe über das Normalvolk«[48].

Die Parallele zwischen Schellings und Fichtes historischer Hypothese und Hegels Herrschaft und Knechtschaft ist weit mehr als ein zufälliges Zusammentreffen. Entweder der Gedanke lag in der Luft oder es liegt eine direkte Querverbindung zu Schelling vor. Hegel akzeptiert jedoch nicht diese Lösung[49]. Nirgends unterstützt er irgendeine Spekulation von ursprünglich »vernünftigen« und ursprünglich »wilden« Menschen. In seiner Anthropologie ist Vernunft ebensowenig ein natürliches Prinzip wie sie es für Rousseau ist. Wie wir gesehen haben, folgt bei Hegel die Erscheinung des Selbst und des Bewußtseins des Selbst auf die ersten Anstrengungen der vorbewußten Seele, sein Dasein der Natur zu entreißen. Herrschaft und Knechtschaft, obgleich ein soziales Ereignis, werden folglich notwendig aus Kämpfen des Bewußtseins und der Anerkennung entspringen, und nicht aus dem absoluten Gegensatz von Prinzipien der Rassen, die sich in getrennten historischen Individuen verkörpern. Hegel verteidigt eine Lehre der ursprünglichen Gleichheit, die auf eine merkwürdige und gefährliche Weise von Fichte geleugnet wird[50].

Daher glaube ich, daß es sich rechtfertigen läßt, die Stelle in der Phänomenologie und in andern Werken unter anderm als den Versuch zu interpretieren, Ungleichheit an den Grundlagen der Gesellschaft zu erklären, ohne auf die Hypothese einer zwiefachen Natur zurückzugreifen. Die Alternative ist die, sie aus dem Innern des Ich zu erklären. Genau hier liegt die »phänomenologische« Dimension, die uns bei Kojève fehlt.

Versuchen wir diese Dimension wiederherzustellen. Der aus dem Kampf um Anerkennung hervorgehende »Herr« läßt sich mit dem einfachen Begriff von Kontrolle oder Entscheidung identifizieren. Hegel sagt eigens, daß dieser Akt des Sieges die Geburt der Freiheit ist[51]. Der Mensch ist das einzige Lebewesen, das unter bestimmtem »unnatürlichem« Druck sein Leben aufs Spiel zu setzen willens ist. Dies ist sozusagen die erste schöpferische Tat der menschlichen Persönlichkeit: der Sklave erfindet die Geschichte, aber erst nachdem der Herr die Menschheit möglich gemacht hat. Die

Lösung des Herrn bleibt jedoch ausweglos. Hegel hat schon[52] die Gefahr des Ungleichgewichts zwischen höheren und niederen Prinzipien aufgewiesen. Weder kann man die Natur hinter sich lassen, noch sollte man in ihr versinken. In der Herr-Knecht-Situation gibt es keine Erziehung, keinen Fortschritt, keine Geschichte – nur die wiederholte Erfüllung der Bedürfnisse des Herrn.

In dieser Sackgasse, so wird sichtbar, geht das Prinzip des Herrn – Mut, Entschlossenheit, Idealismus – in sein Gegenteil über und wird, wie Kojève aufzeigt[53], zu einer neuen Form von Begierde. Eine höhere Entwicklung kann nur aus dem Prinzip des Sklaven herkommen, das seinerseits durch die Erfahrung der Unterwerfung und des Schreckens sich umgeformt hat in die Tätigkeiten der Arbeit, in das Aufbehalten und Erinnern: die Bedingungen menschlichen Voranschreitens. Hierin liegen vielfältige historische Anklänge, die auszubeuten nicht schwer fällt. Gleichwohl denke ich, daß gegen Kojève zwei Punkte festgehalten werden müssen: erstens, die Herr-Knecht-Dialektik ist für Hegel nur einer bestimmten Stufe des Bewußtseins angemessen, auch wenn sie »aufgehoben« noch bleibt; die folgende Geschichte wird feinere und umfassendere Formen der Entfremdung verzeichnen; zweitens, beide Prinzipien sind im Fortschreiten des Geistes zu seiner Bestimmung gleichermaßen lebenswichtig: wenn Marx eine Seite der Doppelheit entwickelt hat, so griff Nietzsche die andre auf.

Das stellt Hegel selbst in der Rechtsphilosophie auf entscheidende Weise klar:

Der Standpunkt des freien Willens, womit das Recht und die Rechtswissenschaft anfängt, ist über den unwahren Standpunkt, auf welchem der Mensch als Naturwesen und nur als an sich seiender Begriff, der Sklaverei daher fähig ist, schon hinaus. Diese frühere [*meine Unterstreichung*] *unwahre Erscheinung betrifft den Geist, welcher nur erst auf dem Standpunkte seines Bewußtseins ist; die Dialektik des Begriffs und des nur erst unmittelbaren Bewußtseins der*

Freiheit, bewirkt daselbst den Kampf des Anerkennens und das Verhältnis der Herrenschaft und der Knechtschaft[54].

In einem zugehörigen Zusatz fügt Hegel an: »... daß jemand Sklave ist, liegt in seinem eigenen Willen, so wie es im Willen eines Volkes liegt, wenn es unterjocht wird. Es ist somit nicht bloß ein Unrecht derer, welche Sklaven machen, oder welche unterjochen, sondern der Sklaven und Unterjochten selbst«[55].

Dies dürfte zur Genüge zeigen, daß es eine ungerechtfertigte und romantisierte Brechung des Hegelschen Gedankens ist, daß »die Zukunft dem Sklaven gehört«. Knechtschaft kann ebensowenig das Recht politischer Gemeinschaften gründen wie sie für die freie Persönlichkeit verantwortlich sein kann. Aber sie ist für die Geschichte wie für die Entwicklung des Bewußtseins notwendig: Recht und freie Persönlichkeit erscheinen in der Geschichte und ruhen nicht über ihr. In der Enzyklopädie von 1845 beschreibt Hegel die Unterwerfung des Sklaven als »ein notwendiges Moment in der Bildung jedes Menschen«[56]. »Ohne diese den Eigenwillen brechende Zucht erfahren zu haben«, setzt er hinzu, »wird niemand frei, vernünftig und zum Befehlen fähig«. Was die Nationen angeht, so sind die »Knechtschaft und die Tyrannei in der Geschichte der Völker eine notwendige Stufe«. Dies könnte dem Marxschen Verständnis des Proletariats angepaßt werden. Aber wie wir uns aus der Phänomenologie erinnern, ist das Resultat der Dialektik kein überhistorischer Klassenkampf, sondern die zeitweilige Zuflucht des Stoïzismus, worin Kaiser und Sklave die Welt mit denselben Augen anschauen. Wenngleich »erst durch das Freiwerden des Knechtes auch der Herr vollkommen frei wird«[57], entfaltet sich die Hegelsche Zukunft aus ihrem verbundenen Bemühen. Sie können ebensowenig wie die organischen Fähigkeiten des Ich selbst einander unaufhörlich entgegengesetzt sein.

Der Schluß, den ich ziehe, hat sich angedeutet. Obgleich es zweifellos die Absicht ist, daß Inneres und Äußeres, Höheres und Niederes, Vernunft und Leidenschaft sich auf dem letzten Gipfel Hegels auflösen, kann die Innerlichkeit des Ich in einem Verständnis der Entwicklung des Selbstbewußtseins nicht übergangen werden. Die soziale Lesart allein kann zu starken Verzerrungen anreizen. Auch bildet für Hegel die Geschichte nicht einfach einen Bericht von den tausendjährigen Anstrengungen des Knechts, den Herrn zu stürzen, ebenso wie die Entwicklung des Geistes nicht der fortdauernde Versuch einer einzelnen Fähigkeit ist, im Ich zu triumphieren. In beiden Fällen geht das Streben auf Harmonie und sich selbst wissende Identität, auf das Gefühl des Zuhauseseins, das so häufig bei Hegel ausgesprochen wird, die Ausgleichung von Freiheit und Schicksal. Wenn man Hegels Texte (besonders die zu Herrschaft und Knechtschaft hinführenden) nicht mit genauer Aufmerksamkeit auf die Ebenen der Überlegung liest, können daraus Hypothesen über die Gesellschaft entstehen, die nicht mit Hegels bekannten Folgerungen übereinstimmen. Wir können mehr davon profitieren, wenn wir die philosophischen und historischen Streitpunkte von Hegels eigener Zeit untersuchen, statt sie durch diejenigen einer industriellen Epoche zu überlagern, von der er nur ein enges, wenn auch scharf gesehenes Bild hatte. Daß die vernünftige Gesellschaft Hegels in ihrem Charakter viel mehr platonisch als marxisch ist, wird schon aus den Jenaer Vorlesungen, die der Phänomenologie vorausgehen, klar[58]. Kojèves originelle Auslegung Hegelscher Themen ist ein tiefgehendes Werk für unsere eigene Zeit. Aber vom Standpunkt historischen Verstehens gibt eine »marxistische Phänomenologie« keinen sehr guten Sinn. Die Tiefe und Leidenschaft von Hegels Bindung an die Griechen wird hierin verkannt; ebenso die komplexe Breite seiner Auseinandersetzung mit Kants zwiefältiger Sicht. Dies sind die beiden Kämpfer, die auf dem Boden des christlichen Europa um den Besitz von Hegels eigenem Ich ringen[59]. Daß er diesen Widerstreit der alten und der neuen Welt in seiner höheren Sittlichkeit des Nationalstaats und seinem »Christentum ohne Bilder« auflöste, ist zu bezweifeln.

Anmerkungen

1 Karl Löwith: Von Hegel zu Nietzsche. Stuttgart 1950. 65–135.

2 Karl Marx: Ökonomisch-Philosophische Manuskripte. Marx-Engels Gesamtausgabe. Erste Abteilung, Band III. Berlin 1932, besonders 150-172: »Kritik an der Hegelschen Dialektik und Philosophie überhaupt«. Marx schreibt: »Das Große an der Hegelschen Phänomenologie und ihrem Endresultat ... ist also einmal, daß Hegel die Selbsterzeugung des Menschen als einen Prozeß faßt, die Vergegenständlichung als Entgegenständlichung, als Entäußerung und als Aufhebung dieser Entäußerung; daß er also das Wesen der *Arbeit* faßt und den gegenständlichen Menschen ... als Resultat seiner *eigenen Arbeit* begreift«. (156)
Es wäre hier passend zu erwähnen, daß ich wie Hegel den Synonymen »Sklaverei«, »Knechtschaft« und »Dienstbarkeit« keine besondere Bedeutungsnuance zuweise. Ich habe auch vermeiden wollen, die Geduld des Lesers mit unnötigem dialektischem Vokabular auf die Probe zu stellen.

3 Vgl. Jean Hyppolite: Genèse et Structure de la Phénoménologie de l'Esprit de Hegel. Paris 1946. Band I. 166; Hegel's Early Theological Writings. Übers. v. T. M. Knox. Chicago 1948. Einleitung von R. Kroner. 13.

4 Hyppolite. Band I. 161–171.

5 Diese bemerkenswerte Studie ist eine Zusammenstellung von Alexandre Kojèves Kursen über die Phänomenologie (hrsg. v. R. Queneau. Paris 1947), die er in den Jahren von 1933 bis 1939 an der Sorbonne hielt und die einen machtvollen Einfluß auf Sartre und den französischen Hegelianismus im allgemeinen ausübten.

6 Kojève, 34. Zitiert nach Kojève-Fetscher. 32.

7 Ebenda, 308 f. und 308 Anm. Eine Bemerkung zur Perspektive der Phänomenologie drängt sich an diesem Punkt auf. Ich neige zur Übereinstimmung mit denen, die behaupten, daß die Abfolge und Entwicklung der Phänomenologie sui generis ist und in Beziehung steht zur Absicht des Werks, insbesondere als eines neben der ›Encyclopädie‹ stehenden. Diese Unterschiede allein erlauben uns also nicht den Schluß, Hegel habe seinen philosophischen Standpunkt zwischen 1807 und 1817 geändert. Wo eine »Philosophie des Geistes« und eine »Phänomenologie des Geistes« nicht übereinstimmen, ist Vorsicht der Interpretation angezeigt. Dieser Vorbehalt

scheint nicht auf den Fall von »Herrschaft und Knechtschaft« anwendbar.

8 John Plamenatz: Man and Society. 2 Bände. New York, San Francisco 1963. Band I. 155.

9 Ebenda II. 190–192. Weder Kojève noch im besondern Karl Marx würden jedoch Plamenatz' zweite Frage stellen. Vgl. Marx, Ökonomisch-philosophische Manuskripte. MEGA I, III. 157: »Die Arbeit, welche Hegel allein kennt und anerkennt, ist die *abstrakt geistige*«.

10 G. W. F. Hegel: Phänomenologie des Geistes. Hrsg. v. J. Hoffmeister. Hamburg 1952. 140.

11 Ebenda 313 ff.

12 Hegel: Enzyklopädie und Schriften aus der Heidelberger Zeit. Sämtliche Werke. Hrsg. v. H. Glockner. Stuttgart 1927. Band VI. 253. § 352. [*Vgl. X. 219. § 430*]

13 J. G. Fichte: Grundlage des Naturrechts. Sämtliche Werke, hrsg. v. I. H. Fichte. Berlin 1845. Band III. 30 ff.

14 Hegel: Jenenser Realphilosophie I. Hrsg. v. J. Hoffmeister. Leipzig 1932. 223 ff.

15 Jensenser Realphilosophie II. Hrsg. v. J. Hoffmeister. Leipzig 1931. 200.

16 Siehe zum Beispiel in Hegels Rechtsphilosophie den Zusatz zu § 4. [*VII. 46*]

17 Enzyklopädie, § 332. a.a.O. VI. 246. [*Vgl. X. 202 f. § 415*]

18 G. R. G. Mure: A Study of Hegel's Logic. Oxford 1950. 367 f.

19 Rudolf Haym: Hegel und seine Zeit. 1857. Photomechanischer Nachdruck Hildesheim 1962. 241.

20 Phän. 141.

21 Phän. 142.

22 Philosophische Propädeutik § 30. Sämtliche Werke III. 108. [*IV. 119*]

23 Ebenda § 35; III, 110. [*IV. 121*]

24 Vgl. Phän. 140: »Es ist ein Selbstbewußtsein für ein Selbstbewußtsein. Erst hiedurch ist es in der Tat; denn erst hierin wird für es die Einheit seiner selbst in seinem Anderssein«.

25 Siehe Johannes Hoffmeister: Hölderlin und Hegel in Frankfurt. Tübingen 1931.

26 Sämtliche Werke VI, 236 f. [*Vgl. X. 95 ff.*]

27 Ebenda, 242. [*Vgl. X. 183 ff.*]

28 Ebenda, 244. [*Vgl. X. 197 f.*]

29 Ebenda, 245. [*Vgl. X. 199*]

30 Ebenda, 251 f. [*Vgl. X. 213 ff. § 424–427*]

31 Ebenda, 253. [*Vgl. X. 218. § 429*]

32 Ebenda, 255. [*Vgl. X. 223. § 433*]

33 Karl Marx: The Economic and Philosophical Manuscripts of 1844. Hrsg. v. D. J. Struik. New York 1964. 232.
34 Charles Baron de Montesquieu et de la Brède: Pensées. Oeuvres complètes. Paris 1949. Band I. 1015.
35 Immanuel Kant: Idee zu einer allgemeinen Geschichte in weltbürgerlicher Absicht. 6. Satz.
36 Kroner in der Einleitung zu Hegel's Early Theological Writings, a.a.O. 11.
37 J. J. Rousseau: Oeuvres complètes. Hrsg. v. V. D. Musset-Pathay. Paris 1823. Band V. 64.
38 Oeuvres complètes VI. 390.
39 Vgl. Emile ou de l'Education. Buch IV: »O mein Freund, mein Beschützer, mein Lehrer ... hindere mich, Sklave meiner Leidenschaften, und zwing mich, mein eigener Herr zu sein, dadurch daß ich nicht meinen Sinnen, sondern meiner Vernunft gehorche«.
40 Jean-François Marmontel, Mitarbeiter an der Enzyklopädie, trat 1771 als Historiograph von Frankreich an die Stelle von Duclos. Er wurde 1797 in den Rat der Alten gewählt, aber der Staatsstreich vom 18. Fructidor ließ ihn aus dem öffentlichen Leben ausscheiden. Fichte zitiert eines seiner Gedichte.
41 J. G. Fichte: Beiträge zur Berichtigung der Urteile des Publikums über die Französische Revolution. Sämtliche Werke, a.a.O. VI. 87.
42 Siehe die Enzyklopädie § 393. Sämtliche Werke VI. 276–278. [*Vgl. X. 296 f.*]
43 Siehe besonders die Rechtsphilosophie, Einleitung §§ 19–21. Vgl. Hegels frühen Angriff (1797) auf Kant (unter Bezug auf dessen Religion innerhalb der Grenzen der bloßen Vernunft IV, 2, § 3) in seinem Aufsatz »Der Geist des Christentums und sein Schicksal« (Hegels Theologische Jugendschriften. Hrsg. v. H. Nohl. Tübingen 1907. 265 f.): »... Zwischen dem tungusischen Schamanen mit dem Kirche und Staat regierenden europäischen Prälaten, oder dem Mogulitzen mit dem Puritaner, und zwischen dem seinem Pflichtgebot gehorchenden [dem Kantianer] ist nicht der Unterschied, daß jene sich zu Knechten machten, dieser frei wäre; sondern daß jener den Herrn außer sich, dieser aber den Herrn in sich trägt, zugleich aber sein eigener Knecht ist ...«. [*I. 323*]
44 Für eine ausführliche Klärung dieser Punkte siehe Xavier Léon: Fichte et son temps. Paris 1924. 3 Bände. II, 394–463.
45 Wir wissen, daß Hegel Fichtes Exkurs in die philosophische Geschichte las und ebensowenig davon hielt wie von der »Popularphilosophie«, die Fichte sich erlaubte; siehe Hegels Brief an Schelling, datiert vom 3. Januar 1807 aus Jena (Nr. 82 der Briefe von und an Hegel, hrsg. v. J. Hoffmeister, Hamburg 1952, I. 131). Seine

Kenntnis der »Grundzüge« kam wahrscheinlich zu spät, um Einfluß auf die Phänomenologie auszuüben; er war jedoch vollkommen mit allen Ideen Schellings vor 1804 vertraut, weil sie in Jena eng zusammengearbeitet hatten.

46 J. G. Fichte: Grundzüge des gegenwärtigen Zeitalters. Neunte Vorlesung. Sämtliche Werke, a.a.O. VII. 133. Siehe auch F. W. J. Schelling: Vorlesungen. Sämtliche Werke. Stuttgart und Augsburg 1854–1860. Band V, 224 f.

47 Grundzüge VII, 134.

48 Ebenda VII, 138.

49 Siehe Hegel: Die Vernunft in der Geschichte. Hamburg 1955. 31. [*Vgl. XII. 22 f.*]

50 Fichte ist natürlich *der* deutsche Philosoph, der die Gleichheit betonte, und wurde oft als Jakobiner angegriffen. Über die ganze menschliche Geschichte hinweg besteht jedoch eine Ähnlichkeit des Empfindens zwischen dem Normalvolk der »Grundzüge« und dem »Urvolk« der Reden an die deutsche Nation (1808).

51 Enzyklopädie § 355, a.a.O. VI, 254. [*Vgl. X. 222 f. § 433*]

52 Ebenda § 323, VI. 242 und an andrer Stelle. [*Vgl. X. 183 ff. § 410*]

53 Lecture de Hegel, a.a.O. 52.

54 § 57. [*VII. 124*]

55 § 57, Zusatz. [*VII. 126*]

56 § 435, Zusatz. Sämtliche Werke, a.a.O. X. 288. [*X. 225*]

57 Ebenda § 436, Zusatz. X. 290. [*X. 227*]

58 Jenenser Realphilosophie II, a.a.O. 253–263. Wir dürfen jedoch nicht übersehen, daß Hegel sorgfältig zwischen der platonischen (lakedämonischen) und modernen Politeia unterscheidet (251).

59 Für Hegel wie für Schiller, Hölderlin und andere waren es die Griechen, die die vollkommene Harmonie und Ausgewogenheit des Menschlichen entwickelten; andrerseits stellt Kants Moral die Unendlichkeit des Strebens dar und ist nicht für den Menschen, sondern für »alle vernünftigen Wesen« entworfen. An einer Stelle, die zu seinen elektrisierendsten und glanzvollsten gehört, beschreibt Hegel den Aufeinanderprall des Unendlichen und Endlichen, und zwar immer in derselben Metapher von Kampf und Vereinigung: »Ich bin der Kampf [zwischen den Extremen der Unendlichkeit und Endlichkeit], denn der Kampf ist eben dieser Widerstreit, der nicht Gleichgültigkeit der beiden als Verschiedener, sondern das Zusammengebundensein beider ist. Ich bin nicht Einer der im Kampf Begriffenen, sondern Ich bin beide Kämpfende und der Kampf selbst. Ich bin das Feuer und Wasser ...«. (Vorlesungen über die Philosophie der Religion. Sämtliche Werke, a.a.O. XV, 80). [*XVI. 69*]

Hans-Georg Gadamer
Hegels Dialektik des Selbstbewußtseins

Der folgende Versuch behandelt eines der berühmtesten Kapitel der Hegelschen Philosophie. Das gewaltige Pathos der Freiheit, das das Zeitalter der Revolutionen erfüllt und das auch das Pathos Hegels war, scheint mir schuld daran, daß man gerade dieses Kapitel nicht in seinem wahren Beweiswert für Wesen und Wirklichkeit der Freiheit verstanden hat. Es gilt daher, sich gegenüber der Überresonanz dieser Parole der Freiheit kritisch aufzuklären. Dazu tut man gut, den Stellenwert des Beweisgliedes, den dieses Kapitel in Hegels Wissenschaft vom erscheinenden Geist besitzt, genau zu beachten. Deshalb beginne ich damit, zu zeigen, daß Hegel sehr wohl weiß, was er will, wenn er den transzendentalen Idealismus nicht in der Manier Fichtes einführt, die Kant zu Ende zu denken beansprucht.

Was heißt es, »daß nicht allein das Bewußtsein vom Dinge nur für ein Selbstbewußtsein möglich ist, sondern daß dies allein die Wahrheit jener Gestalten ist«?[1] Es ist damit eine andere Aufgabe gestellt als die durch Kant in der transzendentalen Deduktion der reinen Verstandesbegriffe gestellte und gelöste. Die transzendentale Synthesis der Apperzeption ist zwar die Funktion des Selbstbewußtseins, aber eben nur, sofern es das Bewußtsein eines anderen, eines Gegenstandes überhaupt möglich macht. Und selbst das Bewußtsein der Selbstbestimmung der Vernunft, das Fichtes Wissenschaftslehre aus dem Primat der praktischen Vernunft entwickelt, steht in transzendentaler Funktion und dient der Begründung des Wissens vom Nicht-Ich. Dagegen ist es Hegels emphatische Erklärung, daß im Selbstbewußtsein der Begriff des *Geistes* und damit der Wendungspunkt erreicht sei, auf dem das Bewußtsein »aus dem farbigen Schein des sinnlichen Diesseits und aus der leeren Nacht des

[*Originalbeitrag*]

übersinnlichen Jenseits in den geistigen Tag der Gegenwart einschreitet« (140). Die barocke Formulierung Hegels läßt anklingen, daß in dem Begriff des Geistes eine Wirklichkeit erreicht ist, die wie die des Tages alles Sichtbare umfaßt und alles einschließt, was ist. Das gibt dem Kapitel ›Selbstbewußtsein‹ eine zentrale Stellung im Ganzen des phänomenologischen Weges. Zwar ist das Selbstbewußtsein eine unmittelbare Gewißheit, aber daß diese Gewißheit des Selbstbewußtseins zugleich die Wahrheit aller Gewißheit ist, das liegt nicht schon in seiner unmittelbaren Gewißheit als solcher. Hegel weist ausdrücklich darauf hin, daß auch der Idealismus, der sich Transzendentalphilosophie nennt und der die Gewißheit, alle Realität zu sein, ausspricht, in Wahrheit noch andere Gewißheit anerkennt, Kant das ›Ding an sich‹, Fichte den ›Anstoß‹. Insofern kann Hegel sagen: »Der Idealismus, der mit dieser Behauptung anfängt, ist reine Versicherung, welche sich selbst nicht begreift, noch sich anderen begreiflich machen kann« (177). Ich möchte aufklären, was es für einen Unterschied macht, wenn man mit Hegel den Weg vom Bewußtsein zum Selbstbewußtsein als den Weg des wahren Idealismus begreift. Wieso erfährt die Gewißheit des Bewußtseins, alle Realität zu sein, so ihren Beweis? Und überbietet nicht nur Kants transzendentale Deduktion, sondern auch Fichtes absoluten Idealismus der Freiheit?

Man erinnert sich, daß auch Schelling den Standpunkt des Idealismus eines materiellen Beweises für bedürftig hielt und das Ich der intellektuellen Anschauung und des Selbstbewußtseins als die höhere Potenz, als das potenzierte Subjekt-Objekt der Natur verstand. Zwar hat Hegel gerade in seiner »Phänomenologie des Geistes« den Schellingschen Begriff des Absoluten wegen der angeblichen Unvermitteltheit seiner Absolutheit kritisiert, aber die Art, wie Hegel hier den Idealismus der Vernunft ableitet und dem formellen Begriff des Idealismus entgegensetzt, nimmt Schellings Anliegen auf, und nicht nur in der Weise, wie bereits die

›Differenzschrift‹ Fichtes und Schellings System zu vermitteln und zu überbieten unternahm. Auch im späteren System der philosophischen Wissenschaften hat Hegel ja die Natur als die reale Grundlage des sich verwirklichenden Geistes entwickelt und die ›Phänomenologie‹ ist in der späteren systematischen Einordnung ein Teil dieser Realphilosophie, sofern sie die Wissenschaft vom erscheinenden und insofern realen Geist ist. So hat das Prinzip des Idealismus als ein formelles im Grunde überhaupt keinen Platz in der Wissenschaft vom realen Geist, oder besser: es findet in ihm geradezu seine Realisierung, sofern eben Selbstbewußtsein nicht bloß der Punkt der Selbstgewißheit des Bewußtseins ist, sondern Vernunft, und das heißt, daß das Denken gewiß ist, die Welt »als seine eigene Wahrheit und Gegenwart« zu erfahren. Das ist die Weise, wie Hegel die kantische Aufgabe der transzendentalen Deduktion der Verstandesbegriffe umwandelt und wie er den Idealismus der Vernunft auf dem Wege über die Gewißheit des Selbstbewußtseins ›beweist‹.
Denn Vernunft ist nicht nur im Denken. Hegel bestimmt die Vernunft als Einheit von Denken und Sein. Im Begriff der Vernunft liegt, daß das Sein nicht das Andere des Denkens ist, daß der Gegensatz der Erscheinung und des Verstandes kein wahrer Gegensatz ist. All das ist der Vernunft gewiß: »Es ist ihm (dem Selbstbewußtsein), indem es sich so erfaßt, als ob die Welt erst jetzt ihm würde, vorher versteht es sie nicht, es begehrt und bearbeitet sie, zieht sich aus ihr zurück, zieht sich in sich zurück ...« usw. (176). So beschreibt Hegel den Weg, durch den sich der ›leere‹ Idealismus zum Idealismus der Vernunft erhebt. Daß alles ›mein‹ ist, als Inhalt meines Bewußtseins, ist noch nicht die Wahrheit dieses Bewußtseins. Hegel drückt das so aus: »Das Selbstbewußtsein aber ist erst *für sich* geworden, noch nicht als Einheit mit dem Bewußtsein überhaupt« (128). Wir können auch sagen: In der Punktualität des seiner selbst gewissen Selbst ist noch nicht das wahre Wesen, als Geist und Vernunft, erkannt.

Daß das Selbstbewußtsein noch nicht in seiner Wahrheit ist, solange es bloße Punktualität der Gewißheit seiner selbst ist, daß es erst in der Einheit mit dem Bewußtsein alle Realität ist, das wird die weiteren Etappen des erscheinenden Geistes bestimmen. Aber zuvor verlangt der Eintritt in diese Sphäre (136) eine genauere Analyse. Wir haben in der Behandlung der »Verkehrten Welt« gesehen[2], daß die Verkehrtheit der Welt des Gesetzes der Kraft darin liegt, daß »die sinnliche Vorstellung von der Befestigung der Unterschiede in einem verschiedenen Elemente des Bestehens zu entfernen« ist. Das will sagen: der Chorismos und die platonische Hypostasierung der Ideen ist ebenso aufzuheben wie der Erklärungsanspruch der Natur durch die ›principia mathematica‹. Der Unterschied von Idee und Erscheinung ist ontologisch genauso nichtig wie der des Verstandes und dessen, was er erklärt. Es ist ein schwerer Irrtum, in dieser Lehre von der verkehrten Welt eine Kritik oder gar eine Karikatur der Wissenschaften zu sehen. Es ist keineswegs unangemessen zu behaupten, daß in dem ›Erklären‹ das Bewußtsein ›im unmittelbaren Selbstgespräch mit sich‹ ist (127). Das ist vielmehr genau die Wahrheit des Positivismus, daß er den Begriff der Erklärung durch den der Beschreibung ersetzt, wie die berühmte Formulierung Kirchhoffs lautet.[3] Hegel hat das der Sache nach richtig erfaßt. Die Entzweiung des Seins in die Allgemeinheit und die Einzelheit, die Idee und die Erscheinung, das Gesetz und seinen Fall, ist ebenso aufzuheben wie die Entzweiung des Bewußtseins in Bewußtsein und seinen Gegenstand. Hegel nennt, was so gedacht ist, den ›inneren Unterschied‹ oder die Unendlichkeit. Sofern nämlich, was sich in sich unterscheidet, nicht durch die Schranke eines anderen, von dem es sich unterscheidet, von außen begrenzt ist, ist es in sich unendlich. Und ich habe gezeigt, daß es der Begriff des Selbst ist, was diese Unendlichkeit besitzt und ebensosehr dem Leben, dem Sein organischer Wesen, die ›sich verhalten‹, zukommt wie dem Bewußtsein seiner selbst, diesem »Abstoßen des Gleichnamigen als Gleichnamigen von sich selbst«, das heißt dem Ich, das *sich* versteht.

Das also ist ›für uns‹ geworden, daß dies Unterschiedene nicht unterschieden ist. »Ich, der Gleichnamige, stoße mich von mir selbst ab« (128). Aber die Abstoßung des Gleichnamigen und die Anziehung des Ungleichnamigen ist nicht nur die Struktur des Selbstbewußtseins, sondern auch die physikalische Spannung der elektromagnetischen Phänomene, und auch der platonische Unterschied der Idee von der Erscheinung, die an ihr als das Gleichnamige teilhat. Hegel gebraucht den Begriff des Gleichnamigen hier in einer Abstraktion, die ebensosehr die platonische Ideenlehre (ὁμώνυμον) wie den neuzeitlichen Gesetzesbegriff und die elektromagnetische Gleichung umfaßt. Die Selbstbezüglichkeit, die das Selbstbewußtsein auszeichnet, ist also auch für den Verstand eine Wahrheit, aber als ein Geschehen, in dem er sich selbst nicht erkennt. Sobald das Bewußtsein einen Begriff von dieser Unendlichkeit bekommt, ist es nicht mehr bloßer Verstand, sondern tritt in der höheren Gestalt des Selbstbewußtseins auf. Das ist mit dem Leben und dem Wissen um es gegeben. Wer das Sich-Verhalten von Lebendigem begreift, das heißt: als Unterscheiden des Ununterschiedenen, muß nicht nur selber immer schon sich selbst wissen, also Selbstbewußtsein sein, sondern wird auch am Ende begreifen lernen, daß die eigenen Gestalten des Bewußtseins, welchen ihr Wahres ein Ding, ein Anderes war als sie selbst, in Wahrheit von ihrem Anderen, dem Bewußtsein, gar nicht unterschieden, sondern mit ihm ununterschieden eins sind, und das heißt selber Selbstbewußtsein sind. Das Wahre liegt nicht, wie der Verstand wähnte, ›dahinter‹, im Übersinnlichen, dem ›Innern‹, sondern das Bewußtsein ist sich selbst dieses ›Innere‹, das heißt, es ist Selbstbewußtsein.

Es war dabei deutlich, daß, was als diese Unterscheidung des Ununterschiedenen auftritt, die Struktur des Lebens als Entzweiung und Sich-selbst-gleich-Werden hat. Das hatte

Hegel schon in jenen durch glücklichen Zufall uns erhaltenen Bogen der Frankfurter Zeit ausgeführt, daß Leben Identität der Identität und der Differenz ist: Jedes Lebendige ist mit seinem ›Anderen‹, seiner Umwelt, in beständigem Austausch von Assimilation und Sekretion verbunden, und obendrein ist es auch als dieses einzelne Lebendige nicht einzeln, sondern nichts als die Weise des Fortbestands der Gattung. So ist es keineswegs eine Unklarheit oder Willkür in Hegels »Phänomenologie«, wenn die allgemeine Struktur des Lebens, innerer Unterschied oder Unendlichkeit zu sein, sowohl Resultat des Verstandesdenkens war als auch unter dem Titel ›Bestimmung des Lebens‹ die Struktur des Selbstbewußtseins vorzeichnet und deswegen sowohl am Ende des Kapitels ›Bewußtsein‹ wie am Anfang des Kapitels ›Selbstbewußtsein‹ entwickelt wird. Das Sich-Verhalten des Lebendigen läßt sich nur denken vom Ich her, das seiner selbst bewußt ist. Das ist nicht ein anthropomorphistischer Schein, den etwa die moderne Verhaltensforschung zur Demütigung des Menschen aufgearbeitet hat, sondern ist ein methodisch zwingender Tatbestand. Das Selbstbewußtsein hat notwendig die Führung, wenn es darum geht, überhaupt Sich-Verhalten denken zu können. Umgekehrt aber lehrt die Strukturgleichheit der Lebensbewegung des Lebendigen mit dem Selbstbewußtsein, daß das Selbstbewußtsein in Wahrheit gar nicht die Punktualität des ›Ich gleich Ich‹ ist, sondern, wie Hegel sagt, »Ich das Wir und Wir das Ich ist«, das heißt Geist. Das spricht Hegel freilich erst in der Einleitung zur Dialektik des Selbstbewußtseins aus. Denn es ist nur ›für uns‹, für das reflektierende oder beobachtende Bewußtsein klar, daß sich die Einheit des Unterschiedenen, die das Leben ist, auch als die Wahrheit des Selbstbewußtseins erweisen wird, nämlich: alle Realität, das heißt Vernunft zu sein. Hegel betreibt damit eine Art Versöhnung zwischen den ›Anciens‹ und den ›Modernes‹: die seiende Vernunft, der seiende Geist, λόγος und νοῦς und πνεῦμα, und auf der andern Seite das cogito, die Wahrheit des Selbstbewußtseins, sind nicht Gegensätze. Der Weg des erscheinenden Geistes ist der Weg, auf dem Hegel im Standpunkt der ›Moderne‹ den Standpunkt der ›Antique‹ selber aufzufinden lehrt.

Wenn Hegel das Selbstbewußtsein das einheimische Reich der Wahrheit nennt, in das wir eingetreten sind, so meint er damit, daß das Wahre nicht mehr wie ein fremdes Land der Andersheit ist, in das das Bewußtsein einzudringen sucht – das war der Standpunkt des Bewußtseins –, sondern daß das Bewußtsein als Selbstbewußtsein im Lande der Wahrheit einheimisch, in ihm zu Hause ist: es findet alle Wahrheit in sich. Aber es weiß auch, daß es die ganze Ausbreitung des Lebens in sich befaßt.

Es bedarf nun wohl nicht mehr einer genauen Analyse der Momente der Dialektik des Lebens zwischen dem einzelnen Exemplar und der Gattung, dem einzelnen Wesen und dem Ganzen, die der Kreislauf des Lebens darstellt – es genügt ihr Resultat, die »reflektierte Einheit«. Was sowohl »unmittelbare Kontinuität und Gediegenheit seines Wesens« ist (das »allgemeine Blut«) als auch »die bestehende Gestalt und das für sich seiende Diskrete« als auch »der reine Prozeß derselben« – kurz, das »in dieser Bewegung sich einfach erhaltende Ganze« hat die Bestimmung, die einfache Gattung zu sein (138). Das Lebendige ist Gattung und nicht Individuum, das heißt, es ist als Leben eine »reflektierte« Einheit, für welche die Unterschiede der Exemplare keine sind.

Es ist einleuchtend, daß dies dieselbe Struktur ist, die auch dem Ich zukommt. Auch für das Ich sind die Unterschiede keine: es sind alles seine Vorstellungen. Aber es ist nicht allein diese Strukturidentität, die sich als einleuchtend erweist – es ist notwendig so, daß, was Selbstbewußtsein ist, selber Leben ist. So sagt Hegel von ihm geradezu »dies andere Leben«. Dies andere Leben ist freilich als Selbstbewußtsein ein ausgezeichnetes Leben, nämlich eines, das Bewußtsein hat und für das daher der Gattungscharakter des Lebendigen ›gegeben‹ ist. Es ist nicht nur selbst seiner

Struktur nach Gattung – das heißt: es ist nicht nur tatsächlich als »Ich« das einfache Allgemeine, das in sich alles Unterschiedene eint –, sondern ›für es‹ ist es, daß es weiß, daß das Lebendige sonst nur Gattung ist, während es allein »für sich selbst Gattung« ist. Das hat seine erste unmittelbare Erscheinung darin, daß es nichts kennt als sich selbst. Es ist »die Nichtigkeit des Anderen«, die es ganz und gar erfüllt – ganz wie das Leben nichts kennt als sich selbst und sich erhält, indem es alles andere, die unorganische Substanz, in sich auflöst und sich als Gattung in achtloser Verschwendung und Opferung des Individuums erhält. Als Selbstbewußtsein ist es sich dieser Nichtigkeit des Anderen bewußt und beweist sich dieselbe durch dessen Vernichtung. Das ist eine erste Vermittlung, durch die das Selbstbewußtsein sich als ›wahre‹ Gewißheit, als die Begierde ›erzeugt‹ – ein Selbstbewußtsein, das Hegel auch gelegentlich ›das unvermischte Selbstgefühl‹ (148) nennt. Denn in der Tat ist es in seiner Unmittelbarkeit die Vitalgewißheit der Lebendigkeit, die Bestätigung seiner selbst, die es in der Befriedigung der Begierde gewinnt.

Es ist aber ein ›Aber‹ dabei, das die ›Wahrheit‹ dieses Selbstbewußtseins begrenzt. Es ist allzu deutlich, daß das Selbstbewußtsein der Begierde, bzw. ihre Befriedigung, keine dauernde Gewißheit verleiht, denn »im Genuß verschmacht' ich nach Begierde«. Der unselige Lauf Faustens durch die Welt verschafft ihm eben keine Erfüllung. Das, worin die Begierde ihre Befriedigung findet, ist, solange sie nichts als Begierde ist, notwendigerweise das zu Vernichtende, ist also nichtig – und deshalb findet das Selbstbewußtsein das, worin es sich bestätigt fühlen könnte, auf diese Weise nicht. Es muß die Erfahrung der Selbständigkeit des Gegenstandes machen (135). Das ist ›für uns‹ ganz einsichtig. Denn ›wir‹, die den Gang der ›Phänomenologie des Geistes‹ bis hierher mitgegangen sind, wissen ja, daß das Selbstbewußtsein der Lebendigkeit kein wahres, bestandhaftes Selbstbewußtsein ist; es ›weiß‹, daß es seine Identität als ›Lebendiges‹ nur in der beständigen Auflösung des Anderen und Selbstauflösung in das Andere hat, also als Teilhaben an der Unendlichkeit, dem Kreislauf des Lebens.

Der Gegenstand der Begierde ist mithin selber ›Leben‹, gerade weil er für das Bewußtsein der Begierde ›alles andere‹ ist – außer es selber, das das Selbst ist. Das drückt sich in Hegels Dialektik so aus, daß er fragt, wie dem Selbstbewußtsein der Begierde die Selbständigkeit seines Gegenstandes zur Erfahrung wird. Damit ist nicht nur gemeint, daß dies Andere, das die Begierde vernichtet, ein von ihr unabhängiges Sein hat, so daß der Gegenstand der Begierde immer wieder von der aufflammenden Begierde erzeugt wird. Es wird vielmehr behauptet, daß der Gegenstand der Begierde als solcher, und das heißt: nicht nur für uns, sondern für die Begierde selbst, von der Struktur des Lebens ist. Das muß in seinem genauen Sinne verstanden werden. Es will offenbar sagen: es ist nicht dieses oder jenes Bestimmte, sondern etwas relativ Beliebiges, was jeweils als Gegenstand der Begierde und durch ihre Befriedigung einem die Gewißheit seiner selbst verleiht. Auf die Unterschiede, die die verschiedenen ›Gegenstände‹ an sich haben mögen, kommt es der Begierde so wenig an, wie der Gattung am Leben des Einzelnen liegt oder dem Organismus an den einzelnen Stoffen, die er sich assimiliert. Wer Hunger hat, will ›etwas zu essen‹, ununterschieden was. Gleichwohl, das Selbstbewußtsein der Begierde bleibt auf dies Andere angewiesen: »Daß dies Aufheben sei, muß dies Andere sein« (139). Insofern hat der Gegenstand ›Selbständigkeit‹: »es ist in der Tat ein anderes als das Selbstbewußtsein, das Wesen der Begierde«. Man muß diesen Satz in seinem vollen Gewicht nehmen. Er meint: Das Selbstgefühl der Begierde, die aufflammt und verlischt, ist als solches überhaupt nicht die Wahrheit des Selbstbewußtseins, die es zu sein schien. Das Selbstbewußtsein der Begierde weiß sich vielmehr abhängig von dem Gegenstand der Begierde als etwas Anderem. »Die in ihrer Befriedigung erreichte Gewißheit seiner selbst« ist bedingt durch ihn – es ist in der Tat ein Anderes..., auf das sie aus ist. Nur wenn dies Andere existiert, kann das Selbstbewußtsein durch die Negation desselben seine Befriedigung finden. Natürlich hat nicht der bestimmte Gegenstand der Begierde, der vernichtet wird, Selbständigkeit – er verliert sie ja. Was unseren Hunger und Durst stillt, ist ein bloßes Anderes, dessen Negation wir sind. Aber eben deshalb bedeutet dieses sinnliche Selbstgefühl kein wahres Selbstbewußtsein. Der Zustand wilder Begierde, etwa großer Hunger oder Durst, besteht zwar darin, nichts zu kennen als sich selbst. Nicht zufällig reden wir von Wolfshunger oder Bärenhunger: der Hunger ist so allbeherrschend geworden, daß uns nichts anderes erfüllt, als was das Tier erfüllt, das in die Eindeutigkeit seiner Instinktzüge eingelassen ist und eben deshalb nicht eigentlich ein ›Bewußtsein‹ seiner selbst besitzt. Das drückt sich darin aus, daß die Befriedigung der Begierde sich selber als Selbstbewußtsein aufhebt. Damit die Begierde zu wirklichem Selbstbewußtsein gelangt, darf der Gegenstand der Begierde in all seiner ›Nichtigkeit des Andern‹ nicht aufhören zu sein. Er muß »in der Eigenheit seiner Absonderung« lebendiges Selbstbewußtsein sein (140). Auch die Begierde, die wirkliches Selbstbewußtsein sucht, kennt zwar – als Begierde – nur sich selbst und sucht nichts als sich selbst im Andern, aber sie vermag nur sich selbst in ihm zu finden, wenn dies Andere selbständig ist und ihm das gewährt, seinerseits nicht auf sich zu bestehen, sondern von sich absehend »für das Andere zu sein« (139). Dies vermag aber nur das Bewußtsein, derart das andere seiner selbst zu sein und sich selbst aufzuheben, ohne aufzuhören zu sein. In diesem Sinne ›muß‹ dem Selbstbewußtsein ›seine Befriedigung werden‹, und der Gegenstand ›muß diese Negation seiner selbst an sich vollziehen‹. Dies ›muß‹ ist das alte ἐξ ὑποθέσεως ἀναγκαῖον des Aristoteles: wenn das Selbstbewußtsein wahres Selbstbewußtsein werden soll, muß es auf sich bestehen – und muß das andere Selbstbewußtsein finden, das ›für es‹ zu sein bereit ist. Daher ist die Verdoppelung des Selbstbewußtseins die notwendige Folge: es ist nur möglich als gedoppeltes. Das lehrt es auch seine Erfahrung. Nur etwas, was trotz seinem Negiertsein da ist, also nur, was sich selbst negiert, kann durch seine Existenz dem Ich bestätigen, was es begierig anstrebt: daß es nichts zu kennen braucht als sich selbst. Aber das ist nun die Erfahrung, die das Selbstbewußtsein der Begierde machen muß, daß das, was allein ihm sein Selbstbewußtsein verschaffen kann, indem es sich selbst negiert, selber Selbstbewußtsein sein muß. Das heißt aber nicht nur, daß es frei ist, ihm das eigene Selbstbewußtsein aus freien Stücken zu bestätigen, sondern daß es auch frei ist, ihm seine Anerkennung zu verweigern.[4]

Man wird erwarten dürfen, daß es um der Vergewisserung der Anerkennung willen, deren das Selbstbewußtsein bedarf, geschieht, daß das Selbstbewußtsein sich begierig auf das andere Selbstbewußtsein richtet und es um seine Selbständigkeit zu bringen sucht. In der Tat ist das so, und deshalb beginnt mit dem Selbstbewußtsein des Herrn die neue Erfahrung des Bewußtseins – um freilich gerade in der Erfahrung des knechtischen Bewußtseins zur höheren Gestalt der Freiheit des Selbstbewußtseins fortzuschreiten. Doch wie stets wird auch das berühmte Kapitel, das die Überschrift ›Selbständigkeit und Unselbständigkeit des Selbstbewußtseins; Herrschaft und Knechtschaft‹ trägt, durch eine Einleitung eröffnet, die den *Begriff* des Selbstbewußtseins analysiert, wie er jetzt erreicht ist, und das ist ein solches Selbstbewußtsein, für das ein anderes Selbstbewußtsein ist und nötig ist. Das geschieht, indem der *Begriff* des Anerkennens in seiner Dialektik entfaltet wird – d. h. also: für uns, für die philosophische Analyse, die wir diesem Begriff zuwenden.

Für *uns* ist nämlich klar, daß, wenn das Selbstbewußtsein nur als anerkanntes ist, es sich in eine Dialektik verstricken muß, die im Wesen von Anerkennung liegt – Hegel beschreibt sie als die Dialektik der ›*geistigen* Einheit‹, die in der ›Verdoppelung‹ des Selbstbewußtseins liegt. ›Geistig‹ ist hier mit Bedacht gesagt. Denn *wir* wissen bereits, daß es so etwas wie ›Geist‹ gibt, der nicht punktuelles Selbstbewußtsein ist, sondern eine ›Welt‹, die als gesellschaftliche von der gegenseitigen Anerkennung lebt. So reflektiert Hegel zunächst über die Dialektik des Selbstbewußtseins als die Bewegung des Anerkennens, wie sie sich *uns* darstellt, d. h. als die Reflexion *in sich*, die nicht die des Bewußtseins, sondern die des Begriffs ist. Offenbar handelt es sich nicht nur um eine einzige Verdoppelung des Selbstbewußtseins, nämlich, daß für das Selbstbewußtsein ein anderes Selbstbewußtsein ist – das ist die Verdoppelung des Selbstbewußtseins *in sich*: so schon weil es in sich selbst, als Selbstbewußtsein, das zu sich ›Ich‹ sagt, entzweit und geeint ist, ist es der innere Unterschied oder die Unendlichkeit, die es als Selbstbewußtsein mit dem Leben teilt. Aber jetzt geht es um die Realisierung dieser Unendlichkeit (den Begriff »der sich im Selbstbewußtsein realisierenden Unendlichkeit«). Der innere Unterschied von Ich zu Ich, der im Selbstbewußtsein liegt, kommt jetzt zur *Erscheinung*, wird der wirkliche Unterschied des Wir, die Ich und Du, reales Ich und reales anderes Ich sind. Das geschieht in der Bewegung des Anerkennens. Es ist eine komplizierte Bewegung. Es genügt nicht, zu sagen, daß das Selbstbewußtsein sich im Anderen verloren hat, d. h. an den Anderen verloren hat, nur in dem Anderen sein Selbstbewußtsein hat. Es sähe nämlich damit den Anderen gar nicht mehr als Selbst, sondern nur ›sich selbst‹ im Anderen, wenn es derart auf Ehre aus ist, d. h. sein eigenes Selbstbewußtsein in ihm sucht. Es ist also gar nicht das Sein des Anderen, was es sieht, sondern nur ›*sein* Anderssein‹ – d. h. das eigene Anderssein, worin es sich zu bestätigen vermeint – und das kann nicht genügen. Zwar, um seiner selbst gewiß zu werden, muß das Selbstbewußtsein ›das andere selbständige Wesen‹ aufheben – wie in der Begierde –, aber es muß gerade auch sich selbst zugunsten des Anderen zurücknehmen, denn dies Andere ist es selbst, es ist für es selbst wesentlich, daß es ist. Sein eigenes Selbstbewußtsein hängt von dem Anderen ab, nicht wie der aufzuhebende Gegenstand der Begierde, sondern es hängt in einem geistigeren Sinne von ihm als Selbst ab. Das erst kann ihm die Bestätigung seiner selbst geben, daß das Andere nicht mehr bloß ›sein Anderes‹ ist, sondern daß dies Andere ›frei‹ ist – gerade auch gegenüber einem selbst. Daß man vom Andern Anerkennung fordert, bedeutet zwar das Aufheben des Andern – aber diese Zumutung ist ebensosehr dessen Anerkennung als frei, und so ist es ebenso Rückkehr des Andern in sich selbst, in sein freies Sein, und nicht allein die eigene Rückkehr in sich selbst. Es ist nicht nur die Bestätigung des eigenen Selbst, sondern auch die des Anderen.

Und nun ist klar, daß das alles nur in voller Gegenseitigkeit gilt. Man denke an eine triviale Form des Anerkennens, den Gruß. »Jedes sieht das andre dasselbe tun, was es tut; jedes tut selbst, was es an das andre fordert, und tut darum, was es tut, auch nur insofern, als das andre dasselbe tut; das einseitige Tun wäre unnütz...« (142). In der Tat, es wäre nicht nur unnütz, sondern tödlich für das eigene Selbstbewußtsein. Man denke an das Gefühl der Demütigung, wenn jemand einen nicht wiedergrüßt, sei es, daß er einen nicht kennen will – eine schreckliche Niederlage des eigenen Selbstbewußtseins –, sei es, daß er einen wirklich nicht kennt, sondern daß man ihn verwechselt und verkannt hat – auch kein schönes Gefühl: so sehr ist die Wechselseitigkeit essentiell. »Sie anerkennen sich, als gegenseitig sich anerkennend«, in der Tat »eine vielseitige und vieldeutige Verschränkung«.

Diese Illustration der Dialektik des Anerkennens durch die Grußsitten ist nicht nur in sich überzeugend – sie antizipiert auch in überzeugender Weise den realen gesellschaftlichen Hintergrund, von dem her Hegel die *Erfahrung* des Selbstbewußtseins beschreibt und die systematisch entscheidende Rolle des Todes begründet. Es ist eine sehr konkrete Erfahrung, auf die sich Hegel bezieht: die Dialektik der Anerkennung wird in einem Prozeß erfahren, d. h. im Kampf auf Leben und Tod, in der Entschlossenheit des Selbstbewußtseins, sich seine Wahrheit, anerkanntes zu sein, zu beweisen, und sei es auch unter der Gefährdung des eigenen Lebens. Daß ein echter Zusammenhang solcher Art besteht, bestätigt uns die Institution des Zweikampfs zur Wiederherstellung gekränkter Ehre, das Duell. Wer sich dem anderen zum Kampf stellt, wer ihm die Ehre erweist, sich zum Kampf zu stellen, beweist damit, daß er ihn nicht unter sich herabsetzen wollte – oder umgekehrt, wer den anderen fordert, beweist damit, daß er die erfahrene Herabsetzung nicht ertragen kann, ohne daß der andere sie durch das Sichstellen zum Kampfe widerruft. Bekanntlich genügt im ›Ehrenhandel‹ kein anderer Widerruf, und der Beleidigte kann jede Versöhnung ablehnen. Es ist die volle Wechselseitigkeit des Kampfes auf Leben und Tod, den die Ehrenordnung zuläßt. Nur dadurch wird die gegenseitige Anerkennung wiederhergestellt, in der das Selbstbewußtsein seine gesellschaftliche Bestätigung hat. ›Sein Alles geben für seine Ehre‹ – sicher bezeugt das die Bedeutung der Ehre. Und wenn Hegel in der Folge zeigt, daß die Bestätigung des eigenen Selbstbewußtseins durch das Herr-Sein einem nicht ein wahres Selbstbewußtsein sein kann und daß das Selbstbewußtsein des Könnens, das der arbeitende Sklave hat, höher steht als das des nur genießenden Herrn, so entbehrt auch das nicht einer überzeugenden Bestätigung aus der gesellschaftlichen Erfahrung: Die Ehrenordnung einer Adelsgesellschaft wird vom durch seine Arbeit emporgekommenen Bürgertum übernommen, aber in dem Augenblick nicht mehr verstanden, in dem sein neues Bewußtsein, zu den herrschenden Klassen zu gehören, zu Ende ist. Seine Nachahmung der adligen Ehrenordnung, wie sie sich etwa in der studentischen und ›akademischen‹ Satisfaktionsfähigkeit einer ›herrschenden Klasse‹ ausdrückte, verliert dann ihren Sinn. Insofern hat es auch seine historische Richtigkeit, daß der Bestand einer solchen Ehrenordnung die symbolische

Darstellung des Resultats jenes Kampfes auf Leben und Tod ist, durch den Herrschaft und Knechtschaft auseinandertreten. Was Hegel gibt, ist aber eine »idealtypische« Konstruktion des Verhältnisses von Herrschaft und Knechtschaft, die durch den historischen Hintergrund der Entstehung von Herrschaft nur illustriert wird[5].

Hegel gibt nicht eine Urgeschichte der Entstehung von ›Herrschaft‹, so wenig wie eine Geschichte der Befreiung von Herrschaft, sondern eine ideale Genealogie des Verhältnisses von Herr und Knecht, wenn er das freie Selbstbewußtsein aus der Wesensbeziehung zwischen der Unbedingtheit der Freiheit und der Unbedingtheit des Todes ableitet[6].

Ein Selbstbewußtsein, das sich als lebendiges Selbstbewußtsein mit anderem Selbstbewußtsein nur beisammen findet, »selbständige Gestalten, in das *Sein* des Lebens ... versenkte Bewußtsein [e]« (143), hat noch keine Wahrheit – es muß sich ›als reines *Fürsichsein*, d. h. als *Selbst*bewußtsein‹ darstellen und im Kampf auf Leben und Tod *bewähren*. Die Gegenseitigkeit der Ehrenordnung, die oben dargestellt wurde, ist ganz geeignet, zu erkennen, daß diese ›Darstellung‹ nicht nur darin bestehen kann, daß das Selbstbewußtsein das andere Dasein zu vernichten trachtet, sondern auch, daß es sich über sein eigenes bestimmtes Dasein, sein ›an das Leben geknüpft zu sein‹ (144) zu erheben hat. Also nicht, weil es nicht ohne Vernichtung des Andern – und damit: nicht ohne Kampf mit ihm – seiner selbst gewiß zu werden, sondern weil es nicht ohne Überwindung seines An-das-Leben-Geknüpftseins, und d. h. nicht ohne Vernichtung seiner selbst als bloßen ›Lebens‹, zum wahren Fürsichsein zu gelangen vermag, bedarf es des Daransetzens des eigenen Lebens. Nur so wird es seiner selbst gewiß. Freilich wartet auf es die widersprechende Einsicht, daß dies wechselseitige Daransetzen des eigenen Lebens das nicht vermitteln kann, was es sollte: Gewißheit seiner selbst. Es ist für den Sinn dieser Dialektik bezeichnend, daß der im Kampf Überlebende genausowenig wie der Unterliegende sein Ziel erreicht: Was dem Selbstbewußtsein die Gewißheit seiner selbst zu geben vermag, muß eine andere Aufhebung des Selbstbewußtseins sein, als die Vernichtung des Anderen. Es ist also nicht etwa nur dem einen, dem sich unterwerfenden Selbstbewußtsein, »das Leben so wesentlich als das reine Selbstbewußtsein«, sondern gerade auch dem anderen: es *bedarf* des Lebens des anderen, freilich als eines Bewußtseins, welches nicht rein für sich, sondern für ein anderes ist. Dieses andere Bewußtsein ist, weil es kein wahres Fürsichsein hat, ›Dingheit‹, eine Sache, res, wie der antike Sklave. So ergibt sich in der Tat aus der Erfahrung des Kampfes um Anerkennung: Selbstbewußtsein kann nur sein, wenn es sich im andern bestätigt findet, d. h. aber, daß es verdoppelt ist und sich in Herr und Knecht entzweit.

Die Dialektik von Herr und Knecht wird nun (148) in zwei Gängen durchgeführt, zunächst vom Standpunkt des Herrn, dann von dem des Knechtes aus[7]. Diese Durchführung bietet dem Verständnis keine besonderen Schwierigkeiten, sofern es sich um den Standpunkt des Herrn handelt. Daß der Herr mit Hilfe des dienenden Knechtes zur Befriedigung seiner Begierde gelangt, leuchtet unmittelbar ein: die Selbständigkeit der Dinge, von denen das Selbstbewußtsein der Begierde abhängig blieb, ist nun aufgehoben: der Knecht liefert das bearbeitete Ding dem Herrn zum »reinen« Genusse. Er deckt ihm den Tisch (Kojève). Warum bleibt dann aber das Bewußtsein des Herrn gleichwohl ein verkehrtes Selbstbewußtsein? Man könnte hier erwarten, daß nun die Abhängigkeit des Herrn vom Knechte ausgespielt würde. Diese Abhängigkeit ist wohlbekannt, nicht nur aus der marxistischen Parole vom Generalstreik, sondern ebenso aus der Dialektik des Willens zur Macht, wie sie Nietzsche entwickelt hat, und bestätigt sich aus der täglichen Erfahrung des Dienens: Es gibt auch eine Abhängigkeit des Herrn vom Diener. Sie beweist die Falschheit des Selbstbewußtseins des Herrn, sozusagen seine tatsächliche

Knechtschaft. Das ist gewiß eine objektive Wahrheit, daß der Herr vom Diener abhängig wird und daß das Bewußtsein, der Herr zu sein, sich dadurch begrenzt sieht. Hegels dialektische Analyse ist aber weit strenger: sie sucht den dialektischen Umschlag im Selbstbewußtsein des Herrn auf und begnügt sich nicht mit der erzwungenen Einschränkung seines Herrseins. Angesichts der bloß faktischen Abhängigkeit des Herrn könnte man fragen: Ist das nicht in den Augen des Herrn nur um so schlimmer für die Tatsachen, daß diese dem Herrn sein volles Herrsein nicht mehr erlauben? Der Herr, der sich von seinem Knecht abhängig weiß, hat eben nicht mehr das echte Selbstbewußtsein eines Herrn, sondern das eines Knechtes – bekanntlich bis zu den komischsten Formen ängstlichen Gehorsams. Es ist *für uns klar*, daß das kein Herr ist. Aber ist es für den Herrn klar geworden? Ist er nicht gerade dadurch komisch, daß er sich als Herr fühlt und in Wahrheit Angst hat? Wir, die die Abhängigkeit des Herrn erkennen, wissen zugleich: Seine Abhängigkeit ist in Wahrheit die der Begierde und nicht die der scheiternden Anerkennung. Das erst wäre die neue Stufe der Verkehrtheit, an der das Selbstbewußtsein des Herrn scheitern würde, daß es sich als Selbstbewußtsein einem andern Selbstbewußtsein unterlegen weiß. Es scheint mir bezeichnend, daß Hegels Argumentation eben darauf zielt und die naheliegende Dialektik der Abhängigkeit verschmäht. Sie meint ein Bewußtsein des Herrn, der Herr ist und bleibt. Er hat alles erreicht, gerade auch dies, daß ein anderes Selbstbewußtsein sich als Fürsichsein aufhebt und hiermit selbst das tut, was das erste gegen es tut: der Diener wird nicht nur tatsächlich als Sache behandelt, sondern behandelt sich selbst als Sache, geht im Dienen auf, hat nur im Herrn sein ›Selbstbewußtsein‹. Der treue Diener seines Herrn meint in allem, was er tut, nicht sich, sondern den Herrn. Er sorgt dafür, daß dem Herrn das Ding nichts ist und er reines Fürsichsein ist, das sich im Dienen bestätigt sieht. Insofern sollte hier Anerkennung erreicht sein.

Aber was ist ein solches Sein für ihn, für sein Selbstbewußtsein wert? Das ist Hegels Argument: ein noch so herrlicher Herr, dem der Diener niemals das geringste Gefühl, von ihm abhängig zu sein, gibt – gerade dieser ›Nur-Herr‹ muß erkennen, daß er sich seines Fürsichseins als der Wahrheit dadurch nicht gewiß ist. Wessen er sich im Diener gewiß ist, ist ja gerade die Unselbständigkeit und Unwesentlichkeit des knechtischen Bewußtseins. Das allein ist seine ›Wahrheit‹ – und das ist eine ›verkehrte Wahrheit‹. So kann Hegel im Selbstbewußtsein selbst – in seinem Anspruch und nicht in seiner tatsächlichen Schwäche – den dialektischen Umschlag finden: Die Wahrheit des Selbstbewußtseins wird nicht im Bewußtsein des Herrn, sondern im knechtischen Bewußtsein zu finden sein (auch wenn dieser ›zunächst‹ ›außer sich‹ ist, d. h. sich im Herrn weiß und sich nicht als die Wahrheit des Selbstbewußtseins weiß, d. h. nicht weiß, daß der Herr gar nicht ›selbständiges Bewußtsein‹ ist, wohl aber er selber).

So folgt die Umkehrung, durch die das knechtische Bewußtsein, als in sich zurückgedrängtes, d. h. aus seinem Außersichsein auf sich selbst zurückgekommenes Bewußtsein, in sich geht und wie jemand, der in sich geht, anders, d. h. hier: ›selbstbewußt‹ zu denken beginnt. An sich ist die Knechtschaft das äußerste Gegenteil eines echten Selbstbewußtseins: »Zunächst ist für die Knechtschaft der Herr das Wesen«. Im Bewußtsein des Dienens liegt die volle Hingabe seiner selbst an den Herrn und dessen Bedürfnisse. Das bedeutet die absolute Unterordnung aller eigenen Bedürfnisse unter die alleinige Wichtigkeit des Dienens, und das ist: unter die alleinige Wichtigkeit des Herrn. Insofern ist ihm ›das selbständige für sich seiende Bewußtsein ... die Wahrheit‹, aber offenbar, ohne daß es sich dessen ganz bewußt ist. Dies Bewußtsein hat noch nicht ein eigenes Selbstbewußtsein oder Fürsichsein: indem die Knechtschaft ganz ›für den Andern ist‹, ist es ›*für sie* noch nicht an ihr‹, daß auch sie im selbständigen Bewußtsein ihre Wahrheit hat

– und das hieße, daß sie selber selbständiges Bewußtsein ist.

Und nun bezieht sich Hegel abermals auf die Rolle zurück, die der Kampf auf Leben und Tod für das Selbstbewußtsein spielte. Er nennt den Tod den absoluten Herrn. Das will sagen: es gibt noch einen größeren Herrn als den, in dessen Dienst und Abhängigkeit sich die Knechtschaft begeben hat. Schon der Herr bringt einen in der Hingabe des Dienens zur ›Auflösung‹, d. h. zum Verzicht auf die Anhänglichkeit an das eigene natürliche Dasein und seine Bedürfnisse. Das liegt in der völligen Unterordnung: es kommt dem dienenden Bewußtsein auf nichts so sehr an wie auf die Zufriedenheit des Herrn. Aber wieviel mehr noch hat einer in der Todesfurcht, dieser totalen Auflösung, auf alles Außen Verzicht leistend nur noch *sich* festhalten wollen, ›das einfache Selbstbewußtsein, das reine Fürsichsein‹. Der absolute Herr, der Tod, der die absolute Unterwerfung abverlangt, wirft also den Zitternden ganz auf sich selbst zurück. Das reine Fürsichsein ist, gerade weil in der ›Furcht des Todes‹ nichts anderes mehr standhält, woran man sich halten könnte, ›bewußt‹ geworden, d. h. es ist ›für es‹ geworden, worauf es ihm wahrhaft ankommt – und das ist der Grund, warum die Knechtschaft nun ein Selbstbewußtsein des Dienens gewinnt: der Diener beweist sich auf eine neue Weise, die noch anderes ist als die Selbstaufgabe des Dienens, sein eigenes Fürsichsein: »es [das knechtische Bewußtsein] hebt darin in allen *einzelnen* Momenten [nicht nur in der allgemeinen Auflösung der Furcht des Todes] seine Anhänglichkeit an natürliches Dasein auf und arbeitet dasselbe hinweg«. ›Das natürliche Dasein hinwegarbeiten‹ – damit ist das Stichwort gefallen, wie das Wissen um das reine Fürsichsein, das dem dienenden Bewußtsein ›für es selbst‹ geworden ist, zu sich selbst kommt: durch die Arbeit. Die Arbeit ist ›gehemmte Begierde‹: statt unmittelbar die Begierde zu befriedigen, hält das Bewußtsein an sich, vernichtet den Gegenstand nicht (›aufgehaltenes Verschwinden‹), sondern macht ihn zu einem Bleibenden, indem er ihn ›bildet‹, ihm seine Form aufprägt. Das arbeitende Bewußtsein kommt, indem es seinen Gegenstand herstellt, ›zur Anschauung des selbständigen Seins als seiner selbst‹. Es ist klar, was gemeint ist: es ist das Selbstbewußtsein des Könnens, das sich beständig und dauerhaft in dem bestätigt sieht, was es ›bildet‹ und gebildet hat: Es ist durch die Arbeit, daß das für sich seiende Selbstbewußtsein sich im ›Element des Bleibens‹ ansiedelt. Das ist in der Tat die positive Bedeutung des Formierens: ein Selbstbewußtsein zu gewähren, das auch der Sklave haben kann: das ἐφ ἡμῖν des stoischen Bewußtseins ist im Grunde erreicht.

Nicht umsonst ergänzt Hegel diesen Gedankengang durch einen zweiten. Denn noch tiefer greift die negative Seite des ›Formierens‹, indem es die Überwindung der Furcht leistet[8]. Nun wird erst vollends klar, daß es sich hier um eine, ja, um die entscheidende Phase in der Genealogie der *Freiheit* handelt. Nicht nur Bestätigung seiner selbst im Seienden, sondern Sichdurchsetzen gegen die Abhängigkeit vom Seienden macht die Freiheit des Selbstbewußtseins aus. Es wird sich nicht zum Seienden, indem es das Werk seiner Arbeit hervorbringt, sondern es wird ›für sich selbst ein Fürsichseiendes‹. Hegel gibt damit erneut dem ›Zittern vor dem fremden Wesen‹ die entscheidende Bedeutung für das Selbstbewußtsein. In der Tat ist nicht die Angst des knechtischen Wesens als solche der Schritt in die Freiheit. Daß jemand im Kampf das Leben der Ehre aus Angst voranstellt, bedeutet gewiß noch nicht jenes Erzittern bis in die letzte Fiber seiner selbst, in der allein das reine ›Fürsichsein‹ seiner gewiß zu werden vermag. Wer unter Mißachtung der verletzten Ehre, und das heißt: der verweigerten Anerkennung zum Trotz, am Dasein hängt, ist wirklich ein Sklave, den die Kette des natürlichen Seins gebunden hält. Hegel sagt sogar, es könne jemand »*als Person* anerkannt werden, auch wenn er selbst die Wahrheit dieses Anerkanntseins als eines selbständigen Selbstbewußtseins nicht erreicht« – eine merkwürdige Stelle. Offenbar spielt Hegel darauf an, daß die Rechtsordnung, die niemanden als Sache (res), sondern stets als Person anzuerkennen nötigt, gerade weil sie ›ohne Ansehn der Person‹ – und das heißt ja, in Anerkennung der Gleichheit aller als ›Personen‹ – Recht spricht, noch kein wirkliches Selbstbewußtsein garantiert. Die Aufhebung der Sklaverei ist noch nicht das Ende des knechtischen Sinnes. Die Arbeit, die einer nicht mehr für den Herrn leistet, bedeutet nicht als solche eine Befreiung zu wahrem Selbstbewußtsein – ja nicht einmal die ›freie‹ sich betätigende ›Geschicklichkeit‹ wäre das –, sie kann eine Freiheit darstellen, die noch in der Knechtschaft stehen bleibt: es gelingt ihr allerhand, ohne daß es als wahres Können ein selbständiges Bewußtsein, ein Selbstbewußtsein des ›Berufs‹ ist – so wie der Eigensinn sich nur vermeintlich seine Freiheit bestätigt und eine Form der rebellierenden Abhängigkeit ist.

Damit die Arbeit ein wahres Selbstbewußtsein begründet, muß sie vielmehr auf dem Bewußtsein beruhen, das ich oben ›Bewußtsein des Könnens‹ nannte und »das über die allgemeine Macht und das ganze gegenständliche Wesen mächtig ist« (150). Hegel entwickelt diese Freiheit des Könnens in der Weise, daß er am Formieren die Aufhebung der entgegengesetzten seienden Form unterstreicht. »Aber dies gegenständliche Negative ist gerade das fremde Wesen, vor welchem es gezittert hat«. Das ist eine kühne These, die es zu explizieren gilt. Ohne Frage ist der Tod die Erfahrung einer letzten Abhängigkeit des Daseins, gegen die es sich in seinem Fürsichsein unmittelbar auflehnt. Dieser fremde Herr, der über alles Herr ist, steht so für alles Fremde, wovon das eigene Selbstbewußtsein abhängt. In diesem Sinne ist jede Aufhebung eines solchen Fremden – und sei es auch nur die gekonnte Aufhebung der seienden Form der Dinge – eine Befreiung des eigenen Selbstbewußtseins. Darin erst liegt die eigentliche Bestätigung, die das Selbstbewußtsein des Könnens erbringt, daß es ›als sein eigenes für es‹ wird – also nicht nur im einzelnen Seienden, das es hervorbringt, sich erkennt, sondern im eigenen Fürsichsein des Könnens: »Es setzt *sich*« – es befestigt sich als Fürsichsein im Element des Bleibens und ist nicht länger die bloße Auflösung des natürlichen Daseins, das im Selbstgefühl der Angst und des Dienens sein Zittern wegarbeitet. Obwohl es in der Arbeit für den Herrn fremder Sinn zu sein schien (und als Dienen auch war), wird das dienende Bewußtsein, indem es sich der Arbeit als Arbeit – und nicht nur dem Herrn – hingibt, seiner selbst bewußt. Indem es die Form als die eigene ›heraussetzt‹, d. h. herstellt, erkennt es sich selbst darin und ist sich so, gerade in der Arbeit, *eigener Sinn*: ›Das kann ich‹. – Gewiß ist das noch nicht die volle Selbstbegegnung, wie sie uns etwa das Werk der Kunst gewährt, das uns das Wiedererkennen: ›das bist du‹ erlaubt. Es ist bei Hegel hier nicht von der bestimmten Form die Rede, die das arbeitende Bewußtsein dem Ding gab, die so wäre, daß es sich in ihr erkennte, es ist überhaupt nicht von ›Ding‹, sondern allein von ›Form‹ die Rede. Daß es eine von ihm selbst der Sache gegebene Form ist, immer wieder ein und dieselbe, das allein ist es, worin es sich bestätigt sieht. Daher bestätigt es sich nicht im Anschauen irgendeines bestimmten Seienden als solchen, sondern nur in der Form, die die seine ist, und die ihm gerade dadurch sein reines Fürsichsein, in der Freiheit seines Könnens, zur Darstellung bringt. Streng genommen ist es also gar nicht das Können als solches, diese ›Geschicklichkeit‹, sondern das Bewußtsein des eigenen Könnens, das der allgemeinen Auflösung – der Vernichtung durch das Nichts der Andersheit – standhält und wahres Selbstbewußtsein begründet.

Die Geschichte der Freiheit ist damit gewiß nicht zu Ende. Aber in der Geschichte des Bewußtseins der Freiheit ist damit der entscheidende Schritt getan. Das zeigt der Fortgang: Dies Fürsichsein ist als ›allgemeine Auflösung‹ des Selbstbewußtseins »eine neue Gestalt des Selbstbewußtseins geworden, ein Bewußtsein, welches *denkt* oder freies Selbstbewußtsein ist« (151) – das aber ist das wahrhaft Allgemeine, in dem ich und du dasselbe sind. Es wird sich als vernünftiges Selbstbewußtsein entfalten. Vernunft haben oder zeigen heißt ja in der Tat, von sich selber absehen können und das gelten lassen, worin kein einzelnes Selbst vor einem anderen etwas vorauszuhaben meinen kann. Daß zweimal zwei vier ist, ist nicht meine und nicht deine und auch keine der gegenseitigen Anerkennung bedürftige Wahrheit – es ist Vernunft als die Gewißheit, alle Realität zu sein. Das gibt der Erfahrung, dem Standpunkt der beobachtenden Vernunft, ihren festen Grund, daß das Andere nicht ein anderes der Vernunft ist. Und erst recht gilt das von aller Verwirklichung des Selbstbewußtseins, d. h. von aller tätigen Vernunft, daß die gegenständliche, wirkliche Welt »alle Bedeutung eines Fremden verloren hat« (314). Es ist der Geist, d. h. von der Art echter Allgemeinheit, wie die Sittlichkeit und die Sitte, die alle selbstverständlich eint. Darin ist das Selbstbewußtsein nicht verloren, sondern es wird sich darin finden, wohl wissend, daß seine Einzelheit unrecht hat.

Es war ein Unglück für das Verständnis dieses Kapitels, daß Karl Marx diese Dialektik von Herr und Knecht in ganz anderen Zusammenhängen genutzt hat. Zwar war das, wie wir oben zeigten, nicht einfach ein Mißverständnis und Mißbrauch Hegels. Daß der Knecht durch die Arbeit ein höheres Selbstbewußtsein erreicht, als der genießende Herr hat, ist vielmehr die Voraussetzung dafür, daß er sich auch im äußeren Sinne der gesellschaftlichen Existenz – wie der Bürger vor ihm – aus der Knechtschaft befreit.

Hegel beschreibt in seiner Dialektik der Knechtschaft nicht den Lohnarbeiter, sondern weit eher den leibeigenen Bauern und Handwerker. Die Emanzipation der Städte und dann später die der Bauern, die im revolutionären Aufstieg des tiers état zur politischen Verantwortung ihren Ausdruck fand, hat mit der des Arbeiters als des Lohnsklaven des Kapitalismus nur eine strukturelle Verwandtschaft. Die eigentliche Funktion der Arbeit für das Selbstbewußtsein erfüllt sich eben in der nicht-entfremdeten Arbeitswelt. In der ›Phänomenologie des Geistes‹, die Hegel beschreibt, ist mit der inneren Freiheit des Selbstbewußtseins, die sich aus der Dialektik von Herrschaft und Knechtschaft ableitet, aber durchaus nicht das letzte Wort gesprochen. Insofern ist es eine ganz oberflächliche Kritik, wenn man als das Resultat dieser Dialektik die Befreiung des Lohnsklaven von der Herrschaft des Kapitals sucht und vermißt. Daß sich das Selbstbewußtsein als freies in das ganze gegenständliche Wesen hineinarbeiten, die Solidarität des sittlichen Geistes und die Gemeinsamkeit der Sitte als selbstverständliche Wahrheit erreichen muß und die Verwirklichung der Vernunft als eine menschliche und gesellschaftliche Aufgabe zu vollbringen hat, das hätte man dem Manne, der die Einheit von ›wirklich‹ und ›vernünftig‹ gelehrt hat – und das kann gewiß nicht die Gutheißung alles Bestehenden heißen –, nicht als neue kritische Weisheit entgegenhalten dürfen. Marx hat zwar seine kritische Auseinandersetzung mit Hegel nicht hier, sondern, wie es angemessen erscheinen kann, an der Rechtsphilosophie eingesetzt. Aber sein dogmatischer Begriff von Bewußtsein und von Idealismus, den er mit seinen Zeitgenossen teilt, hat ihn gehindert zu erkennen, daß Hegel es sich nie hat träumen lassen, daß Arbeit nur die Arbeit des Gedankens sei und daß das Vernünftige allein durch Denken verwirklicht würde. So ist auch die Arbeit, von der hier die Rede ist, die materielle Arbeit, und die Erfahrung, die das Bewußtsein hier macht, ist die von der Geistigkeit aller Handarbeit. Wenn es nun wahr ist, daß die Produktionsweise der modernen Industrie und die Betriebsform der industriellen Gesellschaft dem Arbeitenden nicht erlaubt, den eigenen Sinn in der Arbeit zu finden, der allein ein freies Selbstbewußtsein möglich macht, so stellt sich angesichts des umfassenden Charakters dieser Arbeitsweise notwendig die Frage: Wer ist denn in der industriellen Gesellschaft von heute mit ihrem allesbezwingenden Sachzwang und Konsumzwang wirklich frei? Gerade angesichts dieser Frage scheint mir Hegel mit der Dialektik von Herr und Knecht den Grundriß einer gültigen Wahrheit zu zeichnen. Zuallererst muß die Kette der Dinge zerbrochen werden, wenn Freiheit sein soll. Der Weg der Menschheit in den allgemeinen Wohlstand ist nicht schon als solcher ein Weg in die Freiheit aller – er könnte sehr wohl auch ein Weg in die Unfreiheit aller werden.

Anmerkungen

1 Phänomenologie des Geistes. Hrsg. v. J. Hoffmeister. Hamburg 1952. 128 [Seitenzahlen im Text beziehen sich auf diese Ausgabe.]

2 [Vgl. in diesem Band 120 f.]

3 [Vgl. G. R. Kirchhoff: Vorlesungen über mathematische Physik und Mechanik. 1874–94. Vorwort.]

4 Kojève (deutsche Ausgabe von Fetscher, 12 ff.) und ihm folgend Hyppolite (Etudes sur Marx et Hegel. 181 ff.) interpretieren den Übergang von der Begierde zum anerkannten Selbstbewußtsein noch mit Hilfe des Begriffs der Begierde. Die wahre Begierde sei die Begierde nach der Begierde eines andern (désir du désir d'un autre), d. h. Liebe. Hegel selbst nennt das freilich nicht mehr Begierde, und tatsächlich klingt diese französische Beschreibung des Übergangs von Begierde zum anerkannten Selbstbewußtsein auf deutsch falsch. Wenn Hegel wenigstens noch »Verlangen« gesagt hätte. Doch ist der sachliche Zusammenhang auch bei uns noch in gewissen Worten nachvollziehbar, so in dem Wort »Ehrbegierde«, die in désir miteingeschlossen ist; aber nicht in dem Wort »Liebesbegierde«, das gerade den menschlichen Sinn, den Begierde haben kann, nicht mehr ausspricht. Daher ist Kojèves an sich sehr hübsche Illustration des Wesens menschlicher Begierde, ein Objekt, auch wenn es an sich wertlos ist, nur deshalb zu begehren, weil ein anderer es begehrt, hier noch nicht an ihrem Platz. Sie ist eine Art Vorgriff, der im späteren Fortgang des Hegelschen Weges, vor allem in der Welt des entfremdeten Geistes seinen wahren Illustrationswert hat.

5 Die historische Frage der Entstehung von Herrschaft, wie sie etwa in der heutigen Völkerkunde aus der Unterwerfung von Bauernvölkern durch hereinbrechende Reitervölker abgeleitet wird, kann daher beiseite bleiben. Auch diese Theorie meint ja, wie das Herr-

schaftsgebilde des Staates zustande kommt. Das ist hier noch nicht thematisch, wo wir uns noch ganz in der Sphäre des Selbstbewußtseins bewegen.

6 Kojève hat das in seiner epochemachenden Einführung in das Hegèlsche Denken durchaus gesehen. Sein eigener Weg zu Hegel, der durch die Blutopfer der russischen Oktoberrevolution und das daraus motivierte Verlangen, Marx zu verstehen, bezeichnet war, führte ihn dazu, geschichtliche Anwendungen vorzunehmen, die nicht ganz überzeugen. An dieser Stelle kann man weder Heidegger noch die Marxisten widerlegen, auch wenn es wahr bleibt, daß jede Revolution blutig ist – wie ja auch jeder Krieg. Kojèves Arbeit behält aber noch heute ihren Wert, weil er gerade für die Bedeutung des Todes bei Hegel die Jenenser Manuskripte erstmals philosophisch aufgeschlossen hat.

7 (Vgl. S. 148: »Wir sahen nur, was die Knechtschaft im Verhältnis zur Herrschaft ist...«)

8 Nur im Hinblick auf gängige Mißverständnisse (H. Popitz: Der entfremdete Mensch. Basel 1953. 131 ff.) sei betont, daß der negative Begriff von Arbeit bei Hegel im wertenden Sinne jedenfalls der eigentlich positive ist. Hegel pflegt Hegelsche Begriffe, wie hier »negativ«, meist im Hegelschen Sinne zu gebrauchen.

Zeitkritik und Geschichtsbegriff

Emanuel Hirsch
Die Beisetzung der Romantiker in Hegels Phänomenologie

Ein Kommentar zu dem Abschnitte über die Moralität

Die schwierigste und dringendste Aufgabe der Hegelforschung ist, das Werden Hegels vom Ende der Frankfurter Zeit bis hin zur Phänomenologie zu erhellen. Eine bescheidene Vorarbeit zur Lösung dieser Aufgabe möchte ich hier unternehmen. Ich möchte versuchen, zu dem methodisch allem andern vorangehenden Teilziele, nämlich der Fixierung des Endpunktes dieses Werdens durch ein genaues Verständnis der Phänomenologie, einen Beitrag zu liefern. Ich wähle dazu den Abschnitt, welcher überschrieben ist: ›Der seiner selbst gewisse Geist, die Moralität‹ – bei Lasson 1907 S. 388–434[1] – und in die drei Teilabschnitte zerfällt: a) Die moralische Weltanschauung[2], b) Die Verstellung[3], c) Das Gewissen, die schöne Seele, das Böse und seine Verzeihung[4]. Wobei ich auf den ungefähr drei Fünftel des Abschnitts ausmachenden dritten Teilabschnitt (von Hegel durch arabische Ziffern in drei Stücke zerlegt)[5] das eigentliche Gewicht lege und die beiden vorhergehenden nur als Voraussetzung seines Verständnisses heranziehe.

1.

Der allgemeine Charakter der Phänomenologie, zur Philosophie gewordene historische Erinnerung zu sein, den Haym (Hegel und seine Zeit S. 232 ff.) als Konfundierung von Psychologie und Historie zu brandmarken gesucht hat, braucht nicht erst beschrieben zu werden. So erinnere ich betreffs seiner nur an ein Wort Friedrich Schlegels[6] über den universellen Geist, das sich fast als Weissagung auf den absoluten

[Aus: *Deutsche Vierteljahresschrift für Literaturwissenschaft und Geistesgeschichte.* Band II. 1924. 510 ff.]

Geist der Phänomenologie ausnimmt: »Das Leben des universellen Geistes ist eine ununterbrochene Kette innerer Revolution. Alle Individuen, die ursprünglichen ewigen nämlich, leben in ihm.«

Leicht läßt sich ins Allgemeine sagen, aus welcher Welt die historischen Gestalten genommen sind, die dem Abschnitte über die Moralität den Stoff und Hintergrund geben. Unmittelbar vorher ist der Teilabschnitt über die absolute Freiheit und den Schrecken gegangen, in welchem Hegel die Französische Revolution und Napoleon im magischen Bilde festgehalten hat, und an seinem Schlusse[7] hat er den Übergang von Frankreich nach Deutschland deutlich ausgesprochen. Gegen das Ende des Abschnitts über die Moralität selbst aber[8] ist der absolute Geist, d. h. der höchste Gedanke der Hegelischen Philosophie, erreicht. Mithin fällt die Bewegung durch die Gestalten der Moralität zusammen mit der der Französischen Revolution gleichzeitigen Bewegung der Geister in Deutschland, die ihren Ursprung in der Kantischen Philosophie, ihr Ziel in der Hegelischen hat. Der eigentümliche Reiz des ganzen Abschnitts ist damit fast schon wahrgenommen: Hegel spricht hier vom Werden seiner Philosophie aus Kant unter Absehen von allen den Fragen, welche in dem bekannten Aufsatz über Glauben und Wissen[9] im Vordergrund stehen; er sucht vielmehr, um mich modern auszudrücken, den Wandel des *Ethos* von Kant bis Hegel in seiner philosophischen Bedeutung zum Verständnis zu bringen. Darum allein schon ist es nicht gleichgültig, ob man die Gestalten, die Hegel allein als reine namenlose Geister an uns vorüberziehen läßt, in dem durch den äußeren Rahmen abgegrenzten Geschichtskreise wirklich wiederfinden kann.

a) Da bedarf es nun nicht eines Nachweises im einzelnen, daß *die beiden ersten Teilabschnitte*, »die moralische Weltanschauung« und »die Verstellung«, *Kants* praktische Philosophie zum Gegenstande haben, der erste zum Gegenstande der nachdenkenden Beschreibung, der zweite der inneren

Zersetzung. Hegel selbst hat diese Beziehung sicher gestellt[10], und die sachliche Übereinstimmung des geschilderten Standpunktes mit dem Kantischen ist im ganzen kein Problem. Was Hegel zu der ›Kritik der praktischen Vernunft‹, z. T. auch noch der ›Religion innerhalb ...‹ hinzutut, ist ein wundervoll scharfes Zusammendenken der einzelnen Aussagen Kants in der Einheit des sich selbst bewegenden moralischen Geistes. Er macht das verborgene Gesetz offenbar, das Kant von einer Aussage zur andern forttreibt und in der willkürlich-schematischen Art Kants, die Gedanken zu begründen und zu ordnen, nicht zum unmittelbaren Ausdruck kommt. Hier wenn irgendwo kann man lernen, was Hegel unter dem Begreifen versteht.

Hat man diese Methode der Darstellung erst verstanden, so bleibt in den ganzen beiden Teilabschnitten ein einziger Punkt, an dem man in Hegels Kantbilde nur schwer den historischen Kant wiedererkennen kann[11]: die Heiligkeit der bestimmten Pflicht (in ihrem Unterschiede von der reinen) soll sich darin begründen, daß der heilige Gesetzgeber, der der Herr der Welt ist, sie durch seinen Willen geheiligt hat. Es gibt zwei Erklärungsmöglichkeiten. *Einmal* könnte man daran erinnern, daß statutarische staatliche und kirchliche Gesetze nach Kant mittelbar als göttlicher Wille gelten können[12]. Zu dieser Erklärung paßt der Zusammenhang, in welchen die Kantkritik der Frankfurter Fragmente gestellt ist[13], vor allem aber dies, daß die ›Wissenschaftlichen Behandlungsarten des Naturrechts‹, deren Kantkritik[14] den Grundgedanken der Beschreibung und Zersetzung von Kants praktischer Philosophie in der Phänomenologie vorausnimmt und als Kommentar zu ihr gelten darf, die bestimmte Pflicht und das Gesetz der staatlichen Gemeinschaft als eines und dasselbe ansehen[15]. Das Kant Fremde an dem Gedanken der Phänomenologie bestünde dann darin, daß Hegel, weil er selbst Rechtsgemeinschaft und konkrete Sittlichkeit ganz in eines schiebt, Kants mittelbare Rechtfertigung des bloß Statutarischen als die entscheidende Heiligung der bestimmten Pflicht mißzuverstehen gezwungen war. Es entspräche dann historischer Einsicht, daß die Geschichte der Philosophie[16] diese Erklärung der bestimmten Pflicht preisgegeben hat, obwohl sonst manche Erinnerung an diesen Teilabschnitt der Phänomenologie in ihrer Darstellung von Kants praktischer Philosophie wirksam ist[17]. *Andrerseits* könnte man auch an Fichtes Erstlingsschrift, den Versuch einer Kritik aller Offenbarung, denken. Es ist weder in Diltheys Darstellung noch sonstwo für das Verständnis des jungen Hegels wirklich berücksichtigt worden, daß Hegel in seinem Kantischen Ausgang durch diese Schrift mindestens ebenso stark wie durch Kants eigene bestimmt gewesen ist. Fichte a. O. läßt nun[18] die Beziehung des Sittengesetzes auf Gott praktisch wichtig werden in den »einzelnen Fällen der Anwendung des Gesetzes«. Das berührt sich mit der zu erklärenden Aussage Hegels; nur ist leider die nähere Begründung dieser an der gleichen Stelle einsetzenden religiösen Beziehung bei Fichte eine andre. Man müßte also eine fast noch stärkere (und schlechter erklärbare) Umbiegung des Gedankens annehmen als bei unserm ersten Auslegungsversuch. Als weitere Erinnerung an Fichte ist mir bei Hegels Worten in den Sinn gekommen, was in der ›Bestimmung des Menschen‹ über die religiöse Begründung der bestimmten Pflicht steht[19]. Es entspricht Hegels unmittelbarer Aussage am besten; gegen diese Beziehung aber spricht, daß Hegel von den über Kant hinausgehenden ethischen Gedanken Fichtes erst an späterer Stelle unsres Abschnitts redet.

b) Wie man nun auch die kleine Schwierigkeit, deren Lösungsmöglichkeiten ich eben entwickelte, sich zurecht legen möge, im ganzen kann bei den ersten beiden Teilabschnitten ein Zweifel nicht obwalten. Auf viel unsichereres Gelände dagegen treten wir mit dem *dritten Teilabschnitte*, dem eigentlichen Gegenstande unsrer Untersuchung. Während wir es in den ersten beiden Teilabschnitten mit einer einzigen, obzwar in sich zerrissenen Gestalt zu tun hatten, tanzt hier ein reicher Reigen an uns vorüber, in dem kunstvoll Gestalt an Gestalt sich schlingt. Schon die Überschrift deutet die größere Mannigfaltigkeit an: das Gewissen – die schöne Seele – das Böse – die Verzeihung. Es ist für Hegels Geringschätzung der Personen, für sein Verständnis der Geschichte als eines einzigen, durch Entzweiung und Versöhnung hindurch sich kundmachenden Lebens, bezeichnend, daß jedes Moment sich zur Gestalt vertiefen, jede Gestalt sich zum Moment verflüchtigen kann.

So müssen sich in diesem Teilabschnitt sachliche Analyse und historische Erläuterung zusammenfinden. Nur bei scharfer sachlicher Abgrenzung der Gestalten wird sich uns ihre Beziehung enträtseln. Die Aufgabe enthält, da oft nur ein flüchtiges Wort der Erinnerung die Handhabe gibt und die richtige Deutung solchen Worts aus dem Zusammenhange meist schwer ist, zahlreiche Versuchungen zu Fehlgängen. Das legt die Frage nahe, welche Hilfsmittel die Auslegung bei Hegel selbst finden kann. In *erster* Linie bietet sich das, was Hegel in der Rechtsphilosophie § 136 ff.[20] ausgeführt hat, als Kommentar an. Es ist, abgesehen von der zu erklärenden Stelle der Phänomenologie, seine ausführlichste Erörterung des Gewissens. Aber dieser Kommentar ist doch auch wieder fragwürdig. Sowohl die dialektische Stellung als Übergang von Kant zu Hegel, wie auch die ausschließende Beziehung auf die historischen Glieder dieses Übergangs ist den ganz anders eingebetteten und abgezweckten, dazu auch in der historischen Erläuterung völlig frei sich bewegenden Ausführungen der Rechtsphilosophie verlorengegangen. Die Frage, ob sich darin nicht auch ein Wandel des sachlichen Standpunktes ausdrücke, muß mindestens gestellt werden. Mehr als die formelle Bestätigung von Einzelheiten, die mir ohne das klar geworden waren, habe ich hier nicht holen können. Ähnlich steht es mit den Ausführungen in der Geschichte der Philosophie[21].

Eine Hilfe *andrer* Art könnten die zahlreichen Parallelen innerhalb der Phänomenologie selber sein. Sie würden, wenn wir schon sichere Erklärungen der Parallelstellen besäßen, viel Licht geben können. So aber bedeuten sie fast nur eine Vervielfältigung der Fragen. Nur eine sei darum geltend gemacht, weil Hegel[22] selbst auf sie hingedeutet hat: dem Abschnitt über die Moralität entspricht auf niederer Stufe der über ›Stoizismus, Skeptizismus und das unglückliche Bewußtsein‹[23]. Dabei entsprechen – ähnlich wie in Schleiermachers Grundlinien einer Kritik[24] – Kant und der Stoizismus einander, dann Gewissen und Skeptizismus, und schließlich schöne Seele und unglückliches Bewußtsein. Diese Parallele gestattet nun ein überraschendes Streiflicht. Im unglücklichen Bewußtsein ist, worauf sogar Lasson durch Noten aufmerksam macht, das Mittelalter gemalt, während die ihm entsprechende schöne Seele doch kurzweg als romantischer Begriff angesprochen werden darf. Hegel hat also – und eben das ist der Sinn der versteckten Hindeutung[25] – der Romantik ausdrücklich bestätigt, daß sie sich dem Mittelalter mit Recht verwandt wisse. Freilich bedeutet dies Urteil, wenn das Mittelalter als unglückliches Bewußtsein durchschaut ist, gerade einen scharfen Angriff auf die romantische Selbsteinschätzung. Im einzelnen ist dann auch sein Bild des Mittelalters von dem romantischen recht verschieden. Nur kleinere Berührungen lassen sich aufspüren. So scheint mir die Anspielung auf die Kreuzzüge[26] durch das Kreuzzugslied aus Heinrich von Ofterdingen gefärbt.

Da im ganzen auch der Parallelismus der Glieder nur bescheidenen Gewinn abwirft, sind Analyse und Erläuterung also überwiegend auf die eigne innere Energie des Auslegers angewiesen. Immerhin gibt es in der Phänomenologie Abschnitte, mit denen es noch weit schlimmer steht in dieser Hinsicht.

c) Noch auf jeder Stufe war dem Selbstbewußtsein eine Trennung zwischen dem *Selbst* und dem *Ansich*, dem Wesen, stehen geblieben. Im Gewissen fallen die beiden, und zwar für das Selbstbewußtsein selbst, zusammen[27]. Das Abstrakte und das Einzelne, das reine Denken und die Individualität, die reine Pflicht und die natürlich-sinnliche Wirklichkeit, sind im Gewissen als seiner selbst gewissem Geiste eine Einheit. Damit sind die Gegensätze, durch deren Festhalten die moralische Weltanschauung Kants zu einem Nest gedankenloser Widersprüche wurde[28], ineinander geschmolzen. Die geistige Realität ist nun wahrhaft Subjekt geworden[29]. Ein Wort aus einem etwas späteren Zusammenhange mag den Standpunkt anschaulich machen: »Das Gewissen also in der Majestät seiner Erhabenheit über das bestimmte Gesetz und jeden Inhalt der Pflicht legt den beliebigen Inhalt in sein Wissen und Wollen; es ist die moralische Genialität, welche die innere Stimme ihres unmittelbaren Wissens als göttliche Stimme weiß, und indem sie an diesem Wissen ebenso unmittelbar das Dasein weiß, ist sie die göttliche Schöpferkraft, die in ihrem Begriffe ihre Lebendigkeit hat. Sie ist ebenso der Gottesdienst in sich selbst; denn ihr Handeln ist das Anschauen dieser ihrer eigenen Göttlichkeit«[30].

An der feineren Nachzeichnung dieser Gestalt durch Hegel fallen vor allem zwei Züge auf. *Einmal*, das Wissen und das Wollen, die innere Gewißheit und der Ausdruck dieser inneren Gewißheit durch das Handeln in der Wirklichkeit, sind hier als unzertrennlich gedacht[31]. Ein Zwiespalt zwischen der inneren Stimme und der wirklichen Tat, und gar ein auf diesen Zwiespalt sich gründendes Schuldgefühl, sind auf dem Standpunkt des Gewissens, so wie Hegel ihn hier denkt, einfach unmöglich. *Sodann*, im Gewissen ist für Hegel die Beziehung auf eine über dem Individuum stehende und Beugung fordernde allgemeine Norm nicht bejaht, sondern gerade verneint. Das Individuum auf dem Standpunkt des Gewissens ist selbst der konkrete moralische Geist, ist selbst das Gesetz und darum autonom in jedem Sinne. Hegel zieht daraus ruhig die äußersten Folgen, die formell denkbar sind. Man kann nicht etwa die natürlich-sinnliche Seite des Individuums von seinem Gewissen abscheiden; aus der sinnlichen Bestimmtheit wird vielmehr das Gewissen den Inhalt des Handelns nehmen[32]. Und man kann nicht etwa einen bestimmten Inhalt vom Gewissen fordern; das wäre ja ein die absolute Freiheit der Überzeugung von anderswoher brechendes Gesetz und insofern eine Verletzung der Selbstgewißheit des Individuums[33]. »Ebenso ist das Gewissen von jedem Inhalt überhaupt frei; es absolviert sich von jeder bestimmten Pflicht, die als Gesetz gelten soll; in der Kraft der Gewißheit seiner selbst hat es die Majestät der absoluten Autarkie, zu binden und zu lösen«[34]. Mit dem allen soll, so sehr die formalen Bestimmungen des Nietzscheschen Kampfes gegen das Gesetz erreicht scheinen, aber keineswegs die Empörung gegen das Allgemeine als Gewissenhaftigkeit behauptet sein[35]. Die Verschmelzung des Ansich und des Selbst im Gewissen bedeutet ja dies, daß das individuelle Wissen und Wollen das Allgemeine verwirkliche.

Damit ist der wesentliche Inhalt des ersten Stücks[36] eingefangen – bis auf einen Gedanken, der dann gleich den Übergang zum zweiten Stück[37] bildet. Die Beziehung auf das Allgemeine, die trotz allem nicht verloren sein soll nach dem Gesagten, schafft sich ihren Ausdruck. Es ist dem Gewissen wesentlich, als das Allgemeine zu gelten, von den andern anerkannt zu sein. Schon die handelnde Verwirklichung hat darin ihren Sinn: durch sie bekommt das Gewissen Dasein für andre, tritt es in das Gebiet des Anerkanntseins ein[38]. Da aber im allgemeinen Medium des Seins nur die Unterschiedenheit der bestimmten Handlung von andern zur Erscheinung kommt, so stellt erst eine andre Äußerung des Gewissens die Allgemeinheit her, in der die Anerkanntheit durch andres Selbstbewußtsein liegt, nämlich die Äußerung in der Sprache als dem gemeinsamen Medium selbständiger Selbstbewußtseine. So ist dem Standpunkt des Gewissens eigentümlich die in Worten geschehende Versicherung, aus Überzeugung von der Pflicht zu handeln. Andre Wendungen, die das Gleiche sagen, sind: Aussagen des Tuns als anerkannte Pflicht, Aussprechen des Wissens und Wollens als das Allgemeine[39].

Indem das Gewissen aber auf diese Spitze tritt, tritt ein eigentümlicher Wandel ein, eine Verdünnung und Verflüchtigung der Individualität[40]. Solange nämlich das Gewissen sein abstraktes Bewußtsein und sein Selbstbewußtsein noch irgendwie unterscheidet, ist es nicht vollendet. Als unvollendetes hat es sein wahrhaftes Leben noch in Gott verborgen; offenbar wird dies sein Leben ihm nur in der Sphäre des Aussprechens, der wechselseitigen Versicherung der eignen Gewissenhaftigkeit, und diese Sphäre ist da als Gottesdienst der Gemeinde. Vollendet sich aber das Gewissen dadurch, daß die beiden Seiten wahrhaft, d. h. auch füreinander und nicht bloß für den Dritten, zusammengehen, so wie es der Grundanlage des ganzen Standpunktes entspricht, dann – ist es damit geläutert zur ärmsten Gestalt des Bewußtseins: es bleibt nichts als die absolute Gewißheit seiner selbst, die reine Anschauung des Ich = Ich ihm übrig. Es steht nun da als unglückliche schöne Seele, die Welt und Wirklichkeit verloren hat und immer noch um der Reinheit des Herzens willen flieht, und der nichts andres übrig bleibt, denn sich als ein gestaltloser Dunst in die Luft aufzulösen. So droht in der Vollendung des Gewissens die Einheit des Ansich und des Selbst zur Null zu werden. Nirgends hat Hegel deutlicher ausgedrückt, daß, was nicht einen Gegensatz in sich selber trägt, nicht wahrhaft wirklich ist.

Das sind die Gestalten, die in den ersten beiden Stücken des dritten Teilabschnitts[41] an uns vorüberziehen. Es gilt nun ihre historische Beziehung aufzudecken. –

Zwei Männer haben damals eine Ethik des Gewissens vertreten, Jacobi und Fichte. Von beiden finden sich Stichworte in den analysierten Stücken. So ist die »moralische Genialität«[42] aus Jacobis Woldemar eingewandert[43] [44]. An Fichte erinnert ohne weiteres das ewig wiederkehrende »Überzeugung« und das »Ich = Ich«; es wäre pedantisch zu belegen. Wieweit sind nun sachlich Jacobi und Fichte in dem Standpunkt des Gewissens, wie Hegel ihn malt, getroffen? Für *Jacobi* ist das Gewissen ein in jedem Individuum ursprüngliches Gefühl für das Rechte, und als solches nach keiner allgemein passenden Schnur zu messen. Sein ganzer Woldemar ist ein Ringen mit dem Problem, wie die Überlegenheit dieser individuellen Gewissenhaftigkeit über Gesetz und Gewohnheit nachgewiesen werden und doch im Wesenskerne die Idee des einen sich gleichen Guten gewahrt werden könne. Man wird nicht behaupten können, daß er das Problem klar gelöst habe, und ich werde mich hüten, eine der in den endlosen Gesprächen zur Sache geäußerten Meinungsspielarten als die echt Jacobische zu bezeichnen. Daß auch sehr radikale Fassungen des Autonomiegedankens darunter sich finden, und daß der Kreis der Gesichtspunkte und Fragen mit dem der Stücke aus der Phänomenologie sich großenteils deckt, genügt für die Absicht der historischen Erläuterung vollauf. Ich nenne darum nur noch Stellen, wo das Gewissen[45] wie bei Hegel mit dem Wissen[46] oder mit der Gewißheit[47] Wort-und Sachspiele eingeht. Daß schon in Jacobis Roman diese Gewissensethik mit dem Begriff der schönen Seele (der bekanntlich eben durch den Woldemar in unsre Bildung hineingeschleudert ist) sich verbindet und auch schon das Problem des Übergangs einer solchen Individualität ins Böse erscheint, macht die Beziehung noch enger.

Doch tiefer gehen die Berührungen mit *Fichtes* Ethik. Fichte hat[48] in einer scharf und klar durchdachten Lehre vom Gewissensurteil die Überzeugung des individuellen Gewissens von der bestimmten Pflicht aus der Frage nach der Gültigkeit allgemeiner sittlicher Gesetze gelöst und rein in der inneren Gewißheit gegründet; insofern ist ihm das »Handle nach deinem Gewissen« praktisch das letzte Wort der Ethik. Ist an diesem Punkte die Brücke einmal geschlagen, so werden einem noch manche Übereinstimmungen im besonderen auffallen. Hegels Satz, daß die Überzeugung des Gewissens sich notwendig ausspreche, hat z. B. eine Entsprechung in der Pflicht der Publizität der Maxime, wie sie Fichte in der Sittenlehre 1798[49] aufgestellt hat. Entscheidend aber ist, daß die Vollendung des Gewissens, so wie Hegel sie zeichnet, einen höchst eigenartigen Zug der ersten Ethik Fichtes festhält; indem das Individuum ganz und gar auf seine Überzeugung von der Pflicht gestellt wird, wird es doch zugleich zum reinen Ich verflüchtigt.[50] Klarer und schöner hätte dies Problem Fichtes gar nicht herausgearbeitet werden können.

Gleichwohl, es bleiben auf dem Standpunkt des Gewissens Eigenheiten zurück, die sich weder bei Jacobi noch bei Fichte so finden. Beiden ist das Gewissen doch eine besondere Stimme, und das Handeln aus Gewissen dementsprechend nicht gleich mit der Selbstverwirklichung der Individualität. Für Hegel ist die Stimme des Gewissens nichts Besonderes, sondern etwas Totales; sie spricht das individuelle Selbstbewußtsein so aus, daß der ganze Mensch darin zur Sprache kommt. Wo findet sich diese Abschattung der Fichtischen Gewissenslehre? Ich gehe, um die Antwort zu finden, einen Umweg. Das unvollendete Gewissen hat nach Hegel sein allgemeines Selbst an der Gemeinde. Wie beschreibt er nun diese Gemeinde? »Der Geist und die Substanz ihrer Verbindung ist also die gegenseitige Versicherung von ihrer Gewissenhaftigkeit, guten Absichten, das Erfreuen über diese wechselseitige Reinheit und das Laben an der Herrlichkeit des Wissens und Aussprechens, des Hegens und Pflegens solcher Vortrefflichkeit«[51]. Das malt doch die *Brüdergemeinde* mit ihrer Pflege des Gefühls seliger Erlöstheit. In der Brüdergemeinde sind nun schon sinnliche und geistige Selbstgewißheit nicht geschieden. Wir brauchen also bloß den Schnittpunkt von Fichte und der Brüdergemeinde zu bestimmen, um die uns noch fehlende historische Gestalt zu haben. Dieser Schnittpunkt ist *Novalis.* Die letzten Seiten seines Heinrich von Ofterdingen entwickeln tatsächlich einen Begriff von Gewissen, der sich mit dem Hegels vollkommen deckt[52]. Ohne diese Stelle wird man die Ausführungen Hegels nicht ganz verstehen können. So wird man feststellen dürfen, daß Hegel sich Jacobi und Fichte im

Sinne der romantischen Jugend umgebogen hat. Auch hier stößt man wieder auf den Jammer, daß Hegel trotz seines oft wunderbar treffenden Scharfblicks niemals einen rein und ungetrübt aufgefaßten Fichte zum Gegenstande seines kritischen Begreifens gemacht hat.

Es bleibt in den analysierten Stücken nur noch eine Frage: an wen hat Hegel bei der unglücklichen schönen Seele gedacht, die sich in gestaltlosen Dunst auflöst? Außer in Jacobis Woldemar ist ihm der Begriff der schönen Seele noch in Hölderlins Hyperion eindrucksvoll und auch hier so, daß, wie bei Jacobi, die Bestimmung des Unglücks an ihr nicht vergessen wurde, entgegengetreten. Manches erinnert tatsächlich an den Hyperion[53]. So, wenn vom Austönen des Bewußtseins[54] die Rede ist, wenn die ganze Welt als ein die eigne Rede zurückgebendes Echo erscheint[55], wenn (ebenda) von der Angst, sich an dem unreinen Stoff der Welt zu beflecken die Rede ist. Letzteres klingt fast wörtlich an eine Stelle aus dem Hyperion an[56]. Gleichwohl glaube ich nicht, daß Hyperion oder Hölderlin in erster Linie gemeint ist – die entscheidende Stelle über Hölderlin kommt erst weiter unten. Dagegen wissen wir aus der Geschichte der Philosophie[57], daß Hegel Novalis unter den Begriff der schönen Seele gestellt hat, – merkwürdig genug angesichts dessen, daß in dem ihm zugänglichen Schrifttum Novalis' der Ausdruck überhaupt nicht vorkommt (sofern mir bei der Durchsicht nicht eine Stelle entgangen ist). Als charakteristisch für die in Novalis' Schriften sich ausdrückende seelische Art sieht er dort das sehnsüchtige Verglimmen an. Sehnen und Verglimmen sind nun auch in der Phänomenologie für die Auflösung der schönen Seele gebrauchte Worte[58]. Dasjenige an Novalis, was Hegel zu diesem Urteil veranlaßte, ist die unendliche Bewegung des Gefühls bis ins Leere, und die Todessehnsucht gewesen. Im übrigen liegt der Stelle im geheimen eine Parallele zwischen der Seelenschwindsucht und der wirklichen Schwindsucht, an der Novalis starb, zugrunde. Bei einem späteren nochmaligen

Rückgriff auf die vorgehende schöne Seele fehlt sogar das Stichwort »Schwindsucht« in all seiner Doppeldeutigkeit nicht[59]. Die Unbekümmertheit, mit der diese Betrachtung geltend gemacht wird, mag einem Denker, dem das Innere und das Äußere in vollkommener Entsprechung stehen, vielleicht verziehen werden.

d) Wir gehen weiter zum dritten Stück[60] des dritten Teilabschnittes. Es läßt sich leicht in zwei Glieder zerlegen. Deutlich scheidet sich die Bewegung, in der der Standpunkt des Gewissens sich zersetzt[61] von der Hinüberführung zum höheren Standpunkte[62]. Zunächst ist das vordere Glied zu analysieren und zu erläutern.

In der bisherigen Entwicklung hat Hegel nicht berücksichtigt, daß die Einzelheit gegen die andern Einzelnen in Unterschiedenheit und Gegensatz steht. Wird nicht unter diesem Gegensatze die Einheit zwischen dem Selbst und dem Ansich, die das Gewissen darstellt, sich auflösen müssen? Was bleibt dann noch bei diesem Gegensatze vom Allgemeinen übrig als »die Worte«[63], in denen man das Ansich der reinen Pflicht festhält, während man mit der Tat und in der Wahrheit ein gegen die andern und das Allgemeine sich stellendes Einzelnes ist? So wie wir das Gewissen bisher kannten, stand es in der unschuldigen Selbstgewißheit des guten Menschen. Nun tritt die Reflexion ein: das Selbst weiß die Pflicht als leer und hat das positive Bewußtsein, ihr den Inhalt zu *»machen«*[64]. Es erhebt – die ganze Bewegung geht ja auf dem Standpunkt des Gewissens vor sich – weiter den Anspruch, nach dem innern Gesetz und Gewissen zu handeln, mithin die Pflicht zu vollbringen; nur erhebt es diesen Anspruch, obwohl es als das besondere Einzelne, das zum Allgemeinen im Gegensatze steht, sich weiß. Derart sich reflektierende Herabsetzung des Ansich oder Allgemeinen unter das Selbst aber ist Heuchelei. Ja, Hegel führt für diese Gestalt den Begriff des Bösen ein[65]. Es ist einer der feinsten Übergänge, die in der Phänomenologie vorkommen, dieser Übergang des Gewissens in das Böse. Vollendet ist das Böse[66] da, wo es seine eigene Heuchelei entlarvt, ohne sie darum aufzugeben, d. h. wo es sich als dem Allgemeinen entgegengesetzt und *eben darin* nach seinem Gewissen handelnd zugleich eingesteht, wo es die Empörung gegen das Allgemeine als sein eigenes inneres Gesetz ausspricht.

Es ist eine Eigenart des Hegelischen Denkens, daß aus einer sich zersetzenden Einheit immer zwei Gestalten sich entgegentreten. Bekommt im Bösen das Selbst das Übergewicht über das Ansich, so wird nun das Gewissen, das das Allgemeine als das Element seines Daseins festhält, dazu geführt, dem Bösen die Anerkennung zu verweigern. Es wird damit das *Urteil*[67], welches das Selbst unter das Ansich heruntersetzt, – womit es das Recht des Gewissens seinerseits verletzt. Die einmal so entfesselte Macht des Urteils ist notwendig schrankenlos gegen alles Handeln fremder Individualität. Indem es dem Bösen wegen seines Widerspruchs zum Allgemeinen die Gewissenhaftigkeit abspricht, durchschaut es, daß jeder Handlung überhaupt die Gewissenhaftigkeit sich absprechen läßt, weil jede Handlung partikular ist. Eben darum aber muß das Gewissen als Urteil zur Heuchelei werden, genau so wie das Böse auch. Indem es allein sich selbst, das Beurteilende, von dem Urteil ausnimmt, ist es da angekommen, wo das Böse steht – auch ihm besteht die Pflicht nur noch in Worten.

So sind das Böse und das Urteil dasselbe. An einem Punkte aber macht sich nun eine Unterschiedenheit geltend[68]. Das Böse vollendet sich ja, wie wir gesehen, in einem Eingeständnis: Ich bin's. Es vollzieht also von seiner Seite die Bedingung, in einer Anschauung der Gleichheit die Zerrissenheit des Gewissens in zwei Gestalten zu überwinden. Das als Urteil gegen es sich empörende Gewissen dagegen ist das harte Herz. Es verweigert dem Bösen Anerkennung und Gemeinschaft, schließt sich ihm nicht auf, stößt es von sich. So tritt nicht ein Zusammengehen zur Einheit ein, es entsteht vielmehr der tiefste und leidenschaftlichste Gegensatz, den die Phänomenologie und überhaupt Hegels Philosophie kennt. Die Entzweiung tritt auf ihren Gipfel. Dem entspricht nun auch eine seltene Schroffheit des Übergangs. Das zum harten Herz gewordene Gewissen, das in seinem Eifer wider das Böse, in seiner Weigerung, den auch in diesem lebendigen Geist anzuerkennen, sich auf die äußerste Spitze der Abstraktion begeben hat, – ist damit der zur reinsten Armut sich verflüchtigenden schönen Seele gleich. Die Unfähigkeit der schönen Seele, sich an das Wirkliche hinzugeben, und die Unfähigkeit des urteilenden Gewissens, mit dem Bösen als einer Geistgestalt sich in Mitteilung zu setzen, erscheinen als dasselbe, das sich nur in verschiedenen Beziehungen geltend macht. Nun denke man sich die wirklichkeitslose schöne Seele als hartes Herz unversöhnt in der leidenschaftlichsten Entzweiung des Daseins – ihr Untergang muß nun eine noch düsterere Farbe annehmen denn vorher, als vom Verglimmen die Rede war. Hegel spricht davon, daß die Härte des Fürsichseins sich auflöse und vergehe in einer Verrücktheit, die nur noch die geistlose Einheit des Seins hervorbringt[69]. –

War schon die Darstellung des Gewissens nach dem romantischen Individualitätsbegriff zu umgebogen, so sehen wir hier die romantische Lebensstimmung nach ihrer tiefsten Zerrissenheit in unbarmherzigen Strichen festgehalten. So braucht der Name, der den Übergang des Gewissens in das Böse und die Vollendung des Bösen bedeutet, nicht erst genannt zu werden. Es ist natürlich *Friedrich Schlegel.* Aus Hegel selbst läßt sich diese Gleichung belegen. In der Geschichte der Philosophie[70] ist der Verlust der Unschuld, dem nur noch das freie willkürliche »Machen« übrig bleibt, bei Schlegel herausgehoben und als Heuchelei gekennzeichnet. Aus der Rechtsphilosophie[71] kann gleichfalls ersehen werden, daß Fr. Schlegel Hegel mit den Fragen des sich zersetzenden Gewissens eng zusammenhing. So ist mir denn auch keinem Zweifel unterlegen, daß bei dem sich selbst in seiner Heuchelei entlarvenden Bösen von Hegel an Schlegels ›*Lucinde*‹ gedacht ist, – vielleicht auch noch an Schleiermachers Verteidigung der ›Lucinde‹[72]. In der Tat hätte Schlegel nicht besser eingeordnet werden können als so. Eben dies ist die Bewegung, die er vollzogen hat, – von dem Ursprung und der Rechtfertigung alles Handelns in der individuellen Totalität über das Prinzip der Willkür und der Ironie zur Verherrlichung des Gegensatzes gegen das Allgemeine schon um des Gegensatzes willen, ja zur Hymne auf die Frechheit und zur Anerkennung des Verbrechers. Die zugehörigen Belegstellen sind bei Haym[73] gesammelt; ich hebe Athenäum I 2 S. 127. 134[74] als besonders charakteristisch heraus. Besonders aber mag für Schlegels Einreihung durch Hegel ins Gewicht gefallen sein, daß er diejenige Gestalt der Romantik ist, die zur schönen Seele in scharfen Gegensatz tritt. Wofür außer der Rezension des ›Woldemar‹ noch zu vergleichen ist: ›Lucinde‹, Berlin 1799, S. 47 f. 51.[75] Was aber als Positives in Hegels Darstellung der ›Lucinde‹ erscheint, das Eingeständnis des »Ich bin's«, das ist auch andern ernsten Beurteilern als das Wertvolle erschienen[76].

Ist nun im Bösen Schlegel, insbesondere die ›Lucinde‹, wiedererkannt, so ist auch die Beziehung des zum Urteil werdenden Gewissens gegeben. Es ist eben jene gewöhnliche Sittlichkeit, die von Schlegel bekämpft und herausgefordert worden ist und die dann das Aburteil über die ›Lucinde‹ gefällt hat. Hegel bringt also zum Ausdruck, daß seine Charakteristik der ›Lucinde‹ keine Gemeinschaft mit der lieblosen und ungerechten Verurteilung der romantischen Sittlichkeit bedeutet. Soweit ist alles klar. Dies, daß bei Hegel das Böse dem Urteil vorangeht, während die innere Reihenfolge der geschichtlichen Entsprechungen die umgekehrte ist, kann den Tatbestand nicht verwirren. Solche Vorstellungen sind in seinem philosophischen Erinnern der Geschichte ja nicht ganz vereinzelt. Schwierig wird die Sache nur dadurch, daß Hegels Beispiele für das moralische Urteil deutlich auf die in der aufgeklärten Geschichtsschreibung übliche verkleinernde Psychologie hinweisen; die nächsten

Berührungen bei Hegel selbst finden sich in der Einleitung zur Philosophie der Geschichte[77]. Vermutlich erklärt sich diese Verwicklung der Beziehung daraus, daß die romantische Ethik – das ist ja trotz all ihrer an Schlegel offenbar gewordenen Fragwürdigkeit ihre Größe – sich der geschichtlich großen Männer gegen das gewöhnlich sittliche Urteil angenommen hat. Das schon erwähnte Fragment Schlegels[78] und Novalis Blütenstaub Nr. 106[79] mögen als Belege hinreichen. Der feine Blick, mit dem wiederum diese Stärke herausgehoben und das gewöhnliche Urteil durch eine unvergeßliche Formel[80] gebrandmarkt wird, zeigt, mit welchem Ernst sich Hegel die Probleme der Zeit angeeignet und durchdacht hat.

Bleibt nun noch die Frage, an wen Hegel gedacht hat bei der schönen Seele, die ein hartes Herz ist und durch ihre Unversöhntheit der Zerrüttung anheim fällt. Da die schöne Seele an dieser zweiten Stelle doch mit der an der ersten gleich ist, so läge es nahe, eine Deutung auf Novalis zu versuchen, um so mehr, als ja das Wort Schwindsucht erst jetzt gebraucht wird (s. o.). Aber Novalis' ganze Art versagt sich dieser Art Charakteristik. Man kann ihm schwerlich vorwerfen, daß er einen Gegensatz unversöhnt, Gemeinschaft versagend, festgehalten habe. Dagegen ist solche Beurteilung nicht völlig undenkbar gegenüber Hölderlin. *Hölderlin* hat die Art der zarten, wirklichkeitslosen schönen Seele und die eines die Welt im Bewußtsein eigener Hoheit und Göttlichkeit zurückstoßenden Geistes zugleich an sich getragen. Wem etwa am Hyperion trotz seines Urteils über die Deutschen und trotz seiner stolzen Einsamkeit der zweite Zug nicht deutlich genug ausgeprägt ist, der mag an den Empedokles sich erinnern. Man kann wohl sagen, daß diese Art mit an seinem Schicksal gewoben hat. So bleibt mir nichts andres übrig, als in der Verrücktheit, die nur noch die geistlose Einheit des Seins hervorbringt, eine Anspielung auf Hölderlins Untergang zu sehen. Nach der Unbekümmertheit, in der Novalis' Schicksal verwandt ist, wird diese Eiseskälte des Denkers, das Gericht über die innere Haltung in der Wirklichkeit nachzuweisen, auch gegenüber dem Freunde nicht mehr als unmöglich erscheinen. Wer aber diese Erklärung ablehnen will, den bitte ich, eine bessere zu geben. Ich habe mich lange gegen sie gesträubt; aber alle Versuche anders zu deuten sind mir verronnen.

So ist, um nur die Hauptmomente zusammenzufassen, mit Jacobi, Fichte, Novalis, Schlegel und Hölderlin die Eigenart der romantischen Bewegung, soweit sie Lebensanschauung ist und als solche ein Ethos hat, in klaren Zügen wiedergegeben. An wichtigen Erscheinungen, die in die Zeit bis 1806 fallen, könnte man nur eine vermissen: Schleiermacher. Aber was die Reden über die Religion auf ihrem eigentümlichen Gebiete bedeuten, das geht in den Zusammenhang Hegels nicht ein. Hegel hatte die Religion vor dem ihr eigens gewidmeten Abschnitte allein nach ihrer Verflechtung mit den Gestalten des Bewußtseins, aber nicht als selbständige Erscheinung zu behandeln. Nur als Andacht, als Gottesdienst, die in die Gewißheit des gewissenhaften Selbst gelegt werden können, kommt daher die Religion im ganzen dritten Teilabschnitt vor[81]. Was danach von Schleiermachers Gedanken in den Zusammenhang gehörte, wäre etwa das Ethos und die Frömmigkeit, die in den Monologen sich ausdrückt. Das läßt sich aber, wenigstens in der Kürze der Darstellung Hegels, von Fichte, noch mehr Novalis, z. T. auch Schlegel, nicht sondern. So ist mir zweifelhaft geblieben, ob Hegel auch die Monologen mit treffen wollte.

e) Auf den letzten zweieinhalb Seiten endlich läßt Hegel seine eigene Philosophie als die Einheit auftreten, in der die Zerrissenheit des romantischen Bewußtseins in Böses und schöne Seele gelöst und aufgehoben wird.

Die lösende Macht ist die Wundermacht des Geistes, der sich in keiner seiner Gestalten fangen läßt, dem auch die beiden Selbst, die jetzt im bittern Streit einander gegenüberstehen, nur Momente des Ganzen sind, sobald er sich in ihnen über sie erhebt, – er, der Meister über alle Tat und Wirklichkeit und allen Begriff, dem jede Todeswunde wieder heilt[82]. Dieser Geist erhebt sich in dem dem Allgemeinen hingegebenen und dabei zum Urteil gewordenen Selbst des Gewissens und bricht die Härte des sich versagenden Herzens. Er wird in ihm zu der Verzeihung, der Versöhnung. Die reinste Gestalt des Selbst schaut sich in der einzelnsten als ihr gleich an und erkennt sie damit an. In dieser Versöhnung ist der Geist sich der absolute, und darin besteht seine Absolutheit, »daß sein reines Wissen von sich selbst der Gegensatz und Wechsel mit sich selbst ist«[83], daß er ein in zwei entgegensetzten Selbsten sich erkennendes Selbst, ein »zur Zweiheit ausgedehntes Ich« ist, »das darin sich gleich bleibt, und in seiner vollkommenen Entäußerung und Gegenteile die Gewißheit seiner selbst hat«[84]. Indem aber so Hegels höchster philosophischer Gedanke dem in sich zerrissenen romantischen Bewußtsein die Einheit gibt, hat er die tiefste Zerrissenheit, die überhaupt in der Welt des Bewußtseins gedacht werden kann, überwunden. Das lösende Wort der Zeitgeschichte ist zugleich das lösende Wort der Geschichte des Geistes überhaupt.

2.

a) Bisher hat sich die Untersuchung ganz in den Gleisen der Analyse und der historischen Erläuterung bewegt. Jetzt drängt uns die Pflicht, zu einem wirklichen Verständnis des Ganzen zu gelangen, aus ihnen heraus zu größeren Gesichtspunkten. Dabei mag die verlockende Frage, wieweit Hegel der Romantik als Gesamterscheinung gerecht geworden sei, ruhig ausgeschaltet bleiben. Wichtiger ist die andre, welches Licht die bisher gewonnene Einsicht werfe auf den Weg, den Hegels Denken von den Frankfurter Fragmenten bis zur Phänomenologie durchmessen hat, und damit zugleich auch auf den Gesamtcharakter seiner Philosophie.

Das übliche Bild von Hegels Entwicklung in dieser Zeit ist

auch von Dilthey in den Papieren, die er zur Fortsetzung der Jugendgeschichte Hegels hinterlassen hat, nicht wesentlich berichtigt worden. Danach wächst – um es grob zu skizzieren – in der Jenenser Zeit unter Schellings Einwirkung aus den Frankfurter Ideen das System der intellektualen Anschauung heraus, bis dann aus ihm in der Selbstbefreiung von Schelling das eigentümliche System Hegels geboren wird, welches an der logisch-dialektischen Fassung des Wahrheitsgedankens seine Grundbestimmtheit hat. So weiß man wohl, daß die Vorrede zur Phänomenologie eine Lossage nicht nur von Schelling, sondern auch von der Romantik bedeutet. Mit dem Anziehen und Abstoßen Schellings kann man zur Not auch etwas, wenn auch etwas Bescheidenes, anfangen, da es sich hier um die wissenschaftliche Form des Gedankens handelt. Eine wirkliche innere Geschichte Hegels in diesen Jahren aber, und gar eine, die sich mit der Romantik selbst abgespielt hätte, glaubt man nicht annehmen zu sollen. Haym[85] hat das Urteil spitz genug ausgesprochen: »Nichts Neues, nichts Anderes ist jetzt aus diesem System geworden. Die Anschauungsweise Hegels von 1806 sieht der von 1801 so ähnlich, wie die Züge des Mannes den Zügen des Jünglings«. So hatte Dilthey keinen Widerspruch zu erwarten, wenn er Hegels ausgereiftes System als logisch-systematische Entfaltung der mystisch-pantheistischen Lebensansicht darstellte, die ihn in den Frankfurter Jahren mit Hölderlin verbunden hatte.

Nun trägt der von uns besprochene Abschnitt die Spuren eines persönlichen Ringens, von dem dieser ganze Aufriß nichts wissen darf. Geister scheinen Hegel beschäftigt zu haben, die in der Darstellung seiner Entwicklung keinen Platz zu finden pflegen, und, was vielleicht das Überraschendste ist, – Hegel hat sich von Hölderlins Lebensansicht, d. h. aber von der ganzen Lebensansicht der Frankfurter Jahre, innerlich geschieden. Das Gericht über Hölderlin, von dem die Phänomenologie zeugt, betrifft ja keineswegs die wissenschaftliche Gestalt der Ansicht, sondern die inner-

ste Stellung zum Wirklichkeitsganzen. Alles in allem: es taucht aus einigen verblaßten Spuren eine verklungene Krise in Hegels Denken vor uns auf.
Damit sind eine große Anzahl von Fragen und Aufgaben neu gestellt. Sie erstrecken sich bis in philologisch-literarische Einzelheiten hinein. So ist z. B. unvermeidlich eine Untersuchung, was Hegels System dialektisch und wissenschaftlich den Romantikern verdankt. Ist die Berührung der Phänomenologie, mit dem Wort von Fr. Schlegel, wie ich sie an den Anfang meiner Untersuchung gestellt habe, ein reiner Zufall? Sind nicht vielleicht Novalis' Fragmente z. T. zündende Blitze in Hegels Geist gewesen? Ich nenne als willkürliche Beispiele, wie sie einem beim blosen Blättern entgegenspringen: Blütenstaub Nr. 94, Schlegel-Tieck Nr. 24 f. 32. 50. 62. 72.[86] Ohne daß man sich auch auf solche Fragestellungen einläßt, wird in Hegels Werden kein Licht zu bringen sein. Es wäre doch mehr als wunderlich, wenn ein trotz allem so romantisch überhauchtes Werk wie die Phänomenologie nicht von Berührungen der Art Kunde gäbe. Aber sinnvoll werden diese Kleinigkeiten natürlich erst, wenn man sie für eine neue Gesamtgeschichte der Jenenser Jahre fruchtbar macht.
b) Es widerstrebt mir, rein im Programmatischen stecken zu bleiben. So suche ich der beschriebenen Gesamtaufgabe vorzuarbeiten durch einen skizzenhaften *Vergleich zwischen dem erläuterten Abschnitt der Phänomenologie und den Frankfurter Fragmenten.* Woher kommt es, daß Hegel am Begriff der schönen Seele das Unglück und die Wirklichkeitslosigkeit so stark unterstrichen hat? Allein aus der Verbindung von Schwermut und Seelenschönheit im ›Woldemar‹[87] und aus der Mischung von Schmerz und Seligkeit in der Lebensstimmung des ›Hyperion‹? Man muß doch wohl vor allen Dingen daran erinnern, daß Hegel in den Frankfurter Fragmenten[88] Jesus in seinem Verhalten zum Schicksal und auf seinem Kreuzeswege als schöne Seele verstanden hat. Das hat dem Begriffe seine Farbe gegeben. Diese

Berührung führt nun in ein ganz verwickeltes Verhältnis von Verwandtschaft und Gegensatz hinein.

Die Gegensätze fallen zuerst auf. Schon das rein Äußerliche kann nicht ganz belanglos sein, daß die unmittelbare Gleichung zwischen der schönen Seele und Jesus gelöst ist. Auch sonst trägt der Abschnitt der Phänomenologie noch Spuren der Zerstörung einer spezifisch-religiösen Beziehung an sich. Man vergleiche den weltlichen Gebrauch der Wendung »binden und lösen«[89] mit dem bestimmter religiösen S. 291 f. Nohl.[90] An sich ist ja nun diese Lösung der schönen Seele von Jesus nur erwünscht. Bei der Art, in der Hegel von ihrem Untergang spricht, wäre ja das Festhalten der Beziehung die schlimmste aller romantischen Frechheiten gewesen. Über die Tragweite der Wandlung aber ist schwer klar zu werden. *Einerseits* ist das Erscheinen von Hegels höchstem philosophischen Gedanken aus dem Boden des Urchristentums in den des romantischen Geistes versetzt. Das fügt sich gut mit der Vorrede zur Phänomenologie[91] zusammen und zeigt auch seinerseits, daß Hegel an der romantischen Erwartung einer neuen Zeit teilgenommen, ja, seine Philosophie als Beginn ihrer Erfüllung verstanden hat. *Andrerseits*, es besteht zwischen dem Geschick der schönen Seele und der Geburtswehe der absoluten Religion, die Hegel[92] schildert und in die auch Jesus hineinzustellen ist, eine gewisse Verwandtschaft – äußerlich schon darin erkennbar, daß beide auf das unglückliche Bewußtsein zurück zeigen. Eine sehr mittelbare Beziehung auf Jesus ist also der schönen Seele geblieben; welches Gewicht man ihr beilegen will, hängt von der Bewertung der Parallelismen der Phänomenologie im allgemeinen ab. Jedenfalls ergibt sich, daß Hegel den Geist der erwarteten neuen Epoche und den Geist des Christentums aufeinander bezogen, und seine Neuschöpfung nicht in Gegensatz zum Anspruch der christlichen Religion gestellt hat.[93]

Tiefer in den Kern kommen wir mit dem *sachlichen* Gegensatze: die innere Stellung Hegels zur schönen Seele hat sich gegen die Frankfurter Fragmente völlig verschoben. In diesen ist die schöne Seele die Bewährung des Gefühls des reinen Lebens – also das Höchste, was Hegels Philosophie damals kennt – im Verhältnis zum Schicksal. Sie ist die Verzeihung und Versöhnung selbst, in der als der Einheit alle Trennungen des Gegensatzes überwunden sind. Die Liebe, die im wirklichen Leben die Entgegensetzungen aufhebt, und die Andacht, die sich zum Gefühl des unendlichen Lebens erhoben hat, sind jene ihre Erscheinung, diese der Quellpunkt ihrer Lebendigkeit. In der Phänomenologie ist die schöne Seele herabgesunken zum Ausdruck der tiefsten Krise vor dem Entscheidenden. Die Verzeihung und Versöhnung ist gerade das, was sie überwindet, was ihr als dem harten Herzen, das sich im Bösen nicht wieder erkennt, zum Gerichte wird. Damit hat Hegel selbst der Lebensstimmung der Frankfurter Zeit das Urteil gesprochen. Man hat damit zu vergleichen, was Hegel in den Frankfurter Fragmenten S. 322 ff. 327 ff. sagt.[94] Dort ist die Trennung und Flucht vor der Welt auch schon als Mangel empfunden, aber nicht aus der Haltung der Seele, sondern aus dem Schicksal erklärt. Jetzt erscheint die schöne Seele in einer Lage, die vom Schicksal nicht mehr berührt wird, und eben darum als in sich beschränkt.[95]

Damit ist aber schon gesagt, daß sich der ganze Aufbau der Begriffe gegenüber den Frankfurter Fragmenten verschoben hat. Dort wird die schöne Seele begriffen in einer Dialektik gegenüber dem Schicksal; alle andern bestimmten Verhältnisse werden in Analogie zum Schicksal verstanden. Das unendliche Leben und in irgend einer Gestalt das Schicksal, das sind die Beziehungen, in die der Mensch gestellt ist. In der Phänomenologie dagegen tritt die schöne Seele hervor aus der Dialektik des Gewissens. Nicht mehr die Tapferkeit und das Leiden, sondern das unvollendete und das böse Gewissen bleiben als die dialektisch nächsten Gestalten hinter ihr zurück.

Und so wäre denn der Gegensatz zwischen den beiden

Schriften auf die Spitze gestellt worden. Er ist so tief, daß die gleichwohl vorhandene Verwandtschaft im einzelnen dann nur noch die Veränderung der Stellung beleuchten kann. So entwickelt Hegel unter dem Begriff der Liebe in den Frankfurter Fragmenten vieles, was sich mit dem in der Phänomenologie unter dem Begriff des Gewissens Gesagten berührt[96]. So ist in der Überwindung des Zorns der Rechtschaffenheit durch die verzeihende Liebe[97] schon Hegels Stellung gegenüber dem zum Urteil gewordenen Gewissen vorgebildet. Gleichwohl erweist sich beim Eindringen in die feineren Bestimmungen immer, daß alles in eine ganz andre Welt transportiert worden ist. Die Bestimmungen der Phänomenologie bewegen sich in der Welt der höchsten Reflexion; die der Frankfurter Fragmente betreffen ziemlich einfache seelische Tatbestände. In den Frankfurter Fragmenten handelt es sich in der Versöhnung darum, dem Sünder in die rechte Stellung zum Leben hineinzuhelfen; die Liebe stellt Einheit des Lebens her[98]. Die Formel, daß »nur gleiche Geister sich erkennen und verstehen«, ist ganz dieser Betrachtung eingeordnet. In der Phänomenologie geht es darum, in der Versöhnung das zwei entgegengesetzte Selbste anerkennende Selbst, den in der Entäußerung seiner gewiß bleibenden absoluten Geist zu bekommen. Von einer Hilfe, einer Umwandlung des Bösen, ist nicht die Rede; dergleichen hat es, indem es sich aus eigener Bewegung bekennt und damit der Versöhnung offen ist, nicht nötig.
J. Schmidt-Japing hat[99] im Standpunkt der Frankfurter Fragmente auch eine »naturhafte« Seite erkennen wollen. Ich kann den Terminus jetzt aufnehmen, freilich nicht, ohne ihn nach Inhalt und Beziehung ganz gegen Schmidt-Japings Absicht zu wenden. Für den Standpunkt, den Hegel in der Phänomenologie inne hat, haftet den Frankfurter Fragmenten allerdings etwas ›*Naturhaftes*‹ an. Es steht in ihnen noch nicht wie in der Phänomenologie das Verhältnis der Person zu sich selber im Mittelpunkte; der Begriff des Selbst ist ihnen noch unbekannt, sie reden von Subjekt und Objekt

mit einer Einfachheit, die gegenüber den reichen und verwickelten Bestimmungen der Phänomenologie ein wenig simpel wirkt. Der einfache Begriff der lebendigen Einheit einer Mannigfaltigkeit hat Hegel noch gegen Ende der Frankfurter Zeit zugereicht, um den Geist zu bestimmen, der das unendliche Leben ist[100]. Ebenso ist der Mensch als Leben, das zugleich Teil der unendlichen Vielheit und selber unendliche Vielheit ist, erschöpfend beschrieben[101]. Vereinigung und Beziehung, Entgegensetzung und Trennung sind die keine inneren Verwicklungen hervorrufenden Kategorien, die die Individuen und das unendliche Leben ins Verhältnis setzen.

Der tiefste Erwerb der Jahre von 1800 bis 1806 für Hegel muß nach dem allen der sein, daß er den Begriff des Selbst, des Subjektes gefaßt hat. Diesen Erwerb verdankt er der Auseinandersetzung mit dem romantischen Geiste, und es wäre ungerecht, zu verkennen, daß dabei auch eine positive Befruchtung stattgefunden hat. Hegel hat selbst in der Vorrede zur Phänomenologie als den Gesichtspunkt, auf den »alles ankomme,« hervorgehoben, »das Wahre nicht nur als Substanz, sondern ebensosehr als Subjekt aufzufassen und auszudrücken«[102]. Ich glaube, diesen vielberufenen Worten einen neuen Nachdruck verliehen zu haben, indem ich ihre polemische Spitze ganz anders als bisher auch gegen die eigne Vergangenheit Hegels gekehrt sehe und ein nicht rein negatives Verhältnis zur Romantik darin anerkannt finde.

Die sachliche Bedeutung dieser Beobachtungen läßt sich am leichtesten an der Verwicklung überschauen, die nun die Frage nach Hegels Pantheismus nimmt. Hätte Dilthey recht darin, daß man einfach aus dem Gedicht Eleusis und den Frankfurter Fragmenten die Hegels System beseelende letzte Gesinnung ablesen könnte, dann wäre Hegel selbstverständlich Pantheist. Das philosophische Verständnis des persönlichen Lebens, das Hegel in Frankfurt hatte, reicht über das des Spinoza nicht übermäßig weit hinaus, und ich glaube, man darf in mancher Spinozakritik späterer Zeit eine auch die Frankfurter Epoche mit umfassende Kritik seiner eigenen Vergangenheit sehen[103]. Die Frage aber ist, welches Verhältnis zum Pantheismus der Hegel hatte, der, beim Durchgang durch die Romantik persönlich und philosophisch vertieft, das Wahre als Subjekt fassen gelernt hatte. Und diese Frage muß entschieden werden an dem Begriff vom absoluten Geist, der am Schlusse des von uns besprochenen Abschnitts der Phänomenologie herausspringt. In diesem Begriffe eines Geistes, der Selbst wider Selbst als eigenes Selbst umspannt und in sich versöhnt, liegt der kühnste und tiefste Gedanke, den die Philosophie bisher zu denken gewagt hat. Es ist ein energischer Versuch, die spekulative Einheit und die Selbständigkeit persönlichen Lebens ineinander zu schauen.

c) In einer Abhandlung, die sich auf den Abschnitt über die Moralität beschränkt, kann diese Frage natürlich nicht entschieden werden. Ihre Lösung setzt voraus, daß die Art, in der Hegel in der Phänomenologie das Selbst zustande kommen läßt, genau beobachtet und kritisch erwogen werde. So suche ich den systematischen Abschluß, in dem die Erklärung eines Denkers immer sich vollenden sollte, so, daß ich ein rein sachliches, von geschichtlichen Bezügen nicht belastetes Problem herausstelle: *wieweit hat Hegel, nach dem Abschnitt über die Moralität zu urteilen, das Ethische verstanden?*

An zwei Stellen haben sich mir gegenüber Hegels Auffassung des Ethischen schwere Bedenken aufgedrängt. *Einmal*, Hegel teilt die der kantischen moralischen Weltanschauung und dem fichtisch-romantischen Gewissen gemeinsame Voraussetzung, daß die reine Pflicht als solche leer sei und erst durch irdisch-zufälligen Stoff aufgefüllt zur Konkretheit gelange[104]. Eben diese Voraussetzung aber muß angefochten werden. Mir scheint das Ethische zu stehen und zu fallen mit einem göttlichen Guten, das nicht formal und leer, sondern inhaltreich und konkret sei, das aber seinen Inhalt nicht aus der Individualität und überhaupt aus den Bestimmungen dieser Welt nehme, sondern ihn in sich selbst trage und in dem Irdischen nur ausdrücke. Und *zweitens*, Hegel beschreibt den wunderbaren Geist, dem alle Wunden ohne Narben heilen, dem Geschehenes ungeschehen wird, als in uns und durch uns vermöge einer Erhebung werdend. Nun meine ich, daß wir gebunden sind an unsre Wirklichkeit und unsre Tat, schon rein faktisch, und daß uns das Ethische eine *solche* Lösung von der Wirklichkeit, auch wenn sie möglich wäre, verbietet.

Wenn ich nun aber von dieser Umbiegung, diesen beiden Voraussetzungen aus die Dialektik des Gewissens durchdenke, komme ich zur Wahrnehmung einer andern Bewegung, als Hegel sie zeichnet. Auch mir ergibt sich eine Entzweiung zwischen der Gewissen gewordenen Seele und dem Bösen; aber dieses Böse liegt in jener Gewissen gewordenen Seele (die darum auch nicht als schöne bezeichnet werden kann) drin, so daß die tiefste Empörung des selbstbewußten Geistes schon im Innern einer einzigen menschlichen Person sich vollbringt und der Untergang der Gewissen gewordenen Seele am Widerspruch des Bösen als Verzweiflung beschrieben werden muß, nicht als Schwindsucht. Und damit bin ich dann am Ende aller Dialektik. Denn nun den also in sich verzweifelten Geist selbst zum Adlerflug empor zur Versöhnung in sich selbst hin sich erheben zu lassen, bin ich nicht imstande. Die Macht, die die Wunden narblos heilt und Geschehenes ungeschehen machen kann, entzieht sich der dialektischen Vermittlung.

Anmerkungen

1 [Bei Hoffmeister 423-472. E. Hirschs Seitenverweise sind im folgenden auf Hoffmeisters Ausgabe der Phänomenologie umgestellt.]

2 Ebenda 424-434.

3 Ebenda 434-444.

4 Ebenda 445-472.
5 [Die Ziffern stammen von Lasson.]
6 Athenaeum. Eine Zeitschrift von A. W. Schlegel und Fr. Schlegel. Erster Band. Zweites Stück. Berlin 1798. 146. [Kritische Friedrich-Schlegel-Ausgabe. Hrsg. v. E. Behler. München 1967. Band II. Erste Abteilung. 255.]
7 Phän. 422.
8 Ebenda 471.
9 G. W. F. Hegel: Werke. Berlin 1832. Band I. 1 ff. [*II. 287 ff.*]
10 G. W. F. Hegel: Grundlinien der Philosophie des Rechts. Hrsg. v. J. Hoffmeister, Hamburg 1955. § 135, S. 121. [*VII. 252 ff.*]
11 Phän. 429 f.; vgl. 441.
12 I. Kant: Religion innerhalb der Grenzen der bloßen Vernunft. Hrsg. v. K. Kehrbach. Leipzig o. J. 103. 110 f.
13 Hegels theologische Jugendschriften. Hrsg. v. H. Nohl. Tübingen 1907. 265. [*I. 322*]
14 Hegel. Werke. Berlin 1832. Band I. 343 ff. [*II. 453 ff.*]
15 Ebenda 349 ff. [*II. 459 ff.*]
16 G. W. F. Hegel: Werke. Berlin 1836. Band XV. 592 f. [*XX. 368 f.*]
17 Vgl. z. B. Phän. 435 mit Werke. Band XV. 595. [*XX. 371*]
18 J. G. Fichte: Werke. Hrsg. v. F. Medicus. Leipzig 1911. Zum Beispiel Band I. 23.
19 J. G. Fichte: Werke. Band III. 403
20 A.a.O. 121 ff.; Werke. Berlin 1833. Band VIII. 179 ff. [Mit dem von E. Gans redigierten Zusatz.] [*VII. 254 ff.*]
21 Werke. Berlin 1836. Band XV. [*XX.*]
22 Phän. 462.
23 Ebenda 151-171.
24 Fr. Schleiermacher: Grundlinien einer Kritik der bisherigen Sittenlehre. Berlin 1803. 61 u. ö.
25 Phän. 462.
26 Ebenda 164.
27 Ebenda 447 u. ö.
28 Ebenda 434.
29 Ebenda 451.
30 Ebenda 460.
31 Ebenda 447 f.
32 Ebenda 452 f.
33 Ebenda 454 f.
34 Ebenda 456.
35 Vgl. vorgreifend ebenda 465 unten.
36 Ebenda 445-456. [Bei Lasson vom zweiten Absatz des Abschnitts c. an mit »1.« beziffert.]

37 Ebenda 456-463. [Ab »Dies reine Wissen ist...« bei Lasson mit »2.« beziffert.]
38 Ebenda 450.
39 Vgl. ebenda 458 f. 460. 465.
40 Ebenda 461-463.
41 Ebenda 445-463.
42 Ebenda 460.
43 Vgl. Fr. H. Jacobi: Woldemar. Neue verbesserte Ausgabe. Königsberg 1796. Zweiter Teil. 173. 219. [Fr. H. Jacobi: Werke. Leipzig 1820. Band V. 379. 417.]
44 Fichte hat später in streng wörtlichem Anschluß an den Woldemar vom »sittlichen Genie« gesprochen, s. vor allem Sittenlehre v. 1812, VI, 113 Medicus, und vergleiche schon Sittenlehre 1798 III § 16, II, 579 Medicus. Es hat zwischen Jacobi und Fichte ein Her- und Hinüberwirken stattgefunden, bei dem beide Teile empfangen haben.
45 Jacobi: a.a.O. Erster Teil. 100 f. [Werke. Band V. 87 f.]
46 A.a.O. Zweiter Teil. 241. [Werke Band V. 436.]
47 A.a.O. Erster Teil. 94 f. Zweiter Teil. 131. [Werke Band V. 81 f. 347.]
48 Die Belege sind bei E. Hirsch: Fichtes Religionsphilosophie. Göttingen 1914. 29 f. zusammengestellt.
49 Werke. Hrsg. v. F. Medicus. Band II. 717.
50 Phän. 461 f.
51 Ebenda 461.
52 Novalis: Schriften. Hrsg. v. J. Minor. Jena 1923. Band IV. 231 bis 234; bes. 232 f.
53 Nebenher sei erwähnt, daß der Titel eines andern Abschnitts ›Das geistige Tierreich usw.‹ (Phän. 285.) an eine Stelle aus dem ›Hyperion‹ anknüpft: »Es war mir hie und da, als hätte sich die Menschennatur in die Mannigfaltigkeit des Tierreichs aufgelöst, wenn ich umherging unter diesen Gebildeten.« (Fr. Hölderlin: Werke. Hrsg. v. M. Joachimi = Dege. Berlin o. J. Zweiter Teil. 47.) [Große Stuttgarter Ausgabe. Hrsg. v. Fr. Beissner. Stuttgart 1957. Band III. 22.]
54 Phän. 462.
55 Ebenda 462.
56 A.a.O. 59. [37 f.]
57 G. W. F. Hegel: Werke. Berlin 1836. Band XV. 644. [*XX. 418*]
58 Phän. 463.
59 Ebenda 470.
60 Ebenda 463-472. [Ab »Dies stille Zusammenfließen...« von Lasson mit »3.« beziffert.]
61 Ebenda 463-470.

62 Ebenda 470-472.
63 Ebenda 463.
64 Ebenda 464.
65 Ebenda 464.
66 Ebenda 465.
67 Ebenda 466-468.
68 Ebenda 468 f.
69 Ebenda 470.
70 G. W. F. Hegel: Werke. Berlin 1836. Band XV. 642. [*XX. 415 f.*]
71 G. W. F. Hegel: Werke. Berlin 1833. Band VIII. 188 ff. (§ 140 f. und Zusatz). [*VII. 265 ff.*]
72 Vgl. dazu Rechtsphilosophie. Zusatz zu § 164. Werke. Berlin 1833. Band VIII. 229. [*VII. 317 f.*]
73 R. Haym: Die romantische Schule. Berlin [4]1920. 567 ff.
74 Athenaeum. Erster Band. Zweites Stück. 127. 134. [Krit. Fr.-Schlegel-Ausg. Hrsg. v. E. Behler. München 1967. Band II. Erste Abteilung. 243. 248.]
75 Fr. Schlegel: Lucinde. Berlin 1799. 47 f. 51.
76 Vgl. W. Dilthey: Leben Schleiermachers. Berlin/Leipzig [2]1922. Band I. 534.
77 Hegels Vorlesungen zur Philosophie der Weltgeschichte. Hrsg. v. Fr. Brunstädt. Leipzig 1907. 68 f. [*XII. 48*]
78 Athenaeum a.a.O. 134 [248].
79 Novalis: Schriften. Hrsg. v. J. Minor. Jena 1923. Band II. 137.
80 Phän. 468.
81 Ebenda 460 f.
82 Vgl. ebenda 469 f.
83 Ebenda 471.
84 Ebenda 472.
85 R. Haym: Hegel und seine Zeit. Berlin 1857. 221.
86 Novalis: Schriften. Hrsg. v. J. Minor. Jena 1923. Band II. 134 f. 180 f. 182. 190 f. 196. 199.
87 A.a.O. Teil I. 15.
88 Hegels theologische Jugendschriften. Hrsg. v. H. Nohl. Tübingen 1907. 285 ff. 327 ff. [*I. 349 ff.; 399 ff.*]
89 Phän. 456.
90 Hegels theologische Jugendschriften. Hrsg. v. H. Nohl. Tübingen 1907. 291 f. [*I. 357*]
91 Phän. 15 ff.
92 Ebenda 525.
93 Vgl. für dies dialektische Schweben Franz Rosenzweig: Hegel und der Staat. München/Berlin 1920. Band I 219-221.
94 Hegels theologische Jugendschriften. A.a.O. [*I. 394 ff.; 399 ff.*]

95 Über meine Stellung zu der scharfsinnigen und klaren Schrift von Joh. Wilh. Schmidt-Japing: Die Bedeutung der Person Jesu im Denken des jungen Hegel, Göttingen 1924 – der ich die Bezeichnung »Frankfurter Fragmente« übrigens entlehnt habe – siehe Theol. Lit.-Ztg. 1924 Nr. 9. Ich bin ihrer Problemstellung Dank schuldig, ohne mir doch ihre Lösungen irgendwie aneignen zu können.
96 Vgl. Hegels theologische Jugendschriften. 293 ff. [*I. 359 ff.*]
97 Ebenda 287 ff. [*I. 352 ff.*]
98 Hegels theologische Jugendschriften. 289 ff. [*I. 354*]
99 A.a.O. 529 Anm. 1.
100 Hegels theologische Jugendschriften. 347. [*I. 421*]
101 Ebenda 345 f. [*I. 419*]
102 Phän. 19.
103 Vgl. schon Phän. 13.
104 Phän. 452.

Georg Lukács
Die Entäußerung als philosophischer Zentralbegriff der »Phänomenologie des Geistes«

Bevor wir an die ausführliche Analyse des Begriffs der »Entäußerung« herangehen, wird es nützlich sein, wenigstens in einigen Worten die bisherige Entwicklung dieses Problems, die Entstehung dieses Begriffs bei Hegel zu rekapitulieren. Erinnern wir uns nur daran, daß bei dem jungen Hegel in der republikanischen Berner Periode die »Positivität« eine Institution oder einen Gedankenkomplex bezeichnet hat, der der Subjektivität des Menschen, vor allem der der menschlichen Praxis fremd, in toter Objektivität gegenüberstand. Schon damals war diese »Positivität« dazu geschaffen, um den spezifischen Charakter der modernen Gesellschaft zu bezeichnen. Damals stellte jedoch der junge Hegel das »unpositive« Zeitalter der griechischen Demokratie der modernen Zeit schroff und ausschließend gegenüber. Seine Geschichtsphilosophie bestand in der revolutionären Hoffnung, daß die Erneuerung der Antike in der und durch die französische Revolution ein neues Zeitalter der Freiheit, der wirklichen Herrschaft des Menschen, ein Zeitalter ohne »Positivität« ins Leben rufen werde.

Der Zusammenbruch dieser Hoffnungen, der die Frankfurter Krise in Hegels Denken hervorrief, bringt, kurz gefaßt, eine historischere und dialektischere Auffassung der »Positivität« mit sich. Die modernen Institutionen sind nicht mehr von vornherein starr und hoffnungslos positiv, sondern es wird immer wieder konkret untersucht, wie etwas »positiv« geworden ist, wie die Beziehung von gesellschaftlicher Praxis der Menschen und Institutionen der Gesellschaft sich historisch konkret wandelt, entsteht und vergeht. Die Ent-

[Aus: Georg Lukács: *Der junge Hegel.* Über die Beziehungen von Dialektik und Ökonomie. Zürich 1948. 680 ff.]

wicklung dieser größeren historischen Konkretheit läuft, wie wir wissen, parallel mit dem allmählichen Erarbeiten der gedanklichen Ergebnisse der klassischen Ökonomie Englands durch Hegel, mit dem wachsenden Interesse für die ökonomischen Probleme des Kapitalismus, mit der wachsenden Einsicht in sie. Und wir wissen ebenfalls, daß im Laufe dieser Wachstumskrise Hegels ihm die Konzeption der spezifischen Form seiner Dialektik bewußt geworden ist. Je weiter dieser Prozeß fortschreitet, je entfalteter das Weltbild Hegels wird, desto mehr tritt der Begriff der »Positivität« in der Hegelschen Terminologie in den Hintergrund. Er verschwindet niemals vollständig. Er wird jedoch immer mehr in dem spezifischen Sinne behandelt, in welchem Jurisprudenz und Theologie vom positiven Recht oder positiver Religion zu sprechen pflegen. Die philosophische Verallgemeinerung der Berner und Frankfurter Periode verschwindet. Dabei ist es für Hegel charakteristisch, daß der Terminus »positiv« einen ablehnenden Beigeschmack behält. Die Entwicklungsphilosophie Hegels duldet es nicht, daß irgendeine Institution sich auf ihr langes Bestehen als auf einen Rechtstitel für die weitere Existenz berufe. Diese Art der »Positivität« behandelt Hegel noch lange Jahre nach der Jenaer Periode als etwas Totes, aus dem Wege der Geschichte zu Räumendes.

Aber die Entfaltung und Vertiefung der Hegelschen Philosophie drängt nur den Terminus »Positivität« beiseite, nicht aber jenes Problem, das in Frankfurt mit diesem Wort bezeichnet wurde, nämlich die dialektische Beziehung der menschlichen Praxis in der Gesellschaft zu ihren von ihr selbst geschaffenen Objekten. Wir brauchen hier die Ergebnisse unserer Analyse der Jenaer Periode von Hegels Entwicklung weder bezüglich des gesellschaftlichen Inhalts, noch der philosophischen Terminologie zu rekapitulieren. Immer mehr setzt sich – bei einem ununterbrochenen Experimentieren mit der Terminologie – der Gedanke durch, daß in der gesellschaftlichen Praxis der Menschen die ursprüngliche Unmittelbarkeit, das Naturhafte überwunden wird und überwunden werden muß und sich in diesem Prozeß durch ein System von Gebilden ersetzt, die die menschliche Praxis durch eigene Arbeit geschaffen hat; durch Arbeit, welche nicht nur diese gesellschaftlichen Gegenstände hervorbringt, sondern auch das menschliche Subjekt umformt, indem sie auch hier die ursprüngliche Unmittelbarkeit aufhebt und das Subjekt sich selbst entfremdet.

Im Kampf zuerst mit dem subjektiven Idealismus, dann mit der Schellingschen Form des objektiven, entsteht bei Hegel die neue philosophische Terminologie für den adäquaten gedanklichen Ausdruck dieser neuerarbeiteten Zusammenhänge, für das Erheben in die philosophische Allgemeinheit jener Formen der gesellschaftlichen Gegenständlichkeit, die er durch Studium von Ökonomie und Geschichte erarbeitet hat. So erlangen Kategorien, wie Vermittlung, Reflexion, etc. ihren spezifischen Hegelschen Sinn, so wird die bereits in Frankfurt in abstrakter Weise formulierte Theorie von der Einheit der Widersprüche in spezifisch Hegelschem Sinn zu einer entfalteten Theorie über die Bewegung der Widersprüche und ihre Aufhebung. Im Laufe dieser Entwicklung enthalten nun die Termini »Entäußerung« oder »Entfremdung« ihre zentrale Stelle im Hegelschen System. Die genaue Geschichte ist schwer zu schreiben. Wir haben gesehen, daß noch die Vorlesungen von 1803/4 vielfach mit Schellingscher Terminologie arbeiten. In den Vorlesungen von 1805/6 taucht immer wieder das Wort »Entäußerung« auf, ist aber noch lange nicht der herrschende Terminus, obwohl in beiden Vorlesungen, besonders in der letzteren sehr viel gesellschaftliche und philosophische Probleme, die in der »Phänomenologie« als Probleme der »Entäußerung« behandelt werden, dem Wesen der Sache nach, schon in demselben Sinne aufgeworfen und gelöst, nur noch nicht terminologisch dem späteren Grundbegriff subsumiert werden. Erst in der »Phänomenologie« wird das neue Begriffssystem konsequent durchgeführt.

An und für sich sind die Ausdrücke »Entäußerung« und »Entfremdung« keine neuen. Sie sind einfach die deutschen Übersetzungen des Wortes: »alienation«, das sowohl in der englischen Ökonomie für die Bezeichnung der Veräußerung der Ware, wie in fast allen naturrechtlichen Theorien des Gesellschaftsvertrags für die Bezeichnung des Verlustes der ursprünglichen Freiheit, der Übertragung, Veräußerung der ursprünglichen Freiheit an die durch den Vertrag entstandene Gesellschaft benutzt wurde. Philosophisch wurde, soweit mir bekannt ist, die »Entäußerung« schon von Fichte benutzt usw. Sowohl in dem Sinne, daß das Setzen des Objektes eine Entäußerung des Subjekts ist, wie in dem, daß das Objekt als eine »entäußerte« Vernunft aufzufassen sei[1].

Das Problem selbst, wenn auch mit einer anderen Terminologie, taucht in einer Arbeit des jungen Schelling auf. Da diese Bemerkungen sowohl den Spürsinn des jungen Schelling für neue Probleme, wie seine immer extreme, immer übertreibende, immer die eigenen dialektischen Ansätze zur Erstarrung führende Geistesart, im Gegensatze zu Hegel sehr gut charakterisieren, führen wir sie hier an. Schelling nennt das, was Hegel später als »Entäußerung« bezeichnen wird, hier »Bedingen«. »*Bedingen* heißt die Handlung, wodurch etwas zum *Ding* wird, *bedingt*, das was zum Dinge gemacht ist, was zugleich erhellt, daß nichts *durch sich selbst als Ding* gesetzt sein kann, d. h. daß ein unbedingtes Ding ein Widerspruch ist. *Unbedingt* nämlich ist das, was gar nicht zum Ding gemacht ist, gar nicht zum Ding gemacht werden kann.«[2] Es unterliegt keinem Zweifel, daß der junge Schelling hier in einer sehr abstrakten Form dasselbe Problem streift, mit welchem der junge Hegel so schwer gerungen hat. Er findet aber leicht eine elegante und geistreiche Lösung, die »nur« den kleinen Fehler hat, daß sie zwischen Praxis und Gegenstand einen unüberbrückbaren Abgrund aufreißt und gerade dadurch das selbst gestellte Problem für Schelling unlösbar macht. Da nun diese terminologischen Experimente sowohl bei Fichte wie bei Schelling Episoden sind, die auf die grundlegenden Probleme ihres philosophischen Systems keinen entscheidenden Einfluß ausüben, können wir, trotz all dieser Vorläufer, das Begriffssystem der »Phänomenologie« als eine ganz originelle Leistung von Hegel selbst ansehen.

In der »Phänomenologie« erscheint nunmehr die »Entäußerung« auf einer ganz hohen Stufe der philosophischen Verallgemeinerung. Der Begriff hat sich bereits weit über sein ursprüngliches Entstehungs- und Anwendungsgebiet, über Ökonomie und Gesellschaftsphilosophie erhoben. Trotzdem kann man in seiner philosophischen Anwendung durch Hegel ziemlich genau die verschiedenen Bedeutungen feststellen, die aus dieser ursprünglichen Anwendung und aus der späteren philosophischen Verallgemeinerung entstanden sind. In dieser Hinsicht lassen sich bei Hegel im Begriff der »Entäußerung« drei Stufen unterscheiden.

Erstens die mit jeder Arbeit, mit jeder ökonomischen und gesellschaftlichen Tätigkeit des Menschen verknüpfte komplizierte Subjekt-Objekt Beziehung. Es entsteht hier das Problem der Objektivität der Gesellschaft, ihrer Entwicklung, der Gesetze dieser Entwicklung, bei voller Aufrechterhaltung des Gedankens, daß die Menschen ihre Geschichte selbst machen. Also die Geschichte als dialektische, komplizierte, an Wechselwirkungen und Widersprüchen reiche Entwicklung der menschlichen Gattung durch die Praxis der vergesellschafteten menschlichen Individuen. Hier hat Hegel in der dialektischen Auffassung der Beziehung von Subjektivität und Objektivität einen außerordentlichen Schritt vorwärts getan. Und zwar sowohl den Gesellschaftstheorien der alten Materialisten gegenüber, die die subjektive Rolle der menschlichen Praxis mit der Objektivität der zumeist naturhaft aufgefaßten gesellschaftlichen Gesetzmäßigkeiten (Klima etc.) nicht vereinigen konnten und aus den Antinomien der jeweiligen Übertreibung eines dieser starr aufgefaßten Momente nicht hinausgelangen konnten. Andererseits entsteht hier ein großer Fortschritt Kant und Fichte gegenüber, bei denen die Notwendigkeit und die Objektivität eine der Freiheit, der Praxis gegenüber völlig heterogene, fremde, ausschließend andere Welt bildet. Schelling ist bekanntlich auch in seiner objektiv-idealistischen Periode nur in der Form von dunkeln Ahnungen über dieses Dilemma hinausgekommen, mehr deklarativ als philosophisch.

Zweitens handelt es sich um die spezifisch kapitalistische Form der »Entäußerung«, um das was Marx später Fetischismus nennen wird. Hegel hat hier selbstverständlicherweise keine klaren Anschauungen; schon darum nicht, weil er die theoretisch-ökonomische Grundlage der Klassengegensätze nur als gesellschaftliche Tatsachen (arm und reich) erkennen kann, ohne aus der Erkenntnis der Tatsachen entscheidende grundlegende Forderungen ziehen zu können. Aber bestimmte Ahnungen des Problems der Fetischierung der gesellschaftlichen Gegenstände im Kapitalismus sind bei ihm bereits vorhanden und man muß feststellen, daß er der einzige Denker im klassischen deutschen Idealismus ist, der diese Probleme auch nur ahnt. Freilich hat die theoretische Unklarheit Hegels in der ökonomischen Wertlehre zur Folge, daß bei ihm diese Gruppe der »entäußerten« gesellschaftlichen Gegenständlichkeit immer wieder mit der ersten verschmilzt, daß er manches als notwendige Folge der Vergesellschaftung der Arbeit, der menschlichen Praxis überhaupt ansieht, was ein spezifisches, fetischisiertes Wesenszeichen der kapitalistischen Gesellschaft allein ist. Trotz dieses Mangels, dessen Kritik einer der Zentralpunkte der Beurteilung der »Phänomenologie« bei Marx ist, sind ohne Zweifel bei Hegel energische Tendenzen vorhanden, die fetischisierte Objektivität der ökonomisch-sozialen Gebilde und Beziehungen auf den Menschen, auf die gesellschaftlichen Beziehungen der Menschen zurückzuführen.

Der Idealismus Hegels verleitet ihn hier auch zu Übertreibungen, nämlich daß die vermittelnde Rolle der Dinge bei dieser Auflösung der gesellschaftlichen Objekte in menschliche Beziehungen von ihm oft übersehen wird; oft, aber nicht immer. Diese besondere Form des Idealismus in den ersten Versuchen der Auflösung der fetischisierten Gegenständlichkeit der gesellschaftlichen Gebilde im Kapitalismus, taucht, soviel ich weiß, zum ersten Mal bei Hegel auf. Sie spielt in der Auflösung der Ricardoschule eine sehr große Rolle. So sagt Marx über Hodgskin: »Die ganze objektive Welt, die ›Güterwelt‹ versinkt hier als bloßes Moment, bloß verschwindende, stets und stets erzeugte Betätigung der gesellschaftlich produzierenden Menschen. Nun vergleiche man diesen ›Idealismus‹ mit dem grob materiellen Fetischismus, wozu die Ricardosche Theorie ›bei dem unglaublichen Schmierer‹ Mac Culloch ausläuft, wo nicht nur der Unterschied zwischen Mensch und Tier, sondern sogar der zwischen Lebendigem und Ding verschwindet. Und danach sage man, daß der proletarische Gegensatz des erhabenen Spiritualismus der bürgerlichen Ökonomie gegenüber einen rohen, auf das brutale Bedürfnis ausschließlich gerichteten Materialismus predigt.«[3]

Selbstverständlich darf man die tiefgehenden Unterschiede zwischen Hegel und Hodgskin nicht übersehen. Hodgskin zieht bereits aus der Ricardoschen Wertlehre sozialistische Konsequenzen, mögen diese auch noch so unklar und widerspruchsvoll sein; Hegel hat, wie wir gesehen haben, zur Zeit der Abfassung der »Phänomenologie« nicht einmal alle Probleme und inneren Widersprüche der Smithschen Wertlehre verstanden. Von sozialistischen Konsequenzen kann bei ihm überhaupt keine Rede sein. Schon daraus folgt selbstverständlich, daß Hodgskin in allen diesen Fragen viel entschiedener auftreten konnte und mußte als Hegel. Alle diese Unterschiede ändern jedoch an der Tatsache nichts, daß bei Hegel energische Tendenzen in dieser Richtung vorhanden waren und daß er der einzige Denker ist, der aus diesen ökonomischen Tatsachen philosophische Folgerungen zu ziehen bestrebt ist.

Drittens gibt es eine breite philosophische Verallgemeinerung dieses Begriffes: »Entäußerung« bedeutet dann das gleiche wie Dingheit oder Gegenständlichkeit; sie ist die Form, in welcher die Entstehungsgeschichte der Gegenständlichkeit, die Gegenständlichkeit als dialektisches Moment am Wege des identischen Subjekts-Objekts über die »Entäußerung« zurück zu sich selbst philosophisch dargestellt wird. Hegel sagt: »Das unmittelbare Dasein des Geistes, das *Bewußtsein,* hat die zwei Momente, des Wissens und der dem Wissen negativen Gegenständlichkeit. Indem in diesem Elemente sich der Geist entwickelt und seine Momente auslegt, so kommt ihnen dieser Gegensatz zu und sie treten alle als Gestalten des Bewußtseins auf. Die Wissenschaft dieses Wegs ist Wissenschaft *der Erfahrung,* die das Bewußtsein macht; die Substanz wird betrachtet, wie sie und ihre Bewegung sein Gegenstand ist. Das Bewußtsein weiß und begreift nichts, als was in seiner Erfahrung ist; denn was in dieser ist, ist nur die geistige Substanz, und zwar als *Gegenstand* ihres Selbst. Der Geist wird aber Gegenstand, denn er ist diese Bewegung, *sich ein Anderes,* d. h. *Gegenstand seiner Selbst* zu werden und dieses Anderssein aufzuheben.[4]

Die wesentlichen Tendenzen der Mystifizierung, die in dieser Rücknahme der Gegenständlichkeit liegen, sind uns bereits bekannt. Es ist uns aber auch bekannt, daß Hegel gerade durch diese Prozeßartigkeit der »Entäußerung«, durch die Auffassung, daß das Absolute, das identische Subjekt-Objekt nur das Resultat des Prozesses ist, einen weiten Spielraum für Ausarbeitung von wesentlichen dialektischen Bestimmungen der objektiven Wirklichkeit und des Denkens gewonnen hat, »so, daß schließlich das Hegelsche System nur einen, nach Methode und Inhalt idealistisch auf den Kopf gestellten Materialismus repräsentiert«.[5]

Es wäre aber sehr gefährlich, diesen Engelsschen Satz so zu verstehen, als ob das materialistische Auf-die-Füße-Stellen der Hegelschen Philosophie bloß in einem Verkehren der philosophischen Vorzeichen bestehen würde. Unsere Untersuchungen haben im Gegenteil gezeigt, daß durch die idealistische Methode ganz entscheidende Probleme vollständig verzerrt werden, daß bei der Behandlung einzelner Fragen wichtige Ahnungen und idealistische Aufbauschungen ununterbrochen durcheinander gehen, mitunter sich sogar in demselben Satze kreuzen und vermischen. Es wäre auch unrichtig, den von uns früher der Einfachheit und Verständlichkeit wegen in den Vordergrund gestellten Spielraum zur Gewinnung wesentlicher historischer Bestimmung so aufzufassen, als ob auf dem Wege bei Hegel alles in Ordnung wäre, als ob die idealistische Mystifikation nur am Schluß beginnen würde. Wir glauben, daß unsere bisherigen konkreten Darlegungen die Unrichtigkeit solcher Auffassungen konkret gezeigt haben. Hier müssen wir uns darauf beschränken, einige der wichtigsten Probleme hervorzuheben.

Durch die falsche Vereinigung von »Entäußerung« und »Dingheit« oder Gegenständlichkeit macht Hegel, wo er das Wesen von Natur und Gesellschaft bestimmt und ihre Verschiedenheit hervorzuheben trachtet, ganz falsche Unterschiede. Nach Hegel sind beide, sowohl Natur wie Geschichte, »Entäußerungen« des Geistes. Aber die Natur ist eine ewige Entäußerung des Geistes, deren Bewegung deshalb nur eine Scheinbewegung, eine Bewegung des Subjekts ist; die Natur hat bei Hegel keine wirkliche Geschichte. »Dieses sein (des Geistes, G. L.) letzteres Werden, die *Natur*, ist sein lebendiges, unmittelbares Werden; sie, der entäußerte Geist, ist in ihrem Dasein nichts als diese ewige Entäußerung ihres *Bestehens* und die Bewegung, die das Subjekt herstellt.«[6]

Dagegen ist die »Entäußerung« in der gesellschaftlichen Praxis der menschlichen Gattung, in der Geschichte, eine »Entäußerung« des Geistes an die Zeit, also ein nach der Hegelschen Konzeption wirkliches Werden, eine wirkliche Geschichte. Wir werden freilich sehen, daß die Hegelsche

Konzeption der »Entäußerung« auch das als wirklich intentionierte Werden in der Geschichte letzten Endes in eine Scheinbewegung verwandelt. Hegel sagt über diese Form der »Entäußerung«: »Die andere Seite aber seines Werdens, die *Geschichte,* ist das *wissende sich vermittelnde* Werden – der an die Zeit entäußerte Geist; aber diese Entäußerung ist ebenso die Entäußerung ihrer selbst; das Negative ist das Negative seiner selbst. Dies Werden stellt eine träge Bewegung und Aufeinanderfolge von Geistern dar, eine Galerie von Bildern, deren jedes mit dem vollständigen Reichtume des Geistes ausgestattet, eben darum sich so träge bewegt, weil das Selbst diesen ganzen Reichtum seiner Substanz zu durchdringen und zu verdauen hat. Indem seine Vollendung darin besteht, das, was *er ist,* seine Substanz, vollkommen zu *wissen,* so ist dies Wissen sein *Insichgehen,* in welchem er sein Dasein verläßt und seine Gestalt der Erinnerung übergibt.«[7]

Die unmittelbaren methodologischen Folgen dieses Unterschiedes zwischen der Art der »Entäußerung« der Natur und der Geschichte, haben wir bereits in der »Phänomenologie« beobachten können. Im zweiten Abschnitt, wo Hegel die wirkliche Geschichte behandelt, verschwinden alle Naturprobleme, so gut wie vollständig. Sie kommen nur im ersten und dritten Abschnitt vor und insbesondere im letzteren trägt die Hegelsche Auffassung von der Gegenständlichkeit in der Natur sehr viel zur Mystifikation der Probleme der Dialektik bei. Aber darüber hinaus verschwindet aus der Geschichtsmethodologie Hegels die wirkliche Wechselwirkung zwischen Natur und Gesellschaft, die Geschichte der Natur während der gesellschaftlichen Entwicklung. Als Schüler der Aufklärung weiß Hegel natürlich einiges über die Beziehungen von Natur und Gesellschaft, über die von Naturbedingungen bestimmten gesellschaftlichen Entwicklungen (Klima, etc.). In seiner späteren Philosophie der Geschichte tauchen auch diese Probleme auf, sie sind aber in bestimmtem Sinne nur Probleme der allgemeinen einleitenden Betrachtungen und haben keinen wirklichen Einfluß auf den methodologischen Ausbau der Geschichte selbst.

Noch wichtiger ist es, daß bei dem großen, historischen Dialektiker Hegel von einer Entwicklungsgeschichte in der Natur selbst keine Rede ist, und dies trotz der großen historischen Entdeckung Kants auf dem Gebiete der Entstehung der Welten (die beiläufig gesagt, auch auf das Kantsche philosophische System ganz ohne Einfluß geblieben ist und seine philosophische Naturauffassung nicht historisiert hat); trotz der bedeutenden Bestrebungen einzelner Zeitgenossen, besonders Goethes, den Entwicklungsgedanken in der organischen Welt konkret durchzuführen und zu belegen.

Es gibt natürlich in der Hegelschen Naturphilosophie eine bestimmte Entwicklungsreihe, diese soll aber gerade nach seiner Auffassung keine historische, keine in der Zeit sich abspielende sein. Der zeitliche Ablauf wird von Hegel für die Geschichte im engeren Sinne, für die Geschichte der menschlichen Gesellschaft reserviert. Selbstverständlich soll auch dies nicht so verstanden werden, als ob es bei Hegel überhaupt keine Gegentendenzen geben würde. Die bleiben aber immer nur Anläufe und brechen mitten in den Ausführungen ab. So wird z. B. in der »Jenenser Logik« der Versuch gemacht, die Erde als Schauplatz der menschlichen Geschichte bis zu einem gewissen Grade evolutionär zu begreifen. Aber hier kommt die Tendenz, daß es nur eine Geschichte gegeben hat, aber keine mehr gibt, außerordentlich grob zum Ausdruck; die Erde ist nach Hegel, wenn die menschliche Geschichte beginnt, fertig, ihre Geschichte hat bereits vollständig aufgehört. Und auch diese Geschichte selbst ist etwas sehr Widerspruchsvolles. Wir führen die resumierenden Bemerkungen Hegels an, weil sie für diese Auffassung sehr charakteristisch sind. »Als Moment ihres Kreislaufes ist die Erde sich ein Erstarrtes, aus dem Prozesse schon Hergekommenes; sie ist in diesem Momente selbst reell das Ganze, das den Charakter der Bestimmtheit sich aufgedrückt hat, aber eine Bestimmtheit, die an ihr dauert, der Zeit sich entzogen hat... Die Erde also, als diese Totalität, stellt nur das Bild des Prozesses ohne den Prozeß selbst dar... Der lebendige Prozeß der Erde als solcher ist nur in ihren Elementen, die nicht ihre Totalität selbst sind... Der Prozeß selbst ist also für diesen Inhalt eine Vergangenheit; ihn durch die Zeit zu beleben und die Momente seines Bildes als eine Folge vorzustellen, greift nicht in den Inhalt derselben selbst ein.«[8]

Da alle derartigen Stellungnahmen Hegels voller innerer Widersprüche sind und wir schon wiederholt gerade inmitten seiner ersten Mystifikationen wichtige dialektische und historische Bestimmungen gefunden haben, wird es uns nicht überraschen, daß diese scharfe Trennung zwischen »Entäußerung«, d. h. Gegenständlichkeit in Natur und Geschichte auch ihre positive Seite hat, daß Hegel auch hier auf der Spur von wesentlichen Unterscheidungen ist. Er will den besonderen Charakter der menschlichen Geschichte philosophisch fassen und muß das in einer Zeit tun, in welcher die ihm nächststehenden Denker auf dem Gebiet der Dialektik des objektiven Idealismus sehr einseitig auf die Natur orientiert gewesen sind (Schelling und Goethe); in welcher als Nachfolge dieser Denker eine romantisch-mystische Aufbauschung der naturphilosophischen Kategorien gebluht hat, damit drohend, daß jede wirkliche Konkretion des historischen Prozesses, der Eigenart der geschichtlichen Entwicklung der Gesellschaft in einer solchen formalistischen Mystik des »Ewigen« und Naturhaften spurlos untergehe.

Unter solchen historischen Umständen ist es verständlich, daß Hegel den methodologischen Unterschied zwischen Natur und Geschichte sehr schroff formuliert hat, und mitunter aus der Anerkennung der Priorität des Geistes über die Natur sogar ein menschlich-moralisches Problem machte. Er sagt darüber sehr interessant in seinen Jenaer Vorlesungen: »In der Tat kann der einzelne Geist, als Energie des Charakters, fest auf sich halten und seine Individualität behaupten, die Natur sei was sie wolle. Seine negative

Haltung gegen die Natur, ob sie schon etwas Anderes sei als er, verachtet ihre Gewalt und in dieser Verachtung hält er sie von sich entfernt und sich frei von ihr. Und wirklich ist der Einzelne nur insoweit groß und frei, als groß seine Naturverachtung.«[9]

Bei der schroffen Formulierung dieser Stelle darf als Ergänzung nicht außer Acht gelassen werden, daß Hegel hier vom einzelnen handelnden Menschen spricht, daß also diese seine Betrachtungen die Polemik gegen die Vergewaltigung der Natur durch den subjektiven Idealismus von Fichte keineswegs aufheben oder in Widerspruch zu ihr stehen.

Marx hat diese Haltung Hegels, die auch in seinen späteren Werken immer wiederkehren, entsprechend gewürdigt. Lafargue erzählt, daß Marx den folgenden Ausspruch Hegels: »Selbst der verbrecherische Gedanke eines Bösewichts ist großartiger und erhabener, als die Wunder des Himmels« immer wieder zustimmend zitiert hat.[10]

Denn mit diesen sehr schroffen Formulierungen will Hegel eben jene spezifischen Seiten der gesellschaftlichen Entwicklung der Menschheit scharf von der Entwicklung in der Natur unterscheiden. Und wenn Hegel in bezug auf die Natur die Entwicklung auch verkannt hat, so hat er durch diese schroffe Unterscheidung doch eine grundlegende und wesentliche Bestimmung der gesellschaftlichen Entwicklung berührt: eben jenes Moment der Menschheitsgeschichte, daß die Menschen ihre Geschichte selbst machen. Marx hat auf diesen Unterschied der beiden Geschichten – freilich bei richtiger Erkenntnis ihrer Objektivität und Einheitlichkeit – klar hingewiesen. So z. B. wenn er im Anschluß an Darwin über die natürliche Technologie spricht und eine kritische Geschichte der Technologie fordert. »Und wäre sie nicht leichter zu liefern, da, wie Vico sagt, die Menschengeschichte sich dadurch von der Naturgeschichte unterscheidet, daß wir die eine gemacht und die andere nicht gemacht haben. –«[11]

Diese Seite der Menschheitsgeschichte hat Hegel ebenso wie

Vico richtig geahnt, wenn er auch die andere Seite, die Geschichte der Natur, verkannt und mystifiziert hat.
Die Erkenntnis und das Anerkennen dessen, daß die Hegelsche Geschichtsauffassung nicht nur die Möglichkeit zu einem reichen und vielfach richtigen Geschichtsbild gibt, sondern auch viele wesentliche methodologische Bestimmungen der Geschichtswissenschaft in sich enthält, bedeutet nicht, daß die mystifizierende Seite der »Entäußerung« hier nicht ebenfalls wirksam wäre. Auch hier hebt Hegel durch die Konzeption des Ganzen das auf, was er im Laufe der Darstellung des Prozesses gründlich, mühsam und scharfsinnig aufgebaut hat. Wir haben bereits hier davon gesprochen, daß der Geschichtsprozeß als Ganzes ein Ziel habe, und zwar seine Selbstaufhebung, seine Rückkehr ins identische Subjekt-Objekt; nach der uns bereits bekannten Hegelschen Auffassung von der Gesamtgeschichte ist diese ja eine »Entäußerung« an die Zeit. Die Rücknahme der Geschichte in das absolute Subjekt ist also eine Aufhebung der Zeit, was eine konsequente Folge der Aufhebung der Gegenständlichkeit ist. Durch alledem ist aber nicht nur der dialektische Prozeß der Geschichte zwischen zwei mystischen Grenzen gestellt, in denen die religiösen Schöpfungskategorien von dem Anfang und vom Ende der Zeit wieder erscheinen, sondern Anfang und Ende des Geschichtsprozesses selbst müssen zusammenfallen, d. h. das Ende der Geschichte muß in ihrem Anfang präformiert vorliegen. Wir haben es hier mit derselben Selbstaufhebung der eigenen genialen Konzeption durch maßlose und grenzenlose Verallgemeinerung zu tun, wie wir es bei der Behandlung der Teleologie schon einmal festgestellt haben. Hegel spricht sich über diesen Charakter der Geschichte vollkommen klar aus: »Diese Substanz aber, die der Geist ist, ist das *Werden* seiner zu dem, was er *an sich* ist; und erst als dies sich in sich reflektierende Werden ist er an sich in Wahrheit der *Geist*. Er ist an sich Bewegung, die das Erkennen ist, – die Verwandlung jenes *Ansichs* in das *Fürsich*, der *Substanz* in das *Subjekt*, des

Gegenstandes des *Bewußtseins* in den Gegenstand des *Selbstbewußtseins*, d.h. in eben so sehr aufgehobenen Gegenstand oder in den *Begriff*. Sie ist der in sich zurückgehende Kreis, der seinen Anfang voraussetzt und ihn nur im Ende erreicht.«[12]
Dieses Ende ist aber der absolute Geist, und zwar dieser auf seiner höchsten Spitze als absolutes Wissen, als Philosophie. Die Geschichte wird dadurch zu einer Bewegung, die zwar in der Wirklichkeit sich als Prozeß abspielen soll, die jedoch ihre wirkliche Vollendung, die nach der Hegelschen Auffassung vom Anfang an ihr immanentes Ziel, ihr von Anfang an innewohnendes Ansich ist, nur in der Philosophie, in dem Begreifen des Weges post festum erreicht. Dieser Gedanke ist für die Geschichtsphilosophie der »Phänomenologie des Geistes« so entscheidend, daß er den wesentlichen Inhalt der Schlußbetrachtungen des ganzen Werkes ausmacht. »Aber die ›*Er-Innerung*‹ hat sie aufbewahrt und ist das Innere und die in der Tat höhere Form der Substanz. Wenn also dieser Geist seine Bildung, von sich nur auszugehen scheinend, wieder von vorn anfängt, so ist es zugleich auf einer höheren Stufe, daß er anfängt. Das Geisterreich, das auf diese Weise sich in dem Dasein gebildet, macht eine Aufëinanderfolge aus, worin einer den anderen ablöste und jeder das Reich der Welt von dem vorhergehenden übernahm. Ihr Ziel ist die Offenbarung der Tiefe und diese ist *der absolute Begriff;* diese Offenbarung ist hiemit das Aufheben seiner Tiefe oder seine *Ausdehnung*, die Negativität dieses insichseienden Ich, welche seine Entäußerung oder Substanz ist, – und seine *Zeit*, daß diese Entäußerung sich an ihr selbst entäußert und so in ihrer Ausdehnung ebenso in ihrer Tiefe, dem Selbst ist. *Das Ziel*, das absolute Wissen, oder der sich als Geist wissende Geist hat zu seinem Wege die Erinnerung der Geister, wie sie an ihnen selbst sind und die Organisation ihres Reichs vollbringen. Ihre Aufbewahrung nach der Seite ihres freien in der Form der Zufälligkeit erscheinenden Daseins, ist die Geschichte, nach der Seite ihrer begriffenen

Organisation aber die *Wissenschaft* des *erscheinenden Wissens;* beide zusammen, die begriffene Geschichte, bilden die Erinnerung und die Schädelstätte des absoluten Geistes, die Wirklichkeit, Wahrheit und Gewißheit seines Throns, ohne den er das leblose Einsame wäre; nur –

> aus dem Kelche dieses Geisterreiches
> schäumt ihm seine Unendlichkeit.«

Das ist im wesentlichen eine Selbstaufhebung der Geschichte. Die Geschichte wird in die bloße Verwirklichung eines in ihrem Subjekt, in ihrem Geist von Anfang an vorhandenen Zieles verwandelt und zugleich hebt sich ihre Immanenz auf: nicht die Geschichte selbst enthält ihre wirkliche Eigengesetzlichkeit und Eigenbewegung, sondern all dies kommt zu einer wirklichen Existenz erst in der die Geschichte begreifenden und aufhebenden Wissenschaft, im absoluten Wissen. Dadurch hebt sich aber die objektiv-idealistische Konstruktion der Geschichte auf. Der Geist, der gerade nach der Hegelschen Konzeption die Geschichte machen sollte, dessen Wesen gerade darin bestünde, daß er die eigentliche treibende Kraft, der Motor der Geschichte selbst ist, macht, wie dies Marx in der »Heiligen Familie« zeigt, doch die Geschichte nur zum Schein. »Hegel macht sich einer ... Halbheit schuldig ..., indem er den absoluten Geist als absoluten Geist nur zum *Schein* die Geschichte machen läßt. Da der absolute Geist nämlich erst *post festum* im Philosophen als schöpferischer Weltgeist zum *Bewußtsein* kommt, so existiert seine Fabrikation der Geschichte nur im Bewußtsein, in der Meinung und Vorstellung des Philosophen, nur in der spekulativen Einbildung.«[14]

All dies – und wir haben nur die allerwesentlichsten Punkte hervorgehoben – ist die notwendige Folge der Hegelschen Konzeption der »Entäußerung«. Hier setzt nun die große Auseinandersetzung des jungen Marx mit dem philosophischen Zentralproblem Hegels ein. Diese Auseinandersetzung ist eine der wichtigsten Momente der Umstülpung der idealistischen Dialektik in eine materialistische, der Kritik des Hegelschen Idealismus und zugleich des Antretens des dialektischen Erbes durch die neue Wissenschaft des dialektischen Materialismus. Marx gibt in seinen »Ökonomisch-philosophischen Manuskripten« (1844) eine umfassende und systematische Kritik der Hegelschen Dialektik. Diese Kritik hat zwei für uns sehr wichtige methodologische Eigentümlichkeiten.

Erstens konzentriert sie sich auf die »Phänomenologie des Geistes« und in dieser auf die Hegelsche Konzeption der Entäußerung und ihrer Aufhebung. Diese Konzentration hat zwar auch zeitgeschichtliche, polemische Gründe, da die Subjektivierung der Hegelschen Philosophie, die die radikalen Junghegelianer, vor allem Bruno Bauer und Stirner vollziehen, sich hauptsächlich auf dieses Werk Hegels stützt und eine Mystifizierung ihrer Methodologie weit über Hegel hinaus vollbringt. Die philosophische Vernichtung dieses linken Flügels der sich auflösenden Hegelschule war eine wichtige Voraussetzung nicht nur für die theoretische Ausarbeitung der neuen Wissenschaft des dialektischen Materialismus, sondern auch für die Festigung und Konsolidierung der politischen Ideologie der sich vorbereitenden Revolution, des theoretischen und praktischen Programmes der sich damals bildenden Arbeiterpartei; diese Auseinandersetzungen von Marx sind also im bestimmten Sinne schon Vorarbeiten zum »Kommunistischen Manifest«.

Andererseits bildet, wie wir im Nachfolgenden sehen werden, die Kritik der Hegelschen Konzeption von der Entäußerung einen wichtigen Teil der Feuerbachschen Hegelkritik, also der großen Wendung vom Idealismus zum Materialismus, die sich in Deutschland in den vierziger Jahren vollzog. Gerade in dieser Kritik offenbaren sich in einer konzentrierten Form sowohl die bedeutenden Seiten wie die Schwächen und Grenzen des Feuerbachschen Materialismus. Die Marxsche Kritik der Hegelschen Entäußerung ist also auch ein Antreten des Feuerbachschen Erbes und zugleich

seine Überwindung, ein dialektisches Hinausgehen über den alten Materialismus Feuerbachs.
Die zweite charakteristische und wichtige Eigentümlichkeit dieser Kritik ist die seit Hegel zum ersten Mal in Deutschland wieder auftretende Vereinigung der ökonomischen und philosophischen Gesichtspunkte in der Behandlung aller Probleme der Gesellschaft und der Philosophie selbst. Freilich geschieht diese Vereinigung auf einem unvergleichlich höheren Niveau als bei Hegel, und zwar in ökonomischer wie philosophischer Hinsicht. Philosophisch handelt es sich, wie wir wissen, um die Überwindung der idealistischen Dialektik durch die materialistische. Die hier entstehende Kritik des Idealismus basiert aber auf einer wesentlich höheren Erkenntnis der Ökonomie als sie für Hegel vorhanden und möglich war. Die ökonomischen Betrachtungen von Marx enthalten nämlich bereits eine *sozialistische Kritik* der Anschauungen der ökonomischen Klassiker. (Der geniale Aufsatz des jungen Engels in den »Deutsch-Französischen Jahrbüchern« ist hier den Marxschen Betrachtungen vorangegangen.) Und erst diese sozialistische Kritik der kapitalistischen Ökonomie und ihrer wissenschaftlichen Formulierung in den Werken der Klassiker macht es möglich, die wirkliche dialektische Bewegung im ökonomischen Leben selbst, in der ökonomischen Praxis der Menschen zu entdecken. Diese beim jungen Marx und Engels rasch immer vollständiger werdende konkrete Erkenntnis der realen dialektischen Entwicklung des ökonomischen Lebens schafft erst die wirkliche Basis für die Kritik jener Anschauungen, die dieses Sein begrifflich zu fassen versucht haben: der ökonomischen Klassiker einerseits, Hegels andererseits.
Wenn also Marx in der Hegelschen Entäußerung den Zentralbegriff der Phänomenologie und der idealistischen Dialektik überhaupt kritisiert hat, so hat er diesen Zentralpunkt nicht willkürlich ausgewählt. Die geniale Ahnung Hegels hat auf Grundlage eines sehr unvollständigen Verständnisses der Ökonomie in der Entäußerung, in der Entfremdung

eine fundamentale Tatsache des Lebens entdeckt und diese Begriffe *deshalb* in den Mittelpunkt der Philosophie gerückt. Die Marxsche Kritik Hegels geht von der tieferen und richtigeren Auffassung der *ökonomischen Tatsachen selbst* aus. Erst müssen, auf Grundlage einer sozialistischen Kritik der kapitalistischen Entfremdung in der Arbeit, die grundlegenden ökonomischen Tatsachen ökonomisch in ihrer wirklichen Eigenart und Gesetzlichkeit begriffen werden, damit dann das Richtige und Falsche, das Wesentliche und Mystifizierte an der Hegelschen Auffassung dieser Phänomene umfassend und dialektisch kritisiert werden könne.

Die Einseitigkeit der Feuerbachschen Hegelkritik beruht nicht zuletzt darauf, daß dieser bedeutende Denker die Hegelsche Entäußerung nur in ihren letzten philosophischen Konsequenzen untersucht und kritisch überwunden hat. Von dem Prozeß, der aus der Wirklichkeit selbst zu dieser Konzeption führt, der sich dann in der Hegelschen Philosophie widerspruchsvoll widerspiegelt, von dem Zusammenhang von Ökonomie und Philosophie in der Hegelschen Entäußerung hat Feuerbach keine Ahnung. Darum muß seine Kritik einseitig, unvollständig und abstrakt bleiben, darum kann er – trotz philosophischer Entgegengesetztheit als Materialist dem Idealisten Hegel gegenüber – die Hegelschen Schranken und Befangenheiten, die letzten Endes sozialer und nicht bloß philosophischer Art sind, die mit der Beziehung zur bürgerlichen Gesellschaft zusammenhängen, wie wir sehen werden, nicht überwinden.

Die Verknüpfung von Ökonomie und Philosophie ist also in diesen Manuskripten von Marx eine tiefe methodologische Notwendigkeit, die Voraussetzung für eine wirkliche Überwindung der idealistischen Dialektik Hegels. Darum wäre es oberflächlich und äußerlich, zu glauben, daß die Auseinandersetzung von Marx mit Hegel erst in dem letzten Teil des Manuskripts, der die Kritik der Phänomenologie enthält, beginnt. Die vorangehenden rein ökonomischen Teile, in denen Hegel ausdrücklich gar nicht erwähnt wird, enthalten die wichtigste Grundlegung für diese Auseinandersetzung und Kritik: die ökonomische Klärung der wirklichen Tatsache der Entfremdung. Wir führen hier nur einige allerwesentlichste Ausführungen von Marx an. Marx geht von den wirklichen Tatsachen der kapitalistischen Ökonomie aus. Er lehnt jede Form der ökonomischen Robinsonade schroff ab. Denn diese deduziert die Teilung der Arbeit, den Austausch etc. ebenso, wie die Theologie den Ursprung des Bösen durch den Sündenfall, das heißt sie geht von dem bereits fertigen Faktum aus, dessen Entstehung sie erklären sollte. Marx gibt auf Grundlage der Analyse der wirklichen Tatsachen der kapitalistischen Ökonomie die folgende Beschreibung von der Entfremdung, die im Arbeitsprozeß selbst zustande kommt: »Der Gegenstand, den die Arbeit produziert, ihr Produkt tritt ihr als ein *fremdes Wesen*, als eine von dem Produzenten *unabhängige Macht* gegenüber. Das Produkt der Arbeit ist die Arbeit, die sich in einem Gegenstand fixiert, sachlich gemacht hat, es ist die *Vergegenständlichung* der Arbeit. Die Verwirklichung der Arbeit ist ihre Vergegenständlichung. Diese Verwirklichung der Arbeit erscheint in dem nationalökonomischen Zustand als *Entwirklichung* des Arbeiters, die Vergegenständlichung als *Verlust und Knechtschaft des Gegenstandes*, die Aneignung als *Entfremdung*, als *Entäußerung*.... In der Bestimmung, daß der Arbeiter zum *Produkt seiner Arbeit* als einem *fremden* Gegenstand sich verhält, liegen alle Konsequenzen.«[15]

Hier wird Hegels Name noch nicht erwähnt und aus den ökonomischen Tatsachen unmittelbar noch keine philosophische Konsequenz gezogen. Aber man sieht auf den ersten Blick, daß diese scheinbar bloß beschreibenden Bemerkungen bereits die grundlegende Kritik der Hegelschen philosophischen Konzeption enthalten. Denn die Entfremdung ist hier von der Gegenständlichkeit selbst, von der Vergegenständlichung in der Arbeit aufs schärfste getrennt. Diese ist ein Charakteristikon der Arbeit überhaupt, der Beziehung der menschlichen Praxis zu den Gegenständen der Außenwelt, jene ist eine Folgeerscheinung der gesellschaftlichen Arbeitsteilung im Kapitalismus, der Entstehung des sogenannten freien Arbeiters, der mit fremden Produktionsmitteln zu arbeiten hat, dem also sowohl diese Produktionsmittel, wie das eigene Produkt als fremde, unabhängige Macht gegenüberstehen.

Diese grundlegende Struktur der kapitalistischen Gesellschaft erscheint nun potenziert und auf das Subjekt der Arbeit konzentriert, wenn wir den Prozeß der Arbeit selbst betrachten. Marx hebt hier vor allem hervor, »daß die Arbeit dem Arbeiter *äußerlich* ist, d. h. nicht zu seinem Wesen gehört, daß er sich daher in seiner Arbeit nicht bejaht, sondern verneint, nicht wohl, sondern unglücklich fühlt, keine freie physische und geistige Energie entwickelt, sondern seine Physis abkasteit und seinen Geist ruiniert. Der Arbeiter fühlt sich also erst außer der Arbeit bei sich und in der Arbeit außer sich. Aus dieser Sachlage in der kapitalistischen Gesellschaft entsteht nun die Verkehrung aller menschlichen Werte. Das Tierische wird das Menschliche und das Menschliche das Tierische. Essen, Trinken und Zeugen etc. sind zwar auch echt menschliche Funktionen. In der Abstraktion aber, die sie von dem übrigen Umkreis menschlicher Tätigkeit trennt, und zu letzten und alleinigen Endzwecken macht, sind sie tierisch.« Damit wirkt sich nun die Entfremdung sowohl subjektiv wie objektiv im ganzen Umkreis des menschlichen Lebens aus. Objektiv erscheint das Produkt der Arbeit als fremder und den Menschen beherrschender Gegenstand, subjektiv ist der Prozeß der Arbeit eine Selbstentfremdung, die subjektiv der oben geschilderten Entfremdung der Sache entspricht.[16]

Aus diesen Voraussetzungen, die Marx ausnahmslos aus der gründlichen Beobachtung und Darstellung des ökonomischen Lebens entnimmt, zieht er nun die folgenden zusammenfassenden Folgerungen über die Beziehung des Individuums zur menschlichen Gattung in der kapitalistischen Gesellschaft: »Indem die entfremdete Arbeit dem Menschen 1. die Natur entfremdet, 2. sich selbst, seine eigene tätige Funktion, seine Lebenstätigkeit, so entfremdet sie dem Menschen die *Gattung*... Erstens entfremdet sie das Gattungsleben und das individuelle Leben und zweitens macht sie das letztere in seiner Abstraktion zum Zweck des ersten, ebenfalls in seiner abstrakten und entfremdeten Form.«[17]

Es ist klar, daß solche Feststellungen über die Entfremdung der Arbeit in allen ihren gesellschaftlichen und menschlichen Konsequenzen nur auf der Grundlage einer sozialistischen Kritik der kapitalistischen Gesellschaft entstehen konnten. Von hier aus wird die Tragweite jener Bemerkung von Marx über Hegel verständlich, daß Hegel zwar auf der Höhe der klassischen Ökonomie steht und die Arbeit als Selbsterzeugungsprozeß des Menschen richtig versteht, aber keine Einsicht in die negativen Seiten der Arbeit in der kapitalistischen Gesellschaft hat, die Arbeit nur von ihren positiven Seiten aus betrachtet. Die ganze philosophische Kritik von Marx über die Grundbegriffe der »Phänomenologie« basiert auf dieser Feststellung: indem Hegel diese Seiten der Arbeit nicht sieht, müssen bei ihm philosophisch falsche Trennungen und falsche Vereinigungen, idealistische Mystifikationen entstehen. Die Entdeckung der wirklichen Dialektik der Arbeit im Kapitalismus ist die Grundlage für eine materialistische Kritik jener Philosophie, die eine einseitige Auffassung dieser Arbeit zur Basis des philosophischen Verständnisses für die Entwicklung der menschlichen Gattung gemacht hat.

Wir haben bereits jene kritische Bemerkung von Marx angeführt, wonach die Hegelsche Philosophie eine Tendenz zum »unkritischen Idealismus« enthält. Dieser »unkritische Idealismus« äußert sich nun – und damit stehen wir schon inmitten der philosophischen Kritik der »Phänomenologie« – in der Auffassung der Philosophie selbst. Hegel spricht von der »Entäußerung« und ihrer Aufhebung durch die Philosophie. Er hat aber keine Ahnung davon, daß jene Philosophie, die die »Entäußerung« in seinem System aufheben soll, eine prägnante und charakteristische Erscheinungsform der »Entäußerung« selbst ist: »wie der philosophische Geist nichts ist als der innerhalb seiner Selbstentfremdung denkend, d. h. abstrakt sich erfassende entfremdete Geist der Welt. Die *Logik* – das *Geld* des Geistes, der spekulative, der *Gedankenwert* des Menschen und der Natur – ihr gegen alle wirkliche Bestimmtheit vollständig gleichgültig gewordenes und darum unwirkliches Wesen, das *entäußerte*, daher von der Natur und dem wirklichen Menschen abstrahierende *Denken: das abstrakte* Denken.«[18]

Dies sieht Hegel nicht, und indem er dieses entfremdete Denken nicht als entfremdetes faßt, indem er gerade in diesem Denken den Motor zur Aufhebung der »Entäußerung« sieht, verfällt er in seinen unkritischen Idealismus, stellt die wirklichen Zusammenhänge und Bestimmtheiten der Entfremdung im Leben philosophisch auf den Kopf. Der Hegelsche Idealismus identifiziert von diesen Grundlagen aus konsequent das Wesen des Menschen mit dem Selbstbewußtsein. »Alle Entfremdung des menschlichen Wesens ist also *nichts als Entfremdung des Selbstbewußtseins*. Die Entfremdung des Selbstbewußtseins gilt nicht als *Ausdruck*, im Wissen und Denken sich abspiegelnder Ausdruck der *wirklichen* Entfremdung des menschlichen Wesens. Die *wirkliche*, als real erscheinende Entfremdung vielmehr ist ihrem *innersten* verborgenen – und erst durch die Philosophie ans Licht gebrachten – Wesen nach nichts anderes als die *Erscheinung* von der Entfremdung des wirklichen menschlichen Wesens, des *Selbstbewußtseins*. Die Wissenschaft, welche dies begreift, heißt daher *Phänomenologie*. Alle Wiederaneignung des entfremdeten gegenständlichen Wesens erscheint daher als eine Einverleibung in das Selbstbewußtsein; der sich seines Wesens bemächtigende Mensch ist *nur* das der gegenständlichen Wesen sich bemächtigende Selbstbewußtsein, Rückkehr des Gegenstandes in das Selbst ist daher die Wiederaneignung des Gegenstandes.«[19]

Wie diese falsche Identifikation von Mensch und Selbstbewußtsein aus der falschen Auffassung der Entfremdung im gesellschaftlichen Leben notwendig herauswächst, zeigen prägnant die kritischen Bemerkungen von Marx. Auf der subjektiven Seite folgt die von Marx aufgezeigte und kritisierte falsche Identifikation von Mensch und Selbstbewußtsein, auf der objektiven Seite die Gleichsetzung von Entfremdung und Gegenständlichkeit überhaupt.

In seinen ökonomischen Betrachtungen zieht Marx an der Hand der Tatsachen des wirklichen Lebens scharf die Grenze zwischen Vergegenständlichung in der Arbeit an sich und zwischen Entfremdung von Subjekt und Objekt in der kapitalistischen Form der Arbeit. Auf dieser Grundlage kann er nun die falsche Gleichsetzung bei Hegel enthüllen. Er kritisiert deshalb die methodologische Grundlage der »Phänomenologie« folgendermaßen: »Nicht, daß das menschliche Wesen sich *unmenschlich*, im Gegensatz zu sich selbst sich *vergegenständlicht*, sondern daß es im *Unterschied* vom und im *Gegensatz* zum abstrakten Denken sich *vergegenständlicht*, gilt als das gesetzte und das als aufzuhebende Wesen der Entfremdung.«[20]

Dieser falschen Fragestellung Hegels, die uns bereits ausführlich aus der »Phänomenologie« und ihrer Vorgeschichte bekannt ist, folgt nun die falsche Kulmination der Hegelschen Philosophie in der Aufhebung der Gegenständlichkeit. »Es gilt daher den *Gegenstand des Bewußtseins* zu überwinden. Die *Gegenständlichkeit* als solche gilt für ein *entfremdetes*, dem *menschlichen Wesen*, dem Selbstbewußtsein nicht entsprechendes Verhältnis des Menschen. Die *Wiederaneignung* des als fremd, unter der Bestimmung der Entfremdung erzeugten gegenständlichen Wesens des Menschen hat also nicht nur die Bedeutung, die *Entfremdung*, sondern die *Gegenständlichkeit* aufzuheben, d. h. also der Mensch gilt als ein *nichtgegenständliches*, *spiritualistisches* Wesen.«[21]

Hier zeigt es sich ganz klar, wie die falsche idealistische Fragestellung und Lösung bei Hegel sich mit einer zwingenden Notwendigkeit aus seiner ebenfalls notwendig einseitigen und unvollständigen Auffassung der kapitalistischen Gesellschaft ergibt; wie diese höchste Form der idealistischen Dialektik nur dann und dort restlos aufgehoben werden kann, wo infolge der Perspektive der realen Aufhebung der kapitalistischen Entfremdung eine sozialistische Kritik der kapitalistischen Ökonomie möglich geworden ist.

Marx stellt nun der idealistischen Theorie der Aufhebung der Gegenständlichkeit die materialistische Theorie der Gegenständlichkeit gegenüber. Dabei gilt es schon jetzt festzustellen, worauf wir später kommen werden, daß diese Theorie die kapitalistische Entfremdung und ihre Aufhebung ebenfalls erklärt und darum eine vollständigere und umfassendere Kritik des Idealismus von Hegel zu geben imstande ist als die Feuerbachsche, die an diesem gesellschaftlichen Problem achtlos vorbeigeht, darum einerseits die berechtigten Momente der Hegelschen Theorie nicht bemerkt und andererseits in der Auffassung von Mensch und Gesellschaft vom entgegengesetzten Standpunkt aus in ähnliche Fehler verfällt wie der Hegelsche Idealismus. Die Quintessenz dieser Marxschen Theorie der materialistischen Gegenständlichkeit ist folgende: »Wenn der wirkliche, leibliche, auf der festen wohlgerundeten Erde stehende, alle Naturkräfte aus- und einatmende *Mensch* seine wirklichen gegenständlichen *Wesenskräfte* durch seine Entäußerung als fremde Gegenstände *setzt*, so ist nicht das *Setzen* Subjekt; es ist die Subjektivität *gegenständlicher* Wesenskräfte, deren Aktion daher auch eine *gegenständliche* sein muß. Das gegenständliche Wesen wirkt gegenständlich, und es würde nicht gegenständlich wirken, wenn nicht das Gegenständliche in seiner Wesensbestimmung läge. Es schafft, setzt *nur Gegenstände, weil* es durch Gegenstände gesetzt ist, weil es von Haus aus *Natur* ist. In dem Akt des Setzens fällt es also nicht aus seiner ›reinen Tätigkeit‹ in ein *Schaffen* des *Gegen-*

standes, sondern sein *gegenständliches* Produkt bestätigt nur seine *gegenständliche* Tätigkeit, seine Tätigkeit als eine Tätigkeit eines gegenständlichen natürlichen Wesens... Gegenständlich, natürlich, sinnlich *sein* und sowohl Gegenstand, Natur und Sinn außer sich haben oder selbst Gegenstand, Natur, Sinn für ein drittes sein, ist identisch... Ein ungegenständliches Wesen ist ein *Unwesen*.«[22]

Die materialistische Kritik von Marx am Idealismus Hegels gründet sich also auf die Darstellung der wirklichen Voraussetzungen des menschlichen Denkens und der menschlichen Praxis, die der angeblichen Voraussetzungslosigkeit des absoluten Idealismus gegenübergestellt werden. Dieser Kontrast enthüllt damit zugleich die wirklichen Voraussetzungen des absoluten Idealismus. Die materialistische Dialektik ist also auch in diesem Sinne die Wahrheit der Dialektik des objektiven Idealismus, weil sie sie nicht nur kritisch vernichtet, sondern zugleich den Ursprung ihrer Fehler mit Notwendigkeit ableitet und aus dieser Ableitung einen Weg zu ihrer wirklichen Aufhebung, d. h. auch der Aufbewahrung der wesentlichen und richtigen Momente in ihr findet. Indem nun diese wirklichen Voraussetzungen der Philosophie, die wirklichen Tatsachen des Lebens (der Natur, der Ökonomie, der Geschichte) den mystifizierten Voraussetzungen des objektiven Idealismus gegenübergestellt werden, indem die richtige dialektische Widerspiegelung dieser Tatsache zu den richtigen philosophischen Folgerungen führt, enthüllt sich der Charakter sowohl des »unkritischen Idealismus« wie des »unkritischen Positivismus« Hegels als notwendige Konsequenz seines gesellschaftlichen Seins. Aus dieser Darstellung kommt dann auch »von selbst« heraus, wieso und warum Hegel imstande war, innerhalb solcher idealistischer Mystifikationen doch wirkliche und wesentliche Bestimmungen nicht nur über Ökonomie und Geschichte, sondern auch über die dialektischen Zusammenhänge der objektiven Wirklichkeit zu geben, wieso die Hegelsche Dialektik zur unmittelbaren Vorläuferin der materialistischen Dialektik werden konnte. Der entscheidende Punkt ist dabei, den wir bereits wiederholt hervorgehoben haben, daß Hegel die Arbeit als den Selbsterzeugungsprozeß des Menschen, der menschlichen Gattung auffaßt.

Gerade auf Grundlage dieser Anerkennung setzt die schärfste Kritik Marx' darüber ein, wo bei Hegel diese richtigen Einsichten in einer mystifizierten Form und dadurch entstellt erscheinen. Wir haben kurz vorher die Ausführungen Marx' darüber zitiert, daß bei Hegel die Geschichte in eine bloß scheinbare verwandelt wird. Dort handelte es sich um die Feststellung der Tatsache, daß die Aufhebung der Gegenständlichkeit im absoluten Wissen zu der Konsequenz führt, daß der Hegelsche Träger der Geschichte, der absolute Geist, nicht wirklich, wie Hegel sich einbildet, sondern nur scheinbar die Geschichte macht. Von der Kritik der Hegelschen Gegenständlichkeitstheorie ausgehend, kritisiert nun Marx die Mystifizierung an dieser ganzen Theorie von einem »Träger« der Geschichte, die Grundlage der idealischen Mystifizierung der Geschichte bei Hegel. »Dieser Prozeß muß einen Träger haben, ein Subjekt; aber das Subjekt wird erst als Resultat; dies Resultat, das sich als absolutes Selbstbewußtsein wissende Subjekt ist daher der *Gott, absoluter Geist, die sich wissende und bestätigende Idee.* Der wirkliche Mensch und die wirkliche Natur werden bloß zu Prädikaten, zu Symbolen dieses verborgenen unwirklichen Menschen und dieser unwirklichen Natur. Subjekt und Prädikat haben daher das Verhältnis einer absoluten Verkehrung zu einander, *mystisches Subjekt-Objekt* oder über das *Objekt übergreifende Subjektivität,* das *absolute Subjekt* als ein *Prozeß,* als sich *entäußerndes* und aus der Entäußerung in sich zurückkehrendes, aber sie zugleich in sich zurücknehmendes *Subjekt* und das Subjekt als dieser Prozeß; das reine, *rastlose* Kreisen in sich.«[23]

Die wirkliche Geschichte spielt sich also bei Hegel so ab, daß sie einen abstrahierten, mystifizierten, fingierten »Träger« hat, der selbstverständlicherweise die Geschichte nur abstrakt, mystifiziert, fingiert »machen« kann. Der wirkliche Prozeß, die wirklichen Bestimmungen des Prozesses können sich also nur durch eine Hintertür in die Konstruktion selbst – man könnte sagen – hineinschleichen. Daß sie in der Darstellung der konkreten Etappen, der konkreten Übergänge des Prozesses vorherrschend werden, macht die uns bereits bekannte und von uns von verschiedenen Aspekten aus analysierte grundlegende Widersprüchlichkeit der Hegelschen Dialektik aus.

Mehr als ein Jahrzehnt später kommt Marx auf dieselbe Frage bei Hegel zurück, diesmal jedoch nicht mehr in der Form einer unmittelbaren Kritik der »Phänomenologie des Geistes«, sondern als zusammenfassende Beurteilung der philosophischen Grundlagen des ganzen Hegelschen Idealismus. In der großen Einleitung zur »Kritik der politischen Ökonomie« analysiert Marx die einander ergänzenden und miteinander verknüpften verschiedenen Wege der gedanklichen Widerspiegelung, der gedanklichen Bewältigung der objektiven Wirklichkeit und stellt nun dem wirklichen, materialistischen Weg zu dieser Erkenntnis die Hegelschen Illusionen über diesen Weg gegenüber. »Das Konkrete ist konkret, weil es die Zusammenfassung vieler Bestimmungen ist, also Einheit des Mannigfaltigen. Im Denken erscheint es daher als Prozeß der Zusammenfassung, als Resultat, nicht als Ausgangspunkt, obgleich es der wirkliche Ausgangspunkt und daher auch der Ausgangspunkt der Anschauung und der Vorstellung ist. Hegel geriet daher auf die Illusion, das Reale als Resultat des sich in sich zusammenfassenden, in sich vertiefenden und auf sich selbst bewegenden Denkens zu fassen, während die Methode, vom Abstrakten zum Konkreten aufzusteigen, nur die Art für das Denken ist, sich das Konkrete anzueignen, es als ein Konkretes geistig zu reproduzieren. Keineswegs aber ist es der Entstehungsprozeß des Konkreten selbst.«[24]

Hier haben wir die Marxsche Kritik des Hegelschen Idealismus in ihrer reifsten und zusammenfassendsten Form vor uns.

Diese umfassende Kritik der Hegelschen Konzeption der »Entäußerung« macht es nun Marx möglich, auch den anderen grundlegenden Begriff der Hegelschen Dialektik, den der Aufhebung materialistisch zu kritisieren. Hier ist es wiederum wichtig, darauf hinzuweisen, daß Marx, wo er die idealistische Dialektik kritisiert, sie kritisch überwindet und ihre wertvollen Elemente in die materialistische Dialektik aufnimmt, er sich *ausschließlich* mit ihrer spezifisch Hegelschen Form befaßt. So wird zum Beispiel in dem Fall, den wir jetzt behandeln, weder die Schellingsche Version der Aufhebung, nämlich die Vernichtung der aufgehobenen Bestimmungen, ihr Auslöschen durch die Aufhebung in das Absolute, noch die Kantsche Form der agnostizistischen Antinomik überhaupt nur erwähnt. Marx sieht in der Hegelschen Dialektik eine vollständige und definitive Überwindung der vorhergehenden Formen der Dialektik. Er kritisiert also ausschließlich die Hegelsche höchste Form der dialektischen Aufhebung, in welcher aufgehobene Bestimmungen nicht nur vernichtet, sondern zugleich aufbewahrt und auf eine höhere Stufe gehoben werden, welche das Anderssein nicht im Absoluten zunichte werden läßt, sondern sein Dasein, seine relative Berechtigung respektiert. Die »Entäußerung« hat bei Hegel im Gegensatz zu Schelling eine positive, Gegenständlichkeit schaffende Bedeutung, und von dieser geht nun die Marxsche Kritik aus, indem sie die Diskussionen Hegels mit seinen Vorgängern als vollständig zu Hegels Gunsten entschieden betrachtet. Marx untersucht nun die idealistischen Schwächen dieser Hegelschen Form der Aufhebung und kommt dabei zu folgendem Resultat:

»Andererseits, sagt Hegel, liegt hierin zugleich dies andere Moment, daß es (das Subjekt, G. L.) diese Entäußerung und Gegenständlichkeit ebenso sehr aufgehoben und in sich zurückgenommen hat, also in seinem *Anderssein als solchem bei sich* ist.

Wir haben in dieser Auseinandersetzung alle Illusionen der Spekulation zusammen.

Einmal: Das Bewußtsein, das Selbstbewußtsein ist in *seinem Anderssein als solchem bei sich*... Darin liegt einmal, daß das Bewußtsein – das Wissen als Wissen – das Denken als Denken – unmittelbar das *andere* seiner Selbst zu sein, Sinnlichkeit, Wirklichkeit, Leben zu sein vorgibt... Diese Seite ist hierin enthalten, insofern das Bewußtsein als nur Bewußtsein nicht an der entfremdeten Gegenständlichkeit, sondern an der *Gegenständlichkeit als solcher* seinen Anstoß hat.

Zweitens liegt hierin, daß der selbstbewußte Mensch, insofern er die geistige Welt – oder das geistige allgemeine Dasein seiner Welt – als Selbstentäußerung erkannt und aufgehoben hat, er dieselbe dennoch wieder in dieser entäußerten Gestalt bestätigt und als sein wahres Dasein ausgibt, sie wiederherstellt, in *seinem Anderssein als solchem bei sich* zu sein vorgibt, also nach Aufhebung z. B. der Religion, nach Erkennung der Religion als eines Produkts der Selbstentäußerung, dennoch in der *Religion als Religion* sich bestätigt findet. Hier ist die Wurzel des *falschen* Positivismus Hegels oder seines nur *scheinbaren* Kritizismus; was Feuerbach als Setzen, Negieren und Wiederherstellen der Religion oder Theologie bezeichnet – was aber allgemeiner zu fassen ist. Also die Vernunft ist bei sich in der Unvernunft als Unvernunft. Der Mensch, der in Recht, Politik etc. ein entäußertes Leben zu führen erkannt hat, führt in diesem entäußerten Leben als solchem sein wahres, menschliches Leben. Die Selbstbejahung, Selbstbetätigung im *Widerspruch* mit sich selbst, sowohl mit dem Wissen als mit dem Wesen des Gegenstandes, ist also das wahre *Wissen* und *Leben*.

Von einer Akkommodation Hegels gegen Religion, Staat etc. kann also keine Rede mehr sein, da diese Lüge die Lüge seines Progresses ist.«[25]

Wir haben hier die tiefste Kritik der Schranken Hegels gerade bei seinen positivsten und bedeutendsten Seiten vor uns. Hier enthüllt Marx die letzten philosophischen Konsequenzen von Hegels Stellung zur kapitalistischen Gesellschaft, insofern diese sich in den abstrakten Problemen des methodologischen Aufbaus der dialektischen Struktur seiner Philosophie widerspiegeln. Wir haben verschiedentlich diese

Widersprüche bei Hegel selbst aufgedeckt und ihre Wurzeln im gesellschaftlichen Sein seiner Zeit, in seiner Stellung zu ihm nachgewiesen. Jetzt sehen wir, zu welchen rein philosophischen Konsequenzen diese Widersprüche des Seins geführt haben und führen mußten. Jetzt sehen wir zugleich, daß jede Kritik der Zweideutigkeiten Hegels in den Fragen der Religion, Staat etc., die von dem Dualismus des esoterischen und exoterischen Hegels ausgegangen ist, die zentrale Problematik der Hegelschen Philosophie nicht treffen und überwinden konnte. Daran ändert es gar nichts, daß bei Hegel selbst, wie wir gesehen haben, subjektiv solche Momente einer Trennung der esoterischen und exoterischen Aussagen vorhanden waren, denn die Widersprüchlichkeit, die Problematik seiner Philosophie reicht bis in die Mitte auch seiner esoterischen Anschauungen hinein. Es ist und bleibt selbstverständlich eine Frage für die Geschichte der Philosophie, wo, wann und wie in einzelnen konkreten Problemen bei Hegel Elemente einer Akkommodation an die Gesellschaft seiner Zeit zu finden sind. Aber die geschichtliche Darstellung muß sich stets darüber im klaren sein, daß wie immer diese Fragen in einzelnen konkreten Fällen beantwortet werden, damit die Zentralfrage der Problematik der Hegelschen Dialektik nicht gelöst werden kann.

Die Tiefe der Marxschen Kritik zeigt sich darin, daß sie aus den Problemen des wirklichen Lebens zu den abstraktesten Fragen der Hegelschen Dialektik hinaufsteigt, sie philosophisch endgültig im Sinne des dialektischen Materialismus löst, von hier aus jedoch sofort einen unmittelbaren Anschluß an die aktuellen Fragen des Lebens findet. Hier haben wir es mit dem zentralen Widerspruch der ganzen Hegelschen Philosophie zu tun, mit dem Widerspruch, den Engels später als den zwischen System und Methode bezeichnet hat.[26]

Dieser Widerspruch beinhaltet jedoch die Widersprüchlichkeit der Hegelschen Philosophie in bezug auf die Frage des menschlichen Progresses und insbesondere in bezug auf die

Frage der Stellung der kapitalistischen Gesellschaft im allgemeinen und ihrer besonderen deutschen Form im Prozeß der Geschichte. Die Frage der Aufhebung ist in der Hegelschen Philosophie zwar einerseits eine letzte und abstrakteste Form der Dialektik selbst, sie ist jedoch andererseits für die Gesellschafts- und Geschichtsphilosophie Hegels von höchster Bedeutung. Die Widersprüchlichkeit von progressiven und reaktionären Tendenzen bei Hegel konzentriert sich daher in jene Widersprüchlichkeit des dialektischen Prozesses der Aufhebung, deren Kritik wir von Marx soeben vernommen haben.

Die sozialistische Kritik der »Entäußerung« hat in der kapitalistischen Form der Arbeit die wirkliche und wirklich aufzuhebende Daseinsweise der Entfremdung entdeckt. Die philosophische Verallgemeinerung dieser Kritik zeigt, daß die Hegelsche Konzeption der »Entäußerung«, daß nämlich das Bewußtsein in seinem Anderssein als solchem bei sich ist, ein wichtiges reaktionäres Moment, eine Verteidigung des Bestehenden, auch wenn es historisch überwunden, beinhaltet. Daß Hegel in der Geschichte der Vergangenheit auch eine entgegengesetzte Tendenz hat und sie immer wieder durchführt, bestätigt nur die Richtigkeit der Kritik von Marx und Engels an ihm: die Richtigkeit des unauflösbaren Widerspruches zwischen System und Methode bei Hegel.

Dieser Widerspruch, die in ihm enthaltenen Tendenzen spielen nun in den großen ideologischen Debatten der Vierziger Jahre, die die ideologische Vorbereitung zur demokratischen Revolution gebildet haben, eine ausschlaggebende Rolle. Wir haben es hier mit zwei verschiedenen Formen der Auffassungen zu tun, die jedoch beide zu einer politischen Passivität, zu einem Nichtverstehen der konkreten Probleme der demokratischen Revolution und darüber hinaus – theoretisch – der Revolution überhaupt führen. Die allgemeine Bedeutung dieser Probleme geht weit über die Debatten der Vierziger Jahre hinaus, denn die falschen Stellungnahmen entwachsen ja aus dem gesellschaftlichen Leben des Kapitalismus, und nur ihre gedankliche Form ist in den Vierziger Jahren von den Debatten um die Hegelsche Form, der Aufhebung in der Dialektik bestimmt. Die eine Form dieser falschen Anschauungen ist die direkte Fortsetzung des Hegelschen Idealismus, ihre weitere Versubjektivierung, die Steigerung ihrer idealistischen Fehler bei den Junghegelianern. Die andere Form entsteht aus der erkenntnistheoretisch richtigen, aber abstrakten und einseitigen Kritik der Hegelschen Aufhebung durch Feuerbach selbst.

Betrachten wir zuerst die erste Richtung. Da nach Hegel die »Entäußerung« letzten Endes eine »Entäußerung« des Bewußtseins ist, soll sie *im* Bewußtsein, *ausschließlich* durch das Bewußtsein aufgehoben werden. Bei Hegel selbst bleibt die Identität zwischen dem absoluten Wissen und dem Philosophen, der dieses Wissen hat, in einem Helldunkel. Der Objektivismus Hegels sträubt sich dagegen, aus dieser Identität eine einfache Personalunion zu machen. Aber diese Tendenz ist immanent in der Hegelschen Position enthalten. Wieder ist es Heinrich Heine, der in einer ironischen und selbstironischen Form alle Konsequenzen zieht. »Ich war nie abstrakter Denker, und ich nahm die Synthese der Hegelschen Doktrin ungeprüft an, da ihre Folgerungen meiner Eitelkeit schmeichelten. Ich war jung und stolz und es tat meinem Hochmut wohl, als ich von Hegel erfuhr, daß nicht, wie meine Großmutter meinte, der liebe Gott, der im Himmel residiert, sondern ich selbst hier auf Erden der liebe Gott sei.«[27]

Was bei Heine hier ironisch ausgesprochen wurde, ist in der Bruno Bauerschen »Philosophie des Selbstbewußtseins« zu einer philosophischen und politischen Doktrin geworden, die sowohl auf die linksgerichtete Intelligenz Deutschlands, wie – auf dem Umwege des »wahren Sozialismus« – auf die entstehende proletarische Partei einen gefährlichen und schädlichen Einfluß ausgeübt hat.

Betrachten wir die scharfe Kritik von Marx an dieser Bauerschen Auffassung in der »Heiligen Familie«, so sehen wir, daß sie direkt aus der oben angeführten philosophischen Kritik der Hegelschen Aufhebung herauswächst, wobei wir noch zu bemerken haben, daß der Bauersche intellektuelle Hochmut, die souveräne Verachtung der Tätigkeit der Massen in der Geschichte auch eine Tendenz ist, die aus der Hegelschen Philosophie und Geschichtsauffassung herausgewachsen ist, jedoch deren bedeutenden und fortschrittlichen, ihre realistischen Tendenzen vernachlässigt und ihren Idealismus subjektivistisch auf die Spitze getrieben hat. Marx sagt über diese Auffassung Bauers folgendes:

»Die Feinde des Fortschrittes *außer* der Masse sind eben die verselbständigten mit *eignem* Leben begabten *Produkte*, der *Selbsterniedrigung*, der *Selbstverwerfung*, der *Selbstentäußerung* der *Masse*. Die Masse richtet sich daher gegen ihren *eignen* Mangel, indem sie sich gegen die selbständig existierenden *Produkte* ihrer *Selbsterniedrigung* richtet, wie der Mensch, indem er sich gegen das Dasein Gottes kehrt, sich gegen seine *eigene Religiosität* kehrt. Weil aber jene *praktischen* Selbstentäußerungen der Masse in der wirklichen Welt auf eine äußerliche Weise existieren, so muß sie dieselben zugleich auf eine *äußerliche* Weise bekämpfen. Sie darf diese Produkte ihrer Selbstentäußerung keineswegs nur für *ideale* Phantasmagorien, für bloße *Entäußerungen* des *Selbstbewußtseins* halten, und die *materielle* Entfremdung durch eine rein *innerliche spiritualistische* Aktion vernichten wollen. Schon die Zeitschrift Loustalots vom Jahre 1789 führt das Motto:

Les grands ne nous paraissent grands
Que parceque nous sommes à genoux
Levons nous!

Aber um sich zu heben, genügt es nicht, sich in *Gedanken* zu heben, und über dem *wirklichen, sinnlichen* Kopf das *wirkliche sinnliche* Joch, das nicht mit Ideen wegzuspintisieren ist, schweben zu lassen. Die *absolute Kritik* (Bruno Bauers, G. L.) jedoch hat von der Hegelschen *Phänomenologie* wenigstens *die Kunst* erlernt, *reale, objektive, außer* mir existierende Ketten in bloß *ideelle*, bloß *subjektive*, bloß *in mir* existierende Ketten, und daher alle *äußerlichen*, sinnlichen Kämpfe in reine Gedankenkämpfe zu verwandeln.«

Daß diese Bauersche Ideologie unmittelbar aus der Hegelschen Auffassung der »Entäußerung« und ihrer Aufhebung herauswächst, bedarf keines Kommentars. Auch ihre politische Gefährlichkeit nicht. Ebenso wenig die Tatsache, daß eine solche Ideologie der Passivität des intellektualistischen Hochmuts in der kapitalistischen Gesellschaft weiterlebt und auch heute wirksam ist, wenn sie auch nicht in der Hegelschen Philosophie eine theoretische Stütze zu finden meint. Daß aber die Hegelsche Philosophie wichtige Handhaben zu einer solchen Auffassung enthält, zeigt nicht nur die Geschichte der Vierziger Jahre, sondern – in besonders extremen und grotesken Formen – der Neuhegelianismus der imperialistischen Zeit.

Wenden wir uns nun der Feuerbachschen Kritik der Hegelschen Dialektik in dieser Frage zu und untersuchen wir kurz die Beziehung von Marx zu ihm. Marx bewertet als positiv und bahnbrechend an der Kritik Feuerbachs, daß er die Hegelsche Form der Aufhebung als eine Wiederherstellung des Aufgehobenen dargestellt hat. Wir haben in anderen Zusammenhängen die hier entscheidende Stelle der Feuerbachschen Hegelkritik bereits angeführt (S. 658 f.). Marx betrachtet als die große Tat Feuerbachs den Beweis, daß die Philosophie Hegels eine wiederhergestellte Religion ist; weiter das Durchdringen Feuerbachs zu dem wahren Materialismus und endlich seine Kritik der Aufhebung, der Negation der Negation. Wir beschränken uns hier auf den letzten Punkt. Feuerbach hat recht, »indem er der Negation der Negation, die das absolut Positive zu sein behauptet, das auf sich selbst ruhende und positiv auf sich selbst begründete Positive entgegenstellt«. Dieses Positive ist eben die Priorität des Seins vor dem Bewußtsein. Die Hegelsche Dialektik stellt nun nach Feuerbach in dem Prozeß der Aufhebung die Zusammenhänge zwischen Sein und Bewußtsein auf den Kopf. Und Feuerbach weist nach, wie aus dieser idealistischen Verkehrung bei Hegel die gedankliche Wiederherstellung der Religion durch die Philosophie folgt. Marx resumiert nun die Anschauung Feuerbachs: »Feuerbach faßt also

die Negation der Negation *nur* als Widerspruch der Philosophie mit sich selbst auf, als die Philosophie, welche die Theologie (Transzendenz etc.) bejaht, nachdem sie dieselbe verneint hat, also im Gegensatz zu sich selbst bejaht.«[29]
Diese materialistische Seite der Feuerbachschen Kritik akzeptiert Marx, er kritisiert aber sofort ihre Einseitigkeit. Diese besteht einerseits darin, daß Feuerbach die »Entäußerung« als rein philosophisches Problem behandelt und darum ebenfalls in der Abstraktion stecken bleibt (vgl. die spätere Kritik von Marx und Engels an der Abstraktheit des Feuerbachschen »Menschen«), andererseits darin, daß Feuerbachs materialistische Stellung zur Wirklichkeit nicht eine dialektische ist, daß er deshalb alles, was bei Hegel, wenn auch in verzerrter Form, dialektisch richtig gewesen ist, verkennt und die Hegelsche Dialektik in Bausch und Bogen – sowohl das Richtige wie das Falsche an ihr – verwirft. Feuerbach sieht also, wie Marx dies in der zitierten Stelle hervorhebt, in der Negation der Negation nur die philosophisch schwache Position des Idealisten Hegel. Und er stellt »darum ihr direkt und unvermittelt die sinnlich gewisse auf sich selbst gegründete Position entgegen«.
Diese Beschränkung auf reine Erkenntnistheorie hat die Abstraktheit der Feuerbachschen Fragestellung zur Folge; die Direktheit, die bewußte Ausschaltung aller Vermittlungen eliminiert mit dem Hegelschen Idealismus die Dialektik. Und dadurch geht Feuerbach an den wesentlichen und wichtigsten Bestimmungen, die in der Hegelschen Philosophie enthalten sind, achtlos vorbei. Marx führt ergänzend aus: »Aber indem Hegel die Negation der Negation – der positiven Beziehung nach, die in ihr liegt, als das wahrhaft und einzig Positive – der negativen Beziehung nach, die in ihr liegt, als den einzig wahren Akt und Selbstbetätigungsakt alles Seins – aufgefaßt hat, hat er nur den *abstrakten, logischen, spekulativen* Ausdruck für die Bewegung der Geschichte gefunden, die noch nicht *wirkliche* Geschichte des Menschen als eines vorausgesetzten Subjekts, sondern

erst *Erzeugungsakt, Entstehungsgeschichte* des Menschen ist.«[30]

Die sozialistische Kritik am Kapitalismus erkennt also in der Hegelschen »Phänomenologie« einige wesentliche und richtige Bestimmungen jenes Prozesses, die Marx später die »Vorgeschichte« der Menschheitsentwicklung nennen wird, während Feuerbach, der von einer anderen Seite wie Hegel, aber ebenso innerhalb des bürgerlichen Horizontes bleibt, nur zu einem starren Entweder-Oder der Hegelschen Dialektik gegenüber fähig ist. Marx führt in seiner Darstellung der »Phänomenologie« einige der wesentlichen Momente an, in welchen Hegel die richtigen Momente dieser »Vorgeschichte« der Menschheit gedanklich erfaßt. Und er weist eben damit darauf hin, daß der Gedanke der Entfremdung und ihrer Aufhebung bei Hegel zwar idealistisch verzerrt und ins Reaktionäre verkehrt wird, aber nicht ein von vornherein hundertprozentig falscher Gedanke ist, wie Feuerbach meint, sondern eine richtige, aber kapitalistisch befangene und einseitige Spiegelung der Wirklichkeit, deren richtige Tendenzen für die gedankliche Entwicklung der Zukunft aufzubewahren sind. »Die Phänomenologie ist daher die verborgne, sich selbst noch unklare und mystifizierende Kritik; aber insofern sie die *Entfremdung* des Menschen – wenn auch der Mensch nur in der Gestalt des Geistes erscheint – festhält, liegen in ihr *alle* Elemente der Kritik verborgen und oft schon in einer weit den Hegelschen Standpunkt überragenden Weise *vorbereitet* und *ausgearbeitet.* Das ›unglückliche Bewußtsein‹, das ›ehrliche Bewußtsein‹, der Kampf des ›edelmütigen und niederträchtigen Bewußtseins‹ etc. etc., diese einzelnen Abschnitte, enthalten die *kritischen* Elemente – aber noch in einer entfremdeten Form – ganzer Sphären wie der Religion, des Staats, des bürgerlichen Lebens etc.«[31]

Die wirklich umfassende Kritik der Hegelschen Dialektik erwächst also bei Marx zugleich zu einer Kritik der Feuerbachschen Einseitigkeit und Beschränktheit in der Beurteilung Hegels und damit zu einer Kritik des mechanischen Materialismus Feuerbachs, zu einer Kritik seiner Verwerfung der Dialektik. Diese Kritik von Marx näher zu behandeln, liegt außerhalb des Rahmens unserer Arbeit. Für uns ist nur wichtig, daß die Feuerbachsche Form der Kritik des Hegelschen Idealismus in den geistigen Kämpfen der Vierziger Jahre ebenfalls zu sehr gefährlichen politischen Konsequenzen geführt hat. Die Feuerbachsche Kritik der Negation der Negation geht nämlich richtig auf das unmittelbar Sinnliche des materiellen Lebens zurück, aber Feuerbach ist außerstande, die dialektische Bewegung in diesem materiellen Leben selbst zu begreifen. Er versteht nicht, wie Marx in den Feuerbach-Thesen ausführt, das praktische Moment in der Sinnlichkeit zu erfassen. »Der Hauptmangel alles bisherigen Materialismus (den Feuerbachschen mit eingerechnet) ist, daß der Gegenstand, die Wirklichkeit, Sinnlichkeit nur in der Form des *Objekts oder der Anschauung* gefaßt wird; nicht aber als *sinnlich menschliche Tätigkeit, Praxis;* nicht subjektiv. Daher die *tätige Seite* abstrakt im Gegensatz zu dem Materialismus von dem Idealismus – der natürlich die wirkliche, sinnliche Tätigkeit als solche nicht kennt – entwickelt. Feuerbach will sinnliche – von den Gedankenobjekten wirklich unterschiedene Objekte: aber er faßt die menschliche Tätigkeit selbst nicht als *gegenständliche* Tätigkeit. Er betrachtet daher im Wesen des Christentums nur das theoretische Verhalten als das echt menschliche, während die Praxis nur in ihrer schmutzig jüdischen Erscheinungsform gefaßt und fixiert wird. Er begreift daher nicht die Bedeutung der ›revolutionären‹, der ›praktisch-kritischen‹ Tätigkeit.«[32]

Man sieht hier sehr genau, daß die ökonomische Vorbereitung der philosophischen Kritik Hegels, die genaue Trennung der Gegenständlichkeit von der Entfremdung in der menschlichen Praxis nicht nur die Kritik am Hegelschen Idealismus, sondern auch am mechanischen Materialismus Feuerbachs vorbereitet.

Hier kommt es darauf an, kurz auf die Folgen dieser Stellungnahme in den ideologischen und politischen Kämpfen der Vierziger Jahre hinzuweisen. Engels hat in seinen Bemerkungen über Feuerbach das wesentliche Moment seiner Stellung zur Wirklichkeit klar erfaßt und scharf kritisiert. Er führt aus Feuerbach folgende Sätze an: »Das Sein ist kein allgemeiner, von den Dingen abtrennbarer Begriff... Das Sein ist die Position des Wesens. *Was mein Wesen, ist mein Sein*... Schon die Sprache identifiziert Sein und Wesen. Nur im menschlichen Leben sondert sich *aber auch nur in abnormen, unglücklichen Fällen* Sein vom Wesen – ereignet es sich, daß man nicht da, wo man sein Sein, auch sein Wesen hat, aber eben wegen dieser Scheidung auch nicht wahrhaft, nicht mit der Seele da ist, wo man wirklich mit dem Leibe ist. Nur wo Dein Herz ist, da *bist Du*! Aber alle Dinge sind – *naturwidrige Fälle ausgenommen* – gerne da, wo, und gerne das, was sie sind.«
Engels fügt nun diesem Zitat die folgende scharfe politisch-soziale Charakteristik hinzu, indem er die notwendigen Folgen dieser philosophischen Position in der Politik aufzeigt, Folgen, die der subjektiv ehrlich überzeugte revolutionäre Demokrat Feuerbach sicher nicht gewollt hat, die aber nichtsdestoweniger notwendig aus seiner Art der Liquidation der Hegelschen Dialektik, aus seinem Wegwerfen aller vermittelnden Bestimmungen und Beziehungen, aus seiner Rückkehr zur Unmittelbarkeit folgen und den Tatbestand widerspiegeln, daß Feuerbach zu dem ökonomisch-sozialen Leben des Kapitalismus in einer blinden und befangenen Haltung steht. Diese Blindheit kann aber, wie die Bemerkungen von Engels zeigen, objektiv einen apologetischen, einen reaktionären Charakter erhalten. Engels sagt: »Eine schöne Lobrede auf das Bestehende. Naturwidrige Fälle, wenige, abnorme Fälle ausgenommen, bist Du gerne mit dem siebenten Jahre Türschließer in einer Kohlengrube, vierzehn Stunden allein im Dunkeln, und weil Dein Sein, so ist es auch

Dein Wesen... Es ist Dein ›Wesen‹ unter einem Arbeitszweig subsumiert zu sein.«[33]
Diese Kritik von Engels zeigt genau, warum jene radikalen, mitunter sozialisch orientierten Intellektuellen, die in den Vierziger Jahren bei Feuerbach eine philosophische Grundlage für ihren politischen Radikalismus gesucht haben, hier ebensowenig eine Richtschnur finden konnten wie jene, die eine solche aus der Hegelschen Dialektik entnehmen wollten. Eine genaue Analyse der Feuerbachschen Position würde zeigen, daß solche Formen der bewußten oder unbewußten Verteidigung des Bestehenden auf Grundlage der unmittelbaren philosophischen Einheit von Sein und Wesen – mutatis mutandis – auch lange nach Feuerbach und unabhängig von ihm in der Verteidigung reaktionärer Zustände wirksam gewesen und heute noch wirksam sind.
Wir mußten auf diese politischen Folgen der weltanschaulichen Kämpfe der Vierziger Jahre kurz hinweisen, damit es jedem klar werde, wie die Marxsche kritische Überwindung der idealistischen Dialektik Hegels aus der sozialistischen Kritik der kapitalistischen Gesellschaft herauswächst und in die ideologische Vorbereitung der achtundvierziger Revolution und über sie hinaus aller kommenden demokratischen und proletarischen Revolutionen hinüberwächst. Diese innere Bewegung der Marxschen Kritik zeigt ganz klar, wie wenig diese philosophischen Probleme auch bei Hegel selbst »rein« philosophisch aufgefaßt und kritisiert werden können. Die Schwäche Feuerbachs in dieser Frage besteht nicht zuletzt darin, daß er an die Hegelsche Dialektik rein philosophisch, rein erkenntnistheoretisch herantritt, daß für ihn der dialektische Zusammenhang des sozialen Lebens, der ökonomischen und sozialen Praxis der Menschen mit den letzten und entscheidenden Problemen der Philosophie nicht existiert. Daß Hegel diese Zusammenhänge erkannt, daß er, wenn auch vielfach vergeblich, darum gerungen hat, diese Zusammenhänge zur Basis seiner Dialektik zu machen, hat die Überlegenheit in bestimmter Hinsicht, auf

bestimmten Gebieten in seiner Philosophie – trotz Idealismus – über die Feuerbachs zur Folge. Darum ist seine Form der Dialektik ein für die Weltgeschichte der Philosophie entscheidendes Stadium: die höchste Form der idealistischen Dialektik, und damit der bürgerlichen Philosophie überhaupt, das Vermittlungsglied, an welches die Entstehung des dialektischen Materialismus *unmittelbar* anknüpfen konnte.

Lenin hat die von uns ausführlich analysierten Manuskripte von Marx, die die entscheidenden Zusammenhänge zwischen Ökonomie und Dialektik in der Kritik und Beurteilung Hegels enthalten, nicht kennen können. Er hat aber trotzdem diese Zusammenhänge mit vollständiger Klarheit gesehen. Wir haben hier bereits seinen Ausspruch, daß Marx *unmittelbar* an Hegel anknüpft, angeführt (S. 448). Damit betont Lenin einen Gesichtspunkt, der in der Periode der II. Internationale vollständig vernachlässigt wurde, obwohl Marx und Engels keine Gelegenheit versäumt haben, in Vorreden, Bemerkungen, Briefen etc. auf die Bedeutung Hegels hinzuweisen, und sein Studium für das Verständnis der materialistischen Dialektik als unerläßlich hervorzuheben. Diese Hinweise sind aber in der Periode der II. Internationale selbst an den bedeutendsten und ehrlichsten Theoretikern dieser Zeit spurlos vorbeigegangen. Sogar Plechanow, der sich im Gegensatz zu Mehring und Lafargue sehr eingehend mit der Hegelschen Philosophie beschäftigte, hat von diesen ihren Zusammenhängen, von dem tiefen methodologischen Zusammenhang zwischen Ökonomie und Dialektik, keine Ahnung.

Diesen Zusammenhang hat nach Marx erst Lenin wieder hergestellt. Es wäre sehr oberflächlich, die kritischen Bemerkungen Lenins über die Hegelsche »Logik« rein auf die Erkenntnistheorie in engerem Sinne zu beschränken. Auch wenn Lenin über erkenntnistheoretische Probleme spricht, so behandelt er sie – wie wir dies bei der Frage der Teleologie gesehen haben – von diesem großen umfassenden

Standpunkt, vom wirklichen Standpunkt des echten Marxismus. Lenin kommt daher in seinen kritischen Bemerkungen zu Hegel wiederholt auf diese entscheidende Frage zu sprechen.

Wir wollen diesen Tatbestand nur mit einigen wesentlichen Aussprüchen Lenins belegen. »Man kann das ›Kapital‹ von Marx und besonders das erste Kapitel nicht vollkommen begreifen, wenn man nicht die *ganze* Logik Hegels durchstudiert und begriffen hat. Folglich hat nach einem halben Jahrhundert keiner von den Marxisten Marx begriffen!!«[34]

Und an einer andern Stelle: »Wenn Marx auch keine ›*Logik*‹ (mit großem Anfangsbuchstaben) hinterlassen hat, so hat er doch die *Logik* des ›Kapital‹ hinterlassen, und dies sollte für die vorliegende Frage (es handelt sich um die Dialektik Hegels, G. L.) im höchsten Maße ausgenützt werden. Im ›Kapital‹ werden auf eine Disziplin Logik, Dialektik und Erkenntnistheorie des Materialismus (man braucht nicht drei Worte: das ist ein und dasselbe) angewendet, der alles, was bei Hegel wertvoll ist, sich angeeignet und dieses Wertvolle weiterentwickelt hat.«[35]

Diese Bemerkungen stehen charakteristischerweise mitten unter den Untersuchungen über den Plan der Dialektik bei Hegel und es schließen sich an sie, wiederum charakteristischerweise, Bemerkungen über die dialektische Anwendung der ökonomischen Kategorien im »Kapital« von Marx an. Damit zeigt Lenin, ebenso wie seinerzeit Marx, den Weg, wie philosophische Probleme im dialektischen Materialismus gestellt und gelöst werden müssen. Die von Stalin inizierte »Leninsche Periode« der philosophischen Entwicklung müßte auf jedem Gebiet der Philosophie diese Wege des dialektischen Materialismus gehen und durch eine solche philosophische Praxis das Erbe der Periode der II. Internationale endgültig liquidieren.

Diese Eigenart der »Leninschen Periode« der Philosophie muß sich selbstverständlich auch auf ihre Geschichte bezie-

hen. Die hier vorliegende Arbeit war der Erforschung solcher Zusammenhänge gewidmet. Sie will historisch konkret zeigen, welchen Anteil die realen Widersprüche der kapitalistischen Gesellschaft an der höchsten Form der bürgerlichen Philosophie, an der idealistischen Dialektik Hegels gehabt haben. Dieser Zusammenhang sollte aber in seiner ganzen gesellschaftlichen und philosophischen Verwickeltheit gezeigt werden, indem versucht wurde, aufzudecken, wie die gedankliche Widerspiegelung dieser Widersprüche in der klassischen Ökonomie Englands, wie die reale Explosion dieser Widersprüche in der französischen Revolution auf die Entstehung und Entwicklung dieser Dialektik eingewirkt haben, und welche – im Guten wie im Bösen – variierende Wirkung die Tatsache gehabt hat, daß diese französischen und englischen realen und ideologischen Geschehnisse sich im Kopf eines Sohnes des ökonomisch-sozial zurückgebliebenen Deutschlands zur dialektischen Methode, zum idealistischen System vereinigt haben.
Erst durch eine solche Fragestellung war es möglich, auch in der Behandlung der Beziehung von Hegel zu seinen Vorgängern über jene schematisierende und die Kompliziertheit der wirklichen Tatbestände vergewaltigende und entstellende Betrachtungsweise hinauszugehen, die in der bürgerlichen Geschichte der Philosophie üblich ist und deren Spuren auch in der Behandlung solcher Fragen durch Marxisten noch vielfach zu finden sind. Wir glauben, gezeigt zu haben, daß sowohl die Unabhängigkeit Hegels von seinen bedeutenden Zeitgenossen und Vorgängern, wie seine ungewollten Übereinstimmungen mit ihnen auf diese Probleme des gesellschaftlichen Seins zurückzuführen sind.
Dies ist keine bloße historische Frage, keine bloße innere Angelegenheit einer sogenannten Hegelforschung. (Obwohl auch diese Fragen als Momente des Kampfes gegen die faschisierende und faschistische Verzerrung der Geschichte wichtig und aktuell sind.) Die Darlegung der wirklichen Ursachen der Größe und der Schranken der Hegelschen

Dialektik bedeutet zugleich das Erhellen der Beziehung zwischen Hegel und Marx, das Konkretisieren des geschichtlichen Erbes, das aus der Hegelschen Dialektik im dialektischen Materialismus kritisch aufgearbeitet und aufbewahrt wurde. Denn es ist klar, daß Marx sich immer mit dem *wirklichen* Hegel auseinandergesetzt hat. Gerade mitten in seinen Polemiken zieht er immer die schärfste Grenze zwischen dem, was Hegel wirklich, mit allen seinen Schranken vorstellt und zwischen dem, was seine Schüler und Nachfolger aus ihm gemacht haben. Zwischen dieser Marxschen Kritik und unserer Zeit liegt aber fast ein ganzes Jahrhundert, dessen »Leistung« in dieser Hinsicht gerade in der Entstellung des Bildes vom wirklichen Hegel bestand und welcher Entstellung bis jetzt kein entsprechendes marxistisches Studium von Hegel selbst, kein Herausgraben und Herausarbeiten des wirklichen Hegel gegenübergestellt wurde. Die Vorstellungen, mit denen auch die Mehrzahl der philosophisch gebildeten Leser an Hegel herantritt, sind – ohne daß sie es wissen – tief von der bürgerlichen Entstellung der Hegelschen Philosophie beeinflußt. Und die weittragende Bedeutung der kritischen Bemerkungen von Marx, Engels, Lenin und Stalin können nur dann richtig verstanden und richtig verwertet werden, wenn man genau weiß, was der *wirkliche* Gegenstand dieser Kritik, wer der *wirkliche* Hegel ist.

Erst aus diesen Zusammenhängen wird die *philosophische* Bedeutung der ökonomischen Studien und Anschauungen Hegels klar. Wie unvollkommen und widerspruchsvoll diese Anschauungen Hegels auch gewesen sein mögen – wir haben in verschiedenen Fällen die ihnen innewohnenden Widersprüche ausführlich dargelegt –, so ist es sicher kein Zufall, daß der Vollender der idealistischen Dialektik der *einzige* Philosoph dieser Periode war, der sich *ernsthaft* mit der ökonomischen Struktur der kapitalistischen Gesellschaft auseinanderzusetzen versuchte. Vielmehr ist jene *spezifische* Form der Dialektik, die Hegel entwickelt hat, aus dieser

Auseinandersetzung mit den Problemen der kapitalistischen Gesellschaft, mit den Problemen der Ökonomie herausgewachsen. Wir wiederholen: die bloße Form der Einheit der Widersprüche taucht in der Neuzeit bereits bei Nicolaus Cusanus und Giordano Bruno auf; was aber die *entscheidenden* Fragen der Dialektik betrifft, bedeutet auch die Schellingsche Philosophie, die höchste Stufe der Dialektik vor Hegel keinen wirklichen Schritt vorwärts dieser Dialektik gegenüber.

Erst jene spezifisch Hegelschen Kategorien, deren Entstehung und Widersprüchlichkeit wir hier genau studiert haben, ergeben für die Dialektik eine Erkenntnishöhe, eine Ausbildung der wesentlichen Bestimmungen, an welche die materalische Dialektik von Marx kritisch aufhebend und umstülpend, aber unmittelbar anknüpfen konnte. Die ungeheure Bedeutung der Marxschen Kritik an Hegel besteht gerade darin, daß sie den Grund der Größe und der Schranken der Hegelschen Dialektik in der Richtigkeit und Begrenztheit seiner Auffassung der Widersprüche und Bewegungsgesetze der kapitalistischen Gesellschaft, der Ökonomie des Kapitalismus aufzeigt.

Die spezifische historische Größe Hegels ist nur von hier aus wirklich verständlich. Jeder Denker ist, wie Hegel wiederholt sagt, Sohn seiner Zeit; als solcher knüpft er naturgemäß an seine Vorgänger an. Wenn jedoch Bedeutung und Rang eines Denkers bestimmt werden soll, so muß gefragt werden, wieweit er von diesem notwendig übernommenen inhaltlichen und methodologischen Gedankengut seiner Vorgänger abhängig ist und wieweit er imstande ist, die so übernommenen philosophischen Inhalte und Formen unbefangen an der Wirklichkeit selbst zu prüfen und sie dadurch kritisch zu überwinden und weiterzubilden; wieweit er von der Wirklichkeit selbst ausgeht und wieweit er von den philosophischen Traditionen seiner Vorgänger bestimmt bleibt.

Hier ist der qualitative Unterschied zwischen Fichte und Schelling einerseits und Hegel andererseits (um von den geringeren Denkern dieser Periode, die freilich im Vergleich zu den heutigen sogenannten »Größen« der bürgerlichen Philosophie wahrhafte Riesen sind, gar nicht zu sprechen). Selbstverständlich sind die Ausgangspunkte und die Entwicklungsrichtungen der Fichteschen und Schellingschen Philosophie ebenfalls von der objektiven gesellschaftlichen Wirklichkeit bestimmt. Aber philosophisch bleiben sie beide innerhalb der Schranken der Kantschen Philosophie befangen, und wenn z. B. Schelling vom subjektiven Idealismus zum objektiven weiterschreitet, so kann er diesen Kantschen Rahmen der philosophischen Problemstellungen und Lösungen nicht sprengen, sondern nur anders kombinieren; das Hinausgehen über Kant bleibt bei ihm mehr deklarativ als wirklich philosophisch.

Hegel ist der einzige Philosoph der Periode nach Kant, der im tiefsten Sinne des Wortes originell an die Probleme der Epoche herantritt. Wir haben ausführlich seine Jugendanfänge analysiert und konnten dabei sehen, wie sämtliche Probleme der Dialektik, wenn auch noch nicht in der späteren gereiften Form, aus der Auseinandersetzung mit den beiden weltgeschichtlichen Tatsachen der Epoche, der französischen Revolution und der industriellen Revolution in England herausgewachsen sind. Erst im Laufe der konkreten Herausbildung seines eigenen Systems entsteht bei Hegel die wirkliche gedankliche Anknüpfung an seine Vorgänger. Diese ist aber vom Anfang an eine kritische, eine den gedanklichen Rahmen der Kantschen Konzeption sprengende. Erst dort, wo das gesellschaftliche Sein Deutschlands die Hegelsche Dialektik in enge, zuweilen philiströse Schranken einengt, treten, wie wir gesehen haben, starke Gemeinsamkeiten mit seinen Vorgängern bei ihm auf.

Historisch läßt sich Hegel in seiner Zeit nur mit Goethe auf eine Stufe stellen. Es ist kein Zufall, daß in den Vorarbeiten zur »Phänomenologie des Geistes« sich lange und ausführliche Auseinandersetzungen mit Goethes »Faust« finden. In beiden kommt nämlich ein ähnliches Bestreben, der Versuch, die Entwicklungsmomente der menschlichen Gattung bis zu ihrer damals erreichten Stufe enzyklopädisch zu umfassen und in ihrer immanenten Bewegung, in ihrer Eigengesetzlichkeit darzustellen. Nicht umsonst hat Puschkin den »Faust« eine »Ilias des modernen Lebens« genannt und der geistreiche Ausdruck Schellings über seine eigene Philosophie des Geistes, der sie als eine Heimkehr des Geistes, als eine »Odyssee des Geistes« bezeichnet, paßt vielmehr auf die »Phänomenologie« als auf irgendein Werk Schellings.

Goethe und Hegel leben am Anfang der letzten tragischen großen Periode der bürgerlichen Entwicklung. Für beide eröffnen sich schon die unauflösbaren Widersprüche der bürgerlichen Gesellschaft, das Auseinandergerissenwerden von Individuum und Gattung durch diese Entwicklung. Ihre Größe besteht einerseits darin, daß sie diesen Widersprüchen unerschrocken ins Gesicht sehen und den Versuch machen, für diese Widersprüche den höchsten, dichterischen oder philosophischen Ausdruck zu finden. Andererseits leben sie noch am Anfang dieser Periode, so daß es beiden – wenn auch nicht ohne Künstlichkeiten und Widersprüche – möglich ist, umfassende und doch tiefe und wahre Bestimmungen enthaltende synthetische Bilder über die Gattungserfahrung der Menschheit, über die Entwicklung des menschlichen Gattungsbewußtseins zu schaffen. »Wilhelm Meister« und »Faust« sind in dieser Hinsicht ebenso unvergängliche Dokumente der Menschheitsentwicklung wie die »Phänomenologie«, »Logik« und »Enzyklopädie«. Selbstverständlich darf über diese tiefe Verwandtschaft ihrer letzten Grundtendenzen ihre gedankliche Scheidung nicht völlig außer Acht gelassen werden: Goethe hat sich viel stärker an der Natur orientiert als Hegel, stand zeit seines Lebens dem Materialismus sehr nahe, andererseits aber hatte er für sehr wichtige dialektische Entdeckungen von Hegel keinen Sinn mehr. Diese Unterschiede müßte eine ausführliche Geschichte dieser großen Periode eingehend berücksichtigen. Und erst auf der konkreten Durchführung der Verwandtschaften und Verschiedenheiten zwischen Goethe und Hegel würden die inneren Widersprüche der Fortschrittlichkeit dieser Periode wirklich klar und auf der höchsten Stufe hervortreten.

Für unsere Zwecke reicht die Konstatierung dieser gemeinsamen Tendenz aus. Wir müssen hier nicht die komplizierte Dialektik jener Ursachen und Folgen detailliert untersuchen, die die Auseinandersetzung Goethes mit den Problemen der kapitalistischen Gesellschaft teils realistischer, teils weiter in die Zukunft schauend, teils aber weniger dialektisch, weniger widerspruchsvoll gemacht haben als die von Hegel. Für unsere Zwecke genügt der Hinweis, daß der Ausgang von der menschlichen Arbeit als Selbsterzeugungsprozeß des Menschen der gemeinsame Grundgedanke Goethes und Hegels gewesen ist. Daß dieser Gedanke, wenn auch noch nicht in einer bewußten ökonomischen Form schon im »Prometheus«-Fragment des jungen Goethe auftaucht und – für den Unterschied zwischen Goethe und Hegel sehr charakteristischerweise – einen antireligiösen Akzent erhält. In den größten Werken Goethes steht aber dieses Selbsterzeugen des Menschen durch die Arbeit mit dem Münden dieses Problems in die Auseinandersetzung des Menschen mit der kapitalistischen Gesellschaft, mit dem Münden dieses Problems in eine scharfe, humanistische Kritik der kapitalistischen Gesellschaft in engstem Zusammenhang; mit einer humanistischen Kritik, die keinen Augenblick den Gedanken des menschlichen Fortschritts aus dem Blickfeld verliert, die deshalb sich lieber »mitten im Dünger der Widersprüche« bewegt und sich hier einen Weg zu bahnen sucht, als irgendeiner romantisch-reaktionären Richtung Konzessionen zu machen. Es wäre lächerlich und pedantisch, zwischen den großen Werken Goethes und der Philosophie Hegels mechanische und in Einzelheiten gehende Parallelen zu ziehen. Aber der Weg, auf welchem Goethe seinen »Wilhelm Meister« oder »Faust« findet, ist in einem großen historischen Sinne derselbe Weg, den der Geist in der Hegelschen »Phänomenologie« durchläuft.[36]

Anmerkungen

1 In der ersten Bedeutung vergl. »Grundlagen der gesamten Wissenschaftslehre« (1794). J. G. Fichte: Werke. Hrsg. v. F. Medicus. Leipzig 1911. Band I. 360. Im zweiten Sinne »Darstellung der Wissenschaftslehre« (1801). Ebenda IV. 73.

2 F. W. J. Schelling: Sämmtliche Werke. Hrsg. v. K. F. A. Schelling, Stuttgart 1856, Abt. I, Band I. 149.

3 K. Marx: Theorien über den Mehrwert. Stuttgart 1921. Band III. 318. [Auch: Berlin 1962. Teil III. 265; vgl. 633.]

4 Phänomenologie des Geistes. Hrsg. v. J. Schulze. Berlin 1832. 28.

5 Fr. Engels: Ludwig Feuerbach und der Ausgang der klassischen deutschen Philosophie. Berlin 1952. 21. [Auch in K. Marx / Fr. Engels: Werke. Berlin 1962. Band XXI. 277.]

6 Phän. Hrsg. v. J. Schulze. 610.

7 Ebenda 610/11.

8 Jenenser Logik, Metaphysik und Naturphilosophie. Hrsg. v. G. Lasson. Leipzig 1923. 320-322.

9 K. Rosenkranz: Hegels Leben. Berlin 1844. 187.

10 P. Lafargue: Erinnerungen an Marx. K. Marx: Ausgewählte Schriften. Moskau–Leningrad 1934 I. 89. [Auch in P. Lafargue: Das Recht auf Faulheit & Persönliche Erinnerungen an Karl Marx. Hrsg. v. I. Fetscher. Frankfurt 1966. 62.]

11 K. Marx: Das Kapital. Band I. Berlin 1953 u. ö. 389. [Werke. Berlin 1971. Band XXIII. 393.]

12 Phän. Hrsg. v. J. Schulze. 605.

13 Ebenda 611/12. Die Schlußzeilen sind frei nach dem Gedächtnis zitiert aus den »Philosophischen Briefen« von Schiller.

14 K. Marx / Fr. Engels: Die heilige Familie. Berlin 1953. 202. [Werke. Berlin 1962. Band II. 90.]

15 K. Marx: Ökonomisch-philosophische Manuskripte aus dem Jahre 1844. [Werke. Berlin 1968. Ergänzungsband, erster Teil. 512.]

16 Ebenda 514 f.

17 Ebenda 516.

18 Ebenda 571.

19 Ebenda 575 f.

20 Ebenda 572.
21 Ebenda 575.
22 Ebenda 577 f.
23 Ebenda 584.
24 Zur Kritik der politischen Ökonomie. Berlin 1951. Einleitung 257. [Werke. Berlin 1964. Band XIII. 632.]
25 K. Marx: Ökonomisch-philosophische Manuskripte aus dem Jahre 1844. [K. Marx / Fr. Engels: Werke. Berlin 1968. Ergänzungsband, I. Teil. 580 f. – Die Ausgabe korrigiert das zweitletzte Wort des Zitats in »Prinzips«.]
26 F. Engels: Feuerbach, a.a.O. 10 ff. [Werke. Band XXI. 268 ff.]
27 H. Heine: Sämtliche Werke. Hrsg. v. E. Elster. Leipzig/Wien 1908. Band VI. 48.
28 Die heilige Familie, a.a.O. 198. [Werke. Band II. 86 f.]
29 Ökonomisch-philosophische Manuskripte. [Werke. Berlin 1968. Ergänzungsband, I. Teil. 570.]
30 Ebenda.
31 Ebenda 573.
32 K. Marx: Thesen über Feuerbach 1 [Werke. Berlin 1962. Band III. 5]
33 Ebenda 543. Die Feuerbachstelle befindet sich in: »Philosophie der Zukunft« § 27. Ludwig Feuerbach's sämmtliche Werke. Zweiter Band. Leipzig 1846. 311.
34 W. I. Lenin: Aus dem philosophischen Nachlaß. Berlin 1961. 99.
35 Ebenda 249.
36 Diese Beziehung zwischen »Faust« und »Phänomenologie« habe ich ausführlich dargestellt in meinem Buch: »Goethe und seine Zeit«. Bern 1947. [Wieder erschienen in: Georg Lukács: Werke. Neuwied 1964. Band 7. 41-184.]

Komposition und Systematik der Phänomenologie

Otto Pöggeler
Die Komposition der Phänomenologie des Geistes

I

Von Nietzsche stammt das Wort: »Es ist ein hoher Zustand der Menschheit möglich, wo das Europa der Völker eine dunkle Vergessenheit ist, wo Europa aber noch in dreißig sehr alten, nie veralteten Büchern *lebt*...«[1] Wird es wirklich einmal so sein, wie Nietzsche es sagt, dann, so dürfen wir annehmen, wird Hegels *Phänomenologie des Geistes* eines der dreißig alten, nie veralteten Bücher sein. Aufgabe der Hegelphilologie und Hegelforschung wäre es deshalb, den Leser an dieses Buch heranzuführen, sowohl den Aufriß des Werks und seine Einordnung in das Systemganze, die Komposition, nachvollziehen zu lassen, als auch durch die Auslegung der Details Licht in das Einzelne zu bringen. Aber: sobald die Philologie sich an ihre Aufgabe macht, löst sich ihr das Buch gleichsam unter den Händen auf. Die Frage wird aufgeworfen, ob die Phänomenologie, so wie sie vorliegt, überhaupt ein »Buch« sei – die gelungene Integration der Gedanken des Autors, die streng durchgehaltene Entwicklung ein und desselben Ansatzes, eine genau durchkomponierte Arbeit.

Als Hegel die endlich fertig gewordene Phänomenologie dem Freunde Schelling übersandte, glaubte er selbst, sein Werk entschuldigen zu müssen. Er sprach etwas gewunden von einem »ersten Teil«, der »eigentlich die Einleitung« sei. Noch bei der Verteilung von Exemplaren an die Freunde trete »dieselbe unselige Verwirrung ein, die den ganzen buchhändler- und druckerischen Verlauf, so wie zum Teil

[Aus: *Hegel-Studien.* Hrsg. v. F. Nicolin und O. Pöggeler. Beiheft 3. Bonn 1966. 27 ff.]

die Komposition sogar selbst« beherrscht habe. Hegel schrieb: »Das Hineinarbeiten in das Detail hat, wie ich fühle, dem Überblick des Ganzen geschadet; dieses aber selbst ist, seiner Natur nach, ein so verschränktes Herüber- und Hinübergehen, daß es selbst, wenn es besser herausgehoben wäre, mich noch viele Zeit kosten würde, bis es klarer und fertiger dastünde.« Einzelne Teile bedürften mannigfacher Umarbeitung; was die »größere Unform« der letzteren Partien betreffe, so möge der Freund ihm zugutehalten, daß er (Hegel) die Redaktion »in der Mitternacht vor der Schlacht bei Jena geendigt habe«.[2]

Später hat Hegel in verschiedener Weise an der Phänomenologie Kritik geübt. Ist das Bewußtsein – diese Frage stellt der § 36 der Heidelberger Enzyklopädie – überhaupt ein »absoluter Anfang«? Geht dem Standpunkt des Bewußtseins nicht all das voraus, was in der Enzyklopädie unter dem Titel *Anthropologie* entwickelt wird als Lehre von der Seele, die noch keine Trennung zwischen sich und ihrem Gegenstand kennt? Im § 418 der (Berliner) Enzyklopädie korrigiert Hegel: »Die räumliche und zeitliche Einzelnheit, *Hier* und *Jetzt*, wie ich in der *Phänomenologie des Geistes* S. 25 ff. den Gegenstand des sinnlichen Bewußtseins bestimmt habe, gehört eigentlich dem Anschauen an.« D. h. »Hier und Jetzt« sind überhaupt nicht Gegenstand der sinnlichen Gewißheit als der ersten Gestalt des Bewußtseins, wie die Phänomenologie es darstellt!

Wenn Hegel 1807 in dem genannten Brief an Schelling schrieb, die Phänomenologie als der erste Teil des Systems sei »eigentlich« die Einleitung, dann berührte er schon beim Erscheinen des Werks die Frage, wie die Phänomenologie in den Systemverband gehöre. Verwirrend ist, daß Hegel die Phänomenologie des Geistes gleich nach der Veröffentlichung des Werks in einen neuen Zusammenhang stellte. Als Rektor und Lehrer der Philosophie am Nürnberger Gymnasium wollte er in seinem ersten Schuljahr Pneumatologie oder Geisteslehre zusammen mit der Logik als eine Art

Einführung in die Philosophie unterrichten; er teilte diese Pneumatologie in Bewußtseinslehre oder Phänomenologie und Psychologie. Wie eine erhaltene Gliederung zeigt, wollte er zuerst die ganze Phänomenologie vortragen; er hat dann jedoch den Vortrag innerhalb des Vernunft-Kapitels abgebrochen – augenscheinlich, weil die Schüler ihm nicht zu folgen vermochten. In den nächsten Schuljahren beschränkte er die Phänomenologie überhaupt auf die drei ersten Kapitel: Bewußtsein, Selbstbewußtsein, Vernunft. Diese verkürzte Phänomenologie nahm er als den Mittelteil auf in die Philosophie des subjektiven Geistes. Die Phänomenologie kam also nun zweimal vor: als die Phänomenologie von 1807 und als ein Unterabschnitt der Enzyklopädie. Konnte die Phänomenologie von 1807 jetzt überhaupt noch zum System gerechnet werden? In seinen späteren Äußerungen hat Hegel sie einerseits aus dem System ausgeschlossen, andererseits hat er aber doch an seinem früheren Werk festgehalten. Für die Hegel-Schüler entstand deshalb die Frage, was für eine Wissenschaft denn eigentlich die Phänomenologie des Geistes sei. Gabler, ein Jenaer Schüler Hegels und später sein Nachfolger auf dem Berliner Lehrstuhl, hat die verkürzte Phänomenologie als Bewußtseinskritik ausgearbeitet und so als Teil einer philosophischen Propädeutik genommen, dem Ausführungen psychologischen und enzyklopädischen Inhalts folgen sollten. Hinrichs, ein Heidelberger Schüler Hegels, hat eine *Genesis des Wissens* geschrieben, in der Julius Schaller eine Fortsetzung der Phänomenologie des Geistes sehen wollte – nämlich eine Entwicklung des absoluten Wissens, das bei Hegel selbst unentwickelt geblieben sei. Ob die Phänomenologie von 1807 überhaupt zum ausgearbeiteten Hegelschen System zu rechnen sei, ob Hegel nicht sein früheres Werk später verworfen habe, darüber entstand zwischen den einzelnen Hegel-Schülern und Hegel-Gegnern ein weitläufiger Streit.[3]

Als Hegel kurz vor seinem Tode die Phänomenologie von 1807 neu herausgeben wollte, notierte er sich: »Eigentümliche frühere Arbeit, nicht umarbeiten, – auf die damalige Zeit der Abfassung bezüglich – in Vorrede: das *abstrakte Absolute* herrschte damals.«[4] Es ist offensichtlich, daß Hegel in dieser Notiz sein früheres Werk relativiert. Er bezieht es seinem Ansatz und Aufbau nach auf die philosophische Konstellation, die zur Zeit seiner Abfassung herrschte: auf den Kantianismus, der das Ding an sich und das Bewußtsein wie etwas Getrenntes und Trennbares behandelte (mit einer Kritik dieser Position begann Hegel die *Einleitung* zur Phänomenologie bzw. Wissenschaft der Erfahrung des Bewußtseins); auf Jacobis Lehre, die Gewißheit von der Realität Gottes, des anderen Menschen und der Dinge sei nur als eine »unmittelbare« möglich (was Hegel angriff, indem er Unmittelbarkeit und Vermittlung aufeinander bezog – dieses Wortpaar taucht als kritischer Grundbegriff erstmals im Umkreis der Phänomenologie auf); kurz auf all das, was Hegel in seiner *Vorrede* angegriffen hat als die Herrschaft des »abstrakten Absoluten«. In dieser philosophischen Konstellation, das scheint Hegels Notiz sagen zu wollen, war eine Phänomenologie, die das Wissen zum absoluten Wissen führte, notwendig; ob das Werk außerhalb dieser Konstellation den gleichen Sinn behält, das wäre zum mindesten zu fragen (wenn nicht überhaupt zu fragen wäre, wieweit eine Philosophie außerhalb der Konstellation, in der sie auftritt und die ihr die leitende Frage vorgibt, ihren ursprünglichen Sinn behält).

Wenn Hegel sich in dieser kritischen Weise über sein Werk geäußert hat, dann freilich dürfen wir unsererseits fragen, ob die Phänomenologie so etwas wie ein gelungenes Buch, ein ausgereiftes Werk sei. Hat Hegel es in der Phänomenologie überhaupt vermocht, seine Gedanken in einer gültigen Weise zusammenzufassen, alle Motive seines Denkens sich auswirken zu lassen? Die Weise z. B., wie er die Sittlichkeit als die »schöne« Sittlichkeit der Griechen nimmt und sie sich dann geschichtlich auflösen läßt, spiegelt durchaus nicht Hegels Bemühen wider, die Sittlichkeit auf dem Boden der

Moderne neu zu begründen. Bleibt Hegel hier mit der Darstellung seiner Gedanken hinter seinem Denken zurück oder entspricht es dem spezifischen Ansatz der Phänomenologie als der Wissenschaft von der Bildung des Bewußtseins, daß Hegel von der Sittlichkeit nur so spricht, wie er von ihr spricht? Es fällt, um ein anderes Beispiel zu geben, auf, daß Hegel ausführlich die verschiedenen Formen der Religion charakterisiert, aber die jüdische Religion einfach ausläßt, die christliche als die offenbare oder absolute Religion anknüpft an die griechische. Dabei hat Hegel sich schon in Frankfurt die Bedeutung der jüdischen Religiosität vergegenwärtigt, die jüdische Religion freilich rein negativ gesehen, sie dem Ideal des Griechentums als ein negatives Ideal, als Gegenbild, gegenübergestellt. In der Phänomenologie des Geistes ist Hegel sich der Bedeutung der jüdischen Religion durchaus bewußt, wie eine Nebenbemerkung zeigt: das jüdische Volk habe vor der Pforte des Heils gestanden, sei aber in einer ähnlichen Weise vor ihr stehen geblieben, wie die beobachtende Vernunft in der Physiognomik und Schädellehre vor der Pforte des Geistes stehen bleibe; für die Bildung des Geistes seien freilich diese Stufen, die die härtesten Entgegensetzungen zeigten und fixierten, notwendig.[5] Daß die jüdische Religion in der Phänomenologie nicht ihre Darstellung findet, die Phänomene der jüdischen Geschichte nicht zur Illustration einer Gestalt des Geistes herangezogen werden, bleibt merkwürdig.

Wenn es fraglich ist, ob Hegel in der Phänomenologie des Geistes seine Gedanken in einer ihm selbst gültig erscheinenden Weise hat darstellen können, wenn Hegel alsbald sich zu einer Distanzierung von seinem Werk gezwungen sah, wenn Hegels Schüler auf unterschiedliche Weisen das Anliegen der Phänomenologie fortzuführen suchten und man sich nicht einmal darüber einigen konnte, an welchen Ort im Werk Hegels die Phänomenologie zu stellen sei, dann wird auch die Komposition dieses Werks sich kaum aufzeigen lassen als eine Gliederung, die eindeutig aus dem

Ansatz des Werks entspringt und in ihrer Entfaltung problemlos bleibt. In der Tat: wie sich in dem Werk zwei Titel finden (nämlich *Wissenschaft der Erfahrung des Bewußtseins* und *Phänomenologie des Geistes*), so auch zwei Gliederungen – eine im Text, eine andere im Inhaltsverzeichnis. Der eine Titel hat den anderen ersetzen sollen, und nur ein Mißgeschick beim Binden des Buches hat uns beide Titel aufbewahrt. Überdies hat das Werk eine *Einleitung* und auch noch eine (zuletzt geschriebene) *Vorrede;* die *Vorrede* soll zwar die Vorrede zum ganzen *System der Wissenschaft* sein, nimmt aber auch Gedanken der *Einleitung* wieder auf und interpretiert sie neu. Sollte ähnlich die eine Gliederung die andere ersetzen oder doch neu interpretieren? Achten wir schließlich auf die Proportionen des Werks, so zeigt sich etwas Seltsames: das erste der Kapitel, die gemäß der ursprünglichen Gliederung mit römischen Ziffern bezeichnet sind (also das Kapitel *Die sinnliche Gewißheit*), hat – nach der Paginierung der Originalausgabe – 16 Seiten, das zweite *(Die Wahrnehmung)* 21, das dritte *(Kraft und Verstand)* 42, das vierte *(Die Wahrheit der Gewißheit seiner selbst)* 61, das fünfte *(Gewißheit und Wahrheit der Vernunft)* 214. Die Proportionen verschieben sich also ins Monströse. Was aber bedeutet das für die Komposition der Phänomenologie? Zeigt sich in den Proportionen schon etwas von der unseligen Verwirrung, die nach Hegels Brief an Schelling selbst die Komposition betroffen hat?

Hundert Jahre nach Hegels Tod hat Theodor Haering die Probleme, die sich bei der Frage nach der Komposition der Phänomenologie stellen, durch einen Gewaltstreich zu lösen versucht.[6] Er hat die These aufgestellt, die Phänomenologie sei überhaupt kein einheitlich konzipiertes Werk; Hegel habe die Phänomenologie zuerst, wie er es dann auch später innerhalb der Geistesphilosophie getan habe, nur bis zum Vernunft-Kapitel führen wollen; die ganze zweite Hälfte des Werks sei im ursprünglichen Plan nicht vorgesehen gewesen; unter der Hand, mehr gegen als durch den Willen des Autors, sei die Phänomenologie zu dem Werk geworden, das wir heute kennen. Genau besehen, löst Haerings These keines der konkreten Probleme, die sich an die Frage nach der Komposition der Phänomenologie knüpfen. Umgekehrt läßt sich zeigen, daß Haering sich in ein ganzes Nest von irrigen Deutungen, falschen Unterstellungen und Fehlschlüssen verstrickt hat, die sich im einzelnen bündig widerlegen lassen. Doch hat Haering etwas gesehen, was sich nicht wegdiskutieren läßt: etwas von den Problemen, die sich stellen, wenn man nach der Komposition der Phänomenologie fragt. Wenn wir nach einer Lösung dieser Probleme suchen, dann weisen vielleicht ältere Hegelkritiker mit den Beobachtungen, die sie der Phänomenologie gegenüber gemacht haben, einen besseren Weg, als Haering es tut.

Immanuel Hermann Fichte sah das Ziel der Phänomenologie in dem Versuch, zu beweisen, daß das Ideelle das absolute Prinzip aller Wirklichkeit sei. In der *Einleitung* zur Phänomenologie gebe Hegel im Anschluß an Kant und in einer Kritik Kants eine erkenntnistheoretische Beweisführung: er versuche nachzuweisen, daß unser Erkennen einzudringen vermöge in die ihm ursprünglich fremde, entgegengesetzte Objektivität, sich des Wesens der Objektivität bemächtigen könne. Hegel gehe in seinem Werk aber bald zu einer realphilosophischen Beweisführung über: er versuche zu zeigen, daß das Ideelle (der Geist) das Substantielle in allem Wirklichen sei. So entwickle die Phänomenologie schließlich »die Universaltatsache eines weltgeschichtlich zur Verwirklichung gekommenen geistigen Universums«, und die *Vorrede* setze (im Unterschied zur *Einleitung)* die Aufgabe der Phänomenologie darin, den Weltgeist in seiner Entwicklung zu begreifen. Auf das Ganze gesehen, gebe Hegel weder das eine noch das andere, weder den erkenntnistheoretischen noch den realphilosophischen Beweis, sondern »etwas Halbes aus beiden«. Deshalb habe er später das Werk auch fallengelassen.

Diese Beobachtung ist durch Rudolf Haym in eine populär gewordene Kritik verwandelt worden. Haym drückt sich so aus: Die *Einleitung* zur Phänomenologie verspreche einen transzendentalpsychologischen Beweis des absoluten Wissens; sie fordere, die Seele solle sich zum absoluten Wissen läutern. Der Schluß der Phänomenologie beanspruche dagegen, einen historischen Beweis des absoluten Wissens gegeben zu haben: die Geschichte sei in ihrer begriffenen Organisation als Wissenschaft des erscheinenden Wissens die Rechtfertigung des absoluten Wissens. Eine Strecke weit läsen wir in der Phänomenologie eine Analyse des Bewußtseins; kaum aber hätten wir die Schwelle des Selbstbewußtseins überschritten, so begegneten uns geschichtliche Gestalten. »Die Phänomenologie demnach«, so sagt Haym, »wird zum Palimpsest: über und zwischen dem ersten Text entdecken wir einen zweiten.« Das heißt also, daß die Phänomenologie gar nicht ein und denselben Ansatz entwickelt! Ihr Text läßt wie ein Palimpsest noch einen anderen Text durchscheinen; auch dort, wo der zweite Ansatz zur Herrschaft gekommen ist, können wir noch versuchen, im Sinne des ersten Ansatzes weiterzulesen; freilich sind die Schriftzeichen, die die Entwicklung des ersten Ansatzes uns zeigen könnten, so gut wie möglich weggewischt worden; aber Spuren des ersten Ansatzes sind sichtbar geblieben.

Es kann kein Zweifel sein: Wer Hegels Phänomenologie liest, muß darüber erstaunen, daß sich in der Dialektik des Selbstbewußtseins konkrete historische Gestalten vordrängen und die Phänomenologie in den spätern Partien immer stärker auf diesen historischen Weg gerät. So hat denn auch einer von Hegels ersten Lesern – der Jugendfreund Isaak von Sinclair, der selbst in seinem philosophischen Hauptwerk das phänomenologische Thema »Wahrheit und Gewißheit« behandelt hatte – an Hegel geschrieben, bei der Darstellung des Selbstbewußtseins habe er den Faden verloren. »Ich konnte Dir, ich gestehe es, dann nicht mehr folgen. Ich erwarte hierüber Aufklärung, und was ich nur dunkel vom Folgenden begreifen konnte, war, daß Du mir schienst in einen zu sehr historischen, sogar, wenn ich mich so ausdrücken darf, pathologischen Gesichtspunkt einzugehen, wo Dich mehr Kombinationskraft als die ruhige Beobachtung, die im Anfange war, leitete.«[7] Wenn also Kritiker wie Fichte und Haym etwas Richtiges gesehen haben, so haben sie doch ihre Einsicht nicht dazu benutzt, die konkreten Schwierigkeiten aufzulösen, vor die wir kommen, wenn wir uns den Gang der Phänomenologie vergegenwärtigen wollen. Fichte und Haym haben auch nicht gefragt, was sich denn eigentlich im Denken Hegels vollzogen hat, als sich der Ansatz seiner Phänomenologie wandelte. Sie haben vielmehr ihre Beobachtung wie etwas Sicheres und Letztes genommen, um von ihr aus Hegels Phänomenologie als ein uneinheitliches Werk kritisieren, sie erledigen zu können. Hegel, der es doch eigentlich hätte wissen müssen, hat jedenfalls in seinem Werk diese Zwiespältigkeit nicht gefunden; er hat in ihm etwas so einheitlich Gedachtes gesehen, daß er es in der Form, die es gewonnen hatte, veröffentlichte und sich später immer wieder auf es berief, wenn er auch Berichtigungen publizierte und gleich zu Anfang einem Freunde wie Schelling gegenüber seine Bedenken gegen das gerade fertig gewordene Werk nicht verschwieg. Könnte nicht Karl Rosenkranz recht haben, der schon 1870 meinte, die ganze Mäkelei gegenüber der Phänomenologie, wie sie von Kritikern und Historikern vorgebracht wird, bleibe ein »Pedantismus der Schulfuchserei«, der unangebracht sei gegenüber einem Werk, das neben Platons *Republik*, Spinozas *Ethik*, Kants *Kritik* zu stellen sei? Doch die philologischen und kritischen Fragen verstummten nicht; man mußte deshalb mit gröberem Geschütz gegen die philologische Behandlung des Textes der Phänomenologie schießen. So führt Georg Lukács die Thesen von Haym und Haering auf nationalliberale bzw. faschistische Vorurteile gegen Hegel zurück. »Für die bürgerlichen Hegelforscher«, so sagt er, »stellt die Phänomenologie etwas sehr Unangenehmes, sogar Unheimliches dar. Ihr spezifischer Charakter soll durch verschiedene ›geistreiche‹ Hypothesen aus der Welt geschafft werden.« Diese Hypothesen seien »rein aus der Luft« gegriffen; eine Auseinandersetzung mit ihnen lohne sich nicht.

Der Ton, der hier angeschlagen wird, klingt wohlvertraut. Als die philologische Forschung in Homers Werk verschiedene Traditionen unterschied, als diese Forschung im *Alten Testament* die Fassung des Jahwisten von der Fassung des Elohisten und in immer wieder wechselnder Weise noch die verschiedenen Versuche, die Überlieferung neu zu fassen, trennte, als das *Neue Testament* formgeschichtlich untersucht wurde, glaubte man das Hin und Her der Philologie als eine nur zersetzende und überdies fruchtlose Arbeit abtun, die Hypothesen der Philologie als rein aus der Luft gegriffen bezeichnen oder, wenn das nicht mehr genügte, sie auf versteckte Vorurteile zurückführen zu können. Es mögen in der Tat viele Vorurteile in der philologischen Arbeit stecken. Es mag sogar richtig sein, daß die Philologie Bücher, die in dieser oder jener Weise für »inspiriert« gelten, ihres Geistes beraubt, sie auflöst in Bruchstücke, die kein Ganzes mehr ergeben, daß die Philologie also ein zersetzendes Werk tut. Es ist auch nicht zu leugnen, daß sich unabhängig von der philologischen Forschung ein unmittelbareres Verstehen der großen Werke vollzieht, ein Verstehen, das den zersetzenden Geist der Philologie nicht zu Unrecht verachtet (in einem solchen Verstehen haben Denker wie Marx und Heidegger sich in einer schöpferischen Weise die Idee der Phänomenologie angeeignet). Aber kann man deshalb die philologischen Fragen, wenn sie einmal gestellt sind, ungelöst beiseite schieben? Kann es nicht auch eine Philologie geben, die nicht zersetzt, sondern den Weg zu einer neuen und tieferen Erfahrung des Geistes eines Werkes bahnt?

Kann, um zu unserem Thema zurückzukehren, die Philologie die Schwierigkeiten auflösen helfen, in die wir uns verwickeln, wenn wir nach der Komposition der Phänomenologie fragen? Oder kann sie diese Schwierigkeiten zwar nicht beseitigen, aber doch einen Sinn dafür aufzeigen, daß es diese Schwierigkeiten gibt, daß Hegel sich, als er sein Werk verfaßte, in Unstimmigkeiten verwickelte, mögen diese Unstimmigkeiten mehr scheinbare oder auch wirkliche sein? Kann die Philologie vielleicht zeigen, daß die Motive, durch die Hegel zum Entwurf einer Phänomenologie des Geistes geführt wurde, noch nicht so zum Ausgleich gekommen waren, daß von vornherein eine einheitliche, durchgehend in Geltung bleibende Komposition des Ganzen vorhanden war? Kann die Philologie uns helfen, die Phänomenologie nicht nur dem vorgefundenen »Buchstaben« nach zu nehmen, sondern das Ganze, und zwar auch Verwicklungen und Verwirrungen, aus seinem »Geist« neu entstehen zu lassen? Kann uns die philologische Forschung auf einen Weg bringen, auf dem wir uns der Phänomenologie auf eine neue Weise zu nähern vermögen?

II

Die Komposition der Phänomenologie, ihr Aufbau wie ihre Einordnung in das Systemganze, wird nur aus dem Ansatz, den das Werk entfaltet, zu verstehen sein. Wir müssen jedoch die Möglichkeit in Betracht ziehen, daß dieser Ansatz nicht immer streng durchgehalten worden ist, sich vielleicht noch während der Niederschrift des Werks gewandelt hat, so daß es zu einer Verwirrung selbst in der Komposition gekommen ist. Wie aber kam die Phänomenologie überhaupt in den Ansatz? Wie kam es dazu, daß Hegel die Phänomenologie als einen ersten Teil, der eigentlich die Einleitung ist, in das System aufnahm? Daß er diesem Teil den Aufbau gab, den er heute zeigt?

(1) Die Phänomenologie des Geistes oder (wie das Werk zuerst hieß) die Wissenschaft der Erfahrung des Bewußt-

seins hat sich[8] aus Ausführungen entwickelt, die zu Anfang ihren Ort in den Einleitungen zu der Vorlesung über Logik und Metaphysik hatten. Wenn wir die Frage beantworten wollen, wie die Phänomenologie in den Ansatz kam, dann scheint es richtig, darauf zu achten, wie Hegels Logik und Metaphysik sich in Jena entwickelte und schließlich eine Wissenschaft der Erfahrung des Bewußtseins aus sich entließ. Die Hegelforschung hat jedoch in mannigfacher Variation die These entwickelt, Hegels Weg zur Phänomenologie des Geistes führe nicht über die Logik und Metaphysik, sondern an dieser Logik und Metaphysik vorbei. So hat Hermann Glockner Hegels »System« für tot erklärt, von diesem System jedoch Hegels lebendiges Philosophieren unterschieden. Die Linie lebendigen Hegelschen Philosophierens, das ist Glockners Meinung, führe von den Jugendschriften über die Kritischen Aufsätze der Jenaer Zeit an den Systementwürfen vorbei zur Phänomenologie; die Jenaer Vorlesungen über das System und seine Teile führten nicht zur Phänomenologie, sondern zur Enzyklopädie, also zum toten System. Es sei nicht verwunderlich, daß die Forschung vergeblich versucht habe, die Verbindungslinie zu finden, die von den Jugendschriften zu den Jenaer Systementwürfen führe, denn in dem Jenaer Entwurf der Logik z. B. habe Hegel nur einen »im großen und ganzen geläufigen Stoff« bearbeitet. Man könne sich nur *darüber* wundern, daß Hegel, nachdem er eine Logik und Metaphysik ausgearbeitet gehabt habe, überhaupt noch fähig gewesen sei, eine Phänomenologie zu schreiben, also zur Linie seines lebendigen Philosophierens zurückzukehren![9] Von einem ganz anderen Standpunkt aus hat die an Marx orientierte Hegel-Interpretation – so in Kojèves epochemachenden *Leçons sur la phénoménologie de l'esprit* – von vornherein jedem Versuch den Weg abgeschnitten, den Ansatz der Hegelschen Phänomenologie aus der Entwicklung der Logik zu verstehen. Die Phänomenologie denkt nach dieser Interpretation das eigentlich zu Denkende, nämlich die Selbsterzeugung des Menschen, als einen Prozeß; die Logik ist ihr gegenüber der Rückfall in die überlieferte theologische Metaphysik.[10]

Wenn wir diesen Weisen, sich der Hegelschen Phänomenologie zu nähern, nicht folgen, sondern den Ansatz der Phänomenologie aus der Entwicklung der Logik und Metaphysik verständlich zu machen suchen, dann setzt das freilich voraus, daß wir nach dem Sinn fragen, den Hegel seiner Logik und Metaphysik in den *Jenaer* Jahren gab. Wir müssen grundsätzlich brechen mit der Gewohnheit, Hegels Jenaer Logik und Metaphysik von der späteren Wissenschaft der Logik her zu verstehen, jene als eine bloße Vorbereitung dieser zu nehmen. Auch ein Forscher wie Theodor Haering, der die Entwicklungsgeschichte von Hegels Jenaer Logik im Detail zu untersuchen versuchte, orientierte sich ganz am späteren System und gab dann seiner so orientierten Deutung als eine historisch-philologische Zugabe die ganz phantastische Konstruktion einer nirgendwo belegten »psychologistischen« Hegelschen Logik bei. Obgleich Hegel in Jena gleich seine erste Vorlesung über Logik und Metaphysik hielt, stellte man die These auf, es gebe keinen Übergang von Hegels Frankfurter Aufzeichnungen zu dieser Logik und Metaphysik. So verstellte man sich die Frage nach dem spezifischen Sinn, den Hegel der Logik und Metaphysik gerade in den ersten Jenaer Jahren gab (wie auch die Möglichkeit eines zureichenden Verständnisses der *Jugendschriften*; vgl. unten S. 379 ff.). Eine falsche Datierung der Jenaer Manuskripte tat ein Übriges: man setzte das große Manuskript über Logik, Metaphysik und Naturphilosophie in die Jahre 1801 und 1802, während es erst in das Jahr 1804 gehört, also später entstanden ist als das sog. *System der Sittlichkeit* und die sog. *Realphilosophie I.* Diese falsche Datierung führte dazu, daß die meistdiskutierten Fragen bei der philologisch-historischen Erforschung von Hegels Jenaer Manuskripten bloße Scheinfragen waren, nämlich Fragen von der Art, wie Hegel von dem vermeintlich schon

1801/02 erreichten logischen Niveau des Manuskripts über Logik, Metaphysik und Naturphilosophie in die schellingianisierende Weise des *Systems der Sittlichkeit* und der *Realphilosophie I* habe zurückfallen können. Die Frage, wie die Hegelsche Logik und Metaphysik der ersten Jenaer Jahre zu unterscheiden sei von der Logik und Metaphysik der mittleren Jenaer Jahre und wie wiederum die Logik und Metaphysik der mittleren Jenaer Jahre sich in den letzten Jenaer Jahren weiter entwickelt habe, konnte gar nicht aufkommen.[11]

Die Logik und Metaphysik aus dem Manuskript von 1804 gehört schon in einen Umwandlungsprozeß, der Hegels ursprünglichen Ansatz veränderte. Über diesen ursprünglichen Ansatz – d. h. über die Logik und Metaphysik der ersten Jenaer Semester, wie Hegel sie auch in einem Buch hat veröffentlichen wollen – sind wir unterrichtet durch zwei Zeugnisse: einmal durch Hegels Vorlesungsankündigungen, dann durch das Referat, das Rosenkranz über eine Jenaer Vorlesung über Logik und Metaphysik gegeben hat.[12] In dem Referat von Rosenkranz heißt es, den Zuhörern werde das Kolleg über Logik und Metaphysik »diesen Winter« geboten. Da Hegel nur in den Wintersemestern 1801/02 und 02/03 über Logik und Metaphysik gelesen hat (in späteren Wintersemestern nur über Logik und Metaphysik innerhalb des gesamten Systems oder »mit vorangegangener Phänomenologie des Geistes«), muß die von Rosenkranz referierte Vorlesung den ersten Jenaer Semestern angehören.

Wie Hegel die Logik und Metaphysik damals aufeinander bezieht und voneinander abgrenzt, zeigt uns die Vorlesungsankündigung für das Sommersemester 1802: *Logicam et Metaphysicam sive systema reflexionis et rationis secundum librum sub eodem titulo proditurum.* Die Logik wird als *systema reflexionis* der Metaphysik vorausgeschickt, die als *systema rationis* gefaßt ist! Welchen Sinn dieses Vorausschicken hat, entwickelt Hegel genauer in der Vorlesung, die Rosenkranz referiert. Hegel sagt dort, die Philosophie trete in den »Epochen des Übergangs« auf. In diesen Epochen fänden »große Geister«, die sich gegenseitig von der Spitze der Entwicklung stießen, das entscheidende Wort, und die Völker hingen ihnen an. Solle einer das ganze Werk vollbringen können, dann müsse er »das Ganze erkannt und damit von aller Beschränktheit sich gereinigt haben«. »Die Schrecken der objektiven Welt, so wie alle Fesseln der sittlichen Wirklichkeit, hiermit auch alle *fremden Stützen*, in dieser Welt zu stehen, so wie alles Vertrauen auf ein festes Band in derselben, müssen von ihm gefallen, d. h. er muß in der Schule der Philosophie gebildet sein.« So sei Alexander »aus der Schule des Aristoteles zur Eroberung der Welt übergegangen«. Hegel spricht nun der Logik und Metaphysik die Aufgabe zu, diese Reinigung des Denkens zu vollbringen! In seinem Kolleg, so sagt er, werde er auf den Charakter des Philosophierens, aus allen überlieferten Bindungen zu lösen und von allen Einseitigkeiten zu befreien, »eine propädeutische Rücksicht nehmen und von dem *Endlichen* anfangen, um von ihm aus, nämlich insofern es vorher vernichtet wird, zum *Unendlichen* zu gehen«. Den traditionellen Disziplinen Logik und Metaphysik gibt Hegel damit einen neuen Sinn: er nimmt die Metaphysik als die »Wissenschaft der Wahrheit«, die das »unendliche Erkennen oder das Erkennen des Absoluten zum Gegenstande« hat, und stellt diesem unendlichen Erkennen, der Spekulation, das endliche Erkennen – die Reflexion, wie sie in der Logik entwickelt wird – voraus. Freilich sind unendliches und endliches Erkennen nicht einfach nebeneinander gestellt; wenn das endliche Erkennen Endliches fixiert, abstrahiert es vom Unendlichen, und es abstrahiert von der Identität, die in allen Gegensätzen liegt, wenn es sich in Entgegensetzungen verläuft. Die Logik stellt die Formen des endlichen Erkennens (ontologisch die Kategorien des Endlichen und logisch Begriff, Urteil und Schluß als Formen des Verstandesdenkens) nur auf, um schließlich zu zeigen, wie das endliche Erkennen sich selbst aufhebt und in das metaphysische Denken übergeht. »Ich glaube«, so sagt Hegel, »daß von dieser spekulativen Seite allein die Logik als Einleitung in die Philosophie dienen kann, insofern sie die endlichen Formen als solche fixiert, indem sie die Reflexion vollständig erkennt und aus dem Wege räumt, daß sie der Spekulation keine Hindernisse in den Weg legt, und zugleich das *Bild des Absoluten* gleichsam in einem *Widerschein* vorhält, damit vertraut macht«. Die Logik führt hin zur Metaphysik, die als die »eigentliche Philosophie« das Prinzip aller Philosophie konstruiert, nämlich die Subjekt-Objekt-Identität, die Idee als die Einheit des Endlichen und Unendlichen, das Absolute als den absoluten Geist.

Hegels Logik und Metaphysik ist als die Reinigung des Geistes von allen vorgegebenen Bindungen und von aller Einseitigkeit die wahre Einführung in die Philosophie; dabei ist die Logik wiederum die Hinführung zur Metaphysik. Logik und Metaphysik sind aber nicht nur eine Entwicklung der Kategorien und Formen des Verstandes und der Weisen der Spekulation; sie sind zugleich ein Aufstieg des Denkens, nämlich der Gang oder Weg des Denkens vom endlichen zum unendlichen Erkennen, d. h. von einem Erkennen, das die Endlichkeit des Endlichen fixiert, zu einem Denken des un-endlichen, in allen Gegensätzen mit sich einigen Absoluten. Auf diesem seinem Weg zieht das Denken das Resultat aus der Geschichte des Denkens: es führt die vorkantische Ontologie in die Kantische über, nimmt das Anliegen der Metaphysik auf dem von Kant gewonnenen Boden wieder auf und verwandelt so Kants Kritik der Metaphysik in einen neuen Aufbau der Metaphysik. (Rosenkranz referiert nur, die Metaphysik konstruiere vollständig das Prinzip aller Philosophie; im Manuskript aus dem Jahre 1804 endet die Metaphysik damit, daß sie die Themen der überlieferten *metaphysica specialis* – Welt, Seele, Gott – behandelt und dann das Absolute als den absoluten Geist konstruiert.) Das Denken zieht aus der Geschichte des Denkens freilich in der

Weise das Resultat, daß es selbst einen entscheidenden geschichtlichen Übergang macht: sich auf eine solche Weise reinigt von allen überlieferten Bindungen und Einseitigkeiten, daß es als ein neuer Alexander auf seine Weise die Eroberung der Welt antreten kann.
Es ist klar: dieser Logik und Metaphysik als Einführung in die Philosophie, der Logik als der Einleitung zur Metaphysik konnte nicht noch einmal eine Phänomenologie als der erste Systemteil, der eigentlich die Einleitung ist, vorangehen. Die Logik und Metaphysik, wie Hegel sie in seinen ersten Jenaer Vorlesungen vortrug, war in sich selbst schon eine Phänomenologie: die Reinigung und Läuterung des Denkens, sein Weg zum absoluten Wissen.

(2) Wie konnte vor diese Logik und Metaphysik und so an die Spitze des Systems eine Phänomenologie des Geistes treten? Die Phänomenologie brauchte gar nicht zu der Logik und Metaphysik erst noch hinzuzutreten, denn diese Logik und Metaphysik war ja ursprünglich in sich auch eine Phänomenologie, eine Erhebung des endlichen Denkens zum unendlichen Denken! Hegel brauchte nur diese Erhebung des Denkens für sich darzustellen, um für seine spekulative Philosophie die Zweiheit von Logik und Phänomenologie bzw. von Logik und Metaphysik einerseits und Wissenschaft der Erfahrung des Bewußtseins andererseits zu bekommen.
Die Logik und Metaphysik mußte sich freilich wandeln, wenn sie eine Wissenschaft der Erfahrung des Bewußtseins aus sich entlassen sollte. Die Logik konnte nicht mehr weiterhin die Einleitung zur Metaphysik sein, wenn der Logik und Metaphysik in der Wissenschaft der Erfahrung des Bewußtseins eine neue Einleitung in das System vorausgesetzt wurde. Logik und Metaphysik wurden zusammengeschlossen zu der einen Logik (wenn Hegel den traditionellen Titel *Logik und Metaphysik* ebenfalls beibehielt – er gebrauchte ihn noch in Berlin für seine Vorlesungsankündi-

gungen –, so gab er ihm, vor allem dem »und«, einen neuen Sinn). Die *Realphilosophie I* spricht vom ersten Teil der Philosophie, der den Geist als Idee konstruiere, und faßt so Logik und Metaphysik zusammen als eine durchlaufende Bewegung und einen Systemteil. Die Vorlesungsankündigung für das Wintersemester 1803/04 nennt Logik und Metaphysik zusammen den einen »transzendentalen Idealismus«. In welchem Sinn das geschieht, zeigt ein Jenaer Text, den Rosenkranz mitgeteilt hat: »Fichtes Wissenschaftslehre so wie Schellings Transzendentalidealismus sind beides nichts anderes, als Versuche, die Logik oder spekulative Philosophie rein für sich darzustellen.«[13] Der transzendentale Idealismus impliziert eine neue Logik, doch haben Fichte und Schelling – das ist Hegels Kritik – nicht für sich, nicht in einer Logik als einer eigenen Disziplin entwickelt, was sie immanent als die spekulative Grundlage in ihrem System gegeben haben. Die Idee als den absoluten Geist, also das Prinzip der Fichteschen und Schellingschen Philosophie, eigens zu konstruieren, ist im Hegelschen System die Aufgabe der Logik und Metaphysik, die als eine eigene Wissenschaft an die Spitze des Systems gestellt ist. Das Manuskript über Logik, Metaphysik und Naturphilosophie aus dem Jahre 1804 gibt diese Konstruktion. Es zeigt, wie sehr Hegel nun bemüht ist, Logik und Metaphysik miteinander zu verklammern, obwohl er, was das Inhaltliche betrifft, kaum etwas grundstürzend Neues gegenüber den ersten Jenaer Vorlesungen über Logik und Metaphysik eingeführt haben wird. Hegel konnte diese eine Logik und Metaphysik bald auch in ihrer Einheit mit dem einen Titel Logik nennen.[14]

Auf welche Weise aus dieser Logik oder Logik und Metaphysik die Phänomenologie erwuchs, berichtet uns Rosenkranz. Er sagt, Hegel habe »zunächst in seinen Einleitungen zur Logik und Metaphysik« den »Begriff der Erfahrung, welche das Bewußtsein von sich selbst macht«, entwickelt; daraus sei seit 1804 die Anlage zur Phänomenologie entsprungen.[15] Der Bericht von Rosenkranz scheint zuverlässig zu sein, da Rosenkranz – ohne auf diesen Sachverhalt reflektiert zu haben – die richtige Voraussetzung macht, die Phänomenologie sei zuerst eine Wissenschaft der Erfahrung des Bewußtseins gewesen.

Aus den mittleren Jenaer Jahren ist uns auch ein Bruchstück überliefert, das zeigt, wie der Gedanke einer Wissenschaft der Erfahrung des Bewußtseins aus Überlegungen zum Anfang der Logik und Metaphysik und damit zum Anfang des Systems herauswuchs.[16] Dieses Bruchstück enthält zwei Anmerkungen, die Hegel zu einem Satz macht, der an die Spitze des Systems gestellt ist, aber nicht nur dessen Anfang ausmacht, sondern auch dessen ganzer Inhalt ist. In diesem (nicht erhaltenen) Satz muß etwa gesagt worden sein, die Idee mache den Inhalt der Philosophie aus – nicht eine bestimmte Idee, sondern die eine Idee, die Identität von Subjekt und Objekt, die Einheit des Endlichen und Unendlichen. Die erste Anmerkung zu diesem Satz sagt, der Idee könne nichts vorausgehen und nichts nachfolgen; das System sei nichts als die Entwicklung dieser einen Idee; die Linie dieser Entwicklung gehe nicht gerade ins Unendliche hinaus, sondern biege sich in sich zurück zur Kreislinie (wie Hegel es denn auch für die Logik und Metaphysik in dem Manuskript von 1804 zeigt). Die zweite Anmerkung sagt, durch das Setzen der Idee werde die Trennung zwischen Erkennen und Gegenstand aufgehoben; das Erkennen sei auch der Inhalt des Erkennens, d. h. es sei absolutes Erkennen, »Wissen«. In Randbemerkungen notiert Hegel, besonders durch die Kantische Philosophie sei die Frage: »Wie kommt ihr doch mit dem Begriff zu seinem Inhalte?«, »zum Ekel« wiederholt worden. Die Trennung zwischen dem Erkennen und seinem Gegenstande werde »aus der sogenannten Erfahrung vorausgesetzt«. »Allein«, so sagt Hegel, »es ist damit wie mit allem sogenannten Erfahren beschaffen; nämlich es wird nicht die reine unmittelbare Erfahrung, sondern die begriffene Erfahrung ausgesprochen; und eine

Erfahrung, welche angeführt wird, daß sie einer deutlichen Erkenntnis der Philosophie widerspreche, muß nur geradezu geleugnet werden; indem in der wahrhaften Erfahrung selbst auch nichts vorkommen kann, was in Wahrheit der Philosophie [widerspricht]«. Hegel will nicht eine Trennung von Erkennen und Gegenstand aus der »sogenannten Erfahrung« voraussetzen, sondern zeigen, was die »reine unmittelbare Erfahrung«, was eine in bestimmter Weise begriffene Erfahrung, was die wahrhafte Erfahrung sei. Er fordert also hier am Anfang des Systems eine Unterscheidung der Erfahrungen. Diese Unterscheidung soll verhindern, daß ein bestimmtes Erkennen (z. B. jenes, das die Getrenntheit von Erkennen und Gegenstand voraussetzt) als die einzige Weise des Erkennens betrachtet wird. Die Unterscheidung der Erfahrungen ist nach Hegel ein fortschreitendes Aufheben der Trennung zwischen dem Erkennen und seinem Gegenstand – eine Randbemerkung zu dem genannten Fragment sagt: »das Erkennen hebt« (nämlich die Trennung zwischen sich und dem Gegenstand auf). Dieses Unterscheiden ist somit eine Prüfung der Realität des Erkennens, der Übereinstimmung seiner Gewißheit mit seiner Sachhaltigkeit, seiner Wahrheit. Genau in diesem Sinne wird Hegel in der *Einleitung* zur Wissenschaft der Erfahrung des Bewußtseins die Aufgabe dieser Wissenschaft entwickeln.

(3) Wir finden Hegel bald bei der Ausarbeitung der Wissenschaft der Erfahrung des Bewußtseins. Rosenkranz setzt in dem angeführten Bericht den eigentlichen Anfang dieser Ausarbeitung in das Jahr 1804. Vom Frühsommer 1805 ist uns ein kleines Fragment überliefert, das offenbar aus einem frühen Entwurf der Wissenschaft der Erfahrung des Bewußtseins stammt und Hegel schon bei der Darstellung der gesetzgebenden Vernunft zeigt; diesem Fragment folgt ein anderes, das eine Parallelfassung zum Schlußkapitel der Phänomenologie ist.[17] Im Februar 1806 hat Hegel den

Anfang einer Wissenschaft der Erfahrung des Bewußtseins in den Druck gegeben – die ersten Stücke jenes Textes, den wir heute als Phänomenologie des Geistes kennen (die *Vorrede* zur Phänomenologie ist natürlich nicht mitgerechnet, da diese Vorrede – eine Vorrede zum ganzen *System der Wissenschaft* – erst dem fertig gesetzten Werk vorangestellt worden ist).

Die Wissenschaft der Erfahrung des Bewußtseins sollte als ein erster Teil in einem Buch stehen, dessen Hauptinhalt die Logik ausmachen sollte. Sie konnte so kaum mehr als etwa 150 oder 200 Seiten umfassen sollen; Ostern 1806 sollte sie ausgedruckt sein.[18] Das erste Stück des Textes – von Hegel später im Inhaltsverzeichnis zur Phänomenologie *Einleitung* genannt – gibt eine klare Auskunft darüber, wie die Wissenschaft der Erfahrung des Bewußtseins aussehen sollte. Das Ganze solle, so heißt es, in einer Reihe von Gestalten des Bewußtseins den Weg der Seele, die sich zum Geiste läutere, darstellen, die Erfahrung, die das Bewußtsein über sich mache, und damit die Geschichte seiner Bildung zur Wissenschaft. Diese Geschichte entwickele sich aus einer Gesetzlichkeit, die dem Bewußtsein immanent sei: der Dialektik von Ansich und Fürsich, von Wahrheit und Gewißheit, also der Dialektik jener beiden Momente, die notwendig zum Bewußtsein gehören. Das Bewußtsein, das in dieser Dialektik sich bilde, mache immer neu die Erfahrung dessen, was es sei. So werde es durch die Erfahrung von einer Gestalt seiner selbst zur anderen geführt. Die Geschichte, die es so durchlaufe, sei notwendig, weil sie sich der genannten immanenten Gesetzlichkeit gemäß vollziehe. Die Reihe der Gestalten werde vollständig sein, weil sie auf ein Ziel zutreibe: auf die Übereinstimmung von Ansich und Fürsich, von Wahrheit und Gewißheit im absoluten Wissen.

Hätte Hegel sein Werk so fortgesetzt, wie er es begonnen hatte, dann hätte Ostern 1806 der erste Teil, eben die Wissenschaft der Erfahrung des Bewußtseins, ausgedruckt sein können. Aber Hegel muß irgendwann die Herrschaft über seine Arbeit verloren haben: das fünfte Kapitel *Gewißheit und Wahrheit der Vernunft* ist unproportioniert lang – 214 Seiten gegenüber den 16 Seiten des ersten Kapitels! Erst im Oktober 1806, nach dem Brand und der Plünderung Jenas, konnte Hegel den letzten Manuskriptteil absenden (die *Vorrede* schrieb er noch später). Die Wissenschaft der Erfahrung des Bewußtseins war zur Phänomenologie des Geistes geworden (Hegel änderte nun auch den Titel); sie füllte einen ganzen Band.

(4) Waren in dem endlich fertig gewordenen Werk nur die letzten Kapitel unproportioniert lang geworden, oder hatte Hegel auch die Gliederung des Ganzen modifiziert? War er mit der Komposition, wie er sie sich zuerst gedacht hatte, nicht mehr zurechtgekommen? Die *Einleitung* schließt mit einem Satz, der in seiner Komprimiertheit schwer zu deuten ist, uns jedoch einen Fingerzeig für die Frage nach der Komposition des Werks geben könnte: »Indem es [das Bewußtsein] zu seiner wahren Existenz sich forttreibt, wird es einen Punkt erreichen, auf welchem es seinen Schein ablegt, mit Fremdartigem, das nur für es und als ein anderes ist, behaftet zu sein, oder wo die Erscheinung dem Wesen gleich wird, seine Darstellung hiemit mit eben diesem Punkte der eigentlichen Wissenschaft des Geistes zusammenfällt; und endlich, indem es selbst dies sein Wesen erfaßt, wird es die Natur des absoluten Wissens selbst bezeichnen.«[19] Früher hat man diesen Satz so interpretiert: der genannte Punkt in der Phänomenologie bzw. der Wissenschaft der Erfahrung des Bewußtseins ist das absolute Wissen; die eigentliche Wissenschaft des Geistes ist die Logik; Hegel will mit seinem Satz sagen: das Ende der Phänomenologie fällt mit dem Anfang der Logik zusammen.[20] Wäre diese Interpretation richtig, dann müßte im Text stehen – und so hat man den Text einfach gelesen –: die Darstellung des Bewußtseins falle »mit eben diesem Punkte

mit der eigentlichen Wissenschaft des Geistes zusammen«. Man müßte sich also, um die Interpretation durchhalten zu können, zu einer Konjektur entschließen, für die man rein textphilologische Gründe nicht anführen könnte. Ich habe deshalb seinerzeit eine andere Interpretation des Satzes vorgeschlagen: der Punkt, den das Bewußtsein erreicht, liegt nicht erst am Ende der Wissenschaft der Erfahrung des Bewußtseins, sondern – wie der Schluß des Hegelschen Satzes eindeutig sagt – in dieser Wissenschaft selbst. Die eigentliche Wissenschaft ist nicht die Logik, sondern die Geistesphilosophie.[21] Daß die letzten Kapitel der Phänomenologie und die Philosophie des objektiven und absoluten Geistes in gewisser Weise zusammenfallen, ist ein Faktum, das man nicht wird leugnen können. Hegel selbst hat es als mißlich empfunden, daß zum Teil schon in die Phänomenologie als die »Einleitung« fällt, was eigentlich den konkreten Teilen des Systems angehört. Doch sei, so sagt Hegel in einer Reflexion auf diesen Sachverhalt (*Enzyklopädie* § 25 Anm.), der Standpunkt des philosophischen Wissens nun einmal der gehaltvollste und konkreteste und setze damit auch konkrete Gestalten des Bewußtseins – wie Moral, Sittlichkeit, Kunst, Religion – voraus. Aber dieses Zusammenfallen der konkreten Geistesphilosophie mit den letzten Abschnitten der Phänomenologie, das Hegel später selbst als mißlich empfunden hat, braucht in dem letzten Satz der *Einleitung* zur Wissenschaft der Erfahrung des Bewußtseins nicht gemeint zu sein! Gewiß (so scheint mir heute) ist es auch nicht gemeint. Die eigentliche Wissenschaft des Geistes ist – dem Geistbegriff, wie die Phänomenologie ihn gebraucht, entsprechend – die Logik als die spekulative Philosophie. Der Punkt der eigentlichen Wissenschaft des Geistes ist kein Punkt in ihr, auf den man mit dem Finger zeigen könnte, sondern der Charakter der Logik, daß in ihr Erscheinung und Wesen gleich sind, die Entwicklung sich somit von Anfang an im Element des absoluten Wissens vollzieht (was für die *frühe* Jenaer Logik und Metaphysik nicht einfachhin gilt). Mit eben diesem Punkt der eigentlichen Wissenschaft des Geistes (also damit, daß in ihr – der Logik – Erscheinung und Wesen gleich sind) fällt die Wissenschaft der Erfahrung des Bewußtseins an einem bestimmten Punkt zusammen – nämlich dort, wo das Bewußtsein den »Schein ablegt, mit Fremdartigem, das nur für es und als ein anderes ist, behaftet zu sein«, wo die »Seele« sich zum »Geiste« geläutert hat. Das heißt schließlich nur: von diesem Punkt ab wird sich die Wissenschaft der Erfahrung des Bewußtseins wie die Logik als die eigentliche Wissenschaft des Geistes im Element des absoluten Wissens bewegen. Indem das Bewußtsein sein Wesen erfaßt, nicht mit Fremdartigem behaftet zu sein, »bezeichnet« es die Natur des absoluten Wissens, d. h. es legt das absolute Wissen den verschiedenen Momenten nach, die es konstituieren, aus.

(5) Ist diese Auslegung des Schlußsatzes der *Einleitung* zur Wissenschaft der Erfahrung des Bewußtseins die zutreffende – was sich kaum sicher entscheiden läßt –, dann ist die weitere Vermutung nicht mehr einfach von der Hand zu weisen, daß Hegel eine längere Entwicklung des absoluten Wissens angenommen und daß er vielleicht – wie im Fragment vom Frühsommer 1805 – schon den sittlichen Geist als »Geist« und das heißt als absolutes Wissen entwickelt hat.[22] Es wäre also zu Anfang des Jahres 1806 jene Gliederung gültig gewesen, die der Parallelfassung des Schluß-Kapitels der Phänomenologie zugrunde liegt.[23] In dieser Fassung ist das Schluß-Kapitel der Phänomenologie nicht unter den Titel *VIII. Das absolute Wissen* gestellt, sondern unter den Titel C. *Die Wissenschaft*. Wenn unter »B« die Religion behandelt worden ist, dann unter »A.« der sittliche Geist. Geist, Religion und Wissenschaft hätten ein Kapitel ausgemacht, das als Darstellung des »absoluten Wissens« oder »absoluten Bewußtseins« – wie immer auch der Titel genau gelautet haben mag – aufgetreten wäre. Die Abschnitte *A. Der sittliche Geist, B. Die Religion* und C. *Die Wissenschaft*

wären also Abschnitte eines der Phänomenologie-Kapitel gewesen, die im Text selbst mit römischen Ziffern bezeichnet sind (schon Kapitel IV zeigt eine Untergliederung durch große Buchstaben). Ob die genannten Abschnitte das Kapitel V oder das Kapitel VI ausgemacht hätten, wäre davon abhängig gewesen, ob die Wissenschaft der Erfahrung des Bewußtseins schon im Stadium der Planung vom Anfang des Jahres 1806 ein eigenes Vernunft-Kapitel gekannt hat.

Es fällt ja auf, daß noch in dem gedruckt vorliegenden Text der Phänomenologie vom Bewußtsein gesagt wird, es habe im Selbstbewußtsein seinen Wendungspunkt, da dieses schon der »Begriff« des Geistes sei. Könnte Hegel bei dieser Formulierung nicht den Weg vor Augen gehabt haben, den das Bewußtsein in der *Realphilosophie I* nimmt – den Weg vom Kampf um die Anerkennung zum allgemeinen Selbst, dem »Geist« als dem »absoluten Bewußtsein«, das als »absolut reales Bewußtsein« der realisierte Begriff des Geistes ist?[24] Vor das Geist-Kapitel tritt dann freilich in der Phänomenologie, wie Hegel sie drucken ließ, noch ein eigenständiges Vernunft-Kapitel. Doch dieses Kapitel ist nicht nur unproportioniert lang, sondern fügt sich auch nicht bruchlos in die Gliederung der Phänomenologie ein. Zu Anfang des Religions-Kapitels fordert Hegel von den Momenten, wie sie die Ausführungen über Bewußtsein, Selbstbewußtsein, Vernunft und Geist aufweisen, sie müßten in der Zeit auseinandertreten.[25] Für die Momente der Vernunft ist diese Forderung nicht erfüllt. Sie wäre nur dann für die ganze Phänomenologie erfüllt, wenn die ersten Momente der Vernunft mit den Momenten des Selbstbewußtseins zusammengenommen würden: der Übergang vom unglücklichen Bewußtsein zur Gewißheit des Bewußtseins, alle Realität zu sein, entspräche dann dem zeitlichgeschichtlichen Verhältnis, in das der Idealismus sich zum christlichen Glauben setzen wollte.

Hans Friedrich Fulda hat nun darauf aufmerksam gemacht, daß in dem Rückblick auf den Weg des Bewußtseins, wie die

Parallelfassung zum Schluß-Kapitel der Phänomenologie sie gibt, »die beobachtende Vernunft dem Selbstbewußtsein nicht bei- sondern untergeordnet zu sein scheint«. Den Übergang vom Selbstbewußtsein zum Geist hätte vielleicht das »reine Denken des reinen Denkens« gemacht, das im Fragment vom Frühsommer 1805 genannt ist und zu dem Fulda eine mögliche Entsprechung auch in der Parallelfassung zum Schlußkapitel der Phänomenologie nachweist.[26] Wie auch immer es sei – die uns überlieferten Fragmente aus früheren Fassungen der Wissenschaft der Erfahrung des Bewußtseins wie auch erste Überlegungen zu den Phänomenologie-Kapiteln über das Selbstbewußtsein und die Vernunft zeigen uns, wo Hegel bei der Ausarbeitung seines Werks Kompositions-Schwierigkeiten gehabt hat.

(6) In den Fragmenten, die uns aus Vorfassungen des Textes der Phänomenologie überliefert sind, zeigt sich ein früherer Entwurf oder zeigen sich frühere Entwürfe der Wissenschaft der Erfahrung des Bewußtsein; vielleicht darf man sogar sagen, daß auch in der gedruckten Fassung der Phänomenologie noch ein früherer Entwurf durchscheint, die Phänomenologie also in der Tat ein Palimpsest ist. Wäre die Wissenschaft der Erfahrung des Bewußtseins so ausgeführt worden, wie sie noch Anfang 1806 geplant gewesen zu sein scheint, hätte sie ein anderes Werk ergeben, als uns heute in der Phänomenologie vorliegt. Freilich wäre diese Wissenschaft der Erfahrung des Bewußtseins nicht (wie Haering und in seinem Gefolge Hoffmeister unterstellt haben) eine Rumpf-Phänomenologie gewesen – die erste, bis zur Vernunft reichende Hälfte der Phänomenologie; sie hätte vielmehr auch schon bis zum absoluten Wissen und der Wissenschaft als der eigentlichen Form dieses Wissens geführt, wäre nur kürzer gefaßt, wohl auch im einzelnen anders gegliedert gewesen als die Phänomenologie, die Hegel dann wirklich vorgelegt hat.

Wenn Hegel den Plan der Wissenschaft der Erfahrung des

Bewußtseins noch während des Druckes modifiziert hat, dann haben diese Modifikationen gewiß die Kapitel über Selbstbewußtsein und Vernunft betroffen. Was im dann folgenden Kapitel dargestellt wird – der Geist –, tritt gar nicht mehr auf als eine Gestalt des Bewußtseins, die aus einer Erfahrung entspringt. Deshalb ist schon der Titel nicht mehr so entwickelt, wie bei den unmittelbar vorhergehenden Gestalten – nicht als eine Konstellation von Wahrheit und Gewißheit. Der Geist wird eingeführt als die sich selbst tragende absolute Substanz, in die alle bisherigen Gestalten zurückgehen; mit dem Geist beginnt damit eine neue, andere Entwicklung. Die bisherigen Gestalten sind auch nicht mehr die Gestalten, wie wir sie schon kennen: sinnliche Gewißheit, Wahrnehmung usw. Hegel faßt vielmehr (wie schon beim Übergang zum Selbstbewußtsein als der Wahrheit der Gewißheit seiner selbst) die ersten drei Gestalten zu einer, zur Gestalt des »Bewußtseins«, zusammen und nennt die folgenden Gestalten oder Gestaltungen nun »Selbstbewußtsein« und »Vernunft«. Diese Gestalten sind die abstrakten Momente, die der Geist in sich unterscheidet, wenn er sich selbst analysiert.[27] Als abstrakte Momente können sie nicht »wirklich« sein, damit auch noch nicht »Geschichte« im eigentlichen Wortsinn haben! Wirklichkeit und Geschichte kommen erst dem Geist zu, dessen Gestalten nicht nur Gestalten des Bewußtseins, sondern zugleich Gestalten einer Welt sind, »reale Geister«, »eigentliche Wirklichkeiten«. Hegel stellt deshalb jetzt auch dar, wie die »unwirklichen Gedanken« des Stoizismus, Skeptizismus und des unglücklichen Bewußtseins im »Rechtszustand« und im »Glauben« als Gestalten des Geistes in die Wirklichkeit hinaustreten.[28]

Wenn Hegel in den folgenden Kapiteln die Religion und das absolute Wissen entwickelt, gibt er für die Komposition des Ganzen wieder einen neuen Plan an. Er faßt die bisherigen Gestalten: Bewußtsein, Selbstbewußtsein, Vernunft und Geist zusammen als den daseienden oder wirklichen Geist, den Geist in der Welt, und setzt ihm in der Religion den sich selbst wissenden Geist entgegen, das absolute Selbst für den daseienden Geist. Die Gestalten der Religion werden auf eine etwas komplizierte Weise bezogen auf die Gestalten des daseienden Geistes. Das absolute Wissen wird schließlich entwickelt als die nötige Synthese zwischen dem daseienden und dem sich wissenden Geist.[29] Die Gliederung des ganzen Werks sieht also so aus:

A. Der daseiende Geist, unterschieden nach Bewußtsein, Selbstbewußtsein, Vernunft und Geist.
B. Die Religion als sich wissender Geist.
C. Das absolute Wissen als die Synthese von daseiendem und sich wissendem Geist.

Das Inhaltsverzeichnis, das Hegel dem Werk voraussetzt, bringt allerdings wieder eine andere Gliederung. Es setzt die eigentliche Entwicklung in den Anfang des Werks und unterscheidet als die übergeordneten Teile:

A. Bewußtsein.
B. Selbstbewußtsein.
C. Einen Teil, der keinen Titel hat.

Der Teil C wird dann wieder unterschieden in:

AA. Vernunft.
BB. Geist.
CC. Religion.
DD. Absolutes Wissen.

Hegel legt also den Wendepunkt des Ganzen vor das Vernunft-Kapitel, ohne diesen Wendepunkt durch einen Titel, der zu C. gehört, bezeichnen zu können. In der Gliederung der frühen Wissenschaft der Erfahrung des Bewußtseins hatte hier offenbar ein Titel wie »Absolutes Wissen« gestanden; da Hegel diesen Titel nun für das Schluß-Kapitel gebraucht, kann er ihn an seinem ersten Ort nicht mehr belassen. Er setzt zum Punkt C überhaupt keinen Titel.[30]

Einundeinhalb Jahre nach dem Erscheinen des Werks gab Hegel in seinem ersten Nürnberger Gymnasialkurs nochmals eine neue Einteilung der Phänomenologie:[31]

A. Das Bewußtsein von abstrakten Gegenständen (Bewußtsein, Selbstbewußtsein, Vernunft oder allgemeines Selbst)
B. Das Bewußtsein von der Welt des endlichen Geistes (das Geist-Kapitel der Phänomenologie).
C. Das Bewußtsein von dem absoluten Geiste (Religion und absolutes Wissen).

Allen diesen zuletzt aufgeführten Gliederungsversuchen ist eines gemeinsam: in ihnen sind die Gestalten nicht gesehen als eine Reihe, in der eine Gestalt nach der anderen – gleichsam zur Bestürzung des Bewußtseins – aus der Erfahrung entspringt, die das Bewußtsein macht; vielmehr überblickt Hegel von vornherein das Ganze der Phänomenologie und faßt dann innerhalb dieses Ganzen verschiedene Gestalten zu größeren Komplexen zusammen. Hegel hat bei seinen Gliederungsversuchen kaum eine Gliederungsmöglichkeit ausgelassen; daß er verschiedene Gliederungsversuche aufeinander folgen läßt, zeigt uns, daß er noch um die Konzeption des Ganzen der Phänomenologie und um die Komposition zu ringen hat und diese noch nicht starr und fest ausgebildet sind. Der Blick, wie Hegel ihn in der *Einleitung* auf das Ganze der Wissenschaft der Erfahrung des Bewußtseins wirft, ist gleichsam noch ein Blick nach vorwärts, der eine Gestalt nach der anderen auftauchen sieht, dabei aber von vornherein weiß, daß die Reihe der Gestalten auf ein Ziel zuführt. Schon Anfang 1806 ist Hegel sich vollkommen darüber im klaren, daß das, was z. B. die sinnliche Gewißheit oder die Wahrnehmung ist, letztlich nur vom absoluten Wissen her begriffen werden könne. Vom Blickpunkt des absoluten Wissens her sagt Hegel denn auch, wenn er die einzelne Gestalt auftreten läßt, zuerst, was die Gestalt »für uns« ist – für uns, d. h. für die, die schon den Weg zum absoluten Wissen durchlaufen haben, ja schon die Begriffsentwicklungen der Logik kennen. Erst nachdem er diesen vorläufigen Blick auf die einzelne Gestalt geworfen hat, entwickelt Hegel, wie das Bewußtsein, das noch nicht zum absoluten Wissen durchgedrungen ist, seine Erfahrungen macht und so durch eine immanente, ihm verborgene Gesetzlichkeit zu der bestimmten Gestalt geführt wird, die gerade an der Reihe ist. Die späteren Gliederungsversuche haben das Ganze der Phänomenologie jedoch in einer viel konkreteren Weise, als ein schon gegliedertes Ganzes, im Blick. Dieses Ganze wird gedeutet als die Bewegung, in der die absolute »Substanz« sich in sich selbst unterscheidet und so »Subjekt« wird. Die Gliederung der Phänomenologie entspricht der immer weiter getriebenen Differenzierung dieser Bewegung. So ist sie z. B. Aufgliederung des Geistes in den daseienden Geist und den sich wissenden Geist, dann wieder in die einzelnen Momente des daseienden und des sich wissenden Geistes, und wiederum in die Gestalten, wie sie innerhalb der einzelnen Momente des daseienden Geistes auftreten, usw. Die Erfahrung, die das Bewußtsein macht, wird vom Ganzen und damit immer stärker vom Resultat des Erfahrens her begriffen; im zweiten Teil des Werks ist von der Bestürzung des Bewußtseins über die Erfahrungen, die es macht, nicht mehr die Rede. So ist das Ganze überhaupt nicht mehr – wenn ich einmal verschiedene Ansichten ein und derselben Sache so pointiert unterscheiden darf – die Wissenschaft jener Erfahrung, die das Bewußtsein macht, das sich zum Geiste läutert, sondern, wie Hegel selbst es in der *Vorrede* ausdrückt, von vornherein ein »System der Erfahrung des Geistes«. Die einzelnen Gestalten stellen sich zu dem Ganzen, das sie bilden, zusammen, weil der Geist sich von sich selbst entfremdet, seine Momente Gegenstand des Bewußtseins werden läßt und aus dieser Entfremdung sich durch die Erfahrung, die das Bewußtsein macht, zurücknimmt. Der Geist entläßt sich in die verschiedenen Gestalten des Bewußtseins, um sich in diesen als deren Zweck zu finden, sie so mit sich und seinem absoluten »Standpunkt« vermitteln zu können. Die Wissenschaft der Erfahrung des Bewußtseins wird zur Phänomenologie des Geistes, zur Darstellung der Erscheinungsweisen, in die der Geist sich entläßt, um zu sich selbst zu kommen.[32]

(7) Sehen wir auf die verschiedenen Hegelschen Versuche, die Phänomenologie des Geistes zu gliedern, so können wir uns des Eindrucks nicht erwehren, Hegel sei bei der Komposition seines Werks zu einer letzten Sicherheit und Klarheit nicht gekommen. Wenn es aber wahr ist, daß Phänomenologie und Logik so etwas wie eine »Zwiesel« sind – ein Baum mit zwei Stämmen, die aus *einer* Wurzel und aus *einem* Grundstamm erwachsen –, dann muß die Gliederung der Phänomenologie der Gliederung der Logik entsprechen.[33] In der *Einleitung* zur Phänomenologie wie auch am Schluß des Werks und in der *Vorrede* sagt Hegel denn auch, die Gestalten des Geistes entsprächen den Momenten der Wissenschaft; in der Logik fielen die Momente des Geistes nicht mehr (wie in der Phänomenologie) auseinander in den Gegensatz des Seins und des Wissens, sondern breiteten sich in der Form der Einfachheit aus. Hans Friedrich Fulda hat die Entsprechung zwischen Logik und Phänomenologie herauszuarbeiten versucht, um die Phänomenologie als ein streng einheitlich durchkomponiertes Werk zu erweisen. Wenn Hegel am Anfang seiner Niederschrift (nämlich in der *Einleitung*) wie auch am Ende (nämlich am Schluß des Ganzen und in der *Vorrede*) die Gestalten der Phänomenologie zu den Momenten der Logik in bezug setzt, dann muß – so hat Fulda geschlossen – die Gliederung der Phänomenologie während ihrer Ausarbeitung die gleiche geblieben sein, mögen auch die Vorentwürfe noch eine etwas andere Gliederung gezeigt haben. Nun könnten freilich die Probleme der Gliederung der Phänomenologie auch die Probleme der Gliederung der Logik gewesen sein; eine »Verwirrung« in der Komposition der Phänomenologie könnte zurückverweisen auf eine Unfertigkeit in der damaligen Komposition der Logik. Bei dem Versuch, die Entsprechung zwischen Phänomenologie und Logik aufzuweisen, müßten dann die Unfertigkeit und die Unausgereiftheit, durch die Hegels spekulative Philosophie am Ende der Jenaer Zeit gekennzeichnet gewesen wäre, zutage treten. Wie steht es nun um

die Entsprechung zwischen Logik und Phänomenologie? Hat Hans Friedrich Fulda diese Entsprechung richtig herausgehoben?

Fulda[34] sucht in den Logik-Entwürfen, die Hegel sich für den Unterricht auf dem Nürnberger Gymnasium gemacht und in denen er schon weithin den Weg der Nürnberger *Wissenschaft der Logik* eingeschlagen hat, die Reihenfolge jener Momente der Logik zu finden, denen die Gestalten des Geistes gemäß dem Programm der Phänomenologie zu entsprechen haben. Der sinnlichen Gewißheit und ihrer Bewegung entsprechen dann die Bestimmtheiten des Seins, der Wahrnehmung das Ding mit seinen vielen Eigenschaften, dem Verstand die Kraft sowie das Verhältnis von Erscheinung und übersinnlicher Welt. Die Momente: Ding und Eigenschaften, Kraft, Erscheinung und übersinnliche Welt, gehen nun in Hegels Nürnberger Logik den Kategorien der Relation voraus. So muß – von dieser Folgerung sind Fuldas Ausführungen bestimmt – auf die Gestalt des Verstandes, die die Kraft sowie Erscheinung und übersinnliche Welt zu denken versucht, eine Gestalt folgen, die die Relationskategorien denkt. Auf die Gestalt des Verstandes folgt in der Phänomenologie das Selbstbewußtsein; die Dialektik des Selbstbewußtseins muß also den Kategorien der Relation entsprechen.

Mutet uns Fulda nicht etwas Unzumutbares zu, wenn er dem Selbstbewußtsein eine Entsprechung zu Kategorien der »objektiven« Logik gibt, während es als Selbst-Bewußtsein doch nur dem Begriff entsprechen kann, in dem das Bewußtsein bei sich selbst ist? Was man in Frage stellen muß, ist die unbedacht gemachte Voraussetzung, Hegel habe zur Zeit der Abfassung der Phänomenologie wie später in Nürnberg die Momente: Ding und Eigenschaften, Kraft, Erscheinung und übersinnliche Welt, den Relationskategorien *voraus*geschickt. Sehen wir uns die Bewegung in der Phänomenologie und die Bewegung in der Nürnberger Logik genauer an, so zeigen sich bald die Unterschiede. In der Phänomenologie geht der Weg vom Ding und seinen Eigenschaften zur Kraft und dann zur Erscheinung und übersinnlichen Welt. Die entscheidende Pointe, auf die hin Hegel das Verhältnis von Erscheinung und übersinnlicher Welt sich entwickeln läßt, ist, daß die übersinnliche Welt (das Reich der platonischen Ideen und der galileisch-newtonischen Gesetze) zu einer zweiten übersinnlichen Welt wird. Die übersinnliche Welt ist insofern die verkehrte Welt, als sie als ein ruhendes Reich von Gesetzen das Umgekehrte zur bewegten sinnlichen Welt ist. Als zweite übersinnliche Welt ist sie darüber hinaus insofern verkehrt, als sie nicht mehr ein ruhendes Reich von Gesetzen, sondern in sich selbst bewegt ist, also das zuerst Ausgeschlossene – Bewegung und Veränderung der sinnlichen Welt – in sich selbst trägt. Wenn die übersinnliche Welt die Bewegung in sich selbst findet, wird sie zum Verkehrten des Verkehrten; sie verkehrt sich in sich selbst. Als das Sich-in-sich-Verkehrende ist sie das Sich-selbst-Bewegende des Lebens, ja das Sich-zu-sich-Verhaltende des Selbstbewußtseins. Hegel geht deshalb in der Phänomenologie von der übersinnlichen als der verkehrten Welt fort zum Leben und zum Selbstbewußtsein. Diese Pointe in der Entwicklung der übersinnlichen Welt fehlt in der Nürnberger Logik. Dort – entsprechend dann auch in der Nürnberger Bewußtseinslehre, und zwar schon in der Bewußtseinslehre von 1808/09 – ist die übersinnliche Welt überhaupt nicht mehr gedacht als die sich in sich verkehrende und so zu den Bestimmungen Leben und Selbstbewußtsein weitertreibende; Erscheinung und übersinnliche Welt sind der Kraft *voran*gestellt; der Fortgang zu der Bestimmung Leben ist getilgt. So kann nun der Weg vom Ding und seinen Eigenschaften über die Erscheinung und die übersinnliche Welt und über die Kraft weiterführen zu den Relationskategorien.[35]

In der Phänomenologie können die Kategorien der Relation schon deshalb nicht mehr auf die Bestimmung Erscheinung und übersinnliche Welt folgen, weil die Bewegung des Bewußtseins sie schon hinter sich gelassen hat. Die sinnliche

Gewißheit bezieht sich auf die einfache Bestimmtheit bzw. das Sein, damit auf Qualität und Quantität. Wenn die Wahrnehmung das Verhältnis zwischen dem substantiellen Ding und seinen vielen Eigenschaften zu denken sucht, so sind mit diesem bestimmten Verhältnis die Kategorien der Relation überhaupt für sie Problem. In der Gestalt des Verstandes soll dann versucht werden, was die Wahrnehmung nicht zu leisten vermocht hatte: das »Ding« zu denken. Was und wie ein Ding ist, das wird in den Kategorien gedacht, vor allem in den dynamischen Kategorien, unter denen wieder die Kategorien der Relation ausgezeichnet sind. Der spekulative Idealismus hat die Kategorien nicht so nehmen wollen, wie Kant sie am Leitfaden der Urteilsformen »aufgerafft« hatte; die Kategorien sollten vielmehr aus einem einheitlichen Grunde abgeleitet werden. So hat man die dynamischen Kategorien der Relation, des Verhältnisses, aus der dynamis, der Kraft, abzuleiten versucht. Hegels Jenaer Logik bezeichnet sehr scharf diese Aufgabe: die Kraft, so heißt es dort, drückt die »Idee des Verhältnisses selbst aus«.[36] Die Gestalt des Verstandes in der Phänomenologie ist also schon über die Relationskategorien hinaus und bei dem Versuch, die »Idee« der Relation zu denken.

(8) Wenn wir nach der Entsprechung zwischen Logik und Phänomenologie suchen, dann dürfen wir nicht den Gang von Hegels Nürnberger Logik zugrunde legen. Nach der Veröffentlichung der Phänomenologie hat Hegel selbst von seiner Logik gesagt, sie fange erst zu werden an; in Jena habe er kaum den Grund zu ihr legen können.[37] Er hat also die Arbeit an der Logik in dem Bewußtsein aufgenommen, daß er einen ganz neuen Anfang machen müsse. Wenn wir die Entsprechung zwischen Logik und Phänomenologie aufzeigen wollen, dann müssen wir uns an dem Manuskript über Logik, Metaphysik und Naturphilosophie von 1804 orientieren, dabei allerdings in Rechnung stellen, daß Hegel

diese Logik und Metaphysik alsbald modifiziert hat. Von einer entscheidenden Modifikation spricht die Gliederung der spekulativen Philosophie, die Hegel in der *Realphilosophie II* mitgeteilt hat. Vor das Erkennen wird dort das Leben gestellt bzw. zusammen mit diesem angesetzt, so daß die Gliederung nun lautet: »Absolutes *Sein*, das sich Andres (*Verhältnis* wird), Leben und Erkennen; und wissendes Wissen, Geist, Wissen des Geistes von sich.«[38]

Was hat diese Einführung des Lebensbegriffes in die spekulative Philosophie zu bedeuten? Hegel könnte einmal den kartesisch-kantischen Weg verlassen haben: nicht nur das cogito me cogitare entfaltet haben, nicht den Weg von der Anschauung oder sinnlichen Gewißheit über den Verstand zum Selbstbewußtsein als der Einheit der Apperzeption gegangen sein, sondern das Leben als die Wahrheit des Dinges angesetzt haben. Hegel hätte gleichsam einen aristotelischen Weg eingeschlagen; ist für Descartes das Leben überhaupt kein Urphänomen, behandelt Kant es mehr anhangsweise (in einer Kritik der Urteilskraft), so ist ja für Aristoteles das Sich-selbst-Bewegende des Lebens das Urphänomen des Seienden. Hegel hätte also seine spekulative Philosophie vom Ding und seinen Kategorien über das Leben zum Geist geführt.

Hegel könnte aber auch das Bewußtsein zum Selbstbewußtsein weitergeführt und es so fähig gemacht haben, als der Begriff des Wirklichen wie Alexander zur Eroberung der Welt überzugehen. Als die Gewißheit, alle Realität zu sein, hätte sich das Bewußtsein dann zurückgewandt zum Realen, zum Anorganischen wie zum Organischen und zu sich selbst. Auf diese Weise wäre Hegel schließlich dazu gekommen, die Metaphysik als den Versuch zu fassen, den Begriff gegenüber der Realität geltend zu machen; die Metaphysik wäre also selbst zur »Logik« geworden. In der Tat hat Hegel – und diese Entwicklung hat sich am Ende der Jenaer Jahre zum mindesten angebahnt – den Schluß der Logik, der über das Erkennen (und zwar über das Erkennen zusammen mit dem

Leben) handelte, in den Schluß der Metaphysik hineingenommen. Die »Metaphysik der Objektivität« behandelte damit nicht mehr abstrakt die Themen der *metaphysica specialis* (Welt, Seele, Gott), sondern die Leitfäden der wissenschaftlich-begrifflichen Weltdeutung und Weltbemächtigung (Mechanismus, Chemismus, Organismus), um dann weiterzuführen zum Erkennen. Der entscheidende Leitfaden, auf den die anderen hingeordnet wurden, war dabei das Leben mit seiner teleologischen Struktur. Aus der »Metaphysik der Subjektivität« mußte bei dieser Logisierung der Metaphysik der Begriff des absoluten Geistes verdrängt und in der Frage nach der Idee nur noch die Struktur des absoluten Geistes gedacht werden. Die ganze Logik (d. h. die eine Logik und Metaphysik) schloß konsequenter Weise dann mit einer Überlegung über die »Methode«.[39]

In der Phänomenologie, wie sie uns heute vorliegt, geschieht nun das Merkwürdige, daß Hegel zuerst den ersten (»aristotelischen«) Weg gehen zu wollen scheint, dann aber zurückgeht und den zweiten Weg beschreitet. Das Leben erscheint als die Wahrheit des Dinges; doch es wird keine Gestalt entwickelt, die zu denken versucht, was Leben sei. Vielmehr wird das Leben nur eingeführt, damit das Selbstbewußtsein von ihm abgehoben werden kann, und so erweist sich das Selbstbewußtsein als die Wahrheit des Dinges. Erst der Begriff, der sich als alle Realität weiß, die Vernunft als die beobachtende Vernunft, wendet sich wieder dem Leben zu. Die Vernunft wiederholt den bisherigen Weg des Bewußtseins, und dabei wiederholt sie als eine zentrale Position die Erfahrung des Lebens, obwohl diese Erfahrung nicht zu einer Gestalt des Bewußtseins ausgestaltet worden war! Ein gutes Jahr nach dem Erscheinen der Phänomenologie, in der Bewußtseinslehre von 1808/09, hat Hegel das erste, vorläufige Erscheinen des Lebens überhaupt getilgt. Die Bewegung der Phänomenologie von 1807 zeigt uns also, daß Hegel die Aufgabe, den Lebensbegriff in die spekulative Philosophie einzuführen, nicht gleich in eindeutiger Weise zu lösen vermocht hat. Wenn ferner die Phänomenologie in den Vorentwürfen das allgemein gewordene Selbstbewußtsein als absolutes Wissen oder absolutes Bewußtsein faßte, schließlich aber erst die Wissenschaft als dieses absolute Wissen bestimmte, so zeigt sich in dieser Änderung Hegels Tendenz, den Schluß der Logik in den Schluß der Metaphysik hineinzunehmen, also die Logik und die Metaphysik zu einer einheitlich durchgeführten Logik zusammenzuschließen.

Es gibt keine Hegelsche Logik, deren Gang uns den Gang der Phänomenologie als einen einheitlich und von vornherein eindeutig gegliederten aufschließen könnte. Vielmehr hilft die Phänomenologie uns, für Hegels letzte Jenaer Zeit eine Logik zu erschließen, die in ihrem Gang weder mit der Logik und Metaphysik von 1804 noch mit den Nürnberger Logikentwürfen übereinstimmt. Die Schwierigkeiten der Komposition der Phänomenologie waren die Schwierigkeiten der Komposition der Logik; wenn aber die Logik der letzten Jenaer Jahre in ihrem Aufbau von Hegel bald überholt worden ist, so schließt das ein, daß für Hegel der Aufbau der Phänomenologie von 1807 nichts Endgültiges sein konnte.

(9) Die Umbildung der Hegelschen Logik in den späteren Jenaer Jahren ist nicht zu begreifen, wenn man sie nicht im Zusammenhang sieht mit der Ausbildung, die Hegel in jenen Jahren der Realphilosophie, also der Natur- und Geistesphilosophie, gab. Die Geistesphilosophie als Teil der Realphilosophie konnte nicht davon unbetroffen bleiben, daß die Logik und Metaphysik an ihrem Schluß den Geist als theoretischen und praktischen und schließlich als absoluten konstruierte. Umgekehrt mußte auch die Ausbildung der Geistesphilosophie auf die Logik und Metaphysik zurückwirken. Die Ausbildung der Naturphilosophie führte dazu, daß Hegel Mechanismus, Chemismus und Organismus bzw. Teleologie als Strukturen der Objektivität in die Logik übernahm. Die Phänomenologie ist so schon über die Logik,

deren Momenten die Gestalten des erscheinenden Geistes ja entsprechen sollen, mit der Realphilosophie verbunden. Aber auch unabhängig von dieser indirekten Bindung konnte die Phänomenologie nur entstehen, als die Ausbildung der Realphilosophie einen ganz bestimmten Stand erreicht hatte. Konzeption und Komposition der Phänomenologie des Geistes sind somit verbunden mit der Systemkonzeption überhaupt, wie Hegel sie in Jena entfaltete.
Man geht freilich in die Irre, wenn man, wie es bisher üblich gewesen ist, Hegels Jenaer Systemkonzeption von der späteren Systemtrias: Logik, Naturphilosophie, Geistesphilosophie her verstehen will. Die philosophische Disziplin, die Hegel in den ersten Jenaer Semestern neben der Logik und Metaphysik immer wieder vortrug, war das Naturrecht, das Naturrecht aber als eine ausgezeichnete Disziplin der *praktischen* Philosophie. Der Aufsatz aus dem *Kritischen Journal,* der dem Naturrecht gilt, macht die Zuordnung zur praktischen Philosophie eigens zum Thema, wie schon der Titel zeigt: *Über die wissenschaftlichen Behandlungsarten des Naturrechts, seine Stelle in der praktischen Philosophie und sein Verhältnis zu den positiven Rechtswissenschaften.* Hegel hat also die Unterscheidung zwischen theoretischer und praktischer Philosophie in seine Systemkonzeption aufgenommen. Freilich hat er schon in der Schrift *Differenz des Fichteschen und Schellingschen Systems der Philosophie* im Anschluß an die Systematik Schellings dargelegt, daß diese Unterscheidung zwischen theoretischer und praktischer Philosophie keine abstrakte Entgegensetzung sein könne. Notwendigkeit und Freiheit als Charaktere des Absoluten begründen den Unterschied der beiden Philosophien, aber Notwendigkeit und Freiheit sind »ideelle Faktoren, also nicht in reeller Entgegensetzung«. Der Geist ist durch Freiheit charakterisiert, aber er ist nicht nur Freiheit, denn dann wäre er bloße Willkür; er ist auch Notwendigkeit. Die Natur ist durch Notwendigkeit charakterisiert, aber sie ist nicht bloße Notwendigkeit, sondern auch schon Freiheit,

denn sie ist »nicht ein ruhendes Sein, sondern zugleich ein Werden«, ein Sein, das sich in sich selbst trennt und vereint und so sich selbst frei setzt. Die Wissenschaft von der Natur, die eigentliche theoretische Wissenschaft, und die Wissenschaft vom Geist, die eigentliche praktische Wissenschaft, haben jede »für sich einen eigenen theoretischen und praktischen Teil« (wie Hegel dann im einzelnen zeigt).[40]
Tritt zu dieser theoretischen und praktischen Philosophie nicht die Philosophie des absoluten Geistes – Kunst (Religion) und Spekulation, wie Hegel in der Differenzschrift sagt – als ein weiterer, ausgezeichneter Systemteil? Rosenkranz berichtet von einer Systemgliederung, die eine Vierteilung aufgewiesen hat: neben den Gegenständen der Logik und der Naturphilosophie erscheinen »die sittliche Natur als der reale Geist« und die Religion »als die Resumtion des Ganzen in Eins, als die Rückkehr zur ersten Einfachheit der Idee«.[41] In der *Realphilosophie I* folgen auf die Logik und Metaphysik und die Naturphilosophie Bewußtseinslehre und Philosophie des sittlichen Geistes.[42] Für das Wintersemester 1803/04 kündigte Hegel *Jus naturae* an (also die ausgezeichnete Disziplin der praktischen Philosophie), dann *Philosophiae speculativae systema, complectens a) Logicam et Metaphysicam sive Idealismum transcendentalem, b) philosophiam naturae et c) mentis.* In der zuletzt genannten Vorlesung begegnet zum erstenmal die spätere Systemtrias – wenigstens den Titeln nach und dazu als Gliederung der *spekulativen* Philosophie; aber noch steht in der anderen Vorlesung das Naturrecht für sich oder doch wenigstens auch noch für sich. Ein Brief aus dem Jahre 1805 nennt als die Disziplinen der gesamten Wissenschaft der Philosophie »spekulative Philosophie, Philosophie der Natur, Philosophie des Geistes, Naturrecht« und fügt dann noch die Ästhetik hinzu.[43] Die Realphilosophie II zeigt dann, wie Hegel in der einen Philosophie des Geistes Bewußtseinslehre, Naturrecht sowie »Kunst, Religion und Wissenschaft« zusammenfaßt.[44] Doch eine einheitlich

durchgeführte Philosophie des Geistes als der dritte Systemteil steht nicht schon am Anfang der Jenaer Zeit, sondern erst an ihrem Ende. Als die Phänomenologie zu entstehen begann, waren in der Ausbildung der Geistesphilosophie noch alle Dinge im Fluß. Und wenn die Phänomenologie als der erste und einleitende Systemteil vorgängig so etwas wie eine Resumtion des Systemganzen gab, so war vor dem Auftreten der Phänomenologie diese Resumtion eigens der Religion bzw. der Philosophie des absoluten Geistes aufgetragen worden.

Gerade mit dieser Realphilosophie, die erst noch in der Ausbildung begriffen war, stand die Phänomenologie während ihrer Ausbildung in einem Verhältnis wechselseitiger Einwirkung aufeinander. Im Sommersemester 1806, also zur Zeit der angestrengtesten Arbeit an der Phänomenologie, ließ Hegel, wie Rosenkranz berichtet, »bei der Darstellung der Natur die Phänomenologie bedeutend eingreifen, indem er von der Meinung, dem Verstande und der Vernunft für die Auffassung der Natur handelte. Der Meinung koordinierte er von seiten der Natur die Zufälligkeit der in Raum und Zeit vereinzelten Existenz; dem Verstande die allgemeinen Gesetze der Natur; der Vernunft das Leben, das Organische ...«[45] Wenn Hegel noch in der Phänomenologie selbst das System der Gestaltungen des Bewußtseins als ein »Leben des Geistes« und so als Geschichte von der auch sich selbst systematisierenden Bewegung des naturhaften Lebens abhebt,[46] dann zeigt sich daran, daß der Begriff der Gestalt und des Prozesses der Gestaltung von Hegel zuerst in der Jenaer Naturphilosophie entwickelt worden ist. Aus der Geistesphilosophie übernahm Hegel nicht nur bestimmte Themen in die Phänomenologie – so den Kampf um die Anerkennung –; vielmehr wurde die Phänomenologie oder Wissenschaft der Erfahrung des Bewußtseins überhaupt erst möglich, als Hegel – was sich zugleich auf die Geistesphilosophie auswirken mußte – in akzentuierter Weise die Bedeutung des »Bewußtseins« herausstellte, dieses Bewußt-

sein aber zum Selbstbewußtsein und zum selbsthaften Geist hin fortentwickelte.[47]
Der Geist ist dadurch ausgezeichnet, daß er Geschichte hat, und so konnte Hegel die Fragen, die ihn vom Anfang seines Denkens an beschäftigt hatten – die Fragen nach dem sittlichen und religiösen Geist und seiner Geschichte –, in die Phänomenologie aufnehmen. Es galt freilich, z. B. die Formen der Religion nicht empirisch-historisch aufzunehmen, sondern streng abzuleiten aus der Dialektik des Bewußtseins und damit aus einer logischen Notwendigkeit. Es war schließlich nicht zufällig, daß Hegel zur Zeit der Abfassung der Phänomenologie (im Wintersemester 1805/06) zum ersten Male über Geschichte der Philosophie las. Am Ende dieser Vorlesung sprach er von der »neuen Epoche«, die begonnen habe: der Weltgeist habe sich als den absoluten Geist erfaßt; er habe alles fremde, gegenständliche Wesen abgetan; der Kampf des endlichen und absoluten Selbstbewußtseins sei geendigt, usf.[48] Dieser Rückblick auf die Vorlesung gibt den Gang an, den auch die Phänomenologie nimmt!

(10) Als die Phänomenologie des Geistes fertig vorlag, wirkte sie auf die Ausbildung des Systemganzen zurück und wurde ihrerseits weiterhin in ihrer Komposition, d. h. in ihrem eigenen Aufbau wie in ihrer Zuordnung zum System, durch die weitere Ausbildung des Systems modifiziert. Worüber man sich zu Recht nicht genug hat wundern können, das ist die merkwürdige Tatsache, daß Hegel die phänomenologische Entwicklung von der sinnlichen Gewißheit bis zur Vernunft in seiner Nürnberger Zeit als Mittelteil einbaute in die Philosophie des subjektiven Geistes. Er hat in der Nürnberger Bewußtseinslehre (wie wir schon für das Auftreten der Momente: Kraft, Erscheinung und übersinnliche Welt und Leben, zeigten) im einzelnen den Aufbau der Phänomenologie korrigiert. Wenn er später (*Enzyklopädie* § 418 Anm.) vom *Hier* und *Jetzt* sagte, es sei eigentlich noch

nicht Gegenstand der sinnlichen Gewißheit, sondern gehöre erst dem Anschauen an, so setzt diese Änderung in der Komposition auch eine Wandlung in der Konzeption voraus: sofern die Phänomenologie ursprünglich auch den Sinn hatte, Kants Einheit der Apperzeption nicht nur zu setzen, sondern aus dem Gang von der sinnlichen Gewißheit zur Vernunft abzuleiten, gehörte zur sinnlichen (»ästhetischen«) Gewißheit durchaus die Raum- und Zeitbestimmung.

Die Frage, wieso die Phänomenologie, die zuerst als Einleitung in das System auftrat, auch als Teil der Philosophie des subjektiven Geistes vorkommen konnte, muß sich unmittelbar aufdrängen. Wichtiger aber ist wohl die Frage, welche Konsequenzen es für die Hegelsche Logik hatte, daß ihr eine Phänomenologie des Geistes vorausging. Es ist einleuchtend, daß Hegel den Begriff des absoluten Geistes aus der Logik und Metaphysik entfernen mußte, als er den Geist schon in der Phänomenologie auf dem Wege zu sich und seiner Absolutheit dargestellt hatte. Die Logik bewegte sich nun von vornherein im Element des absoluten Wissens; sie vollzog nicht mehr den Aufstieg vom endlichen zum unendlichen Erkennen, sondern gab schon mit ihren ersten Kategorien »Definitionen des Absoluten« (wie Hegel es im § 85 der *Enzyklopädie* formulierte). Die weitere Ausbildung des Systems führte dahin, daß diese Logik sich mit der Natur- und Geistesphilosophie zu einem Schluß von Schlüssen zusammenschloß, in dem die Phänomenologie als ein erster Systemteil keinen Platz mehr haben konnte (*Enzyklopädie* § 575 ff.). Wenn die Logik das Methodenideal der neuzeitlichen Wissenschaft und Philosophie verabsolutierte, wie konnte dann Hegels Denken, das als ein unvoreingenommenes Subjekt über alles Seiende als Objekt – also »methodisch« – verfügen sollte, sich noch von einer Geschichte her verstehen, in der das Denken sich wandelt und in der es je und je anders erfährt, was Wahrheit ist? H. F. Fulda hat in scharfsinniger Weise nach dem Ort gefragt, den die Phänomenologie noch im Denken des späten Hegel einnehmen könnte; dabei ist er zu Recht ausgegangen von der Frage nach der Geschichtlichkeit des Geistes.[49] So wird man in Zukunft nicht mehr einfachhin behaupten können, der Berliner Hegel habe die Phänomenologie nicht mehr als Einleitung in sein Denken gelten lassen wollen und habe sich mit seinen Äußerungen über sein früheres Werk in Widersprüche verstrickt. Aber zu bedenken bleibt doch, ob man sich darüber hinwegtäuschen darf, daß die »Erfahrung«, wie die Phänomenologie sie zur Geltung bringt, dort nicht mehr eigentlich zum Zuge kommen kann, wo die »Methode« verabsolutiert worden ist.[50] Zerstört nicht schon die Phänomenologie selbst die Idee, die ihr zugrunde liegt, dadurch, daß sie den Prozeß des Erfahrens als einen teleologisch sich schließenden glaubt behandeln zu können?[51]

III

Wilhelm Windelband hat in seiner *Geschichte der neueren Philosophie* (1878) den Satz geschrieben: »Das Geschlecht, das Hegels *Phänomenologie des Geistes* verstehen konnte, ist im Aussterben. Schon jetzt dürften diejenigen, die sie auch nur von Anfang bis zu Ende gelesen haben, zu zählen sein.«[52] Windelband selbst hat sich später genötigt gesehen, von einer *Erneuerung des Hegelianismus* zu sprechen (1910). Doch was an Auseinandersetzung mit Hegel ins Spiel kam, überstieg bald den Raum, den Windelband für eine Erneuerung des Hegelianismus freigeben wollte. Im Zentrum dieser Auseinandersetzung aber stand die Phänomenologie des Geistes, die nicht nur gelesen, sondern von einem ihrer Interpreten (A. Kojève) zum Buch der Bücher erklärt wurde – zu jenem Buch, in dem das Resultat aus der Geschichte der Menschheit gezogen, durch das diese Menschheit aus ihrer bisherigen in eine neue und andere Geschichte hineingehoben werde. Trotz dieser Zuwendung zur Phänomenologie des Geistes blieb es dabei, daß wir beim

Versuch einer Interpretation der Phänomenologie des Geistes noch nicht über die ersten Schritte hinausgekommen sind. Über die elementarsten Fragen, z. B. über die Frage nach der Komposition des Werks, herrscht noch keine Einigkeit; ja, die Diskussion dieser Fragen ist kaum begonnen worden.
Läge eine ausgearbeitete Interpretation oder lägen wenigstens Interpretationen vor, zwischen denen man durch klare Argumentation sich entscheiden müßte, dann würde das die stärksten Rückwirkungen haben auf den Versuch, die Idee der Phänomenologie zu übernehmen, wie er heute in der verschiedensten Weise gemacht wird. Was haben wir überhaupt an der Phänomenologie des Geistes? Sollen wir uns nicht überhaupt nur noch an das halten, was die Phänomenologie an positiven Erkenntnissen bringt – etwa über die Physiognomik oder die römische Welt? Sollen wir Hegels Werk nicht tunlichst so ausbeuten, wie man im Mittelalter antike Bauwerke ohne Rücksicht auf ihre Gestalt als Steinbrüche nahm, die das Material für die eigenen Bauten herzugeben hatten? Ist die Phänomenologie so etwas wie eine Hermeneutik der abendländischen Welt, und können wir ihre Analysen lesen, wie man etwa die Analysen eines Tocqueville liest? Wird die Phänomenologie als eine solche Hermeneutik oder auch marxistisch als Darstellung jenes Prozesses genommen, in dem die Menschheit sich selbst hervorbringt, ist es dann nicht nur konsequent, auch den Rest der metaphysischen Eierschalen, den das Werk noch an sich trägt, abzuschlagen? Ist die Phänomenologie als eine Darstellung der Geschichte des Bewußtseins nicht zum mindesten etwas grundsätzlich anderes, als es die außerzeitliche Entwicklung der logischen Momente ist? Oder müssen wir den entscheidenden Leitfaden für die Komposition der Phänomenologie darin sehen, daß diese Komposition auf ihre Weise die Komposition der Logik abbildet? Fragt man jedoch z. B., wie Hegel in der Phänomenologie die religiöse Tradition aufnimmt und sie zu versöhnen sucht oder auch

nicht zu versöhnen vermag mit der neu aufkommenden emanzipierten Gesellschaft, muß es einem dann nicht als absurd erscheinen, daß die Hegelschen Ausführungen nichts anderes sein sollen als eine Einkleidung logischer Momente in Gestalten des Bewußtseins? Oder hat man, wenn man die Entsprechung zwischen Logik und Phänomenologie nicht zu vollziehen vermag, keinen Zugang mehr zu dem, was für Hegel die Logik war?

Kann nun die philologisch-historische Untersuchung der Phänomenologie darüber entscheiden, welche Auslegung und welche Aufnahme der Phänomenologie im Sinne des Werks selbst geschieht und welche nicht? Zeigt nicht gerade die philologisch-historische Untersuchung, daß die Phänomenologie überhaupt kein streng einheitlich konzipiertes und komponiertes Werk ist, sondern vielmehr ein Werk des Übergangs, voll offener Möglichkeiten, aber auch nicht frei von Zweideutigkeiten? Ziehen wir das Resultat aus unseren bisherigen Überlegungen, so müssen wir festhalten: Aus der geplanten knappen Einleitung wurde ein unproportioniertes, voluminöses Werk. Hegel hatte nur zu sehr recht, als er an Schelling schrieb,[53] das »Hineinarbeiten in das Detail« habe »dem Überblick des Ganzen« geschadet; die Gliederung, dieses »verschränkte Herüber- und Hinübergehen«, sei nicht genügend herausgekommen. Und wenn Hegel eine unselige Verwirrung auch in der Komposition fand, so haben wir die Schwierigkeiten gesehen, die Hegel bei der Einführung des Lebensbegriffs und bei der Frage, welche Stellung dem absoluten Wissen zu geben sei, hatte. Wir können nicht daran zweifeln, daß schon kurz nach der Veröffentlichung der Phänomenologie der Aufbau des Werks für Hegel nichts Endgültiges mehr hatte.

Alle diese Dinge berechtigen uns freilich noch nicht dazu, Hegels Werk als uneinheitlich beiseitezuschieben. Doch hat sich nicht auch Hegels Ansatz selbst bei der Ausarbeitung des Werks geändert? Am Schluß und in der *Vorrede* greift Hegel bei der Darstellung dieses Ansatzes zu Begriffen, die er in der zuerst geschriebenen Einleitung noch nicht gebraucht, z. B. zu dem Begriffspaar Substanz-Subjekt. Zweifellos gibt Hegel auch Grundbegriffen wie »Erfahrung« und »Geschichte« einen vertieften Sinn. In der Einleitung begreift er die Erfahrung, die das Bewußtsein macht, zwar auch schon als eine »Geschichte«. Aber noch wird nicht ausgesprochen, daß das System der Gestalten des Bewußtseins »als Weltgeschichte sein gegenständliches Dasein hat« (wie es im Vernunft-Kapitel heißt), daß die Phänomenologie (wie der Schluß und die *Vorrede* entwikkeln) als die »begriffene Geschichte« eine Abbreviatur der Weltgeschichte ist.[54] Freilich ist auch schon der »Verstand«, der die Kraft und das Verhältnis von Erscheinung und übersinnlicher Welt zu denken versucht, der »Begriff« der Geschichte; aber er ist der Begriff, in dem sowohl die Positionen des Platonismus wie der galileisch-newtonischen Physik begriffen, verschiedene historische Positionen synchronisiert werden mit der apriorischen transzendentalen »Geschichte«. In den späteren Partien der Phänomenologie entspricht die Geschichte der Erscheinungen des Geistes in viel eindeutigerer Weise dem einmaligen Gang der wirklichen Geschichte. Doch wird diese andere Entsprechung in der Einleitung zum Geist-Kapitel auch eigens dadurch begründet, daß nun erst von »realen Geistern«, »eigentlichen Wirklichkeiten« die Rede sei.

Wenn man formulieren wollte, Hegel habe den Ansatz seines Werks während der Ausarbeitung geändert, dann müßte man zum mindesten auch darauf hinweisen, daß der eine Ansatz aus dem anderen erwächst, ihn in sich aufnimmt, ihm eigentlich nur eine andere Nuancierung gibt. Doch statt von einer Änderung des Ansatzes zu sprechen oder gar Hegels Werk als ein uneinheitlich konzipiertes für unhaltbar zu erklären, sollte man besser zu zeigen versuchen, wie Hegel bei der einmal gestellten Aufgabe bleibt, indem er seinen Ansatz so fortentwickelt, daß er der Aufgabe gerecht werden kann. Hegel könnte gerade dadurch zu sich und seiner

Aufgabe gefunden haben, daß er in seinem Werk die transzendentale Geschichte des Bewußtseins ausarbeitete als den Begriff der Weltgeschichte. Wer das Verhältnis der einen Geschichte zur anderen vorschnell als eine gegenseitige Störung und Zerstörung nimmt, könnte an der »Idee« der Phänomenologie schon vorübergegangen sein.

Die transzendentale Geschichte ist der Versuch, Kants Philosophie dem Geist und nicht dem Buchstaben nach aufzunehmen, das von Kant Analysierte aus seinem einheitlichen Grund zu entwickeln und diese Entwicklung als eine in sich konsequente »Geschichte« zu denken. Schelling vor allem hat, Fichte folgend und Fichte auch kritisierend, diesen Versuch unternommen. Schon die *Abhandlungen zur Erläuterung des Idealismus der Wissenschaftslehre* fordern eine Geschichte der Entwicklung des Geistes; das *System des transzendentalen Idealismus* führt diese Geschichte durch. In den späteren *Vorlesungen zur Geschichte der neueren Philosophie* konnte Schelling deshalb rückblickend sagen, die Methode, den Geist in seiner Entwicklung darzustellen und so auch den Zusammenhang zwischen Außenwelt und Ich durch eine »transzendentale Geschichte« zu klären, sei das ihm »Eigentümliche« gewesen, ja das ihm dergestalt Natürliche, daß er sich dieser Methode »fast nicht als einer Erfindung rühmen« könne, aber sie sich auch nicht rauben lassen und nicht zugeben könne, »daß ein anderer sich rühme, sie erfunden zu haben«.[55] Der andere, gegen dessen Sichrühmen und dessen Ruhm sich Schelling hier richtet, ist Hegel, der Verfasser der Phänomenologie des Geistes. Die transzendentale Geschichte als die Idee der Phänomenologie ist, so unterstellt Schelling, nichts Originales, sondern dem *System des transzendentalen Idealismus* entnommen.

Nun läßt sich nachweisen, daß Hegel – so stark er von Schellings »Methode« beeindruckt gewesen sein mag – die Idee einer transzendentalen Geschichte nicht einfach von Schelling übernommen hat, daß diese Idee ihm vielmehr aus der eigenen Arbeit erwachsen ist. So ruht z. B. die Kant-Kritik von *Glauben und Wissen* in der Forderung, durch so etwas wie die transzendentale Geschichte einer Wissenschaft der Erfahrung des Bewußtseins oder Phänomenologie des Geistes die Einheit dessen aufzuzeigen, was Kant als Getrenntes analysiert und nebeneinander gestellt hatte. Kant, so sagt Hegel in dieser Abhandlung, habe in der »Erfahrung seines Denkens« verschiedene Erkenntnisweisen vorgefunden; er habe zwischen ihnen gewählt und – so sagt Hegel kraß – »dogmatisch« das Erkennen der Erscheinungen »als die einzige Weise des Erkennens betrachtet und die Vernunfterkenntnis geleugnet«. Zwar habe Kant in der Einbildungskraft den einheitlichen Grund für alle Weisen der Erkenntnis geahnt (in der Einbildungskraft als der »ursprünglichen zweiseitigen Identität, die nach einer Seite Subjekt wird, nach der andern aber Objekt und ursprünglich beides ist«); aber Kant habe nicht entwickelt, wie diese Einbildungskraft in den verschiedenen Sphären des Wissens – nicht nur in der »Sphäre des empirischen Bewußtseins« – erscheine und in solchem Erscheinen sie selbst werde.[56] Den von Kant »zerstückelten« Menschen in seiner »Totalität« wiederherzustellen, diese Wiederherstellung als eine Geschichte zu fassen, das ist aber schon der leitende Gedanke von Hegels Jugendschriften!

Faßt man die Phänomenologie des Geistes als eine bloße Ausarbeitung der transzendentalen Geschichte, so muß man zu dem Schluß kommen, daß Hegel den Gedanken der transzendentalen Geschichte nicht rein bewahrt habe. Die Problematik, die im Verhältnis der transzendentalen Geschichte zur Weltgeschichte liegt, verschwindet bei dieser Sicht der Dinge genauso schnell wie dann, wenn man umgekehrt die transzendentale Geschichte und jeden metaphysischen Einschluß für einen bloßen Schein, eine »spekulative Einbildung« erklärt und diese Geschichte zu eliminieren, sie zurückzunehmen versucht in die »wirkliche« Geschichte (wie Marx es in seinen Pariser Ökonomisch-Philosophischen

Manuskripten, Haym es in seinen Hegel-Vorlesungen proklamierte). Man kann dann wohl – wie Kojève es getan hat – zu zeigen versuchen, daß Hegel im Grunde in der Phänomenologie die »wirkliche« Geschichte gebe; aber dann hat man schon die Voraussetzung zugrunde gelegt, die transzendentale Geschichte sei eine bloße Einbildung gewesen. Man ist der Frage, welchen Ansatz die Phänomenologie genommen und ob dieser Ansatz sich in der Durchführung nicht gewandelt habe, von vornherein aus dem Wege gegangen.

Könnte man nicht Dilthey folgen und argumentieren: Hegel, der in seinen Jugendschriften zum »Begründer der Geschichte der Innerlichkeit des menschlichen Geistes« geworden sei, wende in der Phänomenologie die transzendentale Geschichte des Schellingschen *Systems des transzendentalen Idealismus* an als Schlüssel zur Erschließung der Weltgeschichte?[57] Hegel gehe in seiner Phänomenologie des Geistes gleichsam den Weg von Fichte und Schelling zu Rankes Weltgeschichte, mache den Übergang von der idealistischen Spekulation zur Empirie der Historischen Schule? Der Phänomenologie würde durch diese Argumentation eine unverlierbare historische Bedeutung zugesprochen. Man braucht sich aber nur zu vergegenwärtigen, daß auch für Dilthey der Gedanke der transzendentalen Geschichte etwas Unhaltbares, Überholtes ist, um zu sehen, daß vom Diltheyschen Standpunkt aus der Vorwurf nicht zurückgewiesen werden kann, in der Phänomenologie des Geistes verwirrten die transzendentale und die wirkliche Geschichte sich gegenseitig.

Dieser Vorwurf, *zu voreilig* vorgebracht, hindert uns aber daran, den Ansatz der Phänomenologie in den Blick zu bekommen: in der Phänomenologie füllt Hegel nicht nur die transzendentale Geschichte mit historischem und sonstigem empirischem Stoff; er gibt nicht unter dem falschen Schein einer transzendentalen Geschichte im Grunde die wirkliche Geschichte; er wendet auch nicht in einer produktiven Weise nur den Gedanken einer transzendentalen Geschichte an zur Erschließung der Weltgeschichte. Vielmehr macht Hegel in der Phänomenologie die »Geschichte« zum Leitfaden des Fragens, wie spekulative Philosophie überhaupt möglich sei. Die Geschichte wird gedacht als zugehörig zu dem, was in der Logik und Metaphysik als das Prinzip der Fichteschen und Schellingschen Philosophie vor den realen Wissenschaften des Systems konstruiert werden soll. Die Geschichte – in welchem Sinn auch immer sie gedacht sei – erweist sich als das Element, in dem die spekulative Philosophie zu sich selbst kommt.

Diesen Ansatz der Phänomenologie des Geistes bekam man nicht in den Blick, weil man den Zusammenhang zwischen der Phänomenologie und der Logik nicht nachvollzog und gar nicht zu der Frage vorstieß, welchen spezifischen Sinn die Logik und Metaphysik für Hegel in den ersten Jenaer Jahren gehabt haben könnte. Schelling soll 1830 in einer Münchener Vorlesung geäußert haben, Hegel habe »die früher reale Form der Naturphilosophie nur künstlich, und darum gebrechlich, aber doch sehr verdienstlich ins Denken, in den Begriff, ins Logische umgesetzt, und wie oft große Dinge durch kleine Zufälle veranlaßt würden, so auch bei Hegel, welchem von Universitätsfreunden geraten worden sei, die damals zu Jena vernachlässigte Logik zu lesen. Er habe aber ungefähr soviel getan, als Einer, der ein Violinkonzert für Fortepiano umsetzt«.[58] Schelling hat also überhaupt nicht sehen wollen, wie sehr Hegel die ganze idealistische Philosophie verwandelt hat, als er den realen Wissenschaften die Logik und Metaphysik voraussetzte und dadurch das Spekulative dieser Philosophie für sich darzustellen suchte. Marx hat sich einer »entmystifizierten« Hegelschen Dialektik bedient, ohne die spekulativen Probleme, die mit dieser Dialektik gegeben sind, neu zu durchdenken; ein Denken, das seinen metaphysischen Einschlüssen nicht mehr nachfragen zu müssen glaubt, muß aber noch dogmatischer werden, als die metaphysische Tradition es war. Dilthey soll eine Vorlesung über Logik mit einer spöttischen Erinnerung an seinen großen Vorgänger eingeleitet haben: »Hegels Logik war ein schlechterdings unverdauliches Zeug.« Hugo Falkenheim hat dieses Wort berichtet[59] und dazu bemerkt, Dilthey sei gerade deshalb zum Entdekker der Hegelschen Jugendschriften geworden, weil er nicht das geringste Verständnis für die Hegelsche Logik gehabt habe und deshalb ganz unbeeinflußt vom späteren Hegelschen System an Hegels Jugendschriften habe herantreten können. An dieser Würdigung der Leistung Diltheys ist etwas Wahres – Dilthey hat die Hegeldeutung von der unerträglichen Weise befreit, die Darstellung von Hegels Denken mit dem dünnen Gespinst von Kategorien wie Sein – Nichts – Werden zu beginnen (wie es etwa, um ein besonders abschreckendes Beispiel zu nennen, in Schweglers Geschichte der Philosophie geschah). Doch heute ist es an der Zeit, die Gegenrechnung zu präsentieren: die Hegeldeutung hat bisher nicht zu zeigen vermocht, wie aus Hegels Jugendschriften konsequent jene Logik und Metaphysik erwachsen ist, die Hegel in Jena als seine erste Vorlesung vortrug. (Dieser Vorwurf trifft nicht nur Diltheys »theologische« Deutung der Hegelschen Jugendschriften, sondern ebenso jene »politische«, die man ihr entgegengesetzt hat, schließlich auch den Versuch, die theologische und die politische Deutung miteinander zu verbinden.) Die Hegelforschung kam so auf den verhängnisvollen Gedanken, eine lebendige Linie im Hegelschen Denken von der Entwicklung zum »toten« System hin zu unterscheiden. Damit konnte die entscheidende Frage gar nicht mehr gestellt werden: wie Hegel dazu gekommen sei, die Logik und Metaphysik zugleich als eine Geschichte zu entwerfen, so daß die eine spekulative Philosophie dann in die Zweiheit von Logik und Phänomenologie auseinandergehen konnte. Der Ansatz zur Phänomenologie des Geistes blieb verdeckt.

Die Frage nach dem Ansatz der Phänomenologie wirft uns also nicht nur zurück auf den Versuch, die Entwicklung der

Hegelschen Systematik in Jena herauszuarbeiten, sondern darüber hinaus zurück auf den Versuch einer neuen Deutung von Hegels Jugendschriften. Diese Deutung kann hier freilich nicht mitgeteilt werden; nur wenige Linien seien kurz ausgezogen.

In seinen ersten Niederschriften[60] will Hegel die Idee der »Moralität«, wie Denker wie Rousseau, Shaftesbury und Kant sie »rein aus ihrem eigenen Herzen« entwickelt haben, auf die überlieferten, gang und gäbe gewordenen politischen und religiösen Vorstellungen »anwenden«. Bei diesem Versuch einer Verwendung der Philosophie der Freiheit und Selbstbestimmung entwickelt Hegel nicht nur das Bild, sondern auch das Gegenbild der Freiheit (das Bild der Fremdbestimmtheit oder Positivität). Moralität und Positivität sind für ihn nicht wie für Fichte und den frühen Schelling der Idealismus und der Realismus bzw. der Kritizismus und der Dogmatismus abstrakte Alternativen für die »Wahl« des Philosophen, sondern sie gehören in eine Geschichte des Gewinns und Verlustes der Freiheit, die ganz konkret als die abendländische Geschichte – mit den Augen eines Schiller, ja eines Gibbon – gesehen wird. In dieser Geschichte sind Anwendung und Vollendung der Philosophie zusammengeschlossen: Anwendung der Philosophie der Freiheit ist nur möglich, wenn diese Philosophie in ihrer Vollendung entwickelt worden ist und nicht mehr unversehens – wie Kants Philosophie durch die Tübinger Theologen – in ihr Gegenteil verkehrt werden kann; die Vollendung ist nur möglich zusammen mit der universalen Anwendung, der Revision der überlieferten Vorstellungen. In Frankfurt stellt sich für Hegel das Problem einer Vollendung des idealistischen Ansatzes neu. Es ist nicht mehr das »es soll«, das als ein »absoluter Machtspruch der Vernunft« den verschiedenen Syntheseversuchen der Philosophie gegenüber eine letzte Einheit, nämlich die Einheit von Ich und Nicht-Ich, bringt (wie nach Fichtes Wissenschaftslehre). Wie für Hölderlin das Sein als die Schönheit, so ist für Hegel das Sein, das er als die vereinigende Kraft der Liebe dem Sollen entgegenstellt, der Grund, aus dem die theoretischen und praktischen Synthesen der Fichteschen und der frühen Schellingschen Philosophie kommen und in den sie zurückgehen. In der Religion wird dieses Sein der Liebe eigens vorgestellt, und so faßt Hegel die Problematik der Vollendung des idealistischen Ansatzes als das Problem der Religion. Die Frage nach der Religion ist für Hegel überhaupt nicht nur und nicht einmal primär eine spezifisch theologische Frage, sondern die philosophische Frage nach der Möglichkeit einer Vollendung des idealistischen Ansatzes, die Frage nach dem Einheit stiftenden Grund für die theoretischen und die praktischen Synthesen. (Die Frage nach der Religion ist zugleich die Frage nach der Sittlichkeit mit allen ihren politischen Implikationen.) Hegel selbst bezeichnet diese Frage als eine »metaphysische«: In seinem letzten Frankfurter Jahr stellt er die Forderung, die Struktur der religiösen Erhebung vom endlichen zum unendlichen Leben und damit die Struktur des Lebens selbst durch eine »metaphysische« Untersuchung zu klären. Er bestimmt diese Struktur als eine Verbindung der Verbindung und der Nichtverbindung (was eine Fichte-Kritik impliziert); dabei betont er das Moment der Nichtverbindung: die religiöse Erhebung muß die Nichtverbindung, das Fixieren des Endlichen und das Festhalten der Gegensätze, gelten lassen und in sich aufnehmen (damit sie nicht, wie in der überlieferten christlichen Religion, die Mannigfaltigkeit des Weltlichen außerhalb ihrer selbst behält). So stellt Hegel der Religion als der wahren Erhebung des endlichen Lebens zum unendlichen Leben die »Philosophie« voraus – jenes Denken, das Endliches fixiert und die Gegensätze aufstellt, sich eigens als Reflexion setzt und sich so als Reflexion aufhebt. Die Aufgabe dieser Philosophie – einer bloßen »Reflexionsphilosophie« – wird in Jena von der Logik übernommen; dieser Logik folgt die Metaphysik, die die Struktur der religiösen Erhebung, die Einheit des Endlichen und Unendlichen entwickelt.

Entscheidend ist, daß für Hegel die Erhebung des endlichen Lebens zum unendlichen Leben geschichtlich ist, so daß auch Religion jeweils geschichtliche Religion ist. So kann die Religion, wie Hegel sie sucht, eine neue, zu »stiftende« Religion sein: »Eine schöne Religion zu stiften, das Ideal davon? Findet man es?« Als geschichtliche und deshalb auch zu Zeiten neu zu stiftende entspricht die Religion jeweils einem Bedürfnis der Zeit; in keiner ihrer Formen hat sie eine absolute Notwendigkeit. Der Grund für die theoretischen und praktischen Synthesen ist also in sich selbst geschichtlich; das Grundproblem der Metaphysik ist zugleich das Problem der Geschichte. Wird diese Geschichte für sich dargestellt, dann löst sich aus der Logik und Metaphysik eine Wissenschaft der Erfahrung des Bewußtseins. Diese Wissenschaft der Erfahrung des Bewußtseins kann als Phänomenologie des Geistes den Geist in der Fülle seiner Formen umso mehr zu ihrem Thema machen, als Hegel in den späteren Jenaer Jahren die Religion bzw. Kunst, Religion und Spekulation nicht mehr als einen dritten Systemteil zur theoretischen und praktischen Philosophie setzt und diesem Systemteil die Aufgabe einer »Resumtion« des Systemganzen in eins überträgt, sondern Kunst, Religion und Wissenschaft in die eine, einheitlich durchgeführte Geistesphilosophie hineinnimmt.

Sieht man die Frage nach dem Ansatz der Phänomenologie auf dem Hintergrund der Entwicklung des Hegelschen Denkens überhaupt, dann könnte sich die Alternative: die Phänomenologie ist ein einheitlich konzipiertes Werk – während der Ausarbeitung der Phänomenologie hat Hegel den Ansatz geändert, auflösen zugunsten der Einsicht, daß wir in Hegels Phänomenologie nichts endgültig Fertiges, Abgeschlossenes haben, sondern ein Ringen um die Frage nach der Möglichkeit der spekulativen Philosophie, wie es auch uns noch aufgegeben ist. Hegels Werk stellt uns vor die Frage, wie wir überhaupt die Überlieferung spekulativen Denkens als eigene Aufgabe weiterführen können.

Wenn Hegel die Selbstkonstitution des Wissens als eine Geschichte begreift, dann tut er damit nichts, was der Philosophie vor ihm einfach fremd gewesen wäre. In seinem »Höhlengleichnis« erzählt Platon, wie das Denken sich über verschiedene Stufen zu sich selbst erhebt, der Denkende dann wieder zurücksteigt zu den Menschen, wie sie gewöhnlich sind, im Traum und Dunkel ihres Höhlendaseins gefangen. Platon erzählt diesen Aufstieg und diesen Abstieg als eine »Geschichte«, ja als ein Geschehen, in dem jenes Geschehen einbegriffen ist, durch das Platon erst zur Philosophie gebracht worden ist: Leben, Wirken und Tod des Sokrates! Doch nichts liegt Platon ferner als das Zugeständnis, die Geschichte mit ihrer Einmaligkeit gehöre zum Geschehen des Aufstiegs des Denkens; vielmehr ist dieses Geschehen, wenn es überhaupt eine Geschichte ist, eine »Geschichte«, die dem Zeitenwandel als eine bleibende Möglichkeit voraus- und zugrunde liegt, die sich immer und ständig in der gleichen Weise vollziehen kann. Aristoteles denkt in anderer Weise die Geschichte als zugehörig zum Denken. Er hat die Größe, auch das »nur« Wahrscheinliche im Wissen gelten zu lassen, es »dialektisch« auf seinen Wahrheitsanspruch hin zu prüfen. Deshalb hat für ihn auch die Tradition den Anspruch als »Autorität«, die als solche eine gewisse Wahrscheinlichkeit für sich hat, gehört zu werden. Dieses Hören auf die Tradition bekommt im Mittelalter eine entscheidende Bedeutung für das Philosophieren – teils, weil die antike Tradition für die Tochterkultur des Mittelalters vorgegebenes autoritäres Gut ist, teils, weil die Theologie sich gründet auf eine Wahrheit, die als eine geschichtliche Botschaft nur durch Tradition zu vermitteln ist. Descartes stellt gegenüber solcher Orientierung an der Tradition die Forderung, Autorität und Tradition beiseite zu lassen, denn in der Geschichte werde alles bestritten und bleibe alles zweifelhaft. Das Denken könne sich, wenn es methodisch vorgehen wolle, überhaupt nicht auf die Tradition berufen. Kant will dann die Philosophie durch eine letzte, alles entscheidende Revolution der Denkungsart aus der bisherigen Geschichte des Hin- und Herschwankens zwischen dogmatischen und skeptischen Positionen heraus- und in eine neue, andere Geschichte hineinheben. Die Philosophie soll von den ungesicherten Pfaden und Holzwegen weg auf die sichere Heeresstraße der Wissenschaft gebracht, einem Aufbau entgegengeführt werden, der keine Umstürze mehr kennt, weil die Philosophie, was ihre Grundlegung betrifft, in sich vollendet ist und deshalb wie die Wissenschaften Mathematik und Physik in sicherem Fortschritt Erkenntnis an Erkenntnis fügen kann. Dieser im Grundsätzlichen schon vollendeten Wissenschaft gibt Kant die Hoffnung mit, sich auch ihrer Geschichte in einer neuen Weise zuwenden zu können: die Wissenschaft soll in einer philosophierenden Geschichte der Philosophie ihre eigene Geschichte begreifen.[61]

Die Nachfolger Kants suchen in einer transzendentalen Geschichte im einheitlichen Zusammenhang zu entwickeln, was Kant in seinen Kritiken dargestellt hatte. Dabei denken sie die transzendentale Geschichte als »pragmatische Geschichte des menschlichen Geistes« (wie Fichte von der Wissenschaftslehre sagte). Hegel macht Ernst mit diesem Gedanken, indem er eine spekulative Philosophie zugleich als Logik und Metaphysik und als eine Geschichte des erscheinenden Wissens, als Weg des Wissens zum absoluten Wissen entwirft. Hegel stellt nicht nur diese Geschichte dar, er begründet auch ihre Notwendigkeit – nämlich daraus, daß das Absolute geschichtlich zu sich selbst kommen muß. Hegel sucht also die Geschichte als Geschichte des Absoluten zu denken. Die schöpferischen Denker nach Hegel sehen sich vor die Frage gestellt, ob denn eine Geschichte des Absoluten überhaupt noch eine »Geschichte« sei. So ist ihnen der Ansatz zur Phänomenologie von vornherein problematisch.

Wollen wir die Komposition der Phänomenologie des Geistes herausarbeiten, dann müssen wir ansetzen bei der Frage nach dem Absoluten und seiner Geschichte, nach der Notwendigkeit des Weges, den das Bewußtsein vom natürlichen zum absoluten Wissen geht. Nichts anderes als dieser Weg ist es ja, was in der Phänomenologie seine Gliederung erfährt. Diese Frage nach der Notwendigkeit des Wegs des Bewußtseins haben wir bisher aber noch gar nicht berührt, und doch ist es zweifellos so, daß wir die Gliederung der Phänomenologie nur verstehen können, wenn wir verstehen, was eigentlich gegliedert wird, und daß wir über eine mögliche »unselige Verwirrung« in der Komposition nur urteilen können, wenn wir wissen, was Hegel denn eigentlich zu komponieren suchte. Wir haben also allenfalls einige Vorfragen zur Frage nach der Komposition der Phänomenologie geklärt. Andererseits können die vorläufigen Hinweise auf die Entwicklung und die Verwickeltheit der Komposition der Phänomenologie, wie wir sie gegeben haben, vielleicht davor bewahren, Hegels Werk nur nach dem Buchstaben und das heißt in einer Weise zu nehmen, die der Tod echten Philosophierens ist. Wenn die Philologie darauf aufmerksam macht, daß Ansatz und Komposition der Phänomenologie und vor allem die ihnen zugrunde liegende Erfahrung der Geschichte sich während der Ausarbeitung des Werks »gewandelt« haben – wie immer man diese Wandlung auch interpretieren mag –, dann kann die Philologie die Philosophie vor die Frage führen, ob nicht unsere Erfahrung des Verhältnisses von Wissenschaft und Geschichte über den Wandel hinaus, der sich im Denken Hegels vollzog, sich so wandeln muß, daß unser Denken den Ansatz Hegels verläßt, um sich den Motiven, die Hegels Denken bewegten, stellen und sich die Idee der *Phänomenologie des Geistes* als Aufgabe des eigenen Denkens überliefern lassen zu können.

Anmerkungen

1 *Der Wanderer und sein Schatten.* Aph. 125.

2 *Briefe von und an Hegel.* Hrsg. v. J. Hoffmeister. Bd. 1. Hamburg 1952. 161 f.

3 Hierzu und zum folgenden s. meinen Aufsatz: *Zur Deutung der Phänomenologie des Geistes.* In: *Hegel-Studien.* 1 (1961), 225-294; Vgl. 274 ff., 290 ff., 256 ff.

4 *G. W. F. Hegel: Phänomenologie des Geistes.* Hrsg. v. J. Hoffmeister. Hamburg 1952. 578.

5 *Phänomenologie des Geistes.* 250.

6 Zum folgenden vgl. meinen in Anm. 3 genannten Aufsatz, vor allem 270 ff., 263 ff., 268 f.

7 *Briefe von und an Hegel.* Bd. 1. 395 f. – Der Brief stammt aus dem Jahr 1812. Sinclairs Werk *Wahrheit und Gewißheit* erschien 1811 in Frankfurt.

8 So berichtet Rosenkranz nach inzwischen verlorenen Dokumenten. Vgl. *Karl Rosenkranz: G. W. F. Hegels Leben.* Berlin 1844. 202.

9 *Hermann Glockner: Hegel.* Bd. 2. 2. Aufl. Stuttgart 1958. 347 ff.

10 »Mit der Wissenschaft der Logik«, so hat J. Habermas diese Auffassung formuliert, »verpatzt daher Philosophie die dem Mythos gestohlene Pointe des atheistischen Gottes, der zur Geschichte erstirbt und wahrhaft eine Geburt durch Menschenhand, die darum auch nicht bloße *Wieder*geburt sein darf, geschichtlich riskiert.« Habermas bemüht sich dann um eine Auflösung des Einwands, die Hegelsche Logik bleibe im Marxismus vorausgesetzt, weshalb denn auch Lenin für das Studium des *Kapitals* die Lektüre der Hegelschen *Logik* empfohlen habe. Vgl. *Jürgen Habermas: Theorie und Praxis.* Neuwied u. Berlin 1963. 182 ff. – Zur französischen Wiederentdekkung Hegels – des Hegel der Phänomenologie und nicht des Systems – vgl. man die Ausführungen Hyppolites in *Hegel-Studien.* Beiheft 3 (1966) 11 ff.

11 Zur Kritik an Haering vgl. meine Bemerkungen im Band 2 der *Hegel-Studien.* (1963), 61 ff. Eine erste Unterscheidung der Phasen der Entwicklung von Hegels Jenaer Logik habe ich versucht in dem Aufsatz *Hegels Jenaer Systemkonzeption.* In: *Philosophisches Jahrbuch.* 71 (1963/64), 286-318. – Zur neuen Datierung der Jenaer Manuskripte vgl. man *Heinz Kimmerle: Zur Chronologie von Hegels Jenaer Schriften.* In: *Hegel-Studien.* 4 (1967), 125-176. – Das genannte Manuskript über Logik, Metaphysik und Naturphilosophie war früher nur sehr unzulänglich ediert worden. Vgl. jetzt *Hegel: Jenaer Systementwürfe II* (Gesammelte Werke. Bd. 7). Hrsg. v. R.-P. Horstmann und J. H. Trede. Hamburg 1971.

12 *Hegels Leben.* 189 ff. – Die Titel der Hegelschen Vorlesungen finden sich bei *K. Fischer: Hegels Leben, Werke und Lehre.* 2. Aufl. Heidelberg 1911. 64 f.
13 *Hegels Leben.* 188.
14 Bloß von der »Logik« spricht Hegel zuerst in einer Hörerliste vom Sommersemester 1805, dann in der Vorlesungsankündigung für das Sommersemester 1806, schließlich in der *Phänomenologie* und der Selbstanzeige der *Phänomenologie* (a.a.O. 33, XXXVIII.).
15 *Hegels Leben.* 202 (vgl. Anm. 8).
16 Hoffmeister hat diesen Text, freilich fehlerhaft und mit ganz falscher Einordnung, ediert: *G. W. F. Hegel: Jenenser Realphilosophie I.* Hrsg. v. J. Hoffmeister. Leipzig 1932. 264-268. Wahrscheinlich ist der Text vor der Abfassung der *Logik, Metaphysik und Naturphilosophie* entstanden. – Vgl. jetzt den Abdruck in *Hegel: Jenaer Systementwürfe II.* 343-347.
17 *Dokumente zu Hegels Entwicklung.* Hrsg. v. J. Hoffmeister. Stuttgart 1936. 353; *Jenenser Realphilosophie I.* 259-264.
18 Vgl. *Briefe von und an Hegel.* Bd. 1. 113, 132.
19 *Phänomenologie des Geistes.* 75.
20 Vgl. z. B. *Th. Haering: Hegel. Sein Wollen und sein Werk.* Bd. 2. Leipzig und Berlin 1938. 486; *M. Heidegger: Holzwege.* Frankfurt a. M. 1950. 181.
21 Vgl. meinen in Anm. 3 genannten Aufsatz, 282 ff. – Diese Deutung ist auch von anderen Autoren übernommen worden; so teilt *Hans Friedrich Fulda* die Gleichsetzung der eigentlichen Wissenschaft des Geistes mit der Geistesphilosophie: *Das Problem einer Einleitung in Hegels Wissenschaft der Logik.* Frankfurt a. M. 1965. 123, 131, 147.
22 Diese Interpretationsmöglichkeit zieht auch H. F. Fulda in Erwägung: a.a.O. (vgl. Anm. 21). 138, Anm. 167.
23 Vgl. *Realphilosophie I.* 259-264. – Eine genaue Datierung dieses Fragments ist zur Zeit nicht gegeben. Man kann nicht ausschließen, daß dieses Fragment erst 1806 entstanden ist; wahrscheinlich jedoch gehört es in die zweite Hälfte des Jahres 1805.
24 Vgl. *Phänomenologie des Geistes.* 140; *Realphilosophie I.* 230 ff.
25 *Phänomenologie des Geistes.* 476 f.
26 a.a.O. (vgl. Anm. 21) 137 ff.
27 *Phänomenologie des Geistes.* 314 f.
28 *Phänomenologie des Geistes.* 343 ff., 377.
29 *Phänomenologie des Geistes.* 476 ff., 549 ff.
30 Der Titel *C. Vernunft*, den Hoffmeister in seiner Phänomenologie-Ausgabe einschiebt, ist falsch, da der Titel *Vernunft* zum Unterabschnitt AA. gehört. Zum Punkt C einen Titel wie »Absolutes

Wissen« zu setzen, wäre freilich auch nicht im Sinne Hegels, da dieser Titel eigentlich erst auf die Entwicklung der Vernunft (zum mindesten der beobachtenden Vernunft) folgen sollte.

31 *G. W. F. Hegel: Nürnberger Schriften.* Hrsg. v. J. Hoffmeister. Leipzig 1938. 13, 15. [*IV. 72*]

32 Vgl. *Phänomenologie des Geistes.* 33, 26, 32.

33 *Phänomenologie des Geistes.* 75, 562, 33; *G. W. F. Hegel: Wissenschaft der Logik.* Hrsg. v. G. Lasson. Leipzig 1948. Teil 1. 7. – [*V. 17*] In meinem Aufsatz *Zur Deutung der Phänomenologie des Geistes* (vgl. Anm. 3) hatte ich noch eine Entsprechung zwischen den Gestalten der Phänomenologie und den Momenten des *ganzen* Systems angenommen. Hegel selbst hat ja in der Anmerkung zum § 25 der *Enzyklopädie* darauf hingewiesen, daß Gehalte eigentümlicher Teile der Wissenschaft (Hegel nennt Moral, Sittlichkeit, Kunst, Religion) schon in der *Phänomenologie* behandelt werden. Die Entsprechung zwischen der Phänomenologie und der Geistesphilosophie ist in der Tat offensichtlich, aber sie braucht nicht gemeint zu sein, wenn Hegel in der *Phänomenologie* selbst von der Entsprechung zwischen den abstrakten Momenten »der« Wissenschaft und den Gestalten des erscheinenden Geistes spricht. Die Frage ist vielmehr, wie die Entsprechung zwischen Phänomenologie und Logik zugleich über die Entsprechung zwischen Logik und Realphilosophie eine Entsprechung zwischen Phänomenologie und Realphilosophie einschließt. Vgl. dazu in dieser Arbeit den übernächsten Abschnitt (II, 9).

34 *H. F. Fulda: Das Problem einer Einleitung in Hegels Wissenschaft der Logik.* 140 ff. – In der Arbeit *Zur Logik der Phänomenologie von 1807* (vgl. diesen Band 391 ff.) differenziert und modifiziert Fulda seine These. An dem für uns entscheidenden Punkt – daß die ersten Gestalten des Selbstbewußtseins eine Relationskategorie zu ihrem Ansich haben – hält er jedoch fest; die späteren Gestalten des Selbstbewußtseins, so argumentiert Fulda nun jedoch, haben zu ihrem Ansich das Verhältnis des Denkens (Begriff, Urteil, Schluß).

35 *Hans-Georg Gadamer* hat in seinem Vortrag *Die verkehrte Welt* diesen entscheidenden Unterschied zwischen der Bewegung in der *Phänomenologie* und der Bewegung in der *Wissenschaft der Logik* klar herausgearbeitet. Vgl. diesen Band 106 ff. – Die Entwürfe zur Bewußtseinslehre und zur Logik, die Hegel sich für den Gymnasialunterricht gemacht hat, sind gedruckt in den *Nürnberger Schriften* (vgl. Anm. 31).

36 *Jenaer Systementwürfe II* (vgl. Anm. 11). 52.

37 *Briefe von und an Hegel.* Bd. 1. 230.

38 *G. W. F. Hegel: Jenenser Realphilosophie II.* Hrsg. v. J. Hoffmeister. Leipzig 1931. 272. – In der *Jenenser Logik, Metaphysik und*

Naturphilosophie macht Hegel den Übergang von der Metaphysik zur Naturphilosophie mit Hilfe des Lebensbegriffs. In der Logik selbst gibt er dem Lebensbegriff keinen Platz; wohl sagt er schon von der Wechselwirkung als der letzten Relationskategorie, sie sei weder ein Lebendiges noch ein vernünftiges Erkennen (*Jenaer Systementwürfe II.* 69). Daß die Phänomenologie des Selbstbewußtseins dem Abschnitt »Leben und Erkennen« aus der Logik und Metaphysik entspricht, habe ich in der Arbeit *Hegels Phänomenologie des Selbstbewußtseins* inzwischen nachzuweisen versucht, in: *Hegels Idee einer Phänomenologie des Geistes.* Freiburg/München 1973.

39 Ein Fragment aus einem Logik-Entwurf, der augenscheinlich in die erste Nürnberger Zeit gehört, zeigt uns Hegel auf diesem Wege: *Fragment aus einer Hegelschen Logik.* Mit einem Nachwort zur Entwicklungsgeschichte von Hegels Logik hrsg. v. O. Pöggeler. In: *Hegel-Studien.* 2 (1963), 11-70.

40 *Hegel: Jenaer Kritische Schriften* (Gesammelte Werke. Bd. 4). Hrsg. v. H. Buchner und O. Pöggeler. Hamburg 1968. 72 ff. [*II. 107 ff.*]

41 *Hegels Leben.* 179.

42 *Jenenser Realphilosophie I.* 195.

43 *Briefe von und an Hegel.* Bd. 1. 99.

44 *Jenenser Realphilosophie II.* 179 ff., 263.

45 *Hegels Leben.* 214.

46 *Phänomenologie des Geistes.* 135 ff., 220.

47 Die sog. *Realphilosophie I* besteht mindestens aus Entwurf und späterer Überarbeitung. Die stärkere Akzentuierung des Bewußtseinsbegriffs gehört augenscheinlich zur Überarbeitung (vgl. *Franz Rosenzweig: Hegel und der Staat.* Bd. 1. München und Berlin 1920. 247, 183). Die Edition Hoffmeisters unterscheidet Entwurf und Überarbeitung nicht, ist also für unsere Zwecke nicht brauchbar.

48 *Hegels Leben.* 202.

49 *H. F. Fulda: Das Problem einer Einleitung in Hegels Wissenschaft der Logik.* 175 ff.

50 Über Erfahrung und Methode vgl. *Hans-Georg Gadamer: Wahrheit und Methode.* Tübingen 1960. 329 ff. – *Karl-Heinz Volkmann-Schluck* hat in seinem Vortrag *Metaphysik und Geschichte* zu zeigen versucht: »Es ist der geschichtliche Charakter der *Phänomenologie des Geistes,* dem zufolge sie nicht bereit ist, in die absolute Gewißheit des Sichwissens, in das System, einzugehen.« (*Die Philosophie und die Frage nach dem Fortschritt.* Verhandlungen des Siebten Deutschen Kongresses für Philosophie. München 1964. 292-302, vor allem 299. Der Vortrag ist auch gesondert erschienen: Berlin 1963).

51 So habe ich es zu entwickeln versucht in meinem Aufsatz *Hegels Jenaer Systemkonzeption* (vgl. Anm. 11).
52 *Richard Kroner* zitiert diesen Satz in seinem Aufsatz *Hegel heute*. In: *Hegel-Studien*. 1 (1961), 135.
53 *Briefe von und an Hegel*. Bd. 1. 161 f.
54 *Phänomenologie des Geistes*. 67, 86, 178, 220, 557 ff., 563 f., 27 f.
55 *F. W. J. v. Schelling: Sämtliche Werke*. Stuttgart u. Augsburg 1856 ff. Abt. 1, Bd. 10. 96.
56 *Jenaer Kritische Schriften* (vgl. Anm. 40). 325 ff. [*II. 408 ff.*]
57 *Wilhelm Dilthey: Gesammelte Schriften*. Bd. 4. 2. Aufl. Leipzig u. Berlin 1925. 157. *Fragmente aus Wilhelm Diltheys Hegelwerk*. In: *Hegel-Studien*. 1 (1961), 103-134; vgl. 128 ff.
58 Vgl. *K. Fischer: Hegels Leben, Werke und Lehre*. 2. Aufl. Heidelberg 1911. 1201 f.
59 Zitiert nach *Hermann Glockner: Beiträge zum Verständnis und zur Kritik Hegels*. Bonn 1965 (Hegel-Studien. Beiheft 2.) 485.
60 Zum folgenden vgl. *Briefe von und an Hegel*. Bd. 1. 16, 23 f.; *Hegel: Theologische Jugendschriften*. Hrsg. v. H. Nohl. Tübingen 1907. 51, 376, 146, 345 ff., 387, 350. [*I. 75; 241 f.; 224; 419 ff.; 299 f.; 425 f.*]
61 Vgl. *Hermann Lübbe: Philosophiegeschichte als Philosophie. Zu Kants Philosophiegeschichtsphilosophie*. In: *Einsichten*. Festschrift für Gerhard Krüger. Frankfurt a. M. 1965. 204-229.

Hans Friedrich Fulda
Zur Logik der Phänomenologie von 1807

Untersuchungen zur Hegelschen Phänomenologie sind in den letzten Jahrzehnten vornehmlich den metaphysischen, anthropologischen, gesellschaftlichen und geschichtlichen Ideen des Werks nachgegangen. Es war der reiche und konkrete Inhalt, der sich unserem Zeitbewußtsein zur Selbstverständigung empfahl. Die Form der Phänomenologie, ihre Systematik und Methode erschienen im Vergleich dazu uninteressant. Obwohl die halbe Weltphilosophie heutzutage von Dialektik spricht und sich dabei der Wirkungsgeschichte Hegels verpflichtet weiß, gibt es kaum Arbeiten, die die Distanz zu Hegel im Bewußtsein dieser Dialektik dadurch zu ermessen suchen, daß sie die Gedankenformen Hegels so genau wie möglich analysieren. Obwohl die Entstehungsgeschichte der Hegelschen Dialektik zum Staunen veranlaßt, daß derjenige unter den spekulativen Idealisten, der sich am längsten damit begnügte, die Resultate und Prinzipien der praktischen Philosophie Kants in zeitkritische Praxis zu übersetzen, daß gerade Hegel plötzlich die abstrakteste und anscheinend lebensfernste Disziplin entwarf, die die Geschichte der Philosophie kennt: die spekulative Logik; und obwohl Hegel von Motiven ausging, von denen die heute praktizierte Dialektik sich nicht weit entfernt glaubt, wird bei Bezugnahme auf Hegels Spekulation der einseitig theoretische Charakter dieser Spekulation in den meisten Fällen für selbstverständlich gehalten. Doch selten wird der Ursprung untersucht, den die Begriffsdialektik in praktischen Ideen hat. Obwohl schließlich die Phänomenologie Hegels ausführlichster Versuch ist, die Bildung

[Aus: *Hegel-Studien.* Hrsg. v. F. Nicolin und O. Pöggeler, Beiheft 3. Bonn 1966. 75 ff.]

seiner Zeit über ihre Forderungen zu verständigen und zugleich das spekulative Wissen vor beiden zu rechtfertigen, findet sich die Phänomenologie als solcher Versuch kaum noch ernsthaft thematisiert. Die akademische Blässe, die der neuhegelianisch wiederbelebten Dialektik anhaftete, und auf der anderen Seite die Überzeugungskraft der modernen Logik und Wissenschaftstheorie scheinen es zu verbieten, daß die Dialektik in unmittelbarer Auseinandersetzung mit Hegel zum Problem gemacht wird.

Gesetzt den Fall, das Verbot gälte tatsächlich uneingeschränkt: Umfang und Intensität der historischen Verständigung unseres Philosophierens würden es gleichwohl erforderlich machen, die Phänomenologie in Ergänzung der materialen Fragestellungen auf ihre systematische Einheit hin zu untersuchen. Die folgenden Ausführungen haben diesen Zweck. Indem sie zeigen, in welcher Gestalt und auf welche Weise spekulative Logik in die Phänomenologie eingegangen ist, erfüllen sie allerdings nur eine von mehreren seiner notwendigen Bedingungen. Sie wollen nicht aufdekken, welche verschiedenen Gedankenmotive die Phänomenologie integrieren mußte. Sie wollen auch nicht den allgemeinen Gedanken der Phänomenologie oder der Wissenschaft der Erfahrung des Bewußtseins interpretieren: die spekulative Idee einer Wissenschaft, die sich im Elemente des Bewußtseins vollzieht und darum auch dem natürlichen Wissen zugänglich ist, deren Grund und Boden und »Äther« aber dennoch bereits das reine Wissen bildet. Sie setzen die vorläufige Bekanntschaft mit der Idee der Phänomenologie und mit der Bestimmung ihres Verhältnisses zur nachfolgenden Logik voraus und versuchen anzugeben, wie die nicht ausgeführte Logik-Konzeption von 1807 *innerhalb* der ausgeführten Phänomenologie zur *Erscheinung* kommt und die Darstellung des erscheinenden Wissens zu einem systematischen *Ganzen* macht. Welches ist an der Phänomenologie, so könnte man die Fragestellung in ein Hegelzitat fassen, »der Inhalt als das *Ansich*, der *Zweck*, der erst noch ein *Inneres*, nicht als Geist, nur erst geistige Substanz ist«, deren Fürsichsein die Phänomenologie hervorbringen soll?[1]

Einem in diese Richtung gehenden Interpretationsversuch steht die Überzeugung im Wege, daß man von einer einheitlich durchlaufenden Systematik der Phänomenologie gar nicht sprechen kann. Die Phänomenologie als Werk-Ganzes ist *nur* historisch zu begreifen, so lautet die Parole seit Haerings Arbeiten zur Entstehungsgeschichte. Der Ursprung dieser Auffassung liegt eigentlich bereits in der Hegelschen Schule, die sich dem Buch von 1807 gegenüber stets verlegen zeigte. Aber erst die Inflation an Gliederungsversuchen zur Phänomenologie – von denen es inzwischen mindestens sieben gibt[2] – und die historisch-philologische Beschäftigung mit Text und Quellen des Werks haben ihr zum Bewußtsein über sich selbst verholfen. Inzwischen hat Pöggeler überzeugend dargelegt, daß die Phänomenologie nicht in der von Haering und Hoffmeister angegebenen Weise zustande gekommen sein kann.[3] Doch das Gewicht der Indizien, die gegen eine völlig planmäßige Ausführung der Phänomenologie sprechen, ist so drückend, daß auch er in erster Linie auf das Werkschicksal hin interpretiert. Hat doch Hegel selbst zugegeben[4], daß auch die *Komposition* der Phänomenologie von jener »unseligen Verwirrung« betroffen war, die er am buchhändlerischen und druckerischen Verlauf beklagt. Wenn ein Verfasser vom Rang Hegels gegen sich selbst zeugt, wäre es aussichtslos, die durchgängige Einheit seines Werks glaubhaft machen zu wollen. Aber das Forum philologischer Analyse ist nicht die einzige Instanz die hier zu befinden hat. Eine werkgeschichtliche Deutung sollte zwischen Komposition und Konzeption unterscheiden und der Interpretation dieser den Vorrang geben; denn jede Feststellung von Inkonzinnitäten im Aufbau eines Werks setzt bereits eine Vorentscheidung über seine Idee voraus, die auf angemessene Weise gewonnen sein muß. Daß wir eine solche Idee von der Phänomenologie besitzen, ist einigermaßen zweifelhaft angesichts des Kontrastes, der besteht zwischen Hegels selbstbewußter Äußerung über »die spanischen Stiefel der Methode, in denen er den Geist sich bewegen« lasse[5], und unseren Versuchen, diese Stiefel anzuprobieren. Soll die Hegelphilologie nicht auf jene Abwege geraten, die aus der Kantinterpretation als patch work theories bekannt sind, so ist vor allem das logische Fundament der Phänomenologie aufzudecken und zu prüfen, ob sich die Pluralität der von Hegel angegebenen Einteilungen daraus nicht als notwendig und gerechtfertigt erweist. Erst dann lassen sich die Grenzen der Werkeinheit bestimmen.

Wenn mit der Frage nach der Logik, die die Phänomenologie enthält, die Gliederung dieser besser verständlich gemacht werden soll, so müssen die die Phänomenologie fundierenden logischen Momente als solche namhaft gemacht werden; es müssen Ursachen aufgedeckt werden, aus denen das Fundierte diese Momente bis zur Unkenntlichkeit entstellt, und es muß gezeigt werden, daß die Verborgenheit ihres Zusammenhangs nicht die Annahme rechtfertigt, die begriffliche Grundlage der Phänomenologie sei während der Ausarbeitung zerbrochen. Diesem Programm wollen die Thesen Rechnung tragen, die im folgenden erhärtet werden sollen. Es wird behauptet:

1. Die Phänomenologie von 1807 ist auf einer Folge logischer Grundmomente errichtet, die Hegels damaliger Logik-Konzeption entspricht und die eine einheitliche Funktion innerhalb der Phänomenologie besitzt.

2. Die Schwierigkeiten, sich über den Verlauf dieser Fundamentalbestimmungen klar zu werden, sind vor allem in der Idee der Phänomenologie begründet. Zu einem Teil liegen sie jedoch auch in der Verfassung, in der sich die spekulative Logik um 1805 befand, zu einem Teil vielleicht auch in den Umständen, unter denen die Phänomenologie zustande kam.

3. Modifikationen in der Disposition der Phänomenologie, sofern Hegel solche noch während der Drucklegung vornahm, gingen nicht so weit, das logische Fundament der

Phänomenologie anzutasten, – außer vielleicht in einem einzigen Punkt, der der Untersuchung bedarf.

Um der Ordnung der Argumente willen wird nicht jede These für sich abgehandelt. Ihre Begründung wird in drei Abschnitte eingefügt, die um eigene Themen zentriert sind. Der erste Abschnitt soll zeigen, daß Hegel von Anfang an den Anspruch auf eine strenge Entsprechung zwischen den Weisen des nicht realen Bewußtseins und den Momenten des Logischen erhob. Der zweite diskutiert, als was die Momente des Logischen in die Erfahrung des Bewußtseins eintreten und wie sie diese organisieren. Der dritte hat dann die Folge der logischen Grundmomente und ihre Entsprechung zu den Bewußtseinsstufen anzugeben. Auf diese Weise wird es möglich sein, außer den Thesen zur Architektonik der Phänomenologie auch eine Auffassung von ihrer Methode und von der Entwicklung der Jenenser Logik zur Diskussion zu stellen.

I

A. Daß jedem abstrakten Momente der Wissenschaft eine Gestalt des erscheinenden Geistes überhaupt entspricht, hat Hegel am Ende der Phänomenologie selbst ausgesprochen. Der Titel »Wissenschaft«, dem die Entsprechung zugeordnet wird, hat jedoch viele Autoren, so auch noch Pöggeler[6], veranlaßt, aus dieser[7] Stelle und den ihr vergleichbaren[8] die Meinung zu entnehmen, es solle jedem Teil des *Systems* eine Gestalt der Phänomenologie entsprechen. Die Zuordnung schien dann sehr ungenau und lückenhaft. Allein, der Textzusammenhang zeigt deutlich, daß Hegel die Zuordnung der Phänomenologie-Gestalten zu den Momenten des *Logischen* gemeint haben muß. Denn die »Wissenschaft«, von der in dem angeführten Zitat die Rede ist, tritt dort selbst als *Glied* der philosophischen Systematik auf: als dasjenige, worin sie selbst der Inhalt ist, neben anderen Gliedern mit anderen Inhalten, nämlich dem Bewußtsein auf der einen Seite, Natur und Geschichte auf der anderen. Es handelt sich also um dieselbe Gliederung des Systems, die auch am Ende der zweiten Jenenser Realphilosophie angegeben wird.[9] Das Logische ist darin selbst »die Wissenschaft«, insofern es Dasein und Bewegung des Geistes im »Äther seines Lebens«[10] entfaltet. Dazu passend macht auch die Vorrede der Phänomenologie deutlich, daß sich die Momente des Geistes, die dieser zunächst im Elemente des Bewußtseins entwickelt, nach Abschluß der Phänomenologie im Elemente des Wissens bewegen, und daß diese ihre Bewegung »in der Form der Einfachheit« »die *Logik* oder *spekulative Philosophie*« ist[11]. Schließlich ist im Zusammenhang der behaupteten Entsprechung ausdrücklich von den »abstrakten« Momenten der Wissenschaft, von ihrer »reinen« Gestalt, dem reinen Begriff und seiner Fortbewegung die Rede. Man muß daher ohne Zweifel annehmen, daß die Entsprechung sich nicht auf die Gliederung des ganzen Systems sondern auf die Hauptmomente des Logischen beziehen soll.

Die herangezogenen Textstellen entstanden am Ende der Abfassungszeit der Phänomenologie. Um dem Gesichtspunkt eines möglichen Konzeptionswandels Rechnung zu tragen, dürfen sie für das ganze Werk nur in Anspruch genommen werden, wenn sie in Übereinstimmung zu bringen sind mit dem, was der Anfang der Phänomenologie über den Verlauf des Ganzen sagt. Das ist tatsächlich der Fall. Denn am Ende der Einleitung[12] wird versichert, daß die Erfahrung des Bewußtseins das »ganze Reich der Wahrheit des Geistes« in sich begreifen müsse, und zwar so, daß die Momente dieser Wahrheit in der eigentümlichen Bestimmtheit sich darstellen, nicht abstrakte, reine Momente zu sein, sondern Gestalten des Bewußtseins. Diese Momente werden Momente des Ganzen genannt. Auch hier sind sie in ihrer Organisation außerhalb der Phänomenologie abstrakt und rein. Es genügt, sich zu vergewissern, daß unter der Wahrheit des Geistes das Logische zu verstehen ist. Ein Indiz hierfür liefert bereits die Tatsache, daß es nach der herangezogenen Stelle der Vorrede[13] die Momente des *Geistes* sein sollen, deren Bewegung die Logik im Elemente des Wissens zum Ganzen organisiert; aber auch die zeitlich frühere Disposition der Wissenschaft am Ende der zweiten Jenenser Realphilosophie[14] läßt die der Naturphilosophie vorausgehende, also mit Logik gleichbedeutende »spekulative Philosophie«[15] mit dem Wissen des Geistes von sich enden. Ebenso schließt sich in der ersten Jenenser Metaphysik der Kreislauf des logischen und metaphysischen Erkennens erst im »absoluten Geist«.[16] Wenn man annehmen muß, daß Hegel bereits vor Beginn der Abfassung der Phänomenologie die ursprünglich in die Logik und Metaphysik zweigeteilte Systemdisziplin zum Ganzen einer einheitlichen Logik oder spekulativen Philosophie gemacht wissen wollte, wie dies Pöggeler überzeugend dargelegt hat[17], so muß man auch annehmen, daß diese Disziplin die Momente ihres Inhalts als solche des Geistes definierte. Hegel ist jedoch viel deutlicher. Er spricht nicht vom Geist überhaupt, sondern vom Reich der *Wahrheit* des Geistes. Worauf sollte dieser Ausdruck deuten, wenn nicht auf die Selbstadäquation, zu der der Geist dort gelangt, wo er sich selbst der »Äther seines Lebens« ist?

Schließlich ist dieser Sinn der behaupteten Entsprechung nicht nur aus Hegels direkten Äußerungen zu entnehmen. Seine Notwendigkeit läßt sich auch aus dem Gedanken der Wissenschaft des erscheinenden Wissens ableiten. Denn das erscheinende Wissen, das Gegenstand und zugleich Medium dieser Wissenschaft ist, soll in dieser Wissenschaft zu einem solchen Medium werden, in dem sein Wesen auf einfache Weise für sich ist. Nun ist dieses einfache Fürsichsein seines Wesens nur ein bestimmtes und *ist* nur, indem es ebensowohl *Resultat* einer vollständigen Bewegung seiner Bestimmtheiten, die ihm Inhalt geben, wie Erstes dieser Bewegung und bewegungslose Ruhe ist. Also kann es als solches Medium *Dasein* nur haben, wenn es im Werden dieses Daseins – in der Wissenschaft des erscheinenden Wissens – bereits die vollständige Bewegung seiner Momente *war*. Umgekehrt kann auch das erscheinende Wissen »sich vollbringender Skeptizismus« nur sein, wenn es sich gegen den ganzen Umfang der Erscheinung seines Inneren richtet; denn nur dadurch wird der Geist geschickt – im reinen Wissen – zu prüfen, was Wahrheit ist.[18] Da das »Innere« der Geist selbst ist, wie er im Elemente des Bewußtseins verschlossen ist, müssen also in diesem seine Momente vollständig auftreten, sowohl damit das Bewußtsein sich zum Geist läutern, als auch damit dieser seine Wahrheit sein kann.

B. Daß die Entsprechung der Bewußtseinsgestalten und Logikmomente sowohl am Anfang als auch am Ende der Phänomenologie behauptet wird, muß nun aber nicht besagen, daß ihre Behauptung beide Male dasselbe oder wenigstens etwas Zusammengehöriges bedeutet. Man könnte es als eine im Anfang nicht implizierte Modifikation betrachten, daß am Ende der Geist als das Subjekt der Entsprechung erscheint, während es am Anfang doch das Bewußtsein war, in dessen Erfahrung die logischen Momente den Gestalten entsprechen sollten.

Gerade diese Metamorphose, dieser Wandel hinsichtlich dessen, was als das Subjekt der Erfahrung aufzufassen ist, die das Bewußtsein macht, deutet sich bereits am Ende der Einleitung als unumgänglich an. Die »Erfahrung, welche das Bewußtsein über sich macht, kann ihrem Begriffe nach nichts weniger in sich begreifen als das ganze System desselben, oder das ganze Reich der Wahrheit des Geistes«.[19] Wenn in diesem Satz[20] das entscheidende »oder« in die Bedeutung des lateinischen sive hinüberspielt, wie meist bei Hegel, so ist anzunehmen, daß er das ganze System des Begriffs der Erfahrung, also das System ihrer einfachen Einheit, die sich entwickelt, dem Reich des Logischen äquivalent setzt. Damit wäre hier bereits die Erfahrung des Bewußtseins über ihren Begriff auf ein Subjekt ihrer Bewe-

gung zurückgeführt, das sie »in sich begreift« und das ein anderes als das Bewußtsein ist. Ob diese Deutung nicht zu gewaltsam ist, läßt sich angesichts der Knappheit der Hegelschen Diktion schwer entscheiden. Aber auch die Weise, wie die logischen Momente sich darstellen, wird doppelt charakterisiert, und zwar nun ausdrücklich: sie stellen sich dar, wie sie fürs Bewußtsein sind, – wenn man nämlich meint, sie sowohl als das Bewußtsein seien jedes zunächst für sich, und außerdem seien sie auch *für* das Bewußtsein. Dann aber wird präziser nachfassend gesagt, sie stellten sich dar, wie das Bewußtsein in seiner Beziehung auf sie auftritt – in der Beziehung nämlich, die das Bewußtsein als solches ausmacht und die nicht erst zu seinem Begriff hinzukommt. Damit ist unzweideutig das Bewußtsein auf seine Beziehung zum Geist hin und als Beziehung des Geistes angesprochen. Über die Aufhebung dieser Beziehung im Verlauf der Darstellung gibt dann der letzte Satz der Einleitung das nötigste an.
Auch der Kontext der gesamten »vorläufigen Erinnerung« zur Methode der Phänomenologie[21] zeigt diesen Duktus. Bei der Einführung des Bewußtseinsbegriffs, die das Bewußtsein nicht als Verhältnis des Geistes hervorhebt, wird ausdrücklich erwähnt: was eigentlich an den gebrauchten Bestimmungen sei, gehe uns weiter hier nichts an. Dann wird anhand der angegebenen Bestimmungen des Bewußtseins gezeigt, wie für dieses in ihnen die Differenz liegt eines Ansich als des Maßstabs und des Gegenstandes, sofern er nur für das Wissen ist, und wie die Bestimmungen eine prüfende Bewegung ermöglichen, die das Bewußtsein ausüben soll: seine Erfahrung. Erst nachdem zugegeben wurde, daß diese Bewegung, sofern darin neue Gegenstände entspringen, ein Moment unserer Zutat enthält, das dem Fortgang Notwendigkeit verleiht, wird mit dem Verweis auf die Wahrheit des Geistes der Bewußtseinsbegriff überstiegen. Von dieser Unterscheidung und ihrer Aufhebung aus läßt sich dann auch die Doppelbedeutung der bevorstehenden Bewußtseinsbewegung und ihr Ziel formulieren.

Wenn noch ein Beweis dafür erforderlich wäre, daß die Konzeption der Erfahrung des Bewußtseins als einer Bewegung des *Geistes* nicht erst im Verlauf der Abfassung der Phänomenologie entstanden sein kann, so wäre er bereits in der ersten Jenenser Geistphilosophie zu finden: auch dort wird das Bewußtsein in die absolute Totalität des Sittlichen zurückgeführt, in den Geist eines Volkes, in dem die vorausgehenden Potenzen nurmehr ideale sind[22]; auch dort hat die Rückführung die beiden Seiten: diejenige, nach der *wir* die Organisation des Geistes erkennen[23], und diejenige, wie das Bewußtsein in sich selbst die Reflexion setzt, die nach der anderen Seite die unsere war.[24]

Was folgt nun aus all dem? Mindestens soviel, daß man die im Verlauf der Phänomenologie vorgenommene Umdeutung ihrer Grundbegriffe nicht eo ipso als Index für einen Konzeptionswandel nehmen darf, sondern als notwendiges Moment der Konzeption, dessen Tragweite bereits überschaut sein muß, wenn man Vermutungen über das Werkschicksal der Phänomenologie anstellen will. Andernfalls werden diese Vermutungen für das Verständnis des Textes allemal mehr Unklarheiten erzeugen als beseitigen.

II

Im vorangehenden Abschnitt wurde nur dargelegt, daß Hegel *behauptet*, den einzelnen Gestalten des Bewußtseins entsprächen die logischen Hauptmomente in stetiger Folge; nicht, wie er der Überzeugung sein konnte, daß diese Entsprechung möglich und auf den verschiedenen Stufen der Phänomenologie einheitlich realisiert sei. Ohne die Rechtfertigung dieser Überzeugung bliebe die These bodenlos, daß die logischen Momente in der Phänomenologie eine bestimmte Funktion besitzen und daß sich ihre Ordnung verbergen, ja scheinbar verwirren muß. Darum ist nun zu zeigen, wie dasjenige, was die Logik im reinen Denken als »bestimmte Begriffe« abhandelt[25], auch die Phänomenologie zu einem Ganzen organisiert, ohne daß hier die reine Bestimmtheit als solche von »uns« oder gar vom Bewußtsein, das wir betrachten, gedacht und zur Argumentation herangezogen werden müßte.

Will man, wie es in diesem Zusammenhang erforderlich scheinen kann, das Verfahren der Phänomenologie daraufhin untersuchen, was denn dessen eigentümliche, der spekulativen Logik gegenüber spezifische Logizität ausmacht, so erheben sich Fragen, vor denen einem unheimlich werden mag. Hat denn die spekulative Dialektik – sie sei nun »phänomenologisch« oder rein begrifflich – überhaupt einen klar angebbaren Sinn? Darauf ist hier freilich nicht bündig zu antworten. Aber selbst wenn man in historischer Anhänglichkeit an einen wirkungsgeschichtlich mächtigen Gedanken die Diskussionswürdigkeit der spekulativen Begriffsdialektik unterstellt: ist es sinnvoll, die Erörterung der Dialektik auf die Phänomenologie des Geistes auszudehnen und sich zu fragen, in welcher genauen Weise ihre Methode antizipatorisch an der spekulativen Erkenntnis reiner Begriffe partizipiert, ohne schon eine solche zu sein? Wäre es nicht besser, sich dem unmittelbaren Verständnis des phänomenologisch exponierten *Inhalts* der Phänomenologie zu überlassen, von der behaupteten Beziehung phänomenologischer Erkenntis auf spekulative Begriffe keine Kenntnis zu nehmen und die Evidenz einzelner Lehrstücke der Phänomenologie an einer wie immer gearteten »Sach-Anschauung« zu überprüfen? Die Ergänzungsbedürftigkeit dieses Interpretationstypus, der übrigens in vielen Fällen seine Fruchtbarkeit erwiesen hat, zeigt sich außer am eigenen Anspruch des zu Interpretierenden an der Tatsache, daß die Diskussion der Dialektik heute nicht so sehr auf ein in sich geschlossenes System reiner Begriffe als auf ein rationales Medium historisch sich verständigender Situationsanalyse gerichtet ist. Sofern diese Intention überhaupt noch eine Beziehung zu Hegel hat, dem sie die Sinnlosigkeit der Idee eines ortlos allgemeinen Spekulativ-Logischen entgegenhält, muß die Auseinandersetzung über die dialektische Struktur der *Phänomenologie* führen; denn diese ist für Hegel der Ort, an dem der Ausgang von der geschichtlichen Situation und das Eindringen in sie der »Mystik« reiner Begriffsdialektik begegnen. Beabsichtigt man eine fruchtbare Interpretation der Phänomenologie, so kann deshalb die Frage, *wie* die Phänomenologie *gemacht* ist, nicht überflüssig sein. Um ihrer Fruchtbarkeit willen ist freilich zu fordern, daß sie sich Hegels Anspruch einer reinen Begriffsdialektik nicht ausliefert und den Interpreten davon abhält, sich der angeblichen »Bewegung« Hegelscher Begriffe zu überlassen. Wie Hegel die Wahrheit dessen, was ihm gewiß schien, selber *suchte*, ehe er sein »System« in der Methode begrifflicher Exposition ausgearbeitet hatte, so hat auch eine auf die Methode der Phänomenologie gerichtete Fragestellung in deren Struktur eine Wahrheit zu suchen, die nicht notwendig diejenige des sich denkenden Begriffs ist und vielleicht dennoch ein rationales Verstehen erlaubt.

Für den beschränkten, nicht auf eine allgemeine Diskussion der phänomenologischen Dialektik gerichteten Zweck der Begründung obiger Thesen ist diese Forderung vielleicht dadurch zu erfüllen, daß man Hegels vorläufige und nachträgliche Bemerkungen zur Methode der Phänomenologie mit dem in den einzelnen Kapiteln faktisch geübten Verfahren konfrontiert. Ohne die Stringenz phänomenologischer Beweise im einzelnen prüfen oder unterstellen zu müssen, ohne auch die hochdifferenzierte Idee der Phänomenologie zu reproduzieren, kann man so das Konstruktionsverfahren der Phänomenologie gewissermaßen technisch begreifen und bis zu einem gewissen Grade beurteilen. Seine Grenze findet dieses Urteil allerdings am allgemeinen Gedanken spekulativer Begrifflichkeit und ihrer Kohärenz, deren Möglichkeit man voraussetzen muß; selbstverständlich auch an Hegels Anspruch, in systematisch organisierten Begriffen den zunächst faktisch auftretenden Gedanken der Phänomenologie einholen zu können. Im Vergleich zu diesem

Anspruch sind die folgenden Ausführungen bloß »äußere Reflexionen« über die methodische Gestalt der Phänomenologie. Sie haben aber gegenüber einer hegelianisierenden Konstruktion den Vorzug, keine spekulativen Beweisgänge reproduzieren und zugrundelegen zu müssen.

A. Wenn es gegen den Augenschein wahr sein soll, daß jedem abstrakten Moment der Wissenschaft eine Gestalt des erscheinenden Geistes überhaupt entspricht, so muß sich der Sinn dieser Entsprechung angeben und die Behauptung der Entsprechung verifizieren lassen. Bei Verzicht auf eine spekulative Konstruktion dieses Sinnes kann das nur heißen, daß die aus den Hegelschen Logiken bekannten Grundmomente in ihrer unveränderten Reihenfolge jeweils an bestimmten systematischen Stellen der Phänomenologie wiederzufinden sind und daß sich aus den Bemerkungen zur Methode der Phänomenologie Kriterien gewinnen lassen für das, was als »Stelle« zu gelten hat. Es ist zu zeigen, an welcher Stelle der Darstellung des erscheinenden Wissens und auf welche Weise die Momente der logischen Folge in die Erfahrung des Bewußtseins eingehen und wie sie sich in ihr zur Kontinuität bringen. Dabei muß vorausgesetzt werden, daß die Momente, die sich als Gestalten darstellen, diese Gestalten *als* ihnen entsprechende nicht nur demjenigen Wissen darstellen, das aufgrund spekulativ-logischer Exposition begreift. Die Gültigkeit dieser Voraussetzung ist jedoch insofern wahrscheinlich, als die Phänomenologie ja selbst die Entfaltung eines Erkennens ist, das dem logischen Begreifen vorausgeht, – ganz zu schweigen von den Bemerkungen *über* dieses Erkennen, in denen die Entsprechung behauptet wird. Gilt die Voraussetzung, so folgt, daß die Entsprechung nicht nur faßbar wird am entwickelten *Ganzen* dessen, was das Bewußtsein auf seiner jeweiligen Stufe ist; denn ein Denken, das nicht spekulativ verfährt, erfaßt die Logizität des jeweiligen Ganzen ja gerade nicht. Die Entsprechung muß sich also an *einzelnen* Zügen der Darstellung ergeben. Dafür spricht auch, daß die Bemerkungen zur Erfahrung ebenso wie die abschließenden Hinweise zum Unterschied der logischen und der phänomenologischen Methode die Entsprechung auf bestimmte Punkte konzentrieren.

Nimmt man an, daß die Entsprechung an wohlbestimmten einzelnen Strukturelementen der Darstellung abzulesen ist, so erscheint es als möglich, daß sie nicht in einer einzigen, sondern in *mehreren* Relationen des logischen Moments zu unterschiedenen Seiten des jeweiligen Ganzen besteht. Daß es sich so verhält, ist sogar wahrscheinlich. Denn damit, daß die logischen Momente, beziehungsweise ihr einfaches Wesen: der Begriff[26], sich darstellen, ist wie gezeigt die Doppeldeutigkeit verknüpft, daß die Momente als sich darstellende ebensowohl *im* Bewußtsein oder für es sind wie auch *als* Bewußtsein, als Gestalten des Bewußtseins; die Bezugnahme auf den *Begriff*, der sich darstellt, ergibt außerdem, daß sie sich auch darstellen *im* Erkennen, der Darstellung des erscheinenden Wissens. In dreierlei Weise stellen sich also die Momente dar: 1. im Bewußtsein, das heißt, wie sie für es sind; 2. im Element der jeweiligen Gestalt des Bewußtseins, die sie als sich darstellende sind; 3. im Element des Erkennens, das wir sind. Auf welche Darstellungsart soll sich die Entsprechung beziehen?

Es wäre offensichtlich ungenügend, wenn sie sich nur auf die letztere bezöge; denn das Sichdarstellen der Momente soll es ja dem Bewußtsein möglich machen, sich selbst zu prüfen. Dann ist es aber auch unmöglich, daß die Entsprechung sich außerdem nur noch auf das bezieht, was die Momente *als* Gestalten des Bewußtseins sind. Man wird zwar annehmen müssen, daß eine solche Entsprechung besteht, denn dem Text zufolge sollen ja die Momente Gestalten *sein*, indem das Bewußtsein in seiner Beziehung auf sie auftritt. Aber zugleich sollen sie *für* das Bewußtsein sein; und wenn dem Gedanken des sich selbst prüfenden Bewußtseins Genüge geschehen soll – der Idee des sich vollbringenden Skeptizismus –, so müssen sie jedenfalls *auch* in ihrem Sein fürs Bewußtsein eine kontinuierliche Folge ausmachen; ja, die vorläufigen Bemerkungen zur Methode lassen sogar erwarten, daß diese Folge die wichtigste ist. Wie aber ist sie zustande zu bringen? Was *im* Bewußtsein ist, definiert sich doch für unser Erkennen aus dem, was das Prinzip der jeweiligen Bewußtseinsgestalt ist. Es ist etwas *an* dieser, die kein Einfaches, sondern eine Vermischung mannigfacher, sinnlicher und begrifflicher, allgemeiner und zum konkreten historischen Leben des Geistes gehöriger Bestimmungen ist. Die Bewußtseinsgestalt hat als solche nicht den Charakter eines Moments im logischen Fortgang; und ihr *eigenes* rein begriffliches Fundament ist eine späte Phase der reinen Wissenschaft: die Entwicklung des theoretischen Ich – als des Bewußtseins – zum absoluten Geist[27]. Die Frage ist also: wie läßt sich in diesen Fortgang (oder auch in den Fortgang des Bewußtseins, wie er sich im Geist an und für sich bestimmt), wenn er als Folge von *Gestalten* dargestellt wird, die *ganze* Bewegung der logischen Momente integrieren, und zwar auf doppelte Weise: daß die Gestalten als solche die Entsprechung enthalten und daß das, was in ihnen fürs Bewußtsein ist, sie enthält?

Für die Gestaltenfolge als solche ist diese Frage nicht schwer zu beantworten. Gestalt – ein in der Hegelschen Naturphilosophie eingeführter Begriff – ist eine Totalität von Verhältnissen[28], in der beide Seiten in der Bestimmtheit der Selbständigkeit (des Sichselbstgleichseins) sind[29], also jedenfalls nichts einfaches. Auf die *Realität* der Gestalt kann sich mithin die Entsprechung nicht beziehen. Sie soll sich aber auch nicht nur auf irgendeine einzelne Seite an der Gestalt beziehen, da die Momente Gestalten *sind*. Sie kann nur auf das *Prinzip* der Gestalt gehen, das zugleich das allgemeine Element ihrer Realisierung in den Bestimmungen des Gewußten und des Wissens ist. Da nun aber dieses Prinzip in der Phänomenologie jeweils als das Resultat gewonnen wird, in dem die dialektische Bewegung der vorangegangenen Gestalten für uns endigt, ist die Entsprechung zur logischen Kontinuität in dieser Hinsicht gesichert.

Wie steht es aber mit dem, was fürs Bewußtsein ist? Woran hat die logische Folge in ihm ihre Entsprechung? Mit dieser Frage ist nach einem Teil oder Glied *innerhalb* der Gestalt gesucht; dessen Bedingungen sind, daß es die erforderliche Einfachheit besitzt, um als ein der logischen Form Entsprechendes in Frage kommen zu können. Zugleich aber muß es die Weise sein, wie das *Prinzip* der Gestalt in ihrem Bewußtsein *für* es ist. Tatsächlich ist nun für Hegel durch den Begriff des Bewußtseins gewährleistet, daß eine Gestalt desselben diesen Bedingungen genügen kann; denn im Unterschied zum Leben, in welchem dem einzelnen Lebendigen sein Allgemeines – der innere Prozeß des Lebens, aus dem es lebt – nicht zu einem für sich Existierenden wird[30], ist das Bewußtsein als Ich die einfache Gattung, welche *für sich* als dies Einfache existiert.[31] Gilt dies fürs Ich überhaupt, so gilt fürs Ich als Bewußtsein und fürs Bewußtsein, wie wir es in der Phänomenologie betrachten, jedenfalls etwas Verwandtes. Auch ohne daß man den Begriff der Phänomenologie aus demjenigen des Bewußtseins und des wahren Wissens spekulativ reproduziert, kann man von hier aus einsehen, was *im* Bewußtsein der logischen Form entsprechen muß. Denn das Prinzip der Gestalt ist zugleich die jeweilige Art und Weise, nach der das natürliche Bewußtsein zum wahren Wissen zu gelangen versucht. Durch die Entwicklung dessen, was jeweils Gegenstand und Wissen ist, gelangt die Gestalt zu einer Reihe konkreterer Bestimmungen, als in der Sphäre ihres Prinzips gesetzt sind. Aber Element dieser Bestimmungen, Medium ihres Zusammenbestehens bleibt jene einfache, als Resultat der vorangehenden Bewegung gewonnene Einheit.[32] Innerhalb dessen, als was das natürliche Bewußtsein sich und seinen Gegenstand ausgibt, findet sich diese Einheit als Grundbestimmung seines gegenständlichen Inhalts und seines Wissens wieder: als dasjenige, was dem Bewußtsein an seinem Inhalt das Wahre ist, und als die entsprechende Weise des Wissens, durch die dieses sich seinem Gegenstand anzumessen hat. Oder – vom Geist her gesehen, in Beziehung auf den das sich prüfende Bewußtsein auftritt: der Geist als das bloß Innere, als Wesen, das *als* sich in seiner Wahrheit wissender Geist dem Bewußtsein verschlossen ist, ist die Substanz. Diese wird in der Phänomenologie betrachtet, wie sie Gegenstand des Bewußtseins ist.[33] Dabei ist die Form, in der sie im Bewußtsein ist, die »Unmittelbarkeit des Ansich«.[34] Weil aber das Bewußtsein sich auch auf dasjenige bezieht, das es von sich unterscheidet[35], und weil es betrachtet wird, wie es auf der Suche nach seiner Wahrheit sich prüft, ist ihm dieses Ansich zugleich als eine Weise des Wissens gegenwärtig, die es für die richtige hält. Indem der Geist im Elemente des Bewußtseins seine Momente auslegt, kommt ihnen dieser Gegensatz zu.[36] Das Moment der Entsprechung, sofern es ins Bewußtsein fällt, ist somit an den mannigfach und meist viel konkreter bestimmten Bewußtseinsinhalten die abstrakte Beschaffenheit, *hinsichtlich* deren die Inhalte das »Ansich«, das »Wahre« oder das »Wesen« sind, und zugleich die zugehörige Wissensform, die dem Inhalt garantieren soll, als wahrer gewußt zu werden.

Dieses Ergebnis wird bestätigt durch Hegels Bemerkungen zur Methode. Nach der vorläufigen Erinnerung beginnt die Erfahrungsbewegung, die das ganze Reich der Wahrheit des Geistes in sich begreifen und also wohl phasengleich mit dessen Bewegung sein soll, jeweils mit dem, was für das Bewußtsein an sich oder das Wahre ist; sie geht fort zu einem neuen Ansich, das für das Bewußtsein zustande kam durch Umkehrung seiner aus der Reflexion in sich auf einen neuen Gegenstand, der uns entsprang. Die nachträgliche Unterscheidung der logischen und der phänomenologischen Darstellung weist darauf hin, daß »in der Phänomenologie des Geistes jedes Moment der Unterschied des Wissens und der Wahrheit« ist, und beschreibt dann dieselbe Bewegung wie die oben als Erfahrung bezeichnete mit den Mitteln des inzwischen zum Vorschein gekommenen Geistbegriffs: das Moment tritt als die Bewegung auf, aus dem Bewußtsein oder der Vorstellung in das Selbstbewußtsein und umgekehrt herüber und hinüber zu gehen. Bedenkt man nämlich, daß das Bewußtsein, das wir betrachten, in Wahrheit das Bewußtsein des Geistes ist, der sich zum Gegenstand wird, dann kann man die Bewegung, die den Unterschied der Wahrheit und des Wissens für das Bewußtsein in ein gegenstandsloses, skeptisches Wissen des Nichtwissens auflöst und darin für uns eine beide unterschiedenen Seiten in sich vereinigende Bestimmung faßbar macht, die jedoch als solche nicht gegenständlich wird, als Herübergehen aus dem Bewußtsein oder der Vorstellung ins Selbstbewußtsein des Geistes beschreiben. Umgekehrt geht das als Resultat erreichte Moment aus dem Selbstbewußtsein ins Bewußtsein hinüber, wenn wir es mit den konkreteren Bestimmungen des Bewußtseins in Verbindung bringen und daraus eine neue Bewußtseinsstufe des Geistes entwickeln. Fürs betrachtete Bewußtsein in seiner natürlichen Bedeutung heißt das, daß es einen neuen Gegenstand erhält, indem wir es aus der skeptischen Reflexion in sich, in der es vorher endigte, auf einen neuen Gegenstand zu- und also »umkehren«.

B. Mit dem Grundgedanken einer doppelten Entsprechung: am Element und am Ansich des Bewußtseins, das zugleich eine bestimmte Weise wissenden Verhaltens fordert, ist nun aber die Möglichkeit, *einzelne* Entsprechungen aufzuweisen und damit das logische Fundament freizulegen, nicht hinreichend gesichert. Die Entsprechung ist nicht offenkundig; um sie offenbar zu machen, müssen die Schwierigkeiten dargetan werden, die bei ihrem Erfassen irreleiten. Wenn man nicht den Vorgang rekonstruieren will, in dem die logischen Momente sich zu Formen des natürlichen Bewußtseins gestalten, muß man wenigstens die formale Struktur der Begriffe erkennen, die die bezeichneten Stellen einnehmen. Die Bezeichnung dieser Begriffe deutet meist auf Vorstellungsformen und auf begriffliche Konkretionen, die das Bewußtsein seinem Inhalt zuspricht, obwohl es seine Wahrheit gar nicht wirklich in den Strukturen der genannten Begriffe denkt. Sein Denken besitzt die Konkretion seiner Begriffe nur scheinbar, ebenso wie es sich selbst nicht *als* sein Begriff begreift, der es doch für sich ist.[37] Da es jedoch zugleich die abstrakteren Begriffe anwendet, die seiner Struktur angemessen sind, ist es meist nicht schwer, am Text der einzelnen Kapitel die geltende Entsprechung aufzufinden. So mag das natürliche Bewußtsein in seiner ersten Gestalt sich seine Wahrheit in Vermischung mit sinnlichen und Reflexionsformen vorstellig machen, – es gibt doch zugleich das Sein dafür aus. Das Resultat seiner Dialektik wird als Allgemeines bezeichnet. Aber schon der Hinweis, daß es sich nur um ein sinnlich Allgemeines handelt[38], und noch deutlicher die Struktur dieses Allgemeinen zeigen, daß es nur der logischen Unendlichkeit entsprechen kann. Auf ähnliche Weise lassen sich auch im weiteren Verlauf der Phänomenologie die Bestimmungen, in denen sich das Bewußtsein versteht oder in denen wir es aussagen, auf die entsprechenden Formen hin durchsichtig machen.

Schwieriger ist es zu verhindern, daß Ungleichheit und Interferenz der Phasen der verschiedenen durch den Begriff zustande gebrachten Bewegungen irreleiten. Da das Sichdarstellen der logischen Momente nicht einfach ist, kann es auch die Bewegung nicht sein, die durch diese Momente in der Darstellung und im erscheinenden Wissen ausgelöst wird; und welches Moment an der vielfältigen Bewegung wann fortschreitet, ergibt sich nicht nach einem äußerlichen Schema, sondern aus dem jeweiligen Zusammenhang der Momente. So ist für uns, also im Erkennen oft eine Bestimmung »schon vorhanden«, die noch nicht einmal die betrachtete Gestalt definiert; denn uns ist in der Betrachtung der vorausgehenden Bewegung außer dem Resultat, in dem sie endigt, auch die Einheit ihrer beiden Seiten – derjenigen des Wissens und derjenigen des Gegenstandes –

geworden, die *als* solche Einheit nicht dem Prinzip der neuen Gestalt zugerechnet werden darf, wenn sie nicht *im* Resultat als dem Für-es-sein des vorausgehenden Ansich geworden ist. Zum Beispiel ist für uns in der Verdoppelung des Selbstbewußtseins »schon der Begriff des Geistes« vorhanden, wenn man die Einheit, die in der Erfahrung der Begierde liegt, zur Verdoppelung hinzunimmt, obwohl sie erst der Gestalt der Verwirklichung des vernünftigen Selbstbewußtseins angehört.[39]

Auch die Gestalt selbst steht nicht notwendig auf derselben logischen Stufe wie das Element, in dem ihr Inhalt Dasein hat. Denn welcher Bestimmtheit eine Gestalt ist, ergibt sich nicht nur aus dem einfachen Prinzip, in dem für uns die vorausgehende, erfolglose Verwendung von Begriffen resultiert, sondern daraus, wie dieses Prinzip den Bewußtseinsgegensatz bestimmt.[40] Wenn es zum Beispiel bewirkt, daß das Wahre des Bewußtseins aufhört, ein Anderes als es selbst zu sein, weil der Gegenstand Leben geworden ist, so ist die Gestalt Selbstbewußtsein, ihr Prinzip und Element aber gleichwohl erst lebendiges Dasein.[41]

Die Fortbestimmung dessen schließlich, was dem Bewußtsein das Wahre ist, bleibt so lange noch weiter hinter den anderen Bewegungen zurück, als die Resultate »nur in gegenständlicher Bedeutung zu setzen«[42] sind. Wenn das Bewußtsein, wie am Ende der Einleitung angedeutet, einen Punkt erreichen soll, wo die Erscheinung – die Wahrheit des Geistes, wie sie für das Bewußtsein ist, also dessen jeweiliges Ansich – dem Wesen – der inneren Bestimmung der Gestalt, als welche das jeweilige Moment der Wahrheit des Geistes auftritt – gleich wird, so wird das Bewußtsein allerdings innerhalb der Bestimmtheit einer Gestalt die für die Entwicklung seines Ansich verloren gegangenen Phasen nachholen müssen. Daraus läßt sich die Einteilung der Phänomenologie bis zum Geist, in dem diese Ausgleichung erreicht ist, erklären; ebenso auch der dort stattfindende Wandel des Darstellungsverfahrens.

C. Die phänomenologische Exposition mag sich also, richtig analysiert, als ein wohldurchdachtes und systematisches Bewegungsgefüge von Begriffen erweisen, die die Gestalten selbst und die Erfahrung des Bewußtseins organisieren. Die Vielfalt und Phasenverschiebung der einzelnen, einander überlagernden Begriffsbewegungen, und die Ausbreitung der Ausgangsbestimmungen einer Phase von Realitäten, die nicht mehr in die logische Sphäre der Ausgangsbestimmung gehören, stellt nun aber für die behauptete Kontinuität der Entsprechung logischer Momente und Auffassungen vom Wahren ein schwer zu durchdringendes Problem dar. Das jeweils auftretende Moment, das als Ansich fürs Bewußtsein wird, kommt aus einer ganz anderen Begriffsreihe, als die logische Bewegung ist, die dem Bewußtsein als solchem zugrunde liegt und in die es doch seinem reinen Sinne nach integrierbar sein muß; es kommt unter Umständen auch aus einer anderen Bewegung, als die Darstellung zuvor war; denn deren Methode ändert sich; und daß es gerade an der Reihe ist, liegt vor allem auch nicht im Entfaltungsrhythmus der Gestalten; denn deren Prinzipien haben für einen Teil der Phänomenologie bereits andere, höhere Entsprechungen; und in der Entfaltung des Prinzips zur Gestalt treten die verschiedensten Bestimmungen auf, in denen sich schließlich die Realisierung des Prinzips verliert. Wie soll sich dabei das im Fortgang des Logischen richtige Moment als das Ansich des Bewußtseins ergeben? Ist das jeweilige Ansich nicht aus einem vorgefaßten Schema des logischen Fortgangs einfach in den phänomenologischen übernommen?

Das Problem kompliziert sich noch, wenn man berücksichtigt, daß das fragliche Moment in denjenigen Zusammenhang der Darstellung des erscheinenden Wissens gehört, in dem sich das betrachtete Bewußtsein selbst zu betätigen hat. Es soll Maßstab der Prüfung sein. Das Bewußtsein muß also verständig und für sich verständlich mit ihm umgehen können, und es muß eine wenigstens innere Evidenz für es vorliegen, daß das betreffende Moment als *sein* jetziges Ansich zu ihm gehört. Wodurch ist dies für uns gewährleistet? Entsteht hier nicht ein Dilemma? Entweder ist ein dem logischen Moment entsprechendes Ansich nur durch Verzicht auf wissenschaftlich phänomenologische Exposition beizubringen: indem wir die Menge der Gestalten äußerlich danach ordnen, aber auf diese Weise wenigstens dem skeptischen Bewußtsein, das seine Wahrheit sucht, gerecht werden. Oder die Folge der Gestalten wird im begreifenden Erkennen organisiert, ohne daß das skeptische Bewußtsein daran teilnehmen kann: weil es kein verständiges Moment als sein Ansich findet, oder nicht das Richtige, durch das es in die Wissenschaft einzutreten vermag.

Gesucht ist ein allgemeines Prinzip, das sichert, daß das Ansich des Bewußtseins auf jeder Stufe, die der ersten folgt, seine Entsprechung zum zugehörigen logischen Moment dadurch hat, daß es auch

a) nach seiner Stellung im begreifenden Erkennen dem Prinzip seiner Gestalt entspricht;
b) dennoch eine vom Bewußtsein aufnehmbare und gebrauchbare Bestimmung ist, die
c) aufzunehmen innere Evidenz fürs Bewußtsein hat, – nach Maßgabe der Begriffe, in denen wir es begreifen.

Diesen Bedingungen sucht Hegel dadurch zu genügen, daß er das neue Ansich jeweils nichts anderes sein läßt als die Weise, in der das Bewußtsein die Bewegung, die es dem Prinzip seiner Gestalt nach ist, an seinem neuen Inhalt ineins zu fassen sucht. Dadurch wird, wie in der vorläufigen Erinnerung der Methode angekündigt, dasjenige, was dem Bewußtsein in der vorigen Gestalt zum bloßen Für-es-Ansich geworden war – zur scheiternden und in den Inhalt des Resultats eingehenden Bewegung des Wissens –, zum neuen Ansich eines neuen Bewußtseinsinhalts. So ist zum Beispiel das Ansich der Wahrnehmung die Sichselbstgleichheit ihres Gegenstandes. Diese Form aber ist die einfachgewordene Bewegung, die wir an dem Resultat der sinnlichen

Gewißheit erkannten: also dasjenige, als was auch die Logik das Resultat einer Verkehrung von Gegensätzen ineinander faßt. Wenn wir von der Bestimmtheit des Bewußtseinsinhalts und des Bewußtseinsgegensatzes ab- und nur auf die Bewegungsform sehen, kann es also auch uns zur Exposition eines dem logischen Moment entsprechenden Ansich dienen, und die Exposition ist doch zugleich aus dem Prinzip der Gestalt gewonnen, obwohl dieses als Bestandteil des Bewußtseinsinhalts Bestimmungen anderer logischer Sphären in sich begreifen kann.

Zugleich ist ein solches Ansich aber seiner abstrakten Einfachheit halber im verständigen Bewußtsein aufnehmbar und mit dem, was im Element der Gestalt inhaltlich gesetzt ist – als Gegenstand und Wissen desselben – vergleichbar. Die Bewegung der Erfahrung ist fürs Bewußtsein nichts anderes als solches unter einer bestimmten Devise wissenden Verhaltens vorgenommenes Vergleichen der Struktur des Ansich und des weiteren Bewußtseinsinhaltes und der Versuch, die Applizierbarkeit der Struktur des Ansich auf den Inhalt durch Vertauschen inhaltlicher Bestimmungen herzustellen, bis sich nichts mehr vertauschen läßt, weil die Permutation vollständig ist. Durch die anfänglich gesetzte Differenz des Inhalts und der Form muß dieser Versuch solange im Widerspruch enden, bis das Ansich sich in Begriffsform bewegt und der Bewußtseinsinhalt als selbst in die Einheit der Bewegung des Wissens zurückgehend gewußt wird. Aber auch ehe dies fürs Bewußtsein wird, vermögen wir die Erfahrung des Bewußtseins bereits als eine solche verhüllt, beziehungsweise entäußert logische zu begreifen, da die Bewegung des Wissens am Inhalt *an sich* keine andere als diejenige des Begriffs ist.

Schließlich ist so auch die innere Evidenz fürs Bewußtsein vorhanden, dank deren es das Ansich der neuen Gestalt als ein solches akzeptiert. Denn das neue Ansich ist ja eben die Einheit, die das Bewußtsein vorher selbst als Bewegung des Wissens war.

Wenn es noch gelingt, die logischen Grundmomente, deren Reihe Hegels Logik zur Entstehungszeit der Phänomenologie kennzeichnet, in der Kapitelfolge der Phänomenologie namhaft zu machen, mag die Annahme gerechtfertigt sein, daß Hegel mit der Behauptung einer Entsprechung logischer Momente und phänomenologischer Stufen nicht nur einen bestimmten Sinn verband, sondern diesen in der Ausführung seines Werks auch ernsthaft realisiert glaubte. Hinsichtlich der Methode der Phänomenologie bleiben damit allerdings die meisten Fragen offen. Es sollte beiläufig deutlich geworden sein, daß die Exposition der Gestalten zu Beginn der einzelnen Kapitel keineswegs demselben Verfahren folgen kann wie die spekulative Logik, obwohl – oder vielmehr weil – sie nur »für uns« verständlich ist. Offen blieb dagegen, wie sie positiv beschaffen ist, nach welchen Kriterien sie verfährt und ob sie – sei's auch nur unter Voraussetzung der Möglichkeit spekulativer Logik – als möglich anzusehen ist. Ebenfalls unerörtert blieb, welche Notwendigkeit dem negativen Gang der fürs Bewußtsein angeblich verständlichen Erfahrungsdialektik innewohnt. Hierzu hätte dem logischen Moment, insofern es in der Form des Wissens auftritt, mehr Aufmerksamkeit gewidmet werden müssen. Doch bereits der bescheidene Nachweis, mithilfe welcher Technik Hegel die Erfahrungsbewegung dem logischen Fortgang korrespondieren läßt, gestattet einige für Problemhorizont und Aufgabe einer allgemeinen Diskussion der Dialektik bedeutungsvolle Folgerungen.

1. Es scheint, daß die Diskussion des Logischen in der Phänomenologie nicht nur und nicht einmal in erster Linie die Frage betrifft, wie die wissenschaftliche Exposition der Gestalten, die unsere Zutat ist, vorgenommen und gerechtfertigt wird. Bezüglich dieser könnte man den Gedanken einer skeptischen Verständigung des Bewußtseins mit sich selbst von der logischen Systematik zu isolieren versuchen, ohne daß damit der innere Bezug der Erfahrungsdialektik zum Logischen verschwände.

2. Dieser Bezug scheint enger als derjenige, den die Gestaltexposition zum Logischen hat, die nicht nur mit der formalen Differenz des Wissens und seiner Wahrheit operiert, sondern ungedachte Bewußtseinsinhalte auseinander entwickeln muß. Gerade dort, wo unsere Darstellung des erscheinenden Wissens sich des begreifenden Erkennens am vollständigsten entäußert, tritt die innere Kontinuität des reinen Begriffs am deutlichsten in Erscheinung, während sie sich nach der anderen Seite der Exposition hin durch Begriffsvermischungen verdunkelt. Wo das Logische in der Darstellung des erscheinenden Wissens seinem Wissen von sich entfernter ist, ist es für sich das Innerlichere; wo wir – die begreifend Erkennenden – nur zusehen, ist der Begriff reiner tätig, obwohl der Gegenstand des Zusehens nicht das Logische selbst oder sein begriffenes Produkt, sondern das Bewußtsein ist.

3. Hegels Absicht ist es, dem Bewußtsein die Strukturen, in denen es sich versteht, nicht von außen zuzusprechen, sondern sie aus seinem Verständnis zu entwickeln. Man mag wohlmotivierte Zweifel hegen, ob die Zweckidee des Hegelschen reinen Begriffs ein solches Verfahren zuläßt. Aber man wird bei der Aneignung um eine ernstliche Diskussion des logischen Moments, das in dem Hegelschen Darstellungsverfahren impliziert ist, nicht herumkommen. Das Problem einer Rechtfertigung der spekulativen Begriffe, in denen die Orientierung des praktischen und jedes endlichen Bewußtseins sich auslegt, – einer Rechtfertigung vor sich selbst ebenso wie vor den Weisen, in denen das Bewußtsein sich versteht –, besteht unabhängig von der Frage der Möglichkeit oder Unmöglichkeit einer totalen Vermittlung, in der die logische und die absolute Idee zu fugenloser Einheit gebracht werden sollen. – Ein entwicklungsgeschichtliches Indiz, das für diese Auffassung spricht, liefert der folgende Abschnitt.

III

Es sollte gezeigt werden, welche Möglichkeit die Darstellung des erscheinenden Wissens besitzt, die kontinuierliche Folge logischer Momente im Bewußtsein auftreten zu lassen. Ergänzend zu dieser allgemeinen Betrachtung sind nun noch die Hauptmomente der zur Phänomenologie gehörigen Logik und die entsprechenden Bestimmungen der Bewußtseinsgestalten zu belegen. Zugleich ist die Frage zu erörtern, ob sich Hegels logische Konzeption zwischen 1804 und 1807 gewandelt hat. Den Ausgangspunkt des Folgenden bildet daher eine Hypothese über die Entwicklung der logischen Systematik in den betreffenden Jahren.
Vergleicht man die Jenenser Logik und Metaphysik von 1802/3 – oder 1804[43] – mit den Äußerungen zur Logik am Ende der Phänomenologie und in der Vorrede, so ergibt sich, daß Hegel in der zwischen beiden liegenden Zeit bestrebt sein mußte, vor allem zwei Grundmängel seiner ersten uns erhaltenen Gestaltung der spekulativen Philosophie zu beseitigen: Er mußte zum einen die Methode dem Inhalt der Logik so immanent machen, daß von diesem gesagt werden konnte, er habe seine Bewegung an ihm selbst und nicht nur in unserer Reflexion. Gleichbedeutend damit ist die Aufgabe, den Begriffsgegensätzen nicht nur in der Totalität ein Bestehen zu geben, in der sie aufgehoben sind, sondern ihre Aufhebung durchs Absolute dem Hervorgehen aus ihm gleich zu machen. Zum andern, und zwar als Bedingung des eben Genannten, war die Zweiteilung der Disziplinen in eine überwiegend negativ dialektische Logik und eine zu wenig negative, darauffolgende Metaphysik zu beseitigen. Nach Pöggelers Vermutung[44] war dieser Schritt schon für die erste Jenenser Realphilosophie geschehen. – Sollte die uns erhaltene Jenenser Logik und Metaphysik erst 1804, also nach der ersten Jenenser Realphilosophie entstanden sein, so wären die folgenden Überlegungen davon nicht betroffen. Denn welches immer die zeitliche Relation der

ersten Jenenser Realphilosophie zur Logik und Metaphysik sein mag und welches sachliche Verhältnis beide zueinander haben mögen: die Vereinigung der beiden der Naturphilosophie vorausgehenden Disziplinen zur Logik oder spekulativen Philosophie brauchte nicht ohne weiteres eine vollständig immanente Methode zur Folge haben.
Zu welchen Ergebnissen mußte diese Vereinigung tendieren? Im Verbindungsstück der Logik und Metaphysik, in der Lehre von der Proportion, in welcher Definition, Einteilung und Beweis behandelt wurden, hatte Hegel die Bewegung des logischen Inhalts sich selbst reflektieren lassen. Die Folge davon war, daß die Methode des Ganzen, insbesondere aber diejenige der Metaphysik unterbestimmt blieb und den Inhalt nicht ausreichend unter ihre Regie brachte. Es war also nötig, das Verfahren des Ganzen an späterer Stelle und als differenziertere Struktur abzuleiten und einen neuen Übergang von der Logik des bestimmten Begriffs zur Metaphysik der Objektivität herzustellen. Die Strukturen der Proportion hatten nun ihre Stelle im Zusammenhang der ehemaligen Metaphysik der Subjektivität zu finden. Dafür bot sich die Lehre vom theoretischen Ich an, die dadurch zugleich besser formalisiert wurde und dem nahekam, was in der Nürnberger Logik die Idee des Erkennens ausmacht. Aber da das Erkennen an dieser Stelle nicht mehr wie früher in absolute Grundsätze auseinandertreten konnte, die in ihrer Beziehung auf anderes gleichgültig, unverändert blieben, die also die spätere Reflexionsstruktur enthielten, und da zugleich eine neue, integriertere Struktur für die Methode des spekulativen Erkennens zu entwickeln war, mußte es als das Nächstliegende erscheinen, das Erkennen sich zu dieser Struktur in sich reflektieren zu lassen: zum Ich = Ich des begreifenden Begriffs. Die Methode kam damit also immer noch *vor* den Gehalt der Metaphysik des praktischen Ich zu stehen, der sowohl in den Jenenser Realphilosophien wie in der Phänomenologie dem sittlichen Geist zugrunde liegt. Der Anfang der ehemaligen Metaphysik

dagegen – Identität und Grund mit ihren Gegenbegriffen – mußte in die Verhältnislogik aufgenommen werden, deren Anfang ohnehin dringend einer Modifikation bedurfte.

Die veränderte Logikkonzeption, die unter den angedeuteten Gesichtspunkten zustandekommt, ist bei Hegel tatsächlich zu belegen. Am Ende der zweiten Jenenser Realphilosophie von 1805/6 wird die Inhaltsfolge der spekulativen Philosophie angegeben mit den Worten: »absolutes *Sein*, das sich Andres (*Verhältnis* wird), Leben und Erkennen; und wissendes Wissen, Geist, Wissen des Geistes von sich.«[45]

Ob damit schon die Logik angegeben ist, von der das Ende der Phänomenologie und die Vorrede sprechen, hängt in erster Linie von der Frage ab, was unter wissendem Wissen zu verstehen ist. War darin wieder die Form des logischen Fortgangs begriffen, so differiert die am Ende der Phänomenologie angesprochene Logik aller Wahrscheinlichkeit nach von der in der zitierten Reihe angesprochenen. Denn das Ende der Phänomenologie spricht von einem sich *selbst* bewegenden logischen Inhalt. Es ist also anzunehmen, daß die Methode bereits ans Ende der Logik gerückt ist. Erst dann nämlich ist die Bewegung am Inhalt nicht mehr nur eine Notwendigkeit unserer begreifend erkennenden Reflexion, sondern zugleich diejenige des Seins.[46] Die formale Sichselbstgleichheit des Ich ist an die letzte Stelle zu rücken und statt dessen dem absoluten Begriff oder einfachen Wesen des Lebens[47] zwischen dem Verhältnis des Denkens und dem Leben eine selbständigere Stellung zu geben, als die zitierte Reihe es zu tun scheint.

Liest man den Text der Phänomenologie unter den angegebenen Gesichtspunkten, so ist nun das Auffallendste, daß er sich weder auf die zitierte Reihe des Logischen, noch auf die modifizierte eindeutig beziehen läßt. Denn als Elemente, in denen die Gestalten ihren Inhalt haben, ergeben sich:

I. das unbestimmte *Dasein*, in dem Ich dieser und das Diese Seiende sind, aber ihre Realität sich als Negation erweist.

II. die Dingheit überhaupt oder das *reine Wesen*, in dem die Materien und Dinge zusammenbestehen, innerhalb dessen sich aber ihr Sein-für-anderes und Fürsichsein nicht auseinanderhalten lassen.
III. das *Verhältnis* der *Substanz* zu ihren *erscheinenden* Akzidenzen
IV. das *lebendige* Dasein
V. das *erkennende* Dasein
VI. der *Geist*
VII. das *Selbst*bewußtsein des Geistes
VIII. der *reine* Begriff

Es fehlt der nach der zweiten Annahme vor dem Leben zu erwartende einfache Begriff. Nur der bestimmte Begriff kommt innerhalb der dritten Stufe, seiner Stellung in der Logik des Verhältnisses entsprechend, als zur zweiten Phase des Verstandes gehörig vor. Andererseits steht der reine Begriff am Ende der ganzen Reihe.

Blickt man dagegen auf die Reihe dessen, was dem Bewußtsein das Ansich ist, so stößt man in der Vernunft auf Bestimmungen, die Ansätzen zu einer einfachen, dem Leben und Erkennen vorausgehenden Begriffslogik entsprechen müssen: die einfache Einheit des Art-Gattungsverhältnisses in der Kategorie, wie diese unmittelbar ist. Denn die Reihe der Weisen des Ansich ist:

I. Sein
II. Sichselbstgleichheit
III. das einfache Innere, das noch der Reflexionslogik angehört, auf deren Stufe der Verstand aus dem oben angegebenen Grund verbleibt.
IV. das Verhältnis[48], und zwar
   A. das Verhältnis Selbständiger
   B. das Verhältnis des Denkens, der bestimmte Begriff, Urteil und Schluß
V. die Einheit der Apperzeption, und zwar
   A. als solche, nämlich in dem unmittelbaren Widerspruch, ein gedoppeltes, schlechthin entgegenge-

setztes als das Wesen zu behaupten: die Einheit der Apperzeption und ebenso das Ding

B. die Struktur des Lebens; denn nun wiederholt das Selbstbewußtsein seine Bewegung im Element der Einheit des Selbst und des Seins, so daß ihm Ansich ist, was im Selbstbewußtsein das Prinzip der Gestalt war: das Selbstbewußtsein ist sich Zweck.

C. das Erkennen, wie Schmitz' Vergleich mit dem entsprechenden Proportionskapitel der Jenenser Logik ergibt[49]. Für diese auffällige Strukturidentität ist also hier die Erklärung gegeben.

VI. der Geist

VII. das Selbstbewußtsein des Geistes

VIII. der reine Begriff

Von den erwähnten Unstimmigkeiten abgesehen bezeugt dieses Doppelschema eine Kontinuität der Konzeption im Ablauf der Phänomenologie, die in der Diskussion des Werkschicksals nicht außer Acht gelassen werden sollte. Es erweist die durch römische Ziffern bezeichneten Stufen als durch die logischen Grundmomente bestimmt, sofern sie Prinzipien und zugleich Elemente der Gestalten des Bewußtseins sind. Es macht, genauer betrachtet, auch deutlich, daß nicht nur diese Einteilung, sondern auch die darüber gesetzte des Bewußtseins durch die als Bewußtseinsprinzipien auftretenden Grundmomente zustandegebracht ist; und es gibt einen Grund dafür ab, daß sich die Gestaltmedien vom Bewußtsein ab nochmals gliedern müssen, um die im Selbstbewußtsein antizipierte Einheit des Bewußtseins mit sich innerhalb der Weise, wie sie ihm das Wahre ist, einzuholen. Dies geschieht im Geist – in der veröffentlichten Phänomenologie nach einer erneuten Antizipation in dem auf das lebendige Dasein folgenden Element. Vom Geist schließlich macht das Schema deutlich, daß hier das Bewußtsein als Gestalt seiner den in der Einleitung angekündigten Punkt erreichen muß; es muß seinen Schein ablegen, mit Fremdartigem, das nur für es und als ein anderes ist, behaftet zu sein, oder was damit gleichbedeutend ist: die Erscheinung muß hier dem Wesen gleich werden; denn nun trifft es das Ansich, das es für sein Bewußtsein sich selbst ist, am Element selbst an – am Element, in dem der Inhalt seines Wissens und es selbst sich befinden; aber es hört darum nicht auf, eine noch unwahre Existenz zu sein und die Erfahrung der Ungleichheit seines Ansich mit seinem Inhalt machen zu müssen, bis sein Ansich sowohl als sein Element der reine Begriff sind. Nur wird seine Darstellung von nun ab nicht mehr der in der Darstellung des Bewußtseins verkapselten Logik folgen müssen, sondern der enthüllten: der unverschachtelten logischen Struktur des Geistes und des Wissens des Geistes von sich.

Man muß deshalb der veröffentlichten Gestalt der Phänomenologie in höherem Maße systematische Einheit zugestehen, als dies in entwicklungsgeschichtlichen Betrachtungen bislang geschah. Nimmt man jedoch die Fragmente zu früheren Ausführungen der Phänomenologie hinzu und zieht man die Differenzpunkte der beiden genannten logischen Reihen genauer in Betracht, so zeigen sich neue Unstimmigkeiten, die noch ausdrücklicher dafür sprechen, daß sich Hegels Logikkonzeption während der Arbeit an der Phänomenologie in dem erwähnten Punkt modifizierte. Sowohl das in den »Dokumenten« abgedruckte Fragment[50] als auch Fragment IV zur Jenenser Realphilosophie[51] machen deutlich, daß dem Beginn des sittlichen Geistes ein Resultat vorausging, mit dem die reine Selbstadäquation der Subjektivität in ihrer Beziehung auf sich erreicht war. Das Blatt aus den Dokumenten nennt dieses Resultat »das reine Denken des reinen Denkens« und behauptet von ihm, es sei an sich oder sich selbst gleiche Substanz und ebensowohl sei es Bewußtsein. Die aus diesem Resultat hervortretenden Gestalten stehen unter dem Titel absolutes Wissen und kommen dadurch zustande, daß der Unterschied zwischen dem Bewußtsein und dem Ansich wieder eintritt. Hier wäre also die Ausgleichung der Erscheinung mit dem Wesen, von der das Ende der Einleitung redet, zugleich Zäsur einer höheren logischen Ordnung, Ende und Beginn einer übergreifenderen Sphäre, als an der endgültigen Disposition in Erscheinung tritt. Es spricht vieles dafür, daß die endigende Sphäre die mit dem Selbstbewußtsein beginnende des Lebens und Erkennens war, die im reinen Denken des reinen Denkens erst die vollendete Realisierung des Selbstbewußtseins zustandebrachte. Die Bewegung des Selbstbewußtseins wäre dann nicht schon mit dem unglücklichen Bewußtsein abgeschlossen gewesen. Die Phänomenologie wäre ihrer obersten Gliederung nach ursprünglich eingeteilt gewesen in A. Bewußtsein, B. Selbstbewußtsein, C. Absolutes Wissen, und dieses nochmals in A. Geist, B. Religion und C. Die Wissenschaft. Diesen Titel nämlich hat das zweite der erwähnten Fragmente, das den Beginn des letzten Kapitels der Phänomenologie und damit auch einen Rückblick auf das Vergangene enthält. Ganz entsprechend zu jenem Fragment der Dokumente konstruiert es den Übergang zum Geist aus dem Ich = Ich des Selbst, das die Einfachheit und Gleichheit seines Fürsichseins mit sich selbst und hiermit das Ansichsein ist; und es sagt auch, daß diese seine Bewegung zum Geist in das Selbstbewußtsein gehört, dem es die beobachtende Vernunft subsumiert. Die Übereinstimmung dieses offenkundigen, zumindest in die Abfassungszeit der Phänomenologie fallenden Dispositionswandels mit der oben zitierten, vom tatsächlichen Verlauf der veröffentlichten Phänomenologie abweichenden logischen Reihe, macht es nun wahrscheinlich, daß sich beides in einem vollzog: die Modifikation der Logik und diejenige der Disposition der Phänomenologie. Es liegt also nahe zu vermuten, daß Hegel bis mindestens zum Sommer 1805 zögerte, die logische Idee und die absolute Idee, die Bewegungs*form* des rein Spekulativen und dessen absoluten Inhalt in ein- und demselben Schritt abzuleiten. In diesem Fall täten wir gut, es uns mit der Kritik der totalen Vermittlung nicht leicht zu machen.

Anmerkungen

1 *G. W. F. Hegel: Phänomenologie des Geistes.* Hrsg. v. J. Hoffmeister. Hamburg 1952. 26.
2 – s. dazu vom Verfasser: *Das Problem einer Einleitung in Hegels Wissenschaft der Logik.* Frankfurt/Main 1965. 57 ff., 124 ff.
3 O. *Pöggeler: Zur Deutung der Phänomenologie des Geistes.* In: Hegel-Studien. 1 (1961), 255 ff.
4 *Briefe von und an Hegel.* Hrsg. v. J. Hoffmeister. Hamburg 1952 ff. Bd. 1. 161.
5 *Briefe von und an Hegel.* Bd. 1. 332.
6 *Pöggeler:* a.a.O. 287.
7 *Phän.* 562.
8 *Phän.* 33, 74.
9 *G. W. F. Hegel: Jenenser Realphilosophie II.* Hrsg. v. J. Hoffmeister. Leipzig 1931. 272 f.
10 *Phän.* 562.
11 *Phän.* 32 f.
12 *Phän.* 74 f.
13 *Phän.* 33.
14 *Jenenser Realphilosophie II.* 272 f.
15 Vgl. *Phän.* 33.
16 *G. W. F. Hegel: Jenenser Logik, Metaphysik und Naturphilosophie.* Hrsg. v. G. Lasson. Leipzig 1923. 172 ff.
17 O. *Pöggeler: Hegels Jenaer Systemkonzeption.* In: Philosophisches Jahrbuch. 71 (1963/64), 286-318. Vgl. 305 ff.
18 *Phän.* 67 f.
19 *Phän.* 74.
20 Allerdings ist der Satz grammatisch nicht eindeutig aufzulösen, da man unter »das ganze System desselben« sowohl dasjenige des Begriffs der Erfahrung als auch dasjenige des Bewußtseins verstehen kann.
21 *Phän.* 70-75.
22 *G. W. F. Hegel: Jenenser Realphilosophie I.* Hrsg. v. J. Hoffmeister. Leipzig 1932. 235.
23 Ebd. 200.
24 Ebd. 203.
25 *Phän.* 562.
26 *Phän.* 562.
27 So in der Jenenser Metaphysik, was etwa dem Fortgang von der theoretischen Idee zur absoluten in der Nürnberger Logik entspricht.
28 *Jenenser Logik, Metaphysik und Naturphilosophie.* 265; vgl. *Phän.* 32.

29 *Jenenser Realphilosophie I.* 22.
30 *Jenenser Metaphysik.* 165.
31 *Phän.* 138.
32 Vgl. z. B. *Phän.* 91.
33 *Phän.* 32.
34 *Phän.* 558.
35 *Phän.* 70.
36 *Phän.* 32.
37 *Phän.* 69.
38 *Phän.* 100.
39 *Phän.* 140; vgl. 255.
40 *Phän.* 32.
41 Vgl. *Phän.* 263, 284, 125.
42 *Phän.* 103.
43 – nach der Datierung der Jenaer Manuskripte, die H. Kimmerle u. a. aufgrund einer Statistik der Buchstabenformen durchgeführt hat; vgl. Hegel-Studien, Bd. 4 (1967). 125-176.
44 O. *Pöggeler: Hegels Jenaer Systemkonzeption.* 305 ff. (s. o. Anm. 17).
45 *Jenenser Realphilosophie II.* 272.
46 *Phän.* 562.
47 *Phän.* 125.
48 In seinem Aufsatz zur Komposition der Phänomenologie des Geistes nimmt Otto Pöggeler die Frage nach der Entsprechung von logischen Momenten und Gestalten des Geistes auf (vgl. diesen Band 359 ff.), die ich in meinem Buch (Das Problem einer Einleitung in Hegels Wissenschaft der Logik. Frankfurt 1965. 94 f., 140 ff.) und in der hier veröffentlichten, 1964 in Royaumont vorgetragenen Arbeit gestellt habe. Es ist ihm nicht entgangen, daß mein erster Versuch, die Frage zu beantworten, unter der einseitigen und etwas schematisch bleibenden Bezugnahme auf die Kategorien der Nürnberger Logik von 1808/9 [*IV. 86 ff.*] leidet, an deren Stelle hier eine genauere Betrachtung der der Phänomenologie selbst immanenten Strukturen und der der Phänomenologie vorausgehenden Entwicklungsgeschichte der Logik treten sollte. Pöggelers Einwände, die hauptsächlich der von mir behaupteten Entsprechung zu den Gestalten des Selbstbewußtseins gelten, scheinen mir jedoch eine ähnliche Unklarheit bezüglich der spekulativen Konzeption der Phänomenologie zum Ausdruck zu bringen, wie sie seinen bisherigen Untersuchungen zur Phänomenologie anhaftet. Pöggeler unterläßt es, nach Kriterien zu fragen, anhand deren von einer »Entsprechung« zwischen logischen Formen und Bewußtseinsgestalten erst sinnvoll geredet werden kann. Darum scheint es ihm anstößig, daß ich auch in dieser Arbeit noch behaupte, das logische Fundament dessen, was dem

Selbstbewußtsein das Wahre sei, bilde die Logik des Verhältnisses. Die Phänomenologie, so Pöggeler, ist am Ende des Verstandeskapitels über die verkehrte Welt gleich zum Leben fortgegangen, wohingegen die Nürnberger Bewußtseinslehre gerade diese Pointe revidiert und dementsprechend der Logik den Weg über die Kraft zu den Relationskategorien freigegeben habe. An die Stelle dieser »Pointe« ist aber im § 17 der Bewußtseinslehre von 1808/9 bloß ein Sophisma getreten – das Unterschiedne, das kein Unterschiednes ist, soll auch den Unterschied des Bewußtseins von diesem seinem Gegenstand hinfällig machen! – und es ist auch nicht dabei geblieben: Die Heidelberger Encyclopädie und der Zusatz zum § 423 der Encyclopädie enthalten den Begriff des Lebens als Übergangsbestimmung zum Selbstbewußtsein wieder. Es spricht also wenig dafür, daß sich hier ein so grundsätzlicher Wandel der Logik-Konzeption oder ein so weitgehendes Schwanken am Werk zeigt, wie Pöggelers Unterscheidung eines »kartesisch-kantischen« und eines »aristotelischen« Weges ahnen lassen soll.
Pöggelers zweites Argument, daß die Relationskategorien nicht auf die Erscheinung und übersinnliche Welt folgen könnten, weil das Bewußtsein sie mit diesem Gegensatz schon hinter sich gelassen habe, läuft auf eine Vermischung des logischen Fundaments für Prinzip und Element der Bewußtseinsgestalt mit der jeweiligen Bestimmung hinaus, die demjenigen zugrunde liegt, was dem Bewußtsein das Wahre ist und als Weise, es zu erfassen, diesem entspricht. Ich habe oben zu zeigen versucht, daß man beides unterscheiden muß, wenn man mit der Behauptung eines logischen Fundaments der Phänomenologie-Gestalten einen geordneten Sinn verbinden will, und hoffte dadurch eine Verbindung der in meinem Buch unvermittelt nebeneinander stehenden Strukturbetrachtungen (94 f., 140 ff.) zustande zu bringen.

49 *H. Schmitz: Die Vorbereitung von Hegels »Phänomenologie des Geistes« in seiner »Jenenser Logik«*. In: Zeitschrift f. philosophische Forschung. 14 (1960), 16 ff.; vgl. 22 ff.

50 *Dokumente zu Hegels Entwicklung*. Hrsg. v. J. Hoffmeister. Stuttgart 1936. 353.

51 *Jenenser Realphilosophie I*. 259 ff.

Anhang

Dokumente

zur Entstehungs- und Werkgeschichte der Phänomenologie[1]

1801/02 od. 02/03	K. Rosenkranz: Hegels Leben. Berlin 1844. 189-193
1803	Ebenda (= Ros.) 179-189
	Jenenser Realphilosophie I. Hrsg. v. J. Hoffmeister. Leipzig 1932. (= JR I) 195-241; 269 f.
1804	JRI 264-268 (= Ges. Werke. Hamburg 1971. VII. 343-347)
	Dokumente zu Hegels Entwicklung. Hrsg. v. J. Hoffmeister. Stuttgart 1936 (= Dok.) 308 f. (= Ges. Werke a.a.O. 348 f.)
	Jenenser Logik, Metaphysik und Naturphilosophie. Hrsg. v. G. Lasson. Leipzig 1923. (= JL) 130 f. Anm. (= Ges. Werke a.a.O. 341 f.)
-1804/05	JL 1-186 (= Ges. Werke a.a.O. 3-178)
1805	Dok. 353
	JR I. 259-264
	JR II. 179-273
1805/06	Ros. 201 f.
1806	Ros. 212-215
	Hegel in Berichten seiner Zeitgenossen. Hrsg. v. G. Nicolin. Hamburg 1970. 66 ff.; 71; 87-90
1806/07	Briefe von und an Hegel. Hrsg. v. J. Hoffmeister. Hamburg 1952. Band I. 113; 132; 136; 161 f.
1808/09	Nürnberger Schriften. Hrsg. v. J. Hoffmeister. Leipzig 1938. 11-50. [*Vgl. IV, 70-110*]; 122 f. [*IV, 291*]
1809 ff.	Ebenda 199-210 [*IV, 111-123*]
1812	Wissenschaft der Logik. Hrsg. v. G. Lasson. Leipzig 1924. Band I. 7; 29; 35; 53 [*V, 18; 42; 49; 67*]
1817	Encyklopädie der philosophischen Wissenschaften im Grundrisse. Heidelberg 1817. § 36; §§ 329-362
	Hegel in Berichten seiner Zeitgenossen a.a.O. 164
1821	Begriff der Religion. Hrsg. v. G. Lasson. Leipzig 1925. 184; 171 f.
1827	Encyclopädie . . . § 25; 78; 413-439 [*X, ebenda*]
1831	Logik, 2. Aufl. a.a.O. 7 [*V, 18*] Anm.

1 Zur Chronologie der Jenenser Manuskripte vgl. H. Kimmerle: Das Problem der Abgeschlossenheit des Denkens. *Hegel-Studien. Beiheft VIII* (1970) 320 ff.

Bibliographie

(ohne die in diesem Band enthaltenen Schriften)

A. Zur Phänomenologie im ganzen

R. Kroner: *Von Kant bis Hegel.* Tübingen 1924. II. 362-434.

N. Hartmann: *Die Philosophie des deutschen Idealismus.* Zweiter Teil: *Hegel.* Berlin/Leipzig 1929. 62-141.

Th. Haering: *Hegel. Sein Wollen und sein Werk.* Leipzig/Berlin 1938. II. 479-518.

H. Glockner: *Hegel.* Stuttgart 1940. II. 347-567.

J. Hyppolite: *Genèse et structure de la Phénoménologie de l'Esprit de Hegel.* Paris 1946.

A. Kojève: *Introduction à la lecture de Hegel. Leçons sur la Phénoménologie de l'Esprit.* Paris 1947.

G. Lukács: *Der junge Hegel. Über die Beziehungen von Dialektik und Ökonomie.* Zürich/Wien 1948. Wieder in Ders.: *Werke.* Neuwied/Berlin 1967. VIII.

E. Bloch: *Subjekt-Objekt.* Berlin 1952. 53-100.

J. H. Findlay: *Hegel. A Re-examination.* London 1958.

J. Loewenberg: *Hegel's Phenomenology. Dialogues on the Life of Mind.* La Salle, Ill. 1965.

P.-J. Labarrière: *Structures et mouvement dialectique dans la Phénoménologie de l'Esprit de Hegel.* Paris 1968.

W. Becker: *Hegels »Phänomenologie des Geistes«. Eine Interpretation.* Stuttgart 1971.

B. Zu Entstehung, Idee und Methode der Phänomenologie

A. Phalén: *Das Erkenntnisproblem in Hegels Philosophie.* Upsala 1912. 1-38, 242-287.

J. Schwarz: Die Vorbereitung der Phänomenologie des Geistes in Hegels Jenenser Systementwürfen. *Zeitschrift für deutsche Kulturphilosophie.* II (1936) 127-159.

J. Hoffmeister: Einleitung des Herausgebers. G. W. F. Hegel: *Phänomenologie des Geistes.* Hrsg. v. J. Hoffmeister. Leipzig 1937 u. ö. V-XLII.

M. Heidegger: Hegels Begriff der Erfahrung. In Ders.: *Holzwege.* Frankfurt/M. 1950 u. ö. 105-192.

H. Schmitz: Die Vorbereitung von Hegels »Phänomenologie des Geistes« in seiner »Jenenser Logik«. *Zeitschrift für philosophische Forschung.* XIV (1960) 16 ff.

O. Pöggeler: Zur Deutung der Phänomenologie des Geistes. *Hegel-Studien.* I (1961) 255-294.

O. Pöggeler: Hegels Jenaer Systemkonzeption. *Philosophisches Jahrbuch.* LXXI (1963/64) 286-318.

K. H. Volkmann-Schluck: *Metaphysik und Geschichte.* Berlin 1963. 16 S.

H. F. Fulda: *Das Problem einer Einleitung in Hegels Wissenschaft der Logik.*.Frankfurt 1965.

C. Nicasius/O. Pöggeler: A propos de la Phénoménologie de l'Esprit. *Archives de Philosophie.* XXX (1967) 291-301.

R. P. Horstmann: *Hegels vorphänomenologische Entwürfe zu einer Philosophie der Subjektivität in Beziehung auf die Kritik an den Prinzipien der Reflexionsphilosophie.* Diss. Heidelberg 1968.

H. Kimmerle: Zur Entwicklung des Hegelschen Denkens in Jena. *Hegel-Studien. Beiheft* IV (1969) 125-176

R. Bubner: Problemgeschichte und systematischer Sinn einer Phänomenologie. *Hegel-Studien.* V (1969) 129-159.

J. Gauvin: Le »für uns« dans la Phénoménologie de l'Esprit. *Archives de philosophie.* XXXIII (1970) 829-854.

K. R. Dove: Hegel's Phenomenological Method. *The Review of Metaphysics.* XXIII (1970) 615-641.

H. Kimmerle: Das Problem der Abgeschlossenheit des Denkens. Hegels »System der Philosophie« in den Jahren 1800-1804. *Hegel-Studien. Beiheft* VIII (1970) bes. 259 ff.

W. Marx: *Hegels Phänomenologie des Geistes. Die Bestimmung ihrer Idee in »Vorrede« und »Einleitung«.* Frankfurt/M. 1971.

H. H. Ottmann: *Das Scheitern einer Einleitung in Hegels Philosophie. Eine Analyse der Phänomenologie des Geistes.* München 1973.

C. *Zur Kritik des Bewußtseins*

W. Purpus: *Die Dialektik der sinnlichen Gewißheit bei Hegel.* Nürnberg 1905.

W. Purpus: *Zur Dialektik des Bewußtseins nach Hegel.* Berlin 1908.

J. Loewenberg: The Comedy of Immediacy in Hegel's »Phenomenology«. *Mind.* XLIV (1935) 21-38.

C. Nink: *Kommentar zu den grundlegenden Abschnitten von Hegels Phänomenologie des Geistes.* Regensburg 1948.

R. Wiehl: Über den Sinn der sinnlichen Gewißheit in Hegels Phänomenologie des Geistes. *Hegel-Studien. Beiheft* III (1966) 103-134.

R. Verneaux: De la dialectique du sensible selon Hegel. *Sapienza.* Napoli. XXI (1968) 421-438.

D. Zu Phänomenen des Selbstbewußtseins und des Lebens

J. Wahl: Commentaire d'un passage de la »Phénoménologie de l'Esprit« de Hegel. In Ders.: *Le malheur de la conscience dans la philosophie de Hegel.* Paris 1929. 158-193.
H. Marcuse: Leben als Seinsbegriff in der »Phänomenologie des Geistes«. In Ders.: *Hegels Ontologie und die Grundlegung einer Theorie der Geschichtlichkeit.* Frankfurt/M. 1932. 257-362.
Tran-Duc-Tao: La Phénoménologie de l'Esprit et son contenu réel. *Temps modernes* IV (1948) 492-519.
M. Merleau-Ponty: L'existentialisme chez Hegel. In Ders.: *Sens et Non-sens.* (1948) Paris 1966. 109-121.
J.-P. Sartre: L'existence d'autrui III. – Husserl, Hegel, Heidegger. In Ders.: *L'Etre et le Néant.* Paris 1949. 288-310. Deutsche Ausg.: Hamburg 1962. 313-337.
J. Wahl: A propos de l'Introduction à la Phénoménologie de Hegel par A. Kojève. *Deucalion.* Cahiers publiés sous la direction de J. Wahl. V (1955) 77-99.
G. Bataille: Hegel, la mort et le sacrifice. *Ebenda* 21-43.
J. Hyppolite: L'existence dans la Phénoménologie de Hegel. In Ders.: *Etudes sur Marx et Hegel.* Paris 1955. 30-41.
H. Hyppolite: Situation de l'homme dans la Phénoménologie hégélienne. *Ebenda* 171-187.
Sok-Zin Lim: *Der Begriff der Arbeit bei Hegel.* Bonn 1963.
H. Schmitz: Die Problematik des Selbstbewußtseins. In Ders.: *System der Philosophie.* Bonn 1964. I. 245-264.
R. K. Maurer: Auseinandersetzung mit Kojève. In Ders.: *Hegel und das Ende der Geschichte. Interpretationen zur »Phänomenologie des Geistes«.* Stuttgart 1965. 139-156.
O. Luterbacher: La dialectique du maître et de l'esclave. Suggestions pour une représentation mathématique. *La dialectique. Actes du XIVe Congrès des Sociétés de Philosophie de Langue Française.* Paris 1969. 136-143.
I. Fetscher: *Hegels Lehre vom Menschen.* Stuttgart 1970.
W. Becker: *Idealistische und materialistische Dialektik. Das Verhältnis von ›Herrschaft und Knechtschaft‹ bei Hegel und Marx.* Stuttgart 1970.
W. Becker: Hegels Dialektik von »Herr« und »Knecht«. In Ders.: *Selbstbewußtsein und Spekulation. Zur Kritik der Transzendentalphilosophie.* Freiburg 1972.
H. Krumpel: Über den Sinn des Lebens und des Todes (Zu Alex-

andre Kojèves Hegelinterpretation). In Ders.: *Zur Moralphilosophie Hegels*. Berlin 1972. 96-103.
O. Pöggeler: Hegels Phänomenologie des Selbstbewußtseins. In Ders.: Hegels Idee einer Phänomenologie des Geistes. Freiburg/München 1973.

E. Zu weiteren Kapiteln und Themen der Phänomenologie

J. Hyppolite: La signification de la Révolution française dans la »Phénoménologie« de Hegel. In Ders.: *Etudes sur Marx et Hegel*. Paris 1955. 45-81.
J. Hyppolite: Alienation et objectivation: a propos du livre de Lukács sur la jeunesse de Hegel. *Ebenda* 82-104.
R. Kakuschke: *Geschichtlichkeit und Christentum in Hegels Phänomenologie*. Diss. Bonn 1955.
H. Schmitz: Der Gestaltbegriff in Hegels Phänomenologie des Geistes und seine geistesgeschichtliche Bedeutung. *Gestaltprobleme der Dichtung*. Hrsg. v. R. Alewyn. Bonn 1957.
H. Schmitz: *Hegel als Denker der Individualität*. Meisenheim 1957.
G. Rohrmoser: Die Phänomenologie des Geistes und Hegels Begriff der Versöhnung. In Ders.: *Subjektivität und Verdinglichung. Theologie und Gesellschaft im Denken des jungen Hegel*. Gütersloh 1961. 101-114.
E. Bloch: Das Faustmotiv der Phänomenologie des Geistes. *Hegel-Studien*. I (1961) 155-171.
J. Gauvin: Entfremdung et Entäusserung dans la Phénoménologie de l'Esprit de Hegel. *Archives de Philosophie* 1962. 555-571.
J. Gauvin: Plaisir et nécessité I, II. *Archives de Philosophie* 1965. 583-509; 1966. 237-267.
R. K. Maurer: Der Begriff der Geschichte in der »Phänomenologie«. In Ders.: *Hegel und das Ende der Geschichte*. Stuttgart 1965. 42-82. Vgl. 83-90, 157-169.
J. Simon: *Das Problem der Sprache bei Hegel*. Stuttgart 1966.
A. Massolo: ›Entäußerung‹, ›Entfremdung‹ nella Fenomenologia dello Spirito. *Hegel-Studien. Beiheft* IV (1969) 81-91.
W. van Dooren: Die Bedeutung der Religion in der Phänomenologie des Geistes. *Hegel-Studien. Beiheft* IV (1969) 93-101.
Th. Bodamer: Sprache und Bewußtsein. In Ders.: *Hegels Deutung der Sprache. Interpretationen zu Hegels Äußerungen über die Sprache*. Hamburg 1969. 68-97.
K.-H. Nusser: Die Französische Revolution und Hegels Phänomenologie des Geistes. *Philosophisches Jahrbuch* LXXVII (1970) 276-296.

Quellen- und Übersetzernachweis

Jean Hyppolite: Anmerkungen zur Vorrede der Phänomenologie des Geistes und zum Thema: das Absolute ist Subjekt. Erschienen in: *Hegel-Studien.* Beiheft 4 (1969) und *Figures de la Pensée philosophique,* I (1971) 332 ff. Gedruckt mit freundlicher Genehmigung von Presses Universitaires de France. Aus dem Französischen übersetzt von Traugott König.

Johann Eduard Erdmann: Die Phänomenologie des Geistes. Aus: J. E. Erdmann: *Versuch einer wissenschaftlichen Darstellung der Geschichte der neuern Philosophie.* Leipzig 1834-1853. Faksimile-Neudruck in sieben Bänden. Hrsg. v. H. Glockner. Stuttgart 1932. Band VII. 413 ff.

Wolfgang Wieland: Hegels Dialektik der sinnlichen Gewißheit. Aus: *Orbis scriptus. D. Tschižewskij zum 70. Geburtstag.* Ed. D. Gerhardt u. a. München 1966.

Merold Westphal: Hegels Phänomenologie der Wahrnehmung. Originalbeitrag. Aus dem Englischen übersetzt von Rüdiger Bittner.

Hans Georg Gadamer: Die verkehrte Welt. Aus: *Hegel-Studien.* Beiheft 3 (1966).

Alexandre Kojève: Zusammenfassender Kommentar zu den ersten sechs Kapiteln der »Phänomenologie des Geistes«. Aus: *Hegel. Eine Vergegenwärtigung seines Denkens.* Hrsg. v. Iring Fetscher. Stuttgart 1958. Gedruckt mit freundlicher Genehmigung von Editions Gallimard.

George Armstrong Kelly: Bemerkungen zu Hegels »Herrschaft und Knechtschaft«. Aus: *Review of Metaphysics* XIX (1965) 789 ff. Aus dem Englischen übersetzt von Rüdiger Bittner.

Hans Georg Gadamer: Hegels Dialektik des Selbstbewußtseins. Originalbeitrag.

Emanuel Hirsch: Die Beisetzung der Romantiker in Hegels Phänomenologie. Ein Kommentar zu dem Abschnitte über die Moralität. Aus: *Deutsche Vierteljahresschrift für Literaturwissenschaft.* II (1924) 510 ff.

Georg Lukács: Die Entäußerung als philosophischer Zentralbegriff der »Phänomenologie des Geistes«. Aus: Georg Lukács: *Der junge Hegel. Über die Beziehungen von Dialektik und Ökonomie.* Zürich 1948. 680 ff. Gedruckt mit freundlicher Genehmigung des Europa Verlages Zürich.

Otto Pöggeler: Die Komposition der Phänomenologie des Geistes. Aus: *Hegel-Studien*. Beiheft 3 (1966).

Hans Friedrich Fulda: Zur Logik der Phänomenologie. Aus: *Hegel-Studien*. Beiheft 3 (1966).

Seitenkonkordanz

Die fortlaufenden Seitenzahlen folgender Ausgaben der Phänomenologie sind einander gegenübergestellt:

Spalte I: Die in suhrkamp taschenbuch wissenschaft 603 erschienene Ausgabe der Phänomenologie. Sie ist text- und seitengleich mit Band 3 der Theorie-Werkausgabe G. W. F. Hegel, Werke in 20 Bänden, Frankfurt 1969–1971. Redaktion Eva Moldenhauer und Karl Markus Michel.

Spalte II: Die von *Johannes Hoffmeister* besorgte, fünfte und sechste Auflage der im Rahmen der Philosophischen Bibliothek erschienenen Ausgabe der Phänomenologie. Felix Meiner Verlag, Leipzig ^{5}1949. Hamburg ^{6}1952. Bis auf geringfügige Schwankungen stimmen damit auch die Seitenzahlen der dritten und vierten Auflage überein. Leipzig ^{3}1927, ^{4}1937.

Spalte III: G. W. F. Hegel: Werke. Vollständige Ausgabe durch einen Verein von Freunden des Verewigten. Berlin 1832–1845. Band II: Phänomenologie des Geistes. Herausgegeben von *Johann Schulze.* Berlin 1832.

Einen Faksimile-Abdruck hiervon stellt die Phänomenologie innerhalb der Sämtlichen Werke dar, die *Hermann Glockner* herausgegeben hat. Die Phänomenologie des Geistes bildet dort ebenfalls Band II. Stuttgart 1927. Seite *n* bei Johann Schulze entspricht Seite *n+8* bei Glockner.

I	II	III	I	II	III
11	9/10	3/4	45	37/38	35/36
12	10/11	4/5	46	38/39	36/37
13	11	5/6	47	39/40	37/38
14	11/12	6	48	40/41	38/39
15	12/13	7	49	41/42	39/40
16	13/14	8	50	42/43	40/41
17	14/15	8/9	51	43/44	41/42
18	15/16	9/10	52	44/45	42/43
19	16	10/11	53	45/46	43/44
20	16/17	11/12	54	46/47	44/45
21	17/18	12/13	55	47/48	45/46
22	18/19	13/14	56	48/49	46/47
23	19/20	14/15	57	49/50	47/48
24	20/21	15/16	58	50	48/49
25	21/22	16/17	59	51	49/50
26	22	17/18	60	51/52	50/51
27	22/23	18/19	61	52/53	51/52
28	23/24	19/20	62	53/54	52/53
29	24/25	20/21	63	54/55	53/54
30	25/26	21	64	55/56	54/55
31	26	22	65	56/57	55/56
32	26/27	22/23	66	57/58	56/57
33	27	23/24	67	58/59	57/58
34	28	24	68	63/64	59/60
35	28/29	24/25	69	64	60/61
36	29/30	25/26	70	65	61/62
37	30/31	26/27	71	65/66	62/63
38	31/32	27/28	72	66/67	63/64
39	32/33	29/30	73	67/68	64/65
40	33/34	30/31	74	68/69	65/66
41	34/35	31/32	75	69/70	66/67
42	35/36	32/33	76	70/71	67/68
43	36	33/34	77	71/72	68/69
44	37	34/35	78	72/73	69/70

I	II	III	I	II	III
79	73/74	70/71	113	107/108	105/106
80	74/75	71/72	114	108/109	106/107
81	75	72	115	109/110	107/108
82	79/80	73/74	116	110/111	108/109
83	80	74/75	117	111/112	110/111
84	80/81	75/76	118	112/113	111/112
85	81/82	76/77	119	113/114	112/113
86	82/83	77/78	120	114/115	113/114
87	83/84	78/79	121	115/116	114/115
88	84/85	79/80	122	116	115/116
89	85/86	80/81	123	117	116/117
90	86/87	81/82	124	117/118	117/118
91	87/88	82/83	125	118/119	118/119
92	88/89	83/84	126	119/120	119/120
93	89/90	84/85	127	120/121	120/121
94	90/91	85/86	128	121/122	121/122
95	91/92	86/87	129	122/123	122/123
96	92/93	87/88	130	123/124	123/124
97	93	88/89	131	124/125	124/125
98	93/94	89/90	132	125/126	125/126
99	94/95	90/91	133	126/127	126/127
100	95/96	92	134	127/128	128/129
101	96/97	93/94	135	128/129	129/130
102	97/98	94/95	136	129	130
103	98/99	95/96	137	133/134	131/132
104	99/100	96/97	138	134	132/133
105	100/101	97/98	139	135	133/134
106	101/102	98/99	140	135/136	134/135
107	102/103	99/100	141	136/137	135/136
108	103/104	100/101	142	137/138	136/137
109	104	101/102	143	138/139	137/138
110	105	102/103	144	139/140	138/139
111	105/106	103/104	145	140/141	139/140
112	106/107	104/105	146	141/142	140/141

I	II	III
147	142/143	141/142
148	143/144	142/143
149	144/145	143/144
150	145/146	144/145
151	146/147	145/146
152	147/148	146/147
153	148/149	147/148
154	149/150	148/149
155	150/151	149/150
156	151/152	150/151/152
157	152/153	152/153
158	153/154	153/154
159	154/155	154/155
160	155/156	155/156
161	156/157	156/157
162	157/158	157/158
163	158/159	158/159
164	159/160	159/160
165	160/161	160/161
166	161	161/162
167	161/162	162/163
168	162/163	163/164
169	163/164	164/165
170	164/165	165/166
171	165/166	166/167
172	166/167	167/168
173	167/168	168/169
174	168/169	169/170
175	169/170	170/171
176	170/171	172
177	171	173
178	175/176	174/175
179	176	175/176
180	177	176/177

I	II	III
181	177/178	177/178
182	178/179	178/179
183	179/180	179/180
184	180/181	180/181
185	181/182/183	181/182
186	183/184	182/183
187	184/185	183/184
188	185/186	184/185
189	186/187	185/186
190	187/188	186/187
191	188/189	187/188
192	189/190	188/189
193	190/191	189/190
194	191/192	191/192
195	192	192/193
196	193	193/194
197	193/194	194/195
198	194/195	195/196
199	195/196	196/197
200	196/197	197/198
201	197/198	198/199
202	198/199	199/200
203	199/200	200/201
204	200/201	201/202
205	201/202	202/203
206	202/203	203/204
207	203	204/205
208	204	205/206
209	204/205	206/207
210	205/206	207/208
211	206/207	208/209
212	207/208	209/210
213	208/209	210/211
214	209/210	211/212

I	II	III	I	II	III
215	210/211	212/213	249	242/243	248/249
216	211/212	214/215	250	243/244	249/250
217	212/213	215/216	251	244	250/251
218	213/214	216/217	252	245	251/252
219	214/215	217/218	253	245/246	252/253
220	215/216	218/219	254	246/247	253/254
221	216	219/220	255	247/248	254/255
222	217	220/221	256	248/249	255/256
223	217/218	221/222	257	249/250	257/258
224	218/219	222/223	258	250/251	258/259
225	219/220	223/224	259	251/252	259/260
226	220/221	224/225	260	252/253	260/261
227	221/222	225/226	261	253/254	261/262
228	222/223	226/227	262	254	262/263
229	223/224	227/228	263	255/256	263/264
230	224/225	228/229	264	256/257	264/265
231	225/226	229/230	265	257	265/266
232	226/227	230/231	266	257/258	266/267
233	227/228	231/232	267	258/259	267/268
234	228/229	232/233	268	259/260	268/269
235	229/230	233/234	269	260/261	269/270
236	230/231	234/235	270	261/262	270/271
237	231/232	236/237	271	262/263	271/272
238	232/233	237/238	272	263/264	272/273
239	233	238/239	273	264/265	273/274
240	233/234	239/240	274	265/266	274/275
241	234/235	240/241	275	266/267	275/276
242	235/236	241/242	276	267/268	276/277
243	236/237	242/243	277	268/269	277/278
244	237/238	243/244	278	269/270	278/279/280
245	238/239	244/245	279	270/271	280/281
246	239/240	245/246	280	271/272	281/282
247	240/241	246/247	281	272/273	282/283
248	241/242	247/248	282	273	283/284

I	II	III	I	II	III
283	274	284/285	317	306/307	320/321
284	274/275	285/286	318	307/308	321/322
285	275/276	286/287	319	308/309	322/323
286	276/277	287/288	320	309/310	323/324
287	277/278	288/289	321	310/311	324/325
288	278/279	289/290	322	311/312	325/326
289	279/280	290/291	323	312	326
290	280/281	291/292	324	313	327/328
291	281/282	292/293	325	314	328/329
292	283/284	293/294	326	315	329/330
293	284/285	294/295	327	315/316/317	330/331
294	285	295/296	328	317/318	331/332
295	286	296/297	329	318/319	332/333
296	286/287	297/298	330	319/320	333/334
297	287/288	298/299	331	320/321	334/335
298	288/289	299/300	332	321/322	335/336
299	289/290	301/302	333	322/323	336/337
300	290/291	302/303	334	323/324	337/338
301	291/292	303/304	335	324/325	338/339
302	292/293	304/305	336	325/326	339/340/341
303	293/294	305/306	337	326	341/342
304	294/295	306/307	338	327	342/343
305	295/296	307/308	339	327/328	343/344
306	296/297	308/309	340	328/329	344/345
307	297/298	309/310	341	329/330	345/346
308	298/299	310/311	342	330/331	346/347
309	299/300	311/312	343	331/332	347/348
310	300/301	312/313	344	332/333	348/349
311	301/302	313/314	345	333/334	349/350
312	302/303	314/315/316	346	334/335	350/351
313	303	316/317	347	335/336	351/352
314	303/304	317/318	348	336/337	352/353
315	304/305	318/319	349	337/338	353/354
316	305/306	319/320	350	338	354/355

I	II	III	I	II	III
351	339	355/356	385	370/371	391/392
352	339/340	356/357	386	371/372	392/393
353	340/341	357/358	387	372/373	393/394
354	341/342	358/359	388	373/374	394/395
355	342/343	359/360	389	374/375	395/396
356	343/344	360/361	390	375/376	397
357	344/345	362/363	391	376/377	398
358	345/346	363/364	392	377/378	399/400
359	346/347	364/365	393	378/379	400/401
360	347/348	365/366	394	379/380	401/402
361	348/349	366/367	395	380/381	402/403
362	349/350	367/368	396	381	403/404
363	350/351	368/369	397	381/382	404/405
364	351/352	369/370	398	382/383	405/406
365	352/353	370/371	399	383/384	406/407
366	353/354	371/372	400	384/385	407/408
367	354/355	372/373	401	385/386	408/409
368	355	373/374	402	386/387	409/410
369	356	374/375	403	387/388	410/411
370	356/357	375/376	404	388/389	411/412
371	357/358	376/377	405	389/390	412/413
372	358/359	377/378	406	390/391	413/414
373	359/360	378/379	407	391/392	414/415
374	360/361	379/380	408	392/393	415/416
375	361/362	381/382	409	393	416/417/418
376	362/363	382/383	410	394	418/419
377	363/364	383/384	411	394/395	419/420
378	364/365	384/385	412	395/396	420/421
379	365/366	385/386	413	396/397	421/422
380	366	386/387	414	397/398	422/423
381	367	387/388	415	398/399	423/424
382	367/368	388/389	416	399/400	424/425
383	368/369	389/390	417	400/401	425/426
384	369/370	390/391	418	401/402	426/427

I	II	III	I	II	III
419	402/403	427/428	453	434/435	463/464
420	403/404	428/429	454	435	464/465
421	404/405	429/430	455	436	465/466
422	405/406	431/432	456	436/437	467/468
423	406/407	432/433	457	437/438	468/469
424	407	433/434	458	438/439	469/470
425	408	434/435	459	439/440	470/471
426	408/409	435/436	460	440/441	471/472
427	409/410	436/437	461	441/442	472/473
428	410/411	437/438	462	442/443	473/474
429	411/412	438/439	463	443/444	474/475
430	412/413	439/440	464	444/445	475/476
431	413/414	440/441	465	445/446	476/477
432	414/415	441/442	466	446/447	477/478
433	415/416	442/443	467	447/448	478/479
434	416/417	443/444	468	448/449	479/480
435	417/418	444/445	469	449/450	480/481
436	418/419	445/446	470	450/451	481/482
437	419/420	446/447	471	451/452	482/483
438	420	448/449	472	452/453	484/485
439	421	449/450	473	453	485/486
440	421/422	450/451	474	453/454	486/487
441	422/423	451/452	475	454/455	487/488
442	423/424	452/453	476	455/456	488/489
443	424/425	453/454	477	456/457	489/490
444	425/426	454/455	478	457/458	490/491
445	426/427	455/456	479	458/459	491/492
446	427/428	456/457	480	459/460	492/493
447	428/429	457/458	481	460/461	493/494
448	429/430	458/459	482	461/462	494/495
449	430/431	459/460	483	462/463	495/496
450	431/432	460/461	484	463/464	496/497
451	432/433	461/462	485	464	497/498
452	433/434	462/463	486	465	498/499

I	II	III
487	465/466	499/500
488	466/467	500/501
489	467/468	502/503
490	468/469	503/504
491	469/470	504/505
492	470/471	505/506
493	471/472	506/507
494	472	507/508
495	473/474	509/510
496	474/475	510/511
497	475	511/512
498	476	512/513
499	476/477	513/514
500	477/478	514/515
501	478/479	515/516
502	479/480	516/517
503	480/481	517/518
504	481/482	518/519
505	482/483	519/520
506	483/484	520/521
507	484/485	521/522
508	485/486	522/523
509	486/487	523/524
510	487/488	524/525
511	488/489	525/526
512	489/490	526/527
513	490/491	528/529
514	491/492	529/530
515	492/493	530/531
517	494/495	532/533
516	493/494	531/532
518	495/496	533/534
519	496/497	534/535
520	497/498	535/536
521	498/499	536/537
522	499/500	537/538
523	500/501	538/539
524	501/502	539/540
525	502	540/541
526	502/503	541/542
527	503/504	542/543
528	504/505	543/544
529	505/506	544/545
530	506/507	545/546
531	507/508	546/547
532	508/509	547/548
533	509/510	548/549
534	510/511	550/551
535	511/512	551/552
536	512/513	552/553
537	513/514	553/554
538	514/515	554/555
539	515/516	555/556
540	516/517	556/557
541	517	557/558
542	518	558/559
543	518/519	559/560
544	519/520	560/561
545	521/522	561/562
546	522/523	562/563
547	523/524	563/564
548	524/525	564/565
549	525	565/566
550	525/526	566/567
551	526/527	567/568/569
552	527/528	569/570
553	528/529	570/571
554	529/530	571/572

I	II	III
555	530/531	572/573
556	531/532	573/574
557	532/533	574/575
558	533/534	575/576
559	534/535	576/577
560	535/536	577/578
561	536/537	578/579
562	537/538	579/580
563	538	580/581
564	538/539	581/582
565	539/540	582/583
566	540/541	583/584
567	541/542	585/586
568	542/543	586/587
569	543/544	587/588
570	544/545	588/589
571	545/546	589/590
572	546/547	590/591
573	547/548	591/592

I	II	III
574	548	592/593
575	549/550	594/595
576	550	595/596
577	550/551	596/597
578	551/552	597/598
579	552/553	598/599
580	553/554	599/600
581	554/555	600/601
582	555/556	601/602
583	556/557	602/603
584	557/558	603/604/605
585	558/559	605/606
586	559/560	606/607
587	560/561	607/608
588	561/562	608/609
589	562/563	609/610
590	563/564	610/611
591	564	611/612

Suhrkamp Verlag GmbH
Torstraße 44, 10119 Berlin
info@suhrkamp.de
www.suhrkamp.de